均衡公平与效率

中国快速城镇化进程中的房地产市场调控模式
（第二版）

BALANCING EQUITY AND EFFICIENCY
real estate market regulation and control model in
rapid urbanization process of China

(2nd edition)

丘浔　著

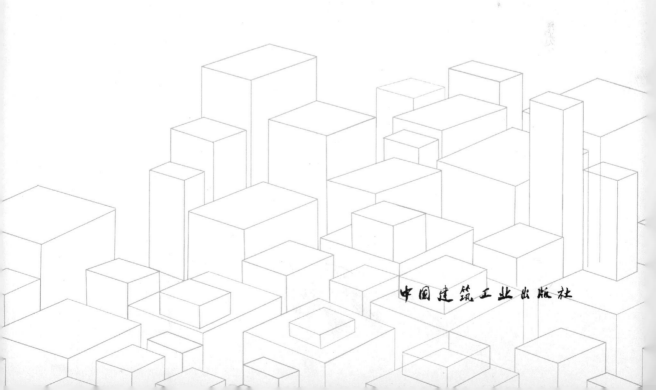

中国建筑工业出版社

图书在版编目（CIP）数据

均衡公平与效率：中国快速城镇化进程中的房地产
市场调控模式 / 丘浔著. —2版. —北京：中国建筑工
业出版社，2013.6
ISBN 978-7-112-15597-2

Ⅰ.①均…　Ⅱ.①丘…　Ⅲ.①房地产市场 – 研究 –
中国　Ⅳ.①F299.233.5

中国版本图书馆CIP数据核字（2013）第148870号

责任编辑：李　鸽　徐晓飞
责任校对：党　蕾

均衡公平与效率

中国快速城镇化进程中的房地产市场调控模式（第二版）

丘浔　著

*

中国建筑工业出版社出版、发行（北京西郊百万庄）
各地新华书店、建筑书店经销
华鲁印联（北京）科贸有限公司制版
北京云浩印刷有限责任公司印刷

*

开本：787×1092毫米　1/16　印张：26¼　字数：480千字
2013年7月第二版　2014年5月第三次印刷

定价：**80.00**元
ISBN 978-7-112-15597-2
（24213）

自序

　　"公平与效率"关系问题始终是国内外学术界研究的热点和实践者的难题。尤其是事关民生、国家经济安全和城镇化质量的房地产市场调控——公平与效率孰优孰劣或两者的均衡问题更伴随着我国改革开放三十多年决策的难题之一。因为"对效率的追求不可避免地产生各种不平等，因此在平等与效率之间，社会面临着一种抉择。"[①]

　　由于经历了计划经济长时期的住房面积严重短缺、质量低下、配套性不足等的困境，我国改革开放以来房地产市场的基本取向就是"效率优先、兼顾公平"。持这种观点的人将房地产看作为一般的商品，即房地产市场的发展也必须遵从企业自主经营（包括自主购地）、自由竞争、自由转让资源、自负盈亏等的市场化原则；并认为这种"自由"是房地产资源有效配置和价值规律正常发挥作用之前提。他们坚信：增进居民享有房产公平的目标不能以牺牲效率和经济自由为代价。民众住房公平的改善，只能通过市场机制的发挥——做大房地产市场的蛋糕来最终实现，而不能通过法律、行政和税收等手段来调节。政府的作用仅限于界定和保证个人或企业土地使用权、房产权的边界、合法性和排他性，保证人人有获得商品房的平等机会，保证房地产市场的自由公平竞争，以促进效率的提高。但历经三十年探索所发现的事实却是无情的：尽管我国每年城市开发的商品房已占到全球的 40% 以上——"蛋糕"确实做大了，但各大城市房价持续攀升，有的甚至远远超过中等收入者的承受能力，一些城市中居民占有房产的悬殊令人惊讶——一方面众多刚毕业的大学生蜗居在大城市的斗室之中，另一方面大量的楼盘被闲置（正等待升值的红利）。

　　相比之下，住房市场必须遵从"公平优先"原则的观点之渊源确比

[①] ［美］阿瑟·奥肯. 平等与效率. 北京：华夏出版社，1987：1.

"效率优先"要久远得多。早在两千年前，孔夫子就提出"不患寡而患不均"的理念。在新中国成立初期，人们痛切地认识到旧的剥削制度的种种不平等弊端，希望社会主义的住房制度完全建立在土地公有、国家建设、政府分配的基础之上，并遵循基本公平、逐步改善，以及"先生产、后生活"的路径进行设计和实施。这种近乎绝对平等的价值取向和"先平等，后富裕"的基本策略，无疑带有理想主义色彩。但残酷的现实却与简单美好的理想差距甚大，经历了40多年的计划经济条件下大规模国有化建设，我国城市居民人均住房面积仅为 7.2 平方米（1980 年）；而改革开放后的二十年，此数据就达到人均 20.3 平方米，几乎翻了 3 倍。

史实证明，不顾社会和经济发展的客观规律，盲目追求"均贫富"的政治和伦理导向，必然会导致"干好干坏一个样、干与不干一个样"，会严重挫伤所有劳动者的积极性，整个社会就会失去活力，财富的源泉也就不能充分涌流。最终，人均经济收入和住房水平只能在低生产力水平——低生产效率和数量极其短缺的情况下实现虚假的平等。

近代史另一项昭示是：任一社会的发展都是由一个效率到公平，再由公平到效率的动态制衡的发展过程。"效率优先、兼顾公平"并不是社会发展恒定不变的原则。在经济发展的初期，生产力水平低下，市场发育程度很低，基于市场机制培育的"效率优先"的发展政策是必要的，但当经济发展到一定程度（按现代发展规律来看，生产力水平逼近"拉美陷阱"时，或基尼系数达到 0.4 以上时），贫富差距及住房占有不平等现象会逐步明显，公平问题就会凸显，此时，如不及时调整政府政策，社会公平就会成为阻碍社会和经济发展的重大障碍，可能会引发社会动荡甚至政权更替。这意味着社会发展既不能因为公平而放弃效率，又不能为了效率而放弃公平，效率是实现公平的必要手段，因为公平问题的解决归根到底要依赖于生产效率的提高。住房问题也同样，居住公平（不是指均等的低级人居环境）最终取决于社会生产力发展水平的提高和在此基础上的政府住房政策的调整。

住房公平问题是在人民群众人均收入和国家生产力整体水平达到一定程度——即住房生产效率到达相当高程度——或追求效率的市场机制在住房供给方面达到较高水平时才出现的。此时，住房政策应适时调整到"效率与公平兼顾"方面。也就是说，如何用最小的不公平来换取最大的效率，或者是以牺牲最小的效率来换取最大的公平，尤其是如何有效解决最低收入者的住房公平问题。这显然是谋求自由竞争和机会均等的市场机制所不能企及的。人类史上，没有任何一个自由放任的商品房市场能自动实现居住公平。

只有政府发挥其"有形之手"之功能，合理地以法律、经济，甚至行政的手段对住房市场进行适时、适度地干预调控，从而促使基于市场机制的房地产市场发展既能获得较高的效率，又能实现渐进式的公平。事实上，在这一方面，公平与效率之间的确存在一种交替关系，但这两者在我国任何一个发展阶段的房地产市场运行中都有价值，必须均衡地配置。

本书正是基于这样的理念，首先从房地产发展 A、B、C 三模式入手，从公平、效率、生态三方面对世界上主要国家和地区房地产市场发展模式进行评价。在对房地产发展三模式分析比较之后，对房地产发展 C 模式的宏观背景和三个难度目标进行阐述，并在强化公平、提高效率、注重生态三个方面提出相应的政策建议。在总体分析和评价的基础上，对涉及住房市场三维度的重点问题，包括住房公积金制度、住房空置问题、高铁时代的城市发展与房地产市场趋势、老龄社会住房问题等进行专题分析并提出对策建议。在本书最后，在总结先行国家和地区房地产调控教训的基础上，提出我国房地产调控政策中长期接轨的策略及相应的政策组合。

作者写于北京海淀

二〇一二年十月二十日

目录

中篇　房地产市场调控 C 模式及其内涵

下篇　我国房地产市场调控的分项研究与政策建议

目

录

上篇 房地产发展A、B、C三模式及三维度基本评价

引言

如果从长远考虑，我们是自己命运的创造者，那么从短期着眼，我们就是创造的观念的俘虏。我们只有及时认识到这种危险，才能指望去避免它。——弗里德里希·奥古斯特·冯·哈耶克（Friedrich August von Hayek，1899～1992）

在澄清近代史观念大爆炸的喧嚣之后，我们可归纳出这样一个结论：作为人类生活必需品的住房，一般有三种提供方式：即以自由市场（A模式）、政府包办（B模式）或两者相结合（C模式）的方式提供。伴随着人类史上规模最大规模的城镇建设，中国的房地产的发展正呈现出"成也市场化、败也市场化"的困境：从房地产市场化的成就来看，经历了解放后到改革开放前30余年的计划经济，我国城市居民人均住房面积仅为7.2平方米（1980年），而市场化之后的二十多年，此数据就猛增到人均33.58平方米（2009），几乎翻了5倍。住房资产也成了百姓家庭财富的主要组成部分。从市场化的问题来看，城市居民住房占有日益不均等，不少城市房价升幅远高于民众收入上涨水平，低收入阶层、农民工望房兴叹的同时，又存在大量房源空置等弊端。此外，迅猛发展的房地产业会挤占其他行业的紧缺资源，导致全民炒房、各行各业进军房地产的浪潮。

发迹于美国的新自由主义经济理论推崇的市场万能论，对于我国启动住房商品化、利用市场机制配置资源，无疑起到了"破冰之旅"的作用。但随着"一切交给市场"、政府不干预房地产市场等"新自由主义"观念的兴起，住宅投资品化、建设用地由价高者得、住房信贷高杠杆化……等在一般商品经济领域行之有效的措施却造成了我国房地产市场的种种弊端。但在"市场改革越彻底越好"强大舆论的作用下，主张房地产不能纯商品化的正确呼声如石沉大海。直到2008年源于美国的金融大危机爆发，其始作俑者新自由主义学说倍受质疑与批评的情况下，人们才开始反思：为什么健康有序的房地产业发展决不能仅靠市场机制？

事实告诉我们，房地产与一般的商品存在着一系列固有的区别，可概括为房地产商品的不可移动性和垄断性、具有必需品和投资品的双重属性、城市土地的社会和公共属性和对生态环境影响的属性。

这些特征说明房地产业具有明显的"市场失效"特征。这样一来，评价房地产市场是否健康发展，就必须以生态、社会和经济效率三维度来全面衡量。如仅由市场机制来主宰房地产业的资源配置，就有可能使这一庞大的经济力量成为新兴国家陷入"中等收入陷阱"的主要推手。

由此可见，追求社会公平、经济高效率和生态可持续，就理应成为房地产市场调控政策制订的三基点，从而摆脱新自由主义的干扰。

值得强调指出的是，附着于土地之上的房地产业，其价值的绝大部分凝结在地价之上。作为"财富之母"、"公平之基"和"生态底板"的城市土地，绝不能仅由价值规律来任意摆布。但可悲的是，土地私有制的历史比现代任何一种成熟的社会制度都悠久得多，土地利益拥有者的权力与呼声也无疑异常巨大。尽管近代史上，无数以追求全体人类福祉为己任的能人志士都提出并实践过各种各样的土地公有方案来祛除土地私有的弊端，但其过程之艰难、争论之惨烈和效果之反复等都是行外人难以想象的。就我国而论，新民主主义革命和60多年社会主义的实践留给中华民族一份难得的遗产，即以城市土地国有制和农村土地集体所有制为主要形式的土地公有制。要以公平、效率、生态三维度来调控房地产业的健康发展，就必须珍惜和改善这份来之不易的遗产，绝不能仅从新自由主义的教条出发将"脏水与孩子都泼出去"，从而引发房地产市场的失控。以上这些都是本书第一部分的核心内容。

第一章
全球房地产发展三种模式及其结果

从政府对住房市场的干预历史来看，全球房地产发展可分为两种主要模式，即以由纯市场机制配置资源的自由主义观点和"华盛顿共识"（Washington Consensus）[①]和新自由主义思潮为主导的自由放任式的 A 模式和以政府为主导的过度干预式的 B 模式。两种模式的发展路径大相径庭，但效果都不理想，也不符合我国现阶段住房发展的国情。

一、A 模式——自由市场模式

早在 1803 年，法国经济学家萨伊（Jean Baptiste Say）针对是否存在生产过剩，提出著名的"供给能够创造其本身的需求"的观点，即所谓的"萨伊定律（Say's Low）"。其内容除了上述观点之外还包括了另两个基本观点：首先，由于市场机制的自发调节作用，商品的价格能够有效地使商品供求均衡；其次，由于货币只是交换的媒介，商品的买和卖都不会脱节，因而在一个完全自由的市场经济中，市场会自动出清，不会存在长期的普遍的全面性的生产过剩。

无独有偶，美国学者海尔布隆纳（Joan Heilbroner）在《经济、社会的形成》一书中指出，把一个传统社会转变成真正的市场经济，需要三个

---

① 1990 年，由美国国际经济研究所牵头，在华盛顿召开了一个讨论 1980 年代中后期以来拉美经济调整和改革的研讨会，参加者来自拉美国家、美国和世界银行等国际机构。会议提出了指导拉美经济改革的 10 条政策主张，被称为"华盛顿共识"。

基本条件：第一，以开明的态度对待牟利的经济活动，牟利活动是天经地义的，而不应对其充满疑虑；第二，以供应力量指导经济活动，让需求充分自由表达，而不是对其进行人为强制管制；第三，尽量扩大货币化的范围；能够以货币衡量的，一定要用货币衡量；能够以货币表达的，一定要用货币表达；能够以货币支付的，一定要以货币支付。

我国房地产市场化之路正是按此来展开的。1997 年，亚洲部分国家爆发金融危机，我国国内需求疲软，经济增速下滑，迫切需要培育新的经济增长点。房地产业具有产业关联度高、增长拉动效应明显的特征，有条件成为新的经济增长点。我国决定推进住房商品化和社会化改革。1998 年，国务院印发《关于进一步深化城镇住房制度改革，加快住房建设的通知》（国发［1998］23 号），核心内容有三项：一是停止住房实物分配，改革福利住房制度；二是实行住房货币分配，全面推行住房公积金制度；三是建立以经济适用住房为主的多层次住房供应体系，加快城镇住房建设。

2003 年，国务院印发《关于促进房地产市场健康发展的通知》（国发［2003］18 号），对 23 号文件确定的住房政策进行了重大调整。一是强调坚持住房市场化的基本方向，要求更大程度地发挥市场在资源配置中的基础作用，逐步实现多数家庭购买或承租普通商品住房，成为住房制度改革过度市场化的滥觞；二是调整经济适用住房政策，将经济适用住房界定为具有保障性质的政策性商品住房，从重点发展经济适用住房，转变为允许地方合理确定经济适用住房供应范围；三是放开住房二级市场，单位不得对已购公有住房上市交易设置限制条件，降低已购公有住房上市出售土地收益缴纳标准，以房改成本价购买的公有住房上市出售时，原产权单位原则上不再参与所得收益分配。

在上述三项政策的作用下，经济适用住房供应规模迅速萎缩。放开住房二级市场后，职工通过出售已购公有住房获得大量价差收益，购房支付能力显著增强。与此同时，商业银行为提高资产质量、拓宽货款资金渠道，大量发放住房抵押贷款，住房抵押贷款规模急剧增加，进一步提高了职工购房即期支付能力。2004 年前后，我国股市低迷，不少投资性资金进入房地产市场。这些因素不断积累叠加，住房需求十分旺盛，供需关系开始失衡，价格不断上涨，导致城市低收入家庭住房矛盾日益突出。另一类对房地产市场影响极大的学说莫过于对新旧自由主义于一身的"华盛顿共识"了，其典型特征是盲目以"绝对市场化"作为发展的指导思想，追求西方主流经济学所描绘的自由主义的理想王国。"华盛顿共识"的经济理论概括如下：第一，主张非调控化，推崇市场原教旨主义，反对国家干预；第二，主张私有化，宣扬"私有产权神话"的永恒作用，反对公有制；第三，主张全球自由化，维护美国主导下的自由经济，反对建立国际经济新秩序；第四，主张福利个人化，强调保障的责任由国家向个人转移，反对福利国家。[①]

华盛顿共识的政策过于迷信市场原教旨主义（market fundamentalism），相信市场机制可以自动调节经济效率，主张经济政策只应着眼效率，而分配问题应该在其他的政治决策过程中加以解决。[②]这种思想对发展中国家一些显而易见的文化制度特征视而不见，对发展中国家经济结构的认识严重失误，且把目光局限在过于狭隘的目标以及实现这些目标的过于狭隘的工具上。华盛顿共识的其他缺陷还表现在，当技术不断进步时，市场并不能自发地实现效率；这个动态过程恰恰是发展的关键问题；并且这个动态过程中存在重大的外部性问题，而正是这种外部性赋予了政府重大的角色。而华盛顿共识忽略市场失灵，对政府这一角色视而不见，或将发生的问题归于政府的干预，由此主张政府应该在该领域大规模退出。

经历了四十多年计划经济困境的我国，人们对计划经济的弊端有着"切肤之痛"，但对于"披着羊皮"的新自由主义思想却一度完全放松了警惕。借助经济体制改革浪潮的市场才能敢在社会领域大行其道，住房商品化越彻底越好，房地产和城市土地供应一切向钱看，价高者得地，风行一时。这样一类本应得到保护的低收入阶层居住权、破败的棚户区、混乱脏的城中村与光鲜的现代楼宇形成了日益巨大的反差。过度市场化侵蚀了社会公平和基本的居住权利。

二、B 模式——政府包办模式

与 A 模式相比，B 模式则走向了另一个极端。B 模式的典型特征是政府过度控制，在经济发展和住房建设中，政府企图计划一切，忽视甚至完全否认市场规律在住房发展中的作用。

B 模式具体表现为：在实践中排斥市场作用，政府全面承担住房建设

---

① 参见：怎样看待"华盛顿共识"与"北京共识"，人民网，2005 年 06 月 16 日。

② 参见：Williamson, J ［2004］, "A Short History of the Washington Consensus," paper presented at Foundation CIDOB conference held in Barcelona in September 2004, "From the Washington Consensus towards a new Global Governance."

和住房分配的责任，直接参与住房建设、分配、运营管理全过程，住房建设和运营所需资金绝大部分由财政负担。这种模式所带来的后果往往是住房建设投入不足，住房数量短缺，住房质量低下，住房分配不公，住房领域腐败现象严重。B模式的典型代表是前苏联及东欧转轨国家的纯粹计划经济模式。

东欧国家转轨前，国家主导住房体制的意识形态原则主要表现在以下四个方面。[①]

（1）国家所有和国家分配。国家投资建造并拥有住房最终所有权，按照政府确定的需求分配住房。这种思想的最典型表现形式是东欧国家曾经盛极一时的公产房模式。

（2）集中的计划生产。中央政府制定不同商品的生产优先权并相应配置资源的中央经济计划，生产严格按国家的计划指令执行。住房的建设数量、类型和区位的决策权均属于中央政府。

（3）按需求（国家确定）提供必需品。根据需求决定分配的原则，住房建设费用没有任何财政金融限制。政府或企业的住房支出成为"社会工资"的一部分，家庭仅支付极少的租金甚至免费居住。

（4）排除市场机制和私人所有形式。政府的计划被认为是一个比市场更能公平、合理配置资源的机制，为保证它能正确有效地运行，作为"捣乱因素"的市场机制是不允许存在的。

综合起来，东欧国家转轨前住房体制面临的限制因素主要表现在以下几方面：

（1）投资资金的短缺。大多数东欧国家长期经历匈牙利经济学家亚诺什·科尔内所说的"短缺经济"，因此住房投资受到财政资金分配的限制，并像大多数国家一样，投资的多少取决于经济的成功与否。在经济增长缓慢的时期，用于住房投资资金的取得就相当成问题。再加上政府计划和建设体制的低效率，其结果是住房的日益严重短缺，住房投资资金的匮乏，以及低标准的新建住房等。

（2）住房供应与需求难以调和。科尔内认为，依靠不断增建大量的国有住房，同时将房租保持在象征性的名义水平上，这种只从供给方面来消除住房短缺的努力是毫无希望的。这是因为，在没有价格信号约束的前提下，对住房的需求几乎是不能满足的。例如，一个家庭的房间数量已经够用，他们就会想要更大的住所，更好的设施以及更有益于健康、更美丽的

---

① 张贯一，易仁川. 东欧国家住房体制的变迁. 东欧中亚研究，1997年第4期.

环境，而这种需求是无止境的。[1]

（3）控制私人交易的高成本。住房的全面短缺意味着社会的不稳定。在这样的环境下，政府对私有住房的交易进行强有力的控制是非常困难的，而且，控制私人交易的管理成本很高。例如，如果目标是控制住房的售卖价格，并确保住房分配给最需要的人，那么管理系统就得设计成能处理所有的交易，并且执行体系要能确保所有的交易得到控制，决定得到执行。显然，做到这一点很困难而且成本很高。

在这种政府包办的住房发展模式下，住房问题长期积累，转轨前后东欧各国政府所面临的主要住房问题包括：

（1）大多数国家遭受严重的住房短缺，居住拥挤，住房的空间标准低。

（2）住房财政资金匮乏，而且其后的经济改革加剧了这个问题。

（3）存量住房的质量很差。就公共出租住房而言，低租金不足以弥补管理和维修费用，而公共财政资金的短缺致使维修水平很低。由于住房短缺，可用的投资资金主要集中于建造新住房，因此许多旧住房，特别是20世纪50年代被国有化的城市老街区的出租房长年失修。

（4）尽管东欧国家存在私有住房，但因市场机制受到压制，这部分住房未能有效发挥作用。由于缺乏相应的法律体系，谁应该对私人所有住房的维修承担责任常常不清楚。而且，几乎没有大的私人建筑公司，私人兴建住房困难。另外，由于缺乏有效的交易体系，私人住房交易存在极大的障碍。

（5）政府对住房建设的严格控制导致"黑市"问题严重，包括通过"黑市"这种不合法的途径买卖住房以及建设住房所需的建筑材料。

（6）分配环节的腐败丛生。由于住房由政府包办，且分配过程不透明，导致权力在住房分配过程中不受约束，腐败现象严重，住房分配严重不公。

前苏联的住房领域同样问题重重。在苏联时期，住房更多的是作为巨大的雕塑而不是用于居住的建筑，建设效率很低。其结果是住房质量低下，很多住房都缺乏水、电和其他配套的基础设施，且房屋极其耗能。住房水平与西方发达国家相差 2～6 倍，每个房间居住 1.9～2.3 人；住房极度缺乏，住房轮候时间长达 10～15 年。[2] 据有限的资料统计，仅1980～1985 年期间住房缺口就达 443 万套。[3]

① ［匈］亚诺什·科尔内. 短缺经济学（下卷）. 北京：经济科学出版社，1986：213～214.

② Volodymyr Durmanov. Housing Development in Ukraine and Russia in Past and in Future. Architecturae et Artibus － 2/2010.

③ Willem van Vliet. International Handbook of Housing Policies and Practices. Greenwood Press. 1990. pp235.

前苏联住房短缺情况（1980～1985 年）　　　　　　　　表 1-1

年份	住房建设规模（套）	新组建家庭数（个）	住房短缺规模（套）
1980	2004000	1724600	720600
1981	1997000	2788100	791100
1982	2002000	2769200	767200
1983	2030000	2834800	804800
1984	2008000	2634100	626100
1985	1991000	2710000	719000
1980～1985 年期间住房短缺总规模			4428800

　　波兰是典型的东欧经济体制转轨国家，其转轨前后所面临的住房问题具有代表性。在实行经济体制转轨前，波兰一直实行具有福利性和社会保障性的住房制度和住房政策。无论住房建设、住房的分配使用，还是住房的维修与保养，都是国家向公民提供的社会保障和社会福利。具体来说，首先，转轨前的住房建设主要由国家作为建房主体，而合作社和私人建房作用很小；其次，在住房所有权方面，公有住房占主导地位，私人住房较少；再次，在住房分配和使用方面，大部分由国家按统一标准无偿给公民使用，只收取少量租金。例如，居民缴纳的房租占家庭支出的比重仅为 3.5% 左右[1]；此外，在住房维修方面，国家给予高额补贴。但是，这种模式的住房供应机制僵化，存在明显的弊端。一是住房短缺现象严重。由于受国家财力的局限，波兰的住房一直呈短缺状态，居民排队轮候等房平均需要 10～15 年的时间。例如，1985 年，波兰的住房缺口近 100 万套，1989 年增加到约 120 万套，转轨前波兰的住房供应缺口呈扩大之势。二是住房质量低下。在计划经济年代，住房建造重数量、轻质量，加上建筑技术使用不当和技术规范草率，使得波兰的住房居住拥挤，空间标准较低，居住条件较差。多数建筑缺乏必要的隔热设施，不仅浪费能源，而且增加了供热成本。许多居住区明显缺乏必要的基础设施和康乐设施，无法满足居民家庭的基本住房需求。据估计，到 1989 年底，急需修缮的危旧房高达 75 万套。[2]

　　市场经济转轨后，波兰对住房建造和住房经济领域的直接干预显著减少，这期间市场机制在住房领域发挥越来越重要的作用。但现在看来，波

---

① 乔木森，东欧中亚国家的住房制度改革．东欧中亚研究．1995（6）：74～75.

② Department of Urban and Housing Development, Poland.

兰向市场经济转轨对促进住房公平的效果差强人意，住房两极分化现象严重。究其原因，主要是盲目追求以效益为中心的市场化。转轨后，政府不再承担住房建设的责任，由政府主导新建住房数量非常有限，但按市场化运作的房地产开发商所能提供的住房数量又不足以弥补需求缺口，导致住房短缺的状况未得到明显改善，2000 年的住房数量缺口仍与 1990 年大体相近。盲目追求以效益为中心的市场化还造成了住房的两极分化：一方面，市场化提供了高标准居住消费，少数富有的人住房条件非常奢华；另一方面，作为原来社会的主人——劳动工人，却成了被淘汰和遗忘的人群，仍然居住在原有的条件较差的转轨前的福利住房内，甚至在房价高涨的情况下面临无房可住的困境。这种住房上的两极分化也加剧了包括波兰在内的中东欧国家的社会阶层断裂。

我国改革开放前实行的住房制度也属于由政府包办的模式。住房建设由政府和企事业单位统一投资建造，纳入固定资产投资范畴。投资基金来源于政府财政拨款和企事业单位的部分福利基金，投资形成的住房固定资产归公共所有，即为公有住房。住房视为最基本的、应由政府予以无偿分配的生活资料。从城市职工住房分配制度来看，形成了以国家和企事业单位统包、低租金为特点的实物福利分房制度。这种住房制度的主要特征：①建房资金来源于国家财政和企业福利基金，建房后不将投入的资金归还财政或企业，是一种纯粹的福利性支出，职工个人基本不承担住房建设投入的责任。②住房分配采用无偿的实物福利分配制，分房标准主要以级别、工龄、厂龄、家庭人口结构等非经济性因素为依据。③分配给职工的住房采用低租金制，但实际上所缴房租不能抵偿住房维修和管理成本，亏损部分由国家和企事业单位补贴。④住房管理行政化，企事业单位的房管部门，只管分房和维修，不讲经济核算、经济效益。[1]

从新中国建国后到改革开放前这一时期，我国将更多资源投入生产领域，住房建设投资不足，房地产业发展缓慢。城市住宅面积建设虽有所增加，但是随着人口的增加，欠账很多。由于在建设投资中对于生产性投资支出的比例较大，到 1977 年全国城市平均每人居住面积仅有 3.6 平方米，比 1952 年的 4.5 平方米还少 0.9 平方米。城市缺房户达 626 万户，约占城市总户数的 37%。[2] 随着住房问题的长期积累，改革开放前这种模式已到了难以为继的境地。

① 陈龙乾，马晓明. 我国城镇住房制度改革的历程与进展，中国矿业大学学报（社会科学版），2002（01）.
② 马洪、孙尚清主编. 中国经济结构问题研究（上）. 北京：人民出版社，1980：6.

三、C模式——政府干预与市场机制相结合

从国外的经验教训来看，住房发展的A模式过分迷信市场的作用，而B模式则完全排斥市场，两种模式都过于极端，虽然所选择的路径不同，但都导致严重的住房和社会问题。A模式的教训充分表明，在"华盛顿共识"和新自由主义思潮支配下的纯市场化并不适合发展中国家。我国在住房制度改革后，住房发展开始走市场化的道路，但在此后的一段时期内过分强调市场化，忽视了住房的保障功能，在市场化的道路上走得太远，这种模式导致的问题已经开始显现，现有住房发展模式必须转型。但是，我国住房市场化转型并不是要回到计划经济时代政府包办的老路上去。前苏联和东欧转轨国家的教训表明，由政府包办的B模式同样行不通，因此，我国住房发展模式转型是要走政府与市场相结合的C模式道路（图1-1），基本思路是：

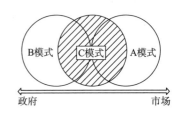

图1-1 A、B、C三模式关系示意

（一）市场加保障的双轨并行制

市场失灵的存在表明，市场并不是万能的，市场的不完全性决定了仅仅依赖市场无法达到均衡公平与效率的目的。另一方面，政府失效也表明，政府并不能完全取代市场实现高效配置资源的目的。市场和政府干预的互补关系，加上住房作为消费品和投资品的双重属性，决定了合理的住房发展模式必须既尊重市场规律，充分发挥市场机制配置资源的基础性作用；又不唯市场论，发挥我国集中力量办大事的体制优势，高效调动各种资源，健全保障房建设和分配制度，建立市场加政府保障的住房"双轨制"。

（二）政府主导，社会参与

对于满足基本居住需求，具有民生和保障性质的住房建设，政府应发挥主体作用，并通过政策和财政激励措施鼓励社会力量的参与，形成全社会住房建设的合力。对于中高端商品房市场，建立并完善市场体系，使市场机制发挥主要作用，同时通过政府对房地产调控积极干预，控制和防范房地产市场系统性风险，扼制投机需求，使房地产市场健康有序发展。

（三）循序渐进，政府保障与需求管理相结合

住房作为最基本的民生需求之一，应在国家住房中长期发展战略的指导下进行规划建设和配置。国家住房中长期发展战略的制定，应根据社会经济发展水平、政府财力和社会需求等因素，综合考虑并合理确定住房建设规模和节奏，每年解决一定比例低收入缺房户的住房困难问题，循序渐进，逐步改善居民居住条件。应将自上而下的国家规划与自下而上的住房需求管理相结合，一方面国家统筹实施住房保障，另一方面通过综合措施对居民住房需求进行管理，引导住房合理消费和住房需求有序释放。

（四）注重均衡公平与效率，避免腐败与不公

效率与公平是对立统一的矛盾的两方面。片面追求效率，将会导致分配不公、贫富差距扩大等问题，反过来影响效率的提高，"欲速而不达"；片面追求公平，将会导致资源配置不当和效率降低，只能实现前苏联和东欧国家所经历的形式上低层次公平。因此，在住房建设过程中，应注重公平和效率两方面的平衡，并在不同发展阶段对公平效率的均衡点进行微调。与此同时，完善住房市场和保障的相关制度，避免住房建设和分配过程中出现权力腐败与社会不公现象。

（五）动态均衡、灵活调控

需要指出的是，C模式并不是一种僵化、一成不变的模式，而是根据社会经济发展的阶段和城镇化进程、城镇居民住房需求和房地产市场的发展变化，对住房建设目标、结构和房地产市场调控实行动态管理和适应性调整。例如，对商品房和保障房建设和供应比例的调整，对房地产调控政策的方向和力度调整，对中央和地方政府调控的协同，对农民工积分入户的政策制定和实施，对申请保障房的范围、程序和轮候时限调整等。通过动态均衡调节和相应配套政策，使C模式的内涵和措施符合我国国情和时代的需要。

第二章

西方新自由主义思潮及其困扰

近年来，在一些国际机构和经济学者的大力鼓吹下，新自由主义在发展中国家大行其道，并给这些国家的经济和社会发展带来了极大的负面影响，经济发展停滞，贫富差距拉大，贫民窟泛滥和城市低密度蔓延，甚至导致社会陷入动荡之中。因此，认清新自由主义的本质以及其固有的缺陷，才能避免对西方经济学的顶礼膜拜和盲从，避免其可能带来的后果，有助于我们在科学的理论指导下，采取正确有效的方法，促进住房公平，提高住房效率，实现住房公平、效率和生态三方面的协调发展。本章从分析新自由主义兴起的时代背景入手，概要介绍新自由主义的主要内容，进而分析新自由主义的内在缺陷和在推行过程中产生的消极后果。

一、新自由主义兴起的时代背景及其主要内容

新自由主义起源于 20 世纪 30 年代，但由于其保守的立场及其不合时宜的极端政策主张，在相当长的时期里不为学界和社会所接受，一直处于边缘地位。直至 20 世纪 60 年代后期，西方国家继推行"罗斯福新政"克服大萧条的影响之后，由于对凯恩斯主义宏观经济政策应用不当，再加上两次石油危机，造就了新自由主义理论成为世界银行、GEF 等被发达国家操控的国际组织向发展中国家推销的主导经济政策。凯恩斯主义主张政府以财政手段对经济实施积极干预，增加政府需求，弥补私人消费不足，以弥补市场失灵，熨平经济周期。这个曾经被"罗斯福新政"以及此

后30年经济繁荣证明为有效的经济理论，在20世纪70年代遭遇到了空前危机。根据美国金融专家的研究，第二次世界大战后，美国政府在应对前10次经济衰退所采取的财政、货币刺激力度，平均仅为GDP的2.9%，而当前的力度，超过以前的10倍以上。20世纪30年代大萧条之后，美国GDP下降了27%，当时政府所采取的财政、货币刺激力度，为GDP的8.3%。而21世纪初，美国为挽救一个百分点的经济衰退，付出的代价相当于大萧条时期的54倍，远远超过危机本身造成的损失。凯恩斯主义政策不仅"剂量"越来越大，而且"疗效"越来越差。越来越大的"剂量"，导致债务的"悬河"越来越高，蓄积的"洪水"越来越多。如今，美国国债约占GDP的100%，日本国债高达220%。越来越高的债务使发达国家每年要拿出越来越多的财政收入还本付息。有机构计算，在未来30年内，主要发达国家要将财政收入的30%~50%用于还本付息。如此，政府必将陷入瘫痪，而且债务的"悬河"随时可能决堤。正因为通过政府扩大投资来刺激经济的做法已"穷途末路"，西方国家出现了经济增长长期停滞和通货膨胀并存的"滞胀"局面，第二次世界大战后一直处于主流地位的凯恩斯主义宏观经济政策逐渐退出了历史舞台。为了解决通货膨胀以及更为根本的劳资力量对比不利于资本积累的问题，在时任英国首相撒切尔和美国总统里根的推动下，以金融资本为首的国际垄断资本选择了新自由主义并推动了其兴起和向全球的传播。

人们一般把新自由主义的主张概括为"三化"，即"市场化"、"自由化"和"私有化"。所谓"市场化"，是基于对市场这只"看不见的手"的崇信，主张把生产要素、产品和服务都交给市场去自发调节。所谓"自由化"，是指反对一切政府干预和宏观调控，主张让市场自由地配置各种资源。所谓"私有化"，是基于公有制效率低下的偏见，主张国有企业和资产的私有化以及公共服务的私有化。新自由主义在西方国家以克服凯恩斯主义无法解决的低增长、高通货膨胀问题为名，在第三世界国家以帮助摆脱经济发展困境为名。所推行的主要经济举措的核心是私有化，亦即所谓"产权改革"。这实际上是针对劳动者和普通人民的一种财产权利归属的再分配，目的和结果都是使财富更加集中于垄断资产阶级。新自由主义搬出"小政府"、"减少政府干预"和"市场自由"、"贸易自由"一类东西，摧毁第三世界捍卫自己权利的最后一道防线。然而西方首先是美国的国家力量却在无限地加强（目前美国"国有土地"已占全部土地面积的46%以上，呈逐年增长的趋势）。资产阶级国家那种作为"站在社会之上的力量来抑制冲突"的表象丧失殆尽，正在日益同本阶级合为一体。直到 2008 年，由于金融机构过度追求自身利益最大化，通过金融产品创新吹大了楼市和金融产品泡沫①，而在"自由放任"思想误导下美国政府部门对此监管不够，美国次贷危机终于爆发了。美国的危机还引发了全世界金融海啸，给整个世界经济发展造成了严重危害。从这里，我们看到的是，在缺少政府监管和道德自律的情况下，每个人追求自己利益的最大化，给全世界带来了经济危机的残酷现实。我们看到的是，在这种思想指导下，富人越来越富，而加入穷人队伍且越来越穷的人越来越多。前一段声势浩大席卷全美的占领华尔街运动，示威者的标示牌上清楚地写着，"1% 和 99%，我们财富的大部分都被顶层 1% 的人占据了，而绝大多数人都是越来越穷"。这些惨痛的教训也印证了萨缪尔森在《经济学》（第 12 版）写下的警告："由于某一原因而对个体来说是对的，便据此而认为对社会整体来说也是对的，这就是合成推理的谬误。"

由于新自由主义摆弄"合成推理的谬论"，反对任何形式的政府干预，把西方发达国家在多次经济危机教训下采取的宏观调控和社会福利政策（例如由政府向民众提供的失业救济、医疗保险、教育补助和保障性住房等），当成是对私有制和个人自由的侵犯，希望恢复 19 世纪那种自由竞争的资本主义。这鲜明地体现了这一学派的资产阶级保守派的政治立场。有西方学者一针见血地指出，新自由主义的理论和政策，"代表了极端富裕的投资者和不到 1000 家庞大公司的直接利益"，只不过是少数富人为限制民众的权利而斗争的"现代称谓"而已。新自由主义者不仅要在西方国家恢复拓展自由主义的主导地位，而且主张将这种理念、制度推行到全世界去。20 世纪 80 年代末，在美国政府和国际金融机构推动下形成的所谓的"华盛顿共识"，将新自由主义具体化为体现国际垄断资本集团利益的一系列政策主张，在全球范围极力兜售新自由主义的政策和主张。

二、新自由主义理论的缺陷

由于代表新自由主义的西方主流经济学为了追求简洁、优美、对称、严密的数学表述，只能将其理论内核建立在众所周知的若干极端的假设之

---

① 数据显示，1998 年全球金融衍生品名义价值（衍生品对应的基础资产的金额）存量为 80.3 万亿美元，总市值（衍生品交易的实际市场价值）为 3.23 万亿美元。而到 2007 年末，全球衍生品名义价值为 630 万亿美元，为同年全球 GDP 总量的 11.8 倍。到 2008 年上半年，全球衍生品的名义价值进一步增加到 766 万亿美元，达到了历史新高。

上①。这样一来，其理论本源就不可避免存在重大缺陷或硬伤，并由此派生出了许多"貌似正确，实为谬误"的观点：

首先，新自由主义理论主张，"经济人"的理性在追求个人利益最大化的时候，能够实现社会财富的最大化。这是因为，新自由主义理论的一个基本假设是所谓"经济人"假设，即认为人都是自私自利的、理性的、试图用最小的成本获得最大的利益。"经济人"假设从抽象的人性出发，离开现实的经济关系抽象地谈论人性，并由此来解释市场经济中人与人的交往行为和经济的均衡。但现代心理学研究早已表明：现实生活中的个人往往不是按照新自由主义经济学家所想象的那样"理性"行事；人们的行为不仅不符合新自由主义经济理论的预测，而且各种非"理性"的行为是经常的、系统的。近年的实验经济学研究进一步表明：人并不是天生自私的，人们的偏好主要是在特定社会中内生形成的。即使在美国这样的资本主义国家中，人们的相当一部分行为也不是自私的。

不过，这种"主观上追求个人利益，客观上实现社会利益"的情形，在世界社会主义的政治压力下，在产业资本占主导的经济形态下的确短暂呈现过，这就是"福特主义"。福特给工人提高工资，工人用提高的工资改善生活，购买福特汽车，提高劳动积极性，如此实现了资本家与劳动者的共赢与和谐。但是，当金融资本复辟，"摩根主义"替代"福特主义"后，华尔街银行家不断伸张个人理性，将资本主义的契约精神一股脑地抛到脑后，将金融职能从配置资源转化为转移财富、从服务实体经济的手段转化为主导国民经济的工具，将低劣的垃圾债券包装成为优质资产，进行大规模金融欺诈，给自己带来一时的暴利，却给全世界带来无穷的灾难。金融资本主义越来越成为一头无法驾驭的"怪兽"，它肆意践踏着人们的正常生活，冲击着世界各国的经济与社会秩序。如今，国际金融市场越来越喜怒无常，中产阶层的财富越来越没有保障已成为常态。

实际上，每个人追求自己利益最大化，可以造成多种结果：一种是自己得利，别人损失。就像股票、期货、赌博这类零和博弈，以及买方垄断或卖方垄断对价格的操纵；一种是自己不得利，别人也损失，就是所谓损人不利

---

① 这套假设的主要内容：无差别的理性经济人、效用最大化、理性选择、完全对称信息、偏好不变和唯一的均衡结果等，进而它们之间的核心逻辑简述如下：（1）如果有一整套法律制度确保私有财产权边界清晰，那么，人们就会有足够的动力去创造财富。（2）如果有一种社会机制，能够把人们分化为资本家和被雇劳动者，社会生产就能得到最富效率的组织。（3）如果能够让人们形成"交易"的社会性格，生产和创新就永不枯竭。（4）如果有一个自由的市场，通过价格信号让各种"资源"得到最有效的配置，整个社会的福利会因"看不见的手"协调个人的奋斗而持续增进。

己。就像以前国内经常上演的家电价格大战，大家竞相自杀式降价，最后只会导致谁都没钱赚；就像贸易保护，大家互相提高关税或是用各种技术壁垒限制别国产品进口，这样两国消费者买到的都是更高价的进口品，对两国消费者来说都是一种利益损失。另一种才是自己得利，别人也得利，这就是互利双赢，才能保证促进整个社会利益增加。所谓"每个人追求自己利益最大化，就会促进社会利益增加"只是一种特例，绝不是正确到可以被奉为"神谕"的，而且在很多时候还会造成群体和整个社会利益的损失。

一个确凿的案例是：时任英国首相的撒切尔夫人（1979～1990年任英国首相）借提倡后来耳熟能详的"所有权社会"(the ownership society)，尝试建立英国版的弗里德曼主义。她提出一套反对公共住宅的理论，认为政府不应介入住宅市场。英国的公共住宅或叫公营小区(council estates)中住满不会投票给保守党的典型选民；撒切尔夫人相信如果把他们赶进自由的房产市场，他们会开始认同市场机制主宰一切的新自由主义。主意打定后，她对公共住宅的居民提供强烈诱因，以较低的价格把房子卖给他们。部分人变成屋主，但其他人却必须面对几乎是过去两倍的房租。这是一套"分而击之"的策略，而且果然奏效：租屋者继续反对撒切尔，英国大城市街头的无家可归者明显增加，但民调显示，超过半数的新屋主改变政党倾向，转而支持保守党，从而使奉行新自由主义的"铁娘子"获得了连任，但却损害了低收入者的住房利益。

其二，"市场化越彻底，政府管制越少，经济运行效率就会越高。"这也是建立在"理性人"基础上的"合成荒谬"观点之一。经过心理学和经济学的不断研究，人只具有有限的理性。就是说，人有的时候是理性的，而很多时候是非理性的。比如人们很多时候会感情用事；会一时糊涂，会贪小便宜而吃大亏；会一时冲动而事后后悔；会盲从别人、受周围人狂热行为的传染与影响，比如受影响去疯狂地炒股、炒楼、追涨杀跌，比如看别人炫耀、拜金、傍大款和住豪宅而过得风光无限，再加上媒体和社会舆论也在为此推波助澜的时候，人们会经不起广告、各种虚假消息和消费卡的诱惑而买回许多自己不需要的东西；人们还会有投机心理，明知道股票、期货、快速上涨的楼市等投资品只有少数人赚钱而大多数人都会赔钱，却不惜一切贷款甚至借高利贷疯狂地投资，结果受伤的总是自己。在七情六欲、具体环境和信息不充分的情况下，人是无法做到理性的。仅从经济上考虑，每个人从动机上总是在谋求利益最大化，也就是说想在交易过程中能多赚一些，可是知道自己的利益在哪与实现自己的利益结果之间，还是有很大的距离的。这正是新自由主义经济学所忽略的。

新自由主义经济学认为，自由市场是资源配置的最有效方式，自由竞争不仅能实现优胜劣汰、使资源得到最有效的配置，还能实现经济平稳发展，而政府干预则会扰乱市场自发的演进秩序，是经济周期或经济危机出现的原因。但这并不符合事实，美国经济学家保罗·克鲁格曼把这种盲目迷信市场的理论称为"市场原教旨主义"。另一位美国经济学家约瑟夫·斯蒂格利茨多次指出，"新自由市场原教旨主义一直是为某些利益服务的政治教条，它从来没有得到经济学理论的支持。它也没有得到历史经验的支持，现在也变得清楚了。吸取这个教训或许是现在乌云密布的世界经济的一线希望。"

在 2010 年 3 月 22 日"中国发展高层论坛"上，这位诺贝尔经济学奖获得者进一步阐述道："市场不会自动监管，不会自动地平衡私人回报和社会回报，反而可能出现巨大反差。市场充斥着大量的外部风险，这是市场的本质。我们需要在市场、政府以及其他行为主体的权利之间找到平衡。政府在这个过程中扮演着很重要的角色，一方面需要调控，另一方面需要发挥建设性作用。"[①]

其三，由市场交易决定的"商业价值"高于一切。新自由主义认为价格作为商业价值的衡量值起着综合并传递需求与供给或者稀缺性的信息。实际上，价值不仅仅是商业价值，更应该包括社会价值、精神价值和思想价值等。比如，在某一地区，赌博和色情行业一年能产生 50 亿美元的收入，而 100 位受人尊敬的科学家一年收入不过 2000 万美元，能说赌博和色情行业创造的价值比 100 位优秀科学家的价值大吗？相反，这 100 名优秀科学家产生的社会价值和精神价值要远远大于赌博和色情行业。正如西方政治哲学家阿伦特指出的那样：20 世纪人类社会面临的最大文化危机就是经典淡出、人与自然相对和谐的关系消逝、历史虚无主义崛起之后，市侩主义对文化的挑战与侵蚀。而市侩主义是一种精神态度：根据即时效用和"物质价值"来评价一切，从而轻视包括文化艺术在内的其他事物[②]……

当前，我国理论界尤其需要反思"市场价值凌驾于所有价值之上"的负面影响。鼓吹、放任市场价值是衡量价值大小的唯一标准，是衡量成功的唯一标准时，整个社会的价值体系就会发生严重扭曲，会有越来越多的人挖空心思向"钱"看。如果包装精美的假药比做良心药市场价格高得

---

① 参见：中国发展研究基金会研究参考第 18 号（总第 065 号）第 4 页，2010.4.26。
② 参见：阿伦特：市侩主义下的文化危机，南风窗，2012.3.28-4.10 第 7 期，第 93 页。

多，买伪劣楼宇的比卖高质量节能房产的赚得多，卖有毒食品的比卖安全食品的赚得多，欺骗作假的比一门心思搞研究的赚得多，道德败坏、欺骗民众、投机取巧的服务比道德高尚、讲求信誉的服务赚得多，整个"市场"就会因"劣币驱逐良币"而最终崩溃。更何况有时候所谓的商业价值、市场价格只是被吹起来的泡沫而已。正因为如此，20世纪80年代之后，许多主流经济学家逐渐醒悟："市场价格另一个重要的作用是传递不容易被一般民众观察到的商品（或服务）的特性信息，比如质量、节能环保、努力程度或者风险等等"。如果价格只能传递稀缺性信息，而不能传递这些特性信息，市场就不会是有效率的①。

另一方面，"社会应该如何组成，人应该如何过他们的生活，这些都不应是以市场价格为基准来回答的问题"。构建和谐社会绝不能让市场价值成为整个社会价值体系的主宰，绝不能让价格和金钱成为衡量所有价值大小的公因数，在金钱与道德、金钱与正义、金钱与公平、金钱与社会责任、金钱与诚信等发生冲突、面临选择的时候，选择金钱至上的人越多，这个社会就越会朝着欲望横流、自私自利、信义毁弃、道德堕落和真情泯灭的荒漠退化。如果高物价、高房价、高就业压力、高竞争压力不断持续下去，如果文化产品继续以庸俗、低俗、恶俗的内容来刺激人们的身心，那么越来越多的人会被逼向金钱至上。如果越来越多的学生所接受的教育是以挣钱能力为唯一衡量"成功"的标准，社会道德和投资环境的持续恶化就会不期而遇了；如果越来越多的年轻人和踏实肯干的人没有勤学苦练、创新创业致富的途径，而只能靠弄虚作假、投机取巧才能赚钱，如果越来越多的人只能靠"啃老"来屈辱地生活，买不起房或付不起房租、养不起孩子、看不起病，人的尊严和价值何在？

奉行新自由主义的经济学家们不是总说，政治权力要分散、要被监督、要被制衡，那么谁来节制市场价值的权力？谁来制衡资本价值的权力？在美欧等国政治权力无法世袭，但资本及其影响力却可以世袭；政治权力被分散、被制衡了，但资本的势力却在不断聚集增大。在西方社会中，大金融集团、大企业集团的能量不断增强，可以影响国家法律和政策，而如果任意一个发展中国家政府敢不配合，它们就会威胁不投资、威胁撤资、威胁不借钱给政府。因为少了资本的支持，国内失业人数就会增加，税收收入也会减少，所以如果是软弱的政权和不利的经济环境，政府只能就范了。什么是自由放任市场经济，在新自由主义的论述中就演变为

① 黛安娜 科伊尔.高尚的经济学.北京：中信出版社，2009：122.

放任市场价值能够与其他所有社会价值进行交换并最终凌驾于所有社会价值之上的经济；什么是自由放任资本主义，就是削弱一切能够制约资本的权力、组织和规则，让资本说了算的主义。

三、新自由主义政策所造成的后果

史实证明：新自由主义政策确实能够短暂地缓解部分国家高通货膨胀和利润率下降等问题，并且在一定程度上促进经济全球化。但与此同时，新自由主义也给世界经济和社会发展带来了诸多恶果，如经济发展减速、贫富分化加剧、住房问题恶化、贫民窟剧增、金融风险加大等。而原苏联、东欧国家经济的持续衰退、拉丁美洲"新自由主义神话"的破灭和当前的这场国际金融经济危机，都表明新自由主义无法解决自身的缺陷，已经陷入困境而无法自拔。

新自由主义主张解除对资本投资、商品和服务贸易等自由流动的限制，提倡贸易自由化、金融自由化，在一定程度上推动了经济全球化。然而，这种全球化是由西方发达国家主导的，体现了发达国家和垄断资本的利益，不可避免地导致一系列新的矛盾，如：世界范围内的两极分化，中心国不断强化暴利和垄断地位，发展中国家对发达国家依附的加深；对于全球生态系统的过度开发与破坏；权力集中在几乎不受任何监督和控制的少数金融寡头手中；全球性的经济混乱、金融危机不断爆发；中心国经济帝国主义日益明显：在经济领域内，对原材料价格和资本输出施加压力；在政治领域则是腐败、颠覆和单边战争等。

新自由主义崇尚弱肉强食的"丛林法则"，竭力推行有利于资本家利益最大化的政策。利润最大化、工资最小化必然导致贫富两极分化，这是马克思在《资本论》中阐述的资本积累的一般规律。因此，新自由主义的泛滥，使人类社会的贫富差距达到了前所未有的程度。一方面，是国与国之间发展的不平衡加剧，差距拉大；另一方面，在几乎所有推行新自由主义的国家内部都出现了贫富差距拉大的问题。根据联合国大学世界发展经济学研究所发布的《全球家庭财富分布情况》，在2000年，世界上1%最富有的成年人口拥有40%的全球家庭财富；世界上10%最富有的成年人口拥有85%的全球家庭财富。而占世界人口50%的中低收入成年人口拥有的财富比例只有1%。全球家庭财富分配的基尼系数为0.892。富人越来越富，贫富差距拉大，表明世界贫困问题严峻。20世纪80年代以来，里根政府推行经济自由主义造成了日益严重的贫富分化，经济增长成果的绝大部分都进入了少数富人的腰包。最富有的 1‰（约 30 万）的收入与最穷的 50%（约 1.5 亿）的总收入相当。美国最富的 10% 家庭的财富占社会财富的 70%。诸多发达国家也面临同样的问题，英国、法国 10% 的富人占据社会财富的 50%。2008 年的国际金融危机进一步拉大了发达国家内的收入差距。事实上，在新自由主义泛滥以来，除了少数国家，绝大部分国家的贫困人口不是减少了而是增加了。结果是，大量民众相对和绝对贫困化，大众消费需求增长缓慢、投资水平下降、政府支出减少，导致世界范围的有效需求增长缓慢甚至减少，出现了严重的生产能力相对过剩的现象。为了维持生活，在投入更多的劳动时间的同时，许多家庭不得不大量借贷消费。

新自由主义主张对公共部门实行私有化、削减社会保障和福利、削弱工会的力量、取消保障房建设，导致了低收入者的福利被大幅度削弱，失业率大幅度上升，许多国家工人的实际工资出现了下降趋势。目前美国工人每小时的实际工资仍低于其 1973 年的水平。20 世纪 70 年代以后近 30 年的时间里，普通美国家庭的收入并无明显增加，而占比 0.1% 的最富者的收入增长了 4 倍，占比 0.01% 的最富的美国人要比 1973 年时富裕 7 倍。美联储最近的数据显示，中位数家庭的资产（包括他们的住房，但不包括他们的抵押债务）约为 7.72 万美元。最富的 10% 的家庭则拥有将近 120 万美元的资产。自从 20 世纪 20 年代的"大萧条"前夕以来，从未出现过如此悬殊的差距[①]。为了应对贫富差距扩大造成的有效需求不足，给百姓派发信用卡就成了"应对之道"，美国家庭的平均负债从 1980 年的 4 万美元增长到 2007 年的 13 万美元，"债务泡沫"孕育了房地产危机。在其他西方国家，工人实际工资要么基本停止了上涨，要么出现了下降。在推行新自由主义的一些发展中国家，情况更加严峻。

20 世纪 80 年代，拉美国家经济曾陷入债务危机的困境，从 1982～1992 年拉美地区经济增长率仅为 1.8%，不仅大大低于世界平均水平，而且低于非洲地区。国际货币基金组织、世界银行等国际机构把新自由主义的经济政策作为解决拉美地区经济困难的灵丹妙药，为此，20 世纪的最后 10 年新自由主义政策在拉美地区盛行，加深了这些国家的困境，不仅没有推动贸易增长增加就业和减少贫民窟，反而陷入了更深刻的危机之中。

斯蒂格利茨揭露了国际货币基金组织的决策草率，根本不深入了解各国的实际经济情况，而将新自由主义经济政策作为万灵药方，强迫前苏

---

① 参见：美国《华盛顿邮报》2012 年 8 月 26 日文章：丹蒂·金尼，不公平对所有人不利，对富人也不例外。

联、东欧和第三世界国家推行，国际货币基金组织认定"普遍真理就是休克疗法，适用于所有那些向市场经济转型的国家：下的药越猛，造成的反应也越痛苦，经济恢复得越快，推理过程就是这样的简单武断"。斯蒂格利茨还提到，"当国际货币基金组织决定帮助一个国家，它派出一个经济学家的'使团'。这些经济学家往往缺乏对这个国家的广泛了解，他们可能对这个国家的五星级饭店，比对它分布在乡下的村子拥有更多的了解。这些工作小组以在出发前就拟好报告的草稿而著名。我听说过这样的不幸事件，这些小组成员把给一个国家的报告的大部分拷贝下来，并把它们全部转变为给另一个国家的报告。他们带着这份拷贝转变而来的报告出发了，但是由于文字处理软件的'寻找并替换'功能没能正常工作，结果在一些地方仍保留着原来那个国家的名字。原来如此！"

这种草率的新自由主义决策方式给许多国家带来了深重的灾难。

"华盛顿共识"的危害之一在于理论误导。"华盛顿共识"主张经济自由化，反对国家干预。在"华盛顿共识"和新自由主义思想的影响下，一些利益集团的代言人甚至喊出了"让市场决定未来！"的市场原教旨主义式的口号。但他们没有预料到，当全球金融危机袭来，市场这只"看不见的手"完全失灵的时候，就连市场原教旨主义的大本营、"华盛顿共识"发源地的美国也放下教训别人的架子，转而求助于政府干预这只"看得见的手"，金融机构国有化、量化宽松、汇率干预、出口补贴等等手段一齐上阵，比起美国原来一直指责的非市场经济国家的干预力度有过之而无不及。拉美等发展中国家由于其政府决策者大都在美国名校接受教育，深受自由主义经济思想的影响，在经济发展初期及遇到困难时，盲目尊崇"华盛顿共识"和新自由主义理论的教条，错误地相信只要削减政府规模、停止干预并全面放开，市场就会"魔术般"地出现，经济就会增长，但实践的结果却表明，在市场经济尚未建立、市场机制远未完善之前，简单地放弃政府干预，不仅经济状况会更加恶化，而且市场经济的实施也没有了依靠。因此，一些有识之士也在反思，在总结推行"华盛顿共识"国家的经验教训后认为，在经济快速发展和社会变革时期，市场远未成熟，秩序往往是最重要的，而"华盛顿共识"和新自由主义理论恰恰将这些国家引向了秩序的反面，导致了灾害性的经济后果。①

---

① 参见：Wade, R. Governing the Market: Economic Theory and the Role of Government in East Asian Industrialization Princeton, NJ: Princeton University Press. 2003; The East Asian Miracle: Economic Growth and Public Policy（World Bank Policy Research Reports）Washington, D C: World Bank Publications, 1993.

　　"华盛顿共识"的危害之二在于目标混乱。"华盛顿共识"的鼓吹者片面强调"自由化"和"私有化"，但对社会现阶段目标却混淆不清，即便提出了一些最终目标，对如何实现以及在实现的过程中可能遇到的问题也没有做出回答。正因于此，"华盛顿共识"的追随者认为目标就是建立完全由市场自由支配的房地产市场，存在"房价不高，房价是供需关系作用的结果"，"投机是市场的必然产物，存在投机是正常的"，"投资风险由个人自行承担，不会影响宏观经济运行"等等错误观点。他们认为，只要政府放任市场发展，市场规律就可以发挥作用，最终目标就可以实现。由于对实施过程中的困难估计不足，一旦出现市场失灵或偏离目标的情况，"华盛顿共识"的鼓吹者们往往束手无策。

　　"华盛顿共识"的危害之三在于政策误导。"华盛顿共识"片面主张市场自由化，对政府干预政策的出台时机和力度造成误导，甚至使政策无法出台，导致市场的无序化；主张全球自由化即放松对外资的限制，导致有关国家放松对外资特别是热钱的管制。热钱的大规模快进快出，可能引发严重的通货膨胀和资产价格的大起大落，房地产价格暴涨暴跌，造成所在国的金融和经济体系崩溃；主张福利个人化即保障的责任由国家向个人转移，导致有关国家片面依赖市场来解决住房问题，对住房保障的投入不足，住房保障体系难以建立，贫富分化更加悬殊，甚至是城市贫民窟蔓延一发不可收拾。

　　"华盛顿共识"的危害之四在于"发展停滞"。拉美等发展中国家盲目尊崇"华盛顿共识"推行土地私有化，对房地产市场采取自由放任的态度，政府在市场发展和市场机制建设中的作用缺失，结果导致城乡差别进一步拉大，城市贫困化，收入差距过分悬殊，贫民窟蔓延，城乡生态环境恶化，经济发展停滞不前，进而引发政治动荡。这方面拉美国家表现得尤为典型，被称为"拉美陷阱"[①]。拉美国家经济发展的"陷阱"是由多方面因素造成的。除历史因素、宏观经济因素、税收政策、就业政策、工业化模式和土地所有制以外，它还与拉美各国政府调控城市化和治理经济的指

---

① "拉美陷阱"也被称为"中等收入陷阱"。20世纪70年代，拉美一些国家，如阿根廷、智利、乌拉圭等国，在人均GDP达到1000美元之前曾出现过一段发展较快时期。但是，当人均GDP超过1000美元之后，收入分配差距两极分化趋势越来越明显，弱势群体增多，城乡差距扩大，失业率居高不下，大多数人享受不到现代化的成果，社会陷入动荡，政局不稳，经济增长持续低迷。"拉美陷阱"的典型表现是城市化畸形发展。由于缺乏规划，当农村人口短时间内快速流入城市，城市没有足够的能力为迅速增加的外来人口解决住房和基本服务问题（如医疗卫生、文化教育、电力供应、给排水等），造成城市化过程的混乱。来到城市的大批农民，由于不能得到充分就业、收入水平低，逐渐成为城市的"边缘群体"，通常被迫在环境较差的地方建立住所，形成城市贫民窟。随之而来的是犯罪活动、暴力活动和各种骚乱事件时常出现，治安状况差，社会环境恶化。如今，几十年过去，拉美大部分国家人均GDP还在1000～3000美元间徘徊，其社会经济发展就如掉进陷阱中爬不出来，故称这种现象为"拉美陷阱"。

导思想有关，其中最主要是盲目遵循"华盛顿共识"和新自由主义思潮的影响，在处理政府与市场关系问题上出现失误。拉美各国决策者纷纷以美国为样板，遵循 A 模式，对大城市的扩张和中小城市的衰退放任不管，对农村土地私有化所导致的一系列弊端也听之任之，而且还减少了公共财政对农村和小城镇的投入，奠定了"拉美陷阱"的基础。

一些拉美国家曾一度以"自由化"、"私有化"和"非调控化"快速而彻底受到西方舆论的赞誉，但这些国家的社会经济发展后来都相继出现了严重问题，这种结果使许多人认为在所谓的市场化改革中受到欺骗。一些西方国家的有识之士对此作出了客观的评价。例如，获 2001 年诺贝尔经济学奖的美国经济学家斯蒂格利茨认为，拉美国家第一次改革之所以失败，是因为"这场改革是以如何使市场经济发挥功能的错误观念和对政府功能的错误分析为基础的。"[1] 美洲开发银行行长伊格莱西亚斯也一针见血地指出这种做法的极端片面性："市场经济本身变成了目的，为了实现这个目的什么都可以牺牲。"

拉美等发展中国家的实践结果表明，"华盛顿共识"既不是发展中国家成功发展的必要条件，也不是充分条件。"华盛顿共识"几乎没有取得什么成果，却使追随它的国家付出了巨大的社会经济和生态环境代价。其在拉美等发展中国家推行的结果是促使人们达成了唯一的"共识"：即"华盛顿共识"完全无助于发展中国家的发展。

在"害人"的同时恶性膨胀的新自由主义也无情地"害己"。在"有效市场"的假设之下，金融资本家们肆意扩大全球的衍生品市场，并快速使发达资本主义国家经济结构呈现"倒金字塔"的状态。数据显示，1998年全球衍生品名义价值（衍生品对应的基础资产的金额）存量为 80.3 万亿美元，总市值（衍生品交易的实际市场价值）为 3.23 万亿美元。而到2007 年末，全球衍生品名义价值为 630 万亿美元，为同年全球 GDP 总量的 11.81 倍。到 2008 年上半年，此数字更高达 766 万亿美元。在此类"泡沫资产"的引导下美国经济长期过度消费甚至大规模透支住房消费，欧洲人则习惯于在沉重的财政赤字下依然享受着高福利。而随着虚拟经济泡沫的破灭，欧洲不得不进入难熬的漫漫长夜，而全世界各国普遍民众则为之支付财务破产的损失。

本轮危机爆发后西方资本的大量外流加剧了发展中国家的危机程度。就连数次在金融危机中获得巨额利润的"金融大鳄"索罗斯也在一本著作

---

[1] 参见：Stiglitz, J E. More Instruments and Broader Goals: Moving Toward the Post Washington Consensus. 1998.

中写道："市场原教旨主义比过去任何的极权主义意识形态对开放社会的威胁更大"。"对政治不满会促进市场原教旨主义的推行，而市场原教旨主义抬头又反过来使政府失灵。全球资本主义最大的缺陷之一是容许市场机制和利润动机渗透了原来不该出现的活动范围之内。"这位精通此道又赚得盆满钵满的"行家"终于悟道："如果因效率不彰和贪污腐化就放弃集体决策，就和因不稳定和不公平而扬弃市场机制一样，两者都源于无法接受人类生而不完美及需求改善的事实。"

事实充分证明，新自由主义的泛滥成灾是当前这场全球性金融经济危机爆发的最深刻的根源，危机集中体现了新自由主义主导下的私有化、自由化、全球化和金融化的深刻矛盾以及这种发展模式的不可持续性，事实上宣告了新自由主义发展理论和发展政策的终结。

值得令人深思的是，我国著名经济学前辈陈岱荪，曾于1995年撰文深刻指出，"近年来在国内滋长的对西方经济学的盲目崇拜倾向，深究起来，实质只是对当代西方经济学中新自由主义这一古旧学派的崇拜，而人们之所以以腐朽为神奇，盲目崇拜这一带有浓厚的复古色彩的学派，主要原因有三，一是误认为新自由主义是主流派经济学；二是为其光怪陆离的理论表象所迷惑，没有认识到它与从亚当·斯密到马歇尔的旧经济自由主义一脉相承的理论渊源关系；三是没有识破西方国家和某些国际经济组织在发展中国家特别是社会主义中国强制推行自由主义经济学及新自由主义经济模式的险恶用心。西方国家在国内甚至国际经济生活中厉行国家干预主义政策，但要求广大发展中国家和特别是社会主义国家推行新自由主义改革模式和经济政策，取消国有企业，取消国家对经济生活的管理特别是计划管理，洞开国内市场，与西方国家牢牢控制的世界经济接轨，其目的无非是要在发展中国家恢复殖民主义统治。我们的某些学者十分卖力地在国内贩卖这一套新自由主义货色，而且非常顽固地加以坚持，实际上扮演了一个可悲的角色"。

值得指出的是，我国房地产市场在改革开放后三十年的发展过程中所走过的弯路，正是遭受了新自由主义所鼓吹的"市场化越彻底越好"、"商品化率越高越好"影响所致。至今为止，理论界仍有不少人认为除保障房投资建设外，政府不应对商品房市场进行干预，他们主张取消房地产市场调控，任由市场机制自由发挥。更有不少人完全罔顾第三世界国家遵循"华盛顿共识"之后土地资产大量向金融寡头集中的恶果，仍片面地认为应将国有土地、集体土地完全私有化，从而释放中国最后一块"财富潜力"等。这说明，在我国消除新自由主义在此领域的影响仍"任重道远"。

第三章
房地产与一般商品的差异性

房地产作为特殊的商品，与一般商品之间存在着显著的差异。这种差异性决定了房地产市场分析和调控方法不能简单沿用针对普通商品的方法。房地产与一般商品之间的差异可概括为以下几个主要方面。

一、房地产商品的不可移动性和垄断性

房地产的不可移动性是由土地所赋予。各国都用不动产（real estate）来强调房地产与其他普通产业的区别，说明其空间的不可移动性，也就是说，此类商品不可能在价值规律的影响下进行空间搬运。不可移动性决定了住房对空间布局的关键影响，也使得住房无法像一般商品那样通过物流和供需关系调整来平抑不同地区需求的差异。这就导致了房地产资源的相对稀缺性，尤其在城市化的过程中，不可避免地产生空间的垄断性质。同样一平方米的土地，处于荒漠或繁华的都市中心，其价格无疑有天壤之别。

二、房地产具有消费品和投资品的双重属性

住房除了具有一般商品的属性外，它也是人类生活的必需品，生存的必要前提，此外，住房还具有投资品的属性，是普通家庭中分量最重的财

富。正是因为住房有着如此复杂的、非普通商品的属性，住房的市场化程度并不一定代表一个国家或地区住房市场的健康与社会进步程度。国外的经验也证明了这一点。统计资料表明，发达国家的住房自有率低于发展中国家，而欧洲国家则明显低于拉美和亚洲国家。

房地产作为商品和生活必需品的双重属性，决定了房地产不能按照一般商品那样简单地由市场来配置资源，政府应当承担最基本的住房保障责任。在市场化主导的经济模式中，房地产的稀缺性、存续的长期性以及能够产生经营收益的特性，使其成为极佳的投资品，也因极易引发过度投资而产生经济泡沫危及国民经济。房地产的双重属性增加了房地产市场的复杂性，使其难以按照一般商品来分析供需，也难以按照一般的投资品来进行资产定价。同时，房地产消费需求和投资需求难以截然分清，也增加了房地产市场调控的难度。

三、市场信息的不完备性

房地产市场信息在垄断性占有资源和开发投资的情况下，极易发生扭曲变形，难以反映成交的不动产的真实价值。再加上房地产缺乏流动性，不仅不同类型的房地产商品属性差异较大，而且同一类型的房地产因存在地段、品质、购买人群的收入水平和社会阶层归属、周边的生态环境、就业和交通条件以及预期投资的大型公共设施的影响而呈现极大的差别，很难像一般的商品那样进行自由挑选。

四、交易双方进出市场的门槛较高

从供应方面来看，由于房地产投资数额巨大、回收期长、开发建设程序复杂、专业性强，极易受政治、文化、经济形势、自然灾害和国际贸易等多种因素的广泛影响而具有很大的投资风险。另一方面，由于房地产商品使用周期极长又涉及公共安全，故各国政府都对其设置了各种强制性技术标准、设立企业的资格条件、开发建设和销售的政府管制要求。这些必要的管制手段也构成了进入和退出房地产市场的门槛。从需求方面来看，与一般商品相比，住房的单体价值很高，对大多数家庭而言，购买住房的门槛极高，仅凭自有储蓄难以承担，一般还需要借助银行的按揭贷款来实现购房的目的。而且，住房在普通家庭财富的构成中一般都占据了绝对比重，也是大多数人一生中价值最高的消费品。

五、供需弹性的不对称性

对供需弹性较为均衡的一般商品而言，价格机制能迅速地调节供需关系而使双方趋于均衡。但房地产市场供需弹性的不对称性突出表现在，供给弹性小而需求的弹性大。当一国处于城市化高速发展期和经济转型期，房地产的需求增大会推动商品房价格急剧上升，但由于受到基础设施完备的城市土地供应的限制（包括数量和时空方面的限制）和房产建造周期较长等原因，此时短期供给无弹性，无法相应地增大供给，房地产价格就会在短期内快速上涨，并同时引发投机和投资的需求（一般来说，当投资房的比率超过 20% 的购房率时就易引发虚假的需求），从而推动房地产价格的虚高，最终产生泡沫。一旦这种虚假的需求不能支撑虚高的价格时，泡沫就会破灭，并引发全面的经济危机。

六、城市土地的社会和公共属性

与其他商品极大的不同点在于，城市土地的增值主要是由于公共投资包括城市基础设施、公用品供给的分布和社会资本的投入所致。城市土地是全体市民或公共所有的资源，明显属于稀缺性资源。土地又是市民从事社会、经济和文化活动的基本载体，必须遵循公共福利最大化原则进行配置。此外，土地又是财富之母，是一切经济活动的基础。土地市场在市场经济体制的建构中具有本源性的作用，土地市场的不健全或失控必然会导致整个市场经济体系的崩溃。由此可见，城市土地自然具有明显的社会和公共属性。

早在 19 世纪末，世界各国的仁人志士就开始对资本主义国家的土地私有权的绝对性进行批判，并提出许多行之有效的"社会化"方案。例如，法国革命家卢梭在其名著《人类不平等起源》中具体分析了土地私有制的弊端。马克思在《共产党宣言》一书中指出"剥夺地产，把地租用于国家支出"。英国社会活动家、城市规划学的创始人 E·霍华德（1898）主张城市政府应是土地的所有者和经营者，不承认土地私有；城市土地的使用应该由政府管理，按城市规划进行建设，其名著《明日的田园城市》的要义之一就是实行城市土地收益公有化为中心内容的城市社会变革。孙中山先生提出一定要实行"平均地权"的伟大思想，他在"民生主义"第二讲中指出："解决土地问题应在工商业未发达之前，将增值当公共未来的产。"他提出平均地权的四大纲领——"规定地价"、"照价征税"、"照价收买"和"涨价归公"，即地价共享的思想。

在实践方面，除了社会主义国家之外，英、德、法等国采用渐变的办法。一方面采用立法、行政管制、城市规划调控和税收调节等多种手段，均衡城市土地开发利用过程中公共利益与私人利益之间的冲突。另一方面，通过强制性土地征购、发动先买权和补偿金等办法扩大公用土地的范围。现在，瑞典、新加坡等国已经基本实现了以土地公有制为主导的城市土地使用制度，其他资本主义发达国家的公有土地也正在扩大之中。美国通过购买、确权、征用等手段，几十年来已将国有土地的面积扩大到国土总面积的40%，从而使其成为调控经济的有力杠杆。历史经验昭示：土地制度的公有化或称"社会化"的变革、严格有效的金融管制政策和严密的城市规划调控是还土地本来的公共属性、克服土地投机所致的泡沫经济的必由之路。

七、东西方文化差异在住房需求及产权属性上的反映

东西方文明由于所处的自然环境不同，发展演变历史不同，形成了截然不同的文化（表3-1）。在社会构成基础上，农耕文明的早期，自然环境恶劣，仅仅依靠个人的力量很难生存下去，必须进行联合。东方农耕文明中人们依赖土地，可自给自足，居住地相对稳定，以农业为主的经济使得家庭成为社会的基石，社会以血缘纽带维系的宗法性结构，重家庭伦理成为东方传统文化的典型特征之一。东方文化以集体利益作为主导，强调个体在群体成员中的地位和生活方式，个人的愿望、发展以及隐私对于群体来说处于次要位置，必须让位于群体。西方文化以自我为中心，强调个体的独立和主体的作用。推崇个人主义，强调体现个人的价值，自我实现的地位变得非常突出，个体成为个性化的自我。西方文明根植于游牧民族文化，流动性较强，以财产关系为基础的社会契约制的城邦组织取代了以血缘关系为基础的宗法社会组织。

在人与自然的关系上，东方文化对人和自然关系的认识是以"天人合

一"为出发点,崇尚融合与中庸,对自然充满敬畏,追求人与自然的和谐相处。而西方文化将人和自然的关系看成是主、客体两分的东西,崇尚斗争与力量,向自然作无限的索取,人与自然相互对立。

东西方人文化观念比较

表 3-1

差异 \ 文化	东方文化	西方文化
文明	农耕文明	游牧文明
居住方式	定居,居住地相对稳定	流动性强,没有固定的居住地
经济形式	以农业为主,自给自足	以畜牧业为主,不能自给自足,需要通过商品交换来满足需求
社会构成基础	以血缘纽带维系的宗族体系	以财产关系为基础的社会契约制
价值观	个人让位于群体,重视家庭伦理	个人至上,强调个人价值的自我实现
人与自然关系	敬畏自然,强调"天人合一",追求人与自然的和谐共处	人与自然主客两分,相互对立,崇尚斗争与力量,向自然无限索取
对待土地和住房的观念	农耕文明中长期依赖土地,对土地和房产有特殊的情结,有置业的传统	游牧文明中迁移频繁,崇尚自由和随遇而安,对租房接受程度高
代际关系	代际关系紧密且复杂,强调长辈对晚辈的抚养和帮扶,晚辈对长辈的孝敬	代际关系相对简单,父母将孩子抚养成年后即算是尽到了责任

东西方文化基因的差异也反映在对待住房的观念上,住房已经不再是简单的商品,而是被赋予了文化的内涵。首先,东方民族受悠久的农耕文明的影响,居住地一般较稳定,对土地和房产有特殊的情结。而西方主要传承于古代游牧民族文化,崇尚自由和随遇而安(以美国人为例,平均每人其一生迁移的次数为 7 次以上),西方家庭即使有很多子女,租房住也被认为是很平常的事。其次,东方文化有传家立业的传统思想和炫耀式、攀比式消费的旧习,这种思想表现在住房上就是衡量一个人是否成功的重要标志之一,是他能否置下自己的产业(即能否拥有自己的住房)。不仅是住房,东西方的这种文化差异甚至体现在墓地的规格上。再次,东方文化中的好面子思想,驱使人们即便是在经济能力极其有限的情况下,也会尽一切努力拥有自己的住房。而西方文化中人们一般对住房采取的是实用

主义，只要有合适的房住，租或者买并没有太大区别，西方文化中人们更愿将富余的财富用于其他精神娱乐等方面，以满足个性化的需求。第四，东西方文化差异还体现在代际关系上。西方文化认为父母将孩子抚养成年后，即算是尽到了父母的责任，至于父母甚至祖辈倾其所有资助孩子买房的做法，在西方文化中被认为是匪夷所思的事情。而东方文化的代际关系比西方文化要紧密且复杂得多。在对待孩子的住房问题上，父母愿意继续尽全力支持孩子购买住房。由于住房的文化属性所在，住房需求已不仅仅是居住需求和市场供需规律就能完全解释的。由此可见，西方人对租房较为欢迎，而东方人以购买自居房为主流观念而且长期存在。

八、房地产的生态属性

房地产意味着空间的占用。房地产的空间分布形态、城市的功能布局对生态环境具有直接的影响，而房地产开发及使用过程中的资源和能源消耗，则在更大范围内对生态环境产生影响。统计表明，建筑是能源消耗的三大板块之一，建筑能耗世界平均水平约为32.9%，而发达国家的建筑能耗占比更高。我国目前的建筑能耗比重约为28%，且呈上升的趋势。欧盟的测算标准表明，房地产开发从建材的生产到建筑物的建造和使用，这一过程大约消耗了50%的能源、42%的水资源和50%的原材料，同时产生了50%的空气污染和水污染以及近50%的固体废料（图3-1）。

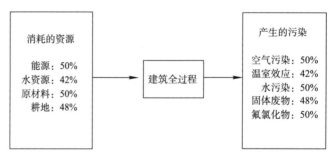

图3-1 建筑全过程对全球资源环境的影响

与传统非绿色建筑相比，绿色建筑在"四节一环保"方面具有极其明显的优势。从对9个最典型绿色建筑的调查情况看，核定成本普遍低于开发商申报的成本，每个项目的经济利益都非常好。通过推算，这些绿色建筑项目平均节电成本静态回报期3~5年，平均节水成本静态回报期为2~7年。绿色建筑在节能、节水、节材、控制二氧化碳气体排放等方面都显示了其独特的高效性。因此，是否选择绿色建筑，是能否实行建筑能耗控制目标的关键所在（图3-2）。

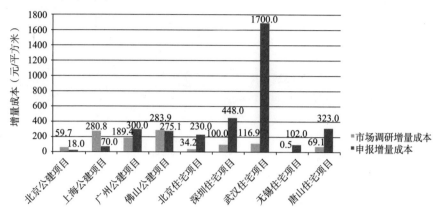

图 3-2　我国典型绿色建筑增量成本核定

房地产开发要占用稀缺的土地资源。我国经济发展较快，城镇化水平较高的地区主要分布在东南沿海地区，与我国优质耕地所在区间高度重叠，房地产开发是否占用耕地，不仅影响到生态环境，还关系到我国的粮食安全和可持续发展能力。房地产开发的形态决定了城市的空间形态，城市空间形态的紧凑与非紧凑选择，决定了城市人口的密度和对生态环境冲击的程度，在某种程度上也决定了城市的能耗模式。此外，居住模式的选择，如人均占有面积的大小，公寓式住房或是别墅，这些都直接关系到住房开发建设和使用全生命周期的能耗，以及对生态环境影响的程度。上述诸方面表明房地产具有明显的生态属性，因此，选择房地产发展模式必须考虑其生态效应。在这方面，美国模式的城市蔓延和拉美模式的无序城市化教训都极其深刻。

第四章

房地产之公平

一、住房公平的意义与内涵

公平公正是人类千百年来的美好愿望和孜孜以求的社会理想，是人们安居乐业、社会有序发展的基本保障，公平公正还是社会文明程度的重要标准，也是社会通过制度安排和制度创新、促进社会关系协调的重要价值依据。此外，公平公正是社会文明程度的重要标准。作为一种观念和准则，社会公正始终与人类社会发展相伴相随。正是对公平、公正的追求，使得人类社会从自然状态当中挣脱出来，进入到了社会生活，这意味着人们不再简单适用原始的弱肉强食、适者生存的法则，而是通过自己的理性对社会生活加以安排。坚定不移地捍卫公平公正这一人类崇高价值，它不仅承载着人性的追求，而且承载着社会制度的首要价值。作为人们不可或缺的基本生存条件和心理尊严的依托之住房，具有庇护所、投资品、地位象征、财富传承、创业乐居等复合功能。其占有、交易、分配更应兼顾公平与效益。本章内容从回顾人类追求公平公正的历史溯源入手，简要介绍了罗尔斯的公平观，进而阐述了住房公平的意义，住房不公平对社会可能带来的代价，以及住房公平所致的幸福感及其困境。

（一）人类追求公平公正的历史溯源

从历史上来看，公平是健康社会的基石，这一理念贯穿于整个人类文明发展史。中华民族历来崇尚社会公平公正，孔子撰写的《礼记》中就曾描写了"大道之行也，天下为公"的美好社会。无独有偶，韩非子明确提出了"均贫富"概念。他认为，"均贫富"是"帝王之政"需要关注的重要方面①。西方社会在古希腊和古罗马时期，人们就把处理人与人之间关系的基本准则纳入公平范畴。研究表明，人们对社会的公正和公平感的评价程度决定一个国家发展的成败。公平不仅关系到社会凝聚力，也关系到民众对社会和政府的信任程度，进而关系到社会的稳定以及一个国家发展的成败。只有实现了公平，才能最大限度地消除种种社会问题。由于住房是可视度最高的私有物品，也是民众最容易比较的公平衡量物。住房占有的公平与否往往就成为任一社会公正程度的主要指标之一。

人类历史的演进，实质是公平水平不断提高的过程。从奴隶社会到封建社会，是一次社会生产力的解放，但根本原因是奴隶得到了解放，奴隶取得了公平的地位，从而社会也就释放出了更多的劳动活力。从封建社会到资本主义社会，又是一次生产力的解放，同样，根本原因也是公平的演进。由于有了更为公平的制度设定，也就激发了资产阶级的活力，从而也就使资本主义社会创造了比封建或奴隶社会更大和更多的生产力。19世纪英国空想社会主义者欧文等建立"协和村"等希望公平解决工人阶级的住房问题。几十年后英国颁布了第一个有关住房公平的法律《工人阶级住宅法》。住房方面公平（包括其他方面平等原则的进步）情况的改良，也使英国的生产力猛升到当时全球霸主的地位。

世界银行《2006年发展报告：公平与发展》在总结10年来许多可控实验结果以及近期经济学研究成果的基础上指出：世界上不同的文化和宗教或许在许多重要的方面或各个历史时期有所不同，但关注公平与公正几乎都是它们永恒的命题。可以说追求公平公正是人类的一种偏好。有关专家对几个经合组织（OECD）国家进行调查后发现，多数高收入国家的不同职业的公民大都表现出对平等的强烈偏好。

社会主义社会，从建立之日起，就宣称自己在公平和效率方面是高于资本主义社会的社会，所以，社会主义社会理应要比资本主义社会更为公平。社会主义社会，应当要消除一切基于权力、地位、世袭利益、金钱等为基础的不公平。在社会主义社会，公平的分配原则主要就是按劳分配。对属于具有地理垄断性的居住权利更应公平公正地进行分配和保障，作为人类居住权依托的房地产市场也应该根据公平和效率均衡的原则加以规范与调控，从而防止对稀缺的城市空间资源占有的过分悬殊。

从和谐社会的角度来看，公平是人类社会的共同追求，是衡量社会文

---

① 陈鼓应．庄子今注今译．北京：中华书局，1983：256.

明与进步的重要标尺。追求公平是社会进行制度安排和制度创新的重要依据，是协调社会各个阶层相互关系的基本准则。和谐社会是一个"社会的各种要素相互融合的状态"，涉及人际、人与组织、人与环境等多重关系，涵盖了政治、经济、文化和自然各个领域。住房公平是和谐社会的基础，也是和谐社会的重要特征，是贯穿于和谐社会各个层面、各个维度的核心价值理念之一。促进住房公平是坚持以人为本的内在要求，是坚持立党为公、执政为民的必然要求。住房公平实现"居者有其屋"是和谐社会的核心价值追求。

从历史逻辑上讲，政府产生的历史使命和存在价值在于整合社会各个不同的、彼此互有矛盾对立的利益，使社会维持一种动态稳定的利益秩序。可见，政府是国家公共权力的行使者和社会公共事务的管理者，是社会全体公民公共利益的代表者和群体利益的整合者。政府公平性的本质属性决定了它所能调配的资源和运用的制度安排也必须具有公平性。作为一种"对社会价值的权威性分配"的制度安排，住房方面的公共政策必须将公平作为其核心价值标准，必须关注社会公平问题。我国社会主义核心价值体系和社会主义本质属性也决定了公共政策必须坚持公平性，高度关注民生问题。尤其涉及民众基本需求的住房公平，政府更是责无旁贷。

树立新的公共政策伦理观，就要坚持和谐共生和以人为本的原则，关注社会弱势群体的发展。"每个人都拥有一种基于正义的不可侵犯性，这种不可侵犯性即使以社会整体利益之名也不能逾越。因此，正义否认为了一些人分享更大利益而剥夺另一些人的自由是正当的，不承认许多人享受的较大利益能绰绰有余地补偿强加于少数人的牺牲。"而且要"平等地分配各种基本权利和义务，同时尽量平等地分配社会合作所产生的利益和负担，坚持各种职务和地位平等地向所有人开放，只允许那种能给最少受惠者带来补偿利益的不平等分配，任何人或团体除非以一种有利于最少受惠者的方式谋利，否则就不能获得一种比他人更好的生活"①。政府在制定住房政策时必须要根据目标群体的经济社会资源拥有状况采取适宜之策，即要对有利条件较多的强势群体进行引导和规范，对先天有利条件最少的弱势群体进行帮助和扶持，从而体现政策的公平性，维护社会公平，促进社会和谐。

（二）新自由主义的公平观

由于西方在20世纪70年代开始陷入了凯恩斯式干预主义的经济困

---

① ［美］约翰·罗尔斯，何怀宏等译. 正义论. 北京：中国社会科学出版社，2001.

境，新自由主义逐渐抬头，并借助于世界银行等国际组织奉行的"华盛顿共识"的推动，崇尚以自由市场经济中的"机会均等"原则取代一切公平观念，反对通过社会再分配来实现结果公平。如其代表人物米尔顿·弗里德曼（Milton Freedman）所指出的那样："把平等——即所谓的结果均等——放在自由之上，其结果既得不到平等，也得不到自由。"[①] 这实际上是一种强调"分配起点公平"的"个人权利主义"。其目的在于保障公民自由、生存权利、劳动权利、财产权利等；并认为：只要分配过程能充分尊重市场经济中的个人自由，保证人们上述的基本权利不受侵犯，不管分配结果如何，都是"公平"的。这种源自机会均等的公平观是基于个人绝对不可侵犯的"自由交换"权，而不是以弥补市场缺陷而设立的再分配政策。这种观点还认为：分配结果公平本身就不应该成为政策重点，任何旨在促进分配公平的做法都是注定会因触犯"个人自由"而失效——要么造成经济衰退，要么造成社会混乱，甚至两者同时发生。在这方面弗里德里希·冯·哈耶克（Friedrich von Hayek）和路德维希·冯·米塞斯（Ludwig von Mises）不愧是自由主义的超级鼓手，前者断言"个人努力的结果就必定是不可预见的，从而关于那种因预见而形成的收入分配是否公平或正义的问题就失去了意义。"[②] 后者则进一步论述："想要把人变得平等起来，这是依赖人的一切力量都办不到的事情，人与人本身就是不平等的，而且还将继续不平等下去。"[③]

新自由主义一方面断然否定依靠社会再分配来解决社会贫困问题，强调将"蛋糕"做大是解决贫困的唯一之路。富裕阶层在追求自身利益的过程中会自动产生积极的"滴漏效应"，间接改善穷人的处境。根本不需要政府主导的再分配制度来解决贫困问题。另一方面，新自由主义极力推崇只有发挥市场机制的作用才是实现社会公平的根本保证，并且任何试图超越机会公平原则——采用社会再分配手段——去实现社会公平的思想，都是要将某一个社会群体的意志或利益凌驾于整个社会经济自由之上，这不仅不能实现公平，而且还会威胁自由制度本身。新自由主义者们认为政府在财富再分配领域促进社会公正的做法不仅会破坏市场效率而且也不会促进社会公平。任何为救济贫困而运用政府的权力以建立一个更公平的或者更正当的社会财富或福利分配制度都是与自由社会相冲突的。其结果不可避免地会破坏市场的配置资源的机制，并造成政治上的伤害。贫困问题可

① [美]米尔顿·弗里德曼.自由选择.北京：商务印书馆，1998：152.
② 弗里德里希·冯·哈耶克.自由秩序原理·上卷.北京：三联书店，1997：121.
③ [美]路德维希·冯·米塞斯.自由与繁荣的国度.北京：中国社会科学出版社，1994：69.

以通过社会救济来解决，社会没有义务为平等目标进行社会财富再分配。市场分配是一个自发过程，它的后果是个人无法预见的，竞争性市场分配并非人们有意安排的结果，因此，无所谓公平与否。①

在论及公平理论的自由主义阵营中被称为旗手的人物，无疑还应包括罗伯特·诺齐克（Robert Nozick）。他认为只有贯彻三大正义原则——"获取正义"、"转让正义"、"矫正正义"，社会才能趋于公平正义。在获取正义原则方面，他认为私有制的占有是公平正义的、合法的。因为这符合洛克的"劳动获取理论"，即一个人通过自己的劳动附加在一个无主物上，就能获取对此物的所有权，但有一个前提条件即"还留有足够的和同样好的东西给其他人共有。"②

在转让正义原则方面，他认为那些通过盗窃、抢夺、欺诈、强占等得来的物品持有都是不公平的、不正义的，只有在交换自愿的条件下，转让持有才是正义的。

接着，诺齐克认为，如在获取或转让的过程中存在某些不公平，可用"矫正原则"来纠正前两个原则的不正义之处，但他又认为如果前两个原则都是正义的，就不需要矫正或补偿。这样一来，他的自由主义中心思想就可表述为国家的再分配是不正义的，应用"持有"代替"分配"，对某种物品只有持有的问题，不存在分配的问题，即只有"所有权"或"财产权"。因而私有财产的拥有极不公平是合理的、正义的，也是神圣不可侵犯的。③

（三）罗尔斯的公平观

美国著名社会学家约翰·罗尔斯（John Bordley Rawls）撰写的《正义论》影响深远，其核心是对两个正义原则的阐述与论证。罗尔斯对两个正义原则的初步表述是：一、"每个人对于与其他人类似的自由相容的最广泛的基本自由，拥有同等的权利"；二、"社会和经济不平等应这样安排：（a）它们被合理地期望合乎每个人的利益；（b）它们与职位和公职向所有人开放相挂钩"。通俗地说，第一个原则就是："每个人对于最广泛的基本自由都拥有同等的权利，其前提条件是他在行使自己的自由权利时不得妨碍他人的类似的自由"。第二个原则中的（a）条件的意思是，社会和经济

---

① 刘斌．西方经济学中收入分配公平观述评．山西大学学报（哲学社会科学版），2004（7），Vol. 1.

② ［英］洛克．政府论下篇．北京：商务印书馆，1964：15.

③ ［英］罗伯特·诺齐克．无政府、国家与乌托邦．北京：中国社会科学出版社，1991：260－263.

的不平等安排应该对每个人都有好处；（b）条件的意思是，这种社会和经济的不平等只能是职位和公职向所有人开放所带来的结果，是在机会公平情况下出现的结果。

罗尔斯的正义原则中最有创意同时也最有争议的是第二个原则的（a）部分，即社会和经济的不平等安排应该使每个人都受益，这个原则通常被称为"差别原则"①。按照这个原则，我们可以将一个原始平等的社会改造为一个不平等的社会，但这种改造必须保证所有人在不平等的社会中都能过上比他们在平等的社会中更好的生活。通常，一个不平等社会的中上层会过上比他们在平等社会中更好的生活，因此，看一种不平等社会是否会使所有人得益，从根本上说，就要看一个不平等社会的底层是否会过上比他们在平等社会中更好的生活。如果连社会的底层都能过上更好的生活，那么社会的中层和上层更是如此。由于这个原因，罗尔斯后来就把第二个原则的第一部分改写为"社会和经济的不平等必须给处于最不利地位的社会成员带来最大的利益"。

根据罗尔斯的差别原则，一个不平等制度的公正与否，应由不幸的底层判定，而不由幸运的上层判定。所谓制度的公正与否由社会的底层来判定，其实质就是在制度的设计时要适当地向社会底层倾斜，也就是要适当向弱势群体倾斜。由此可见，强化保障房建设的实质就是住房制度设计要照顾低收入者的理论实践，住房制度设计的成功与否，关键是看该制度本身是否给低收入者带来最大的公平住房的分配利益。

罗尔斯认为，公平和正义是社会制度的首要价值，就像真理是思想体系的首要价值一样。一种理论，无论它多么精致和简洁，只要它不真实，就必须加以拒绝或修正；同样，某些法律和制度，不管它们如何有效率和有条理，只要它们不公平、不正义，就必须加以改造或废除。每个人都拥有一种基于公平正义的不可侵犯性，这种不可侵犯性即使以社会整体利益之名也不可逾越。因此，公平正义也就否定了一部分人为分享更大利益而剥夺另一些人的自由是正当的。在一个公平正义的社会里，平等的公民自由是确定不移的，由公平正义所保障的权利绝不受制于政治的交易或社会利益的权衡。这其中，居住权的公平正义不受利益集团之左右更是社会公平正义的重要基石之一。

比较一下诺齐克的新自由主义公平正义观，罗尔斯公平观念的现代价值在以下四方面就显现出来了。

---

① [美] 约翰·罗尔斯，何怀宏等译. 正义论. 北京：中国社会科学出版社，2001.

首先，罗尔斯在强调自由优先性的同时，也推崇平等的价值取向，机会均等被罗尔斯同样认为是极有价值的现代观念；而诺齐克则始终强调自由的绝对性、个人权利的神圣不可侵犯性，而由此引发的不平等则不予考虑。

其次，罗尔斯并不否认个人权利的重要性，他也强调尊重个人的权利与自由，但对于由自由引发的不平等，他主张用国家再分配达到尽可能多的平等，并且对那些难以避免的不平等的安排也应遵循"有利于最少受惠者"获得最大利益的原则，其理论观点强调了平等的价值；而诺齐克的公平观的出发点是个人自由和权利，不管在什么情况下个人权利都是至高无上的，国家的再分配是多余的，也是不正义的。

再次，罗尔斯认为基于市场竞争的结果经常会与社会正义相矛盾，他强调不能仅由个人能力的竞争来决定财富收入。他认为要通过社会立法来确保下一代不受市场偶然性的损害——必须把自由的市场机制纳入一种政治与法律的结构中，通过这种结构来调节和保障经济活动的总趋势和机会均等；而诺齐克则认为只要满足自由交易（交换自愿）的条件，由此产生的不平等是可以容许的。他提出"自愿行为"要满足两个条件：一是个人的选择不被他人的行为所限制；二是如果限制个人的行为，也不得侵犯个人的权利，即不受强制的交换就是自愿的。由此产生的结果无论是否平等，也属正义。

最后，罗尔斯推崇"公平优先于效率"的观点，不赞同"效率至上"的原则。他认为"如果社会基本结构是不公平的，这些原则将允许做一些可能降低状况较好者的预期的变更，因此，如果效率原则意味着只有改善所有人前景的改变才是允许的，那么民主原则就和效率原则不一致了。公平正义是优先于效率的，要求某些在这种意义上并非有效率的改变"。效率原则在"公平的正义"中处于从属地位，即使牺牲某些效率能提高社会最不利者的利益，也是应该的。①

而在诺齐克看来，资本拥有者的获取和转让是正义的，即使不正义，也没办法"矫正"，只要交易双方是自愿的，也是公平的，社会的贫困与不平等，只能说是一种不幸，不能说是一种不正义。②

依据罗尔斯的"正义论"观点，每一个在城市占有豪宅的富人，其财富都是在"社会"中赚到的，而对于"社会"，每个组成它的人都做出了

---

① ［美］约翰·罗尔斯.正义论.北京：中国社会科学出版社，1998：302-303.

② 黄秀华.发展与公平——中国社会发展的历史选择.北京：中国社会科学出版社，2010：51.

平等的基本贡献（与能力一致的贡献）。这样一来，富人多占有城市稀缺的空间，是比穷人过多地利用"社会"这个资源的结果，他对城市空间的多占用包含着穷人的贡献，因此应该拿出一些来给穷人补偿。这也是西方社会广泛推行以房产市场价值评估为基础的物业税的道德依据。

除此之外，基于现代市场经济的生产体系不存在于真空之中，而是在"社会"里进行的，而现代市场经济则被设计成有利于资本、权力，从而使拥有这些稀缺资源的人更容易在城市中占有更大的"空间"，并由于此类稀缺空间的垄断性，占有者更容易复制自己的优势地位（例如通过抵押贷款、证券化或纯粹由于炫耀而扩大占有者的信用）。这就意味着，从一开始就对"劳力"拥有者等弱势群体构成严重的不平等。由此所推导出的一种道德原则要求人们改变这种结果的不平等，以使机会平等。正如诺贝尔经济学奖获得者克鲁格曼所说的那样："一个在结果上高度不均的社会，基本上也必然会成为一个机会高度不均的社会。"面对工业化以来城市空间占有的过分悬殊，发达国家推行大规模社会保障房建设就有了社会公德的依托。

（四）住房公平的意义

住房是人类维持生存的基础资源，住房权利作为人类的基本权利之一已经获得了广泛的共识。对城市空间资源的公平配置和对住房权利的保障，是现代社会公平的重要内容。1948 年，《人权宣言》第 25 条第 1 款中首次提出住房权利，在此之后住房权利成为一系列国际宣言的重要内容。例如，1976 年通过的《温哥华人居宣言》（Vancouver Declaration on Human Settlements）已被全世界所认可和接受。1996 年通过的《联合国人类居住议程》（UN Habitat Agenda）指出，人人享有适当住房的权利意味着"每个人将会获得健康、安全、可靠、便利且又能承受得起的适当住房，其中还应包括基本服务、设施和舒适的环境；每个人还将在住房和土地租用期的法律保障方面不受歧视。"住房权利也被许多国家上升到法律层面来加以保护。

因此，住房问题不仅关系到住房公平以及更广泛领域内的社会公平，也关系到社会所有成员是否都能分享到社会经济发展的成果，关系到社会包容和社会稳定，关系到社会经济发展的可持续性，进而关系到和谐社会的构建。

住房不仅是满足人类居住需求的必需品，还关系到人们生活的方方面面，如就业、教育、安全、健康、环境、投资、社区发展甚至是身份标识。因此，现代社会的住房公平首先意味着住房权利上的公平，要求社会正式或非正式制度安排给每个社会成员享有住房机会是平等的，而不应该受到成员家庭背景、性别、教育程度、职业类型等因素的制约或影响。其次是住房机会公平，即国家或政府在提供给社会成员享有住房的公平机会。就住房问题来说，社会公平是指公平地分配城市稀缺的空间资源。虽然城市的空间资源非常稀缺，难以像一般商品一样无限制地增加供给，但是，在空间资源约束条件下，政府通过建立完善的住房保障制度，公平地分配空间资源，实现住房公平，这就意味着人们的基本居住需求能够得到满足，不仅能住上房，而且能够"住得有尊严"。第三是住房负担合理公平。就消费结构而言，住房支出的减少，意味着人们可用于精神娱乐消费方面的支出更多，从而增加与人活动有关的总福利。因此，如果房价租金越合理，在居民家庭的可负担范围内，也就意味着更高程度的住房公平。

但是，在强调住房公平的同时，我们也应认识到，正如托马斯·福勒（Thomas Fuller）所说，"片面的公平其实是最大的不公平"，住房公平并不意味着绝对的住房平均，而是通过有效的措施缩小社会成员之间居住不平等的差距，从而在住房方面实现社会福利的最大化。因此，如何实现合理地配置住房资源，保障每个社会成员享有公平的住房权利和住房机会，保持住房负担合理公平，是住房公平最重要的内容。

（五）住房不公平的代价

实践早已证明，没有公平，发展就没有社会效率可言。因为没有公平，社会就会异化，所谓的"发展"就变成一部分人剥削另一部分人的过程，最终得利的只是少数人而已。有了公平，就有了社会效率，最终也就有了个人效率。因为有了公平，劳动者的贡献就有了公平回报，于是，就会有更多的劳动积极性被调动起来，发展也就有了社会高效率，同时，最终每一个人也得到了好处。"安居才能乐业"，体现公平正义住房权原则的房地产运行制度和保障房制度设计就成为任何社会智力源泉充分涌流的物质基础。住房分配严重不公已成为奉行"新自由主义"经济学说的拉美等发展中国家人居环境两极分化、贫民窟与超豪华住宅比邻、人民不满情绪持续高涨，进而成为影响城市竞争力的主因。

从资源性质方面看，一个公平的社会应尽可能保证先天资源收益的平均分享。对于人类而言，先天资源，就像一个没有失主的黄金，其公平的分配原则就是收益平均分享。比如土地，就是先天资源。马克思指出：从一个较高级的经济的社会形态的角度来看，个别人对土地的私有权和一个人对另一个人的私有权一样，是十分荒谬的。甚至整个社会，一个民族，以至一切同时存在的社会加在一起，都不是土地的所有者。他们只是土地的占有者，土地的受益者，并且他们应当做为好家长把经过改良的土地传给后代。由此可见，对于先天资源收益，关键不在所有权，关键是要实现收益的平均分享。但由于在收益分配中，所有权具有强势地位，所以，西方国家要对私有的土地所有权进行限制，要通过城市规划、房产税等多种手段，促进全民在先天资源收益（城市空间）方面的平均分享。

在现实中，一些落后国家为什么一直落后，住房方面的不公平是关键原因之一。特权总是将多数人的利益（城市空间或土地）据为己有，这既扼杀了大多数人劳动的积极性，也导致了一种异化的竞争，就是对特权和权力的追逐，从而导致社会资源过多配置到了非生产领域，整体生产效率也就无从体现。史实证明，任何一个国家在城市化和现代化的进程中，由于原有的城市边缘逐渐转变成了城市中心，这些地处城市中心的房产正因为被公共投入的基础设施价值所渗透，其可达性、环境质量等方面都发生了极大的转变，从而更进一步增强了此类"空间资源"的稀缺性。如果这种因地理空间转换导致的财富分配不公平、不公正，会比其他方面的财富分配不公正更为公开可见，更易引发社会的不满。正如斯蒂格利茨指出的那样：这类不平等会削弱民众对政府的信心，损害民众的利益和总体经济效益，甚至会破坏人民对法治的信任。由于严重且不断加剧的不平等，我们正在付出代价，由于社会不平等很可能会持续恶化，如果我们不采取措施，我们付出的代价也很可能越发惨重①。

在改革开放后的我国，由于房地产调控政策长期贯彻效率最先的原则，造成"住房公平"理念的缺失，最终使我国一线城市的住房市场逐渐成为富人、权力阶层、金融机构和地方政府造富、炫富、飚富的道场，也使占这些城市人口不少的"中产阶层"沦为房奴，低收入和最低收入阶层被房地产市场边缘化，数以亿计的城市外来人口居无定所，成为对城市贡献和所得最不协调的群体，自然也就成为对房地产政策最不满意的群体；一方面大多数老百姓或者在高房价面前望房兴叹、或者整日为偿还房贷拼命奔波；另一方面一些富人和有权力背景的群体，或明或暗拥有数套、数十套，甚至更多住房，或者投机牟利，或者向低收入群体出租，使低收入

① 参见：Joseph E. Stiglitz. The Price of Inequality: How Today's Divided Society Endangers Our Future（1e）. W. W. Norton & Company. 2012.

群体本来就微薄的工资，由于租房使生活更加拮据——住房的人买不起房，大多数买房的人不是为了居住而是为了赚取更大利润。这就是我们需要面对的，而且要促进其公平化的房地产市场现状。

（六）住房公平所致的幸福感及其困境

发展最终的目的是人民幸福度的提高，而公平是通往幸福的根本途径。追求幸福，是人类社会发展永恒的主题。人类通往幸福的路有千万条，但坚持住房公平是其基本途径。因为住房公平不仅仅从财富数量来看属于衡量最大的公平与否的载体，而且从民众生活不可替代性和易显性来看住房公平无疑是最公开的公平和最基础性的公平。一个幸福的城市必须以低收入者幸福体验为基线，以他们能否体面受尊重的栖身之处来衡量。

从经济学角度看，幸福就是效用的满足。这里导致幸福的效用满足包括两方面的内容：一是绝对效用的满足；一是相对效用的满足。绝对效用是指不与他人相比较而产生的效用。相对效用是指与他人相比较而产生的效用。绝对效用与相对效用既互相联系又互相区别。如收入的增加，既可以产生绝对效用，也可以产生相对效用。一方面，收入的增加肯定会一定程度改善个人的生活处境，增加自身的绝对效用水平；但另一方面，当收入的增加不如别人的收入增加快时，个人的相对效用水平未必就是增加的。所以，绝对效用增加，相对效用未必增加。同样的道理，相对效用增加，绝对效用未必一定增加。如当一个人收入下降比别人慢时，这时他的绝对效用水平可能是下降的，但相对效用水平可能就是增加的。对一个人而言，幸福水平的增加，最终取决于绝对效用与相对效用的总和。当总和增加时，幸福感就增加；当总和减少时，幸福感就减少。

公平是产生相对效用的基础。没有公平，相对效用就是负值。因为没有公平，一个人的幸福也就意味着另一个人的痛苦；一个人相对效用的增加同时也就意味着另一个人的相对效用的减少。同时有了公平，个人幸福与社会幸福也就实现了有机统一，幸福也才能成为真幸福，而不是伪幸福。因为在公平原则下，个人的付出最终是有回报的，个人对社会付出的越多，社会对个人的回报也就越多，这时个人利他最终就是利己，个人也就实现了利他与利己的统一，这时利他就会成为社会的主流。在这种情况下，个人幸福的增加也就意味着社会幸福的增加，社会幸福的增加同时也意味着个人幸福的增加。

公平理论提出的基本观点是客观存在的，但住房公平本身却是一个相当复杂的问题，这主要是由于下面几个原因：

第一，它与个人的主观判断有关。无论是自己的或他人的住房满意度和报偿都是个人感觉，而一般人总是对自己熟悉的环境一方面习以为常，另一方面又认为别人的条件更好，经常处于这种矛盾之中。这方面如果说老年人属于前者，而年轻人无疑属于后者。

第二，它与个人所持的公平标准有关。谁应理所当然住大面积好地段的房子？有人认为应按货币贡献率，也有采取需要率或运气、平均率的。例如有人认为取消经济适用房、将政策转移到"补人头"才合理，有人认为保障房分配不按户口所在地、人人有份才公平，也有人认为按经济困难程度分配才适当，众说纷纭。

第三，它与公平的实现过程有关，这一过程可分为起点公平、机会公平和结果公平。从起点公平来看，每个社会成员应平等地获得城市空间资源，体现公民有尊严的居住权利。机会公平是指每一个进入社会的人，不论其智力或资源禀赋、家庭出身、政治地位等如何都有获得保障房的机会，任何人都不丧失或多得此机会。结果公平则是指住房实际居住状况的平均程度。如以自由主义的观点来看，如果住房配置起点和机会被认为是公平的，那么，所得到的结果必然也是公平的。但部分西方国家和拉美社会的住房配置严重不公正，说明仅有前两者的公平是远远不能满足市民公平感受的。

第四，它与操作规则或操作人有关。住房或保障房分配由谁来操作，是领导者还是群众公开评定或受益者自我评定，不同社会阶层的评定和操作人会得出不同的结果。由于同一组织内往往不是由同一个人评定或操作的，因此会出现松紧不一、回避矛盾、姑息迁就、抱有成见等不公正现象。

然而，公平理论对我们有着重要的启示：首先，影响公平结果的不仅有起点或规则的公平，还有机会、操作等方面的公平。其次，公平力求过程使程序在客观上被公民接受，受益者普遍参与，尽管有主观判断的误差，也不致造成严重的不公平感。再次，用最终是否结果公平，不公平程度是否在民众的承受范围之内来修正分配的政策，即注意对被受益者公平心理的引导，使其树立正确的公平观，一是要认识到绝对的公平是不存在的，二是不要盲目攀比，三是不要按绝对的结果均等、地段均等来解决住房公平问题，单一的、一成不变的住房制度是在许多公平问题上造成恶性循环的主要杀手。

二、"华盛顿共识"下的住房公平幻象

一些发展中国家在发展过程中，盲目遵循"华盛顿共识"，对经济发展和城市化采取放任自由的做法，其结果不但未实现经济快速发展的目标，反而造成财富分配极度不均、城市贫民窟蔓延等严重社会问题，这些国家经济发展停滞，实现住房公平的梦想也成了泡影。这方面巴西等拉美国家的教训尤为典型。

（一）盲目推行土地私有化，土地过于集中

拉美国家盲目推行土地私有制，导致出现大量的土地兼并潮，土地过度集中到少数农场主和大型农业企业手中。在农村地区，一方面，仿照美国模式的土地私有化和农业资本主义发展强化了土地和资本的集中程度，农村在土地占有高度集中的基础上形成了以大型农牧企业为主的格局。这些企业加速向机械化、集约化方向发展，起到了将农村劳动力驱赶到城市去的作用。拉美国家的农村土地集中度非常高。以巴西为例，该国 2003年拥有土地低于 10 公顷的农户占全部农户的 31.6%，他们的土地占全部土地仅为 1.8%；而面积超过 2000 公顷的农户只占农户总数的 0.8%，但他们拥有的土地占全部土地的 31.6%。另一方面，不少资本持有者拥有农村大量的农地，但他们的目的在于囤积资产，而不是用于农业生产，造成了农产品产量和产值相对下降，且土地集中面积越大，土地利用率越低。例如，统计表明（表 4-1），巴西 100 公顷以下的农场土地利用率在 69.1% ~ 78.2% 之间，而 10000 公顷以上的农场，土地利用率下降到 41% 以下。巴西土地利用还有另外一个特点，即种植比率与农场规模成反比，农场规模越大，土地用于种植的比率越小，导致基本粮食作物生产不足（表 4-2）。

巴西农场规模与土地利用率   表 4-1

土地面积（公顷）	利用率（%）
100 以下	69.1 ~ 78.2
2000 以上	<52.4
10000 以上	<41
总体	58.50

资料来源：苏振兴等著. 巴西经济. 北京：人民出版社，1983：49.

巴西土地用途在不同规模农场中的分布情况　　　　表 4-2

农场规模（公顷）	种植业（%）	畜牧业（%）	林业和采集（%）
25 以下	53.2 ~ 68.9	27.5 ~ 42.2	—
25 ~ 100	28.7 ~ 40.7	54.2 ~ 66.0	—
1000 ~ 5000	6.6 ~ 9.7	78.4 ~ 80.9	—
5000 ~ 10000	5.1	78.9	16.0
10000 以上	3.1	68.5	28.4
总体	17.1	71.7	11.2

资料来源：苏振兴等著.巴西经济.北京：人民出版社，1983：49-50.

　　拉美土地的高集中度造成了大量"无地农民"，仅巴西就有 2000 余万"无地农民"。这些"无地农民"要么强占土地引发冲突，要么流入城市，成为无业游民。此外，由于拉美、非洲许多国家对农业和农村地区的低投入造成了农业部门的衰退和农村生活环境的恶化。正是以上这方面的因素导致拉美、非洲的农村持续衰退，大量人口难以在农村维持生活。在此背景下，大量农村人口涌入城市，而且主要是集中在少数几个大城市中。一方面造成非洲、拉美各大城市的贫民窟成为难以治理的社会顽症；另一方面也使得食不果腹的饥饿人口逐年增多和城市投资环境恶化、社会动荡不安。

　　（二）城市化与经济发展速度不匹配，产生"过度城市化"现象

　　拉美国家的另一个显著教训是城市化与经济社会发展速度不匹配，城市化速度大大超过所在国家的经济发展速度。资料表明，1950 ~ 1980 年，拉美地区总人口增长了 1 倍，而城市人口却增加了 4 倍。1980 年拉美城市人口占总人口的 64%，1997 年占 77.7%，城市化率已与欧美发达国家相当。欧洲城市人口比重从 40% 提高到 60%，经过了 50 年。而拉美国家仅用 25 年。从经济发展来看，1950 ~ 1980 年期间，拉美国家当时的 GDP 年均增长率为 5.3%，20 世纪 80 年代因受债务危机影响，拉美经济年均增长仅 1.2%，1990 ~ 2002 年年均增长率 2.4%。与城市化速度相比，拉美的经济发展速度要逊色得多，20 世纪 80 年代以后的经济发展情况远远低于亚洲同期的发展速度，甚至还不如非洲。

　　拉美城市化与经济发展水平"错配"的结果，是所谓的"过度城市化"。据统计，到 20 世纪 70 年代中期，拉美地区城市人口已占地区总

人口的 60%，但工业人口比重却不及 20%~30%。由于农村人口短时间内大量流入城市，而城市工业并不具备吸收所有劳动力就业的能力，进入城市的这些移民长期处于失业和半失业状态，或主要以在城市经济的边缘自我就业谋生。许多人长期生活在官方确定的贫困线以下，长期不能合理分享经济增长带来的利益。拉美城市公开失业率在 20 世纪 70 年代略低于 4%，20 世纪 80 年代上升到 6%，20 世纪 90 年代后半期超过 8%，2002 年创 9.1% 的历史纪录，一些国家的失业率甚至超过 20%。据拉美经济委员会统计，1994 年拉美贫困人口约 2 亿，2002 年上升为 2.21 亿，占总人口的 44%。另据世界银行统计，拉美贫困人口中的"赤贫"人口 1987 年为 6370 万，1998 年则上升为 7820 万。20 世纪 90 年代以来，失业率上升是拉美各国普遍存在的现象，其中大部分国家贫困人口不断增加，一定时期内城镇贫困人口比例甚至超过农村人口的贫困比例。在过去的 40 年里，拉美人均收入只是翻了一番，而亚洲的人均收入自 1960 年以来几乎增长了 11 倍。这种人口的空间转移在前，就业安排在后的城市化次序产生了严重的后果，几乎所有的大城市都被大量的贫民窟所包围。这种"过度城市化"也被称为"假城市化"，产生了严重的城市病，也为这些国家埋下了政治动乱、社会动荡和经济衰退的病根。

（三）城市体系不合理，缺少中小城市

由于历史原因和政策上的偏差，拉美等发展中国家单纯地追求大城市的发展，使得这些国家的城市首位度①过高，第一大城市的人口往往比第二大城市的人口多 3~9 倍，最高达到 12~13 倍，联合国人口署的数据表明，1960~1980 年间，发展中国家居住在特大城市（人口超过 400 万）的人口比重从 12.5% 增加到 17.3%，到 2000 年，这一比重估计上升到了 23%。但发展中国家在首位城市过度发展的同时，却在大城市与小城市之间缺少承上启下的中等城市这个层次，城市体系极不合理，除首位城市以外的其他城市缺乏活力，得不到应有的发展，使得城市体系的辐射功能和综合效应无法发挥。拉美国家这种城市层次上的缺陷表现得尤为典型。

---

① 城市首位度是研究首位城市相对重要性的指标，是城市首位律（Law of the Primate City）理论的核心内容。城市首位律由马克·杰斐逊（M. Jefferson）于 1939 年提出，作为对国家城市规模分布规律的概括。城市首位度可用"两城市指数"方法计算，即首位城市与第二位城市的人口规模之比：S=P1/P2。其他计算方法还有四城市指数和十一城市指数方法等。

从人口集聚程度看，1970年，秘鲁利马的人口占全国人口的26.3%，城市首位度高达13.1；阿根廷布宜诺斯艾利斯集中了全国37.3%的人口，城市首位度也达11.5。其他拉美国家的大城市中，蒙得维地亚集中了全国人口的52%，墨西哥城占32%，加拉加斯占26%，圣地亚哥占44%，巴拿马城占66%，拉巴斯占44%，太子港占56%，马那瓜占47%，圣多明各占54%，亚松森占44%。联合国1995年发表的一份报告认为，在全球25个"超大城市"中，拉美占5个，其中圣保罗（人口1640万）居世界第2，墨西哥城（1560万）居第4，布宜诺斯艾利斯（1100万）居第12，里约（990万）居16位，利马（750万）居第25位。拉美国家的城市首位度远高于发达国家的城市首位度，如美国纽约、意大利罗马和澳大利亚悉尼的城市首位度则分别只有1.7、1.6和1.2[①]。

从工业集聚方面看，生产力布局不平衡，很多国家的工业生产集中在一两个城市，如阿根廷2/3的工业生产集中在布宜诺斯艾利斯和罗萨里奥，巴西80%的工业生产集中在圣保罗、里约热内卢和贝洛奥里藏特三角地带，乌拉圭75%的工业生产集中在蒙得维地亚，秘鲁56%的工业生产集中在利马和卡亚俄地区。拉美国家的城市首位度过高，城市规模过大，使其过早地患上了"大城市病"，城市用地困难、住房紧张、交通拥挤、环境质量下降。这类"巨型"城市就像一个个黑洞，集中了所在国家过多的人口和资源，对边缘地区的发展产生排斥效应，抑制了其他地区的发展，从而进一步加剧城乡和地区之间发展的不平衡。

中小城市一般是根据城市的人口规模来划分。国内外对中小城市的划分略有差异，但一般都以50万人口作为中等城市的上限，而小城市的人口规模上限设定为10～30万。例如，根据经合组织（OECD）标准，中等城市人口规模为30～50万，小城市为30万以下；根据欧盟空间规划观察网络（ESPON）标准，中等城市人口规模为10～50万，小城市为10万以下；我国1990年版的《城市规划法》规定（表4-3），中等城市人口规模为20～50万，小城市为20万以下。根据欧盟统计局2006年的统计数据，欧盟成员国范围内，人口小于20万的小城市有2454个，人口在20万和50万之间的中等城市122个，人口大于50万的大城市128个，大中小城市的比例和分布基本均衡合理。

① 宋利芳.发展中国家城市化进程的特点、问题及其治理.中国人民大学学报，2000（5）.

城市级别＼标准来源	《中华人民共和国城市规划法》，1990 年	中小城市经济发展委员会，《中小城市绿皮书》，2010 年	联合国
小城市	20 万人以下	50 万以下	2～10 万
中等城市	20～50 万人	50～100 万	—
大城市	50～100 万人	100～300 万	10～100 万
特大城市	100 万人以上	300～1000 万	100 万以上
巨大型城市	—	1000 万以上	
统计口径	市区和近郊区非农业人口	市区常住人口	市区人口
城市级别＼标准来源	欧盟空间规划观察网络（ESPON）	美国	经合组织（OECD）
小城市	10 万人以下	10～50 万（micro）	30 万以下
中等城市	10～50 万人	—	30～50 万
大城市	50～100 万人	50 万以上（metro）	50～150 万
特大城市	100 万人以上	100 万以上（mega）	150 万以上
巨大型城市	—	—	—
统计口径	市区人口	市区人口	市区人口

　　欧洲国家的一些中小城市历史悠久，各具特色，具有极强的国际竞争力，与拉美大城市的低效率形成鲜明对比（图 4-1）。例如，法国尼斯有丰富的文化遗产（图 4-2，图 4-3），以及世界一流的歌剧院，每年举行很多盛大的节日，意大利风格和普罗旺斯风格的大街小巷交相辉映。尼斯以其独特的魅力，成为度假的天堂和全世界富豪聚集的中心。法国戛纳因国际电影节而闻名于世（图 4-4，图 4-5），除 5 月的电影节外，还有其他众多的文化节日，如每年 2 月的金合欢节，以及国际赛船节、国际音乐唱片节、含羞草节等。一年中，无论游客什么时候来戛纳，总会在这里遇到大型活动。戛纳因其丰富多彩的文化和美丽的海滨风光而成为欧洲有名的旅游胜地和国际名流社交集会的目的地。德国莱比锡被称为欧洲的"展会之母"。15 世纪，莱比锡博览会已成为欧洲各国商品交换的中心。莱比锡博览会每年举办两次，分别是 3 月份的春季博览会和 9 月份的秋季博览会，世界上第一届样品博览会（1895 年）和第一届技术博览会（1918 年）就是在莱比锡举行的。莱比锡还是欧洲的书城，市内书店林立，每年定期举行国际书籍展览会。莱比锡 500 多年来一直是德国印刷出版业中心，全市有 38 家出版社，占德国出版社总数的一半。

欧洲城市大小分布图

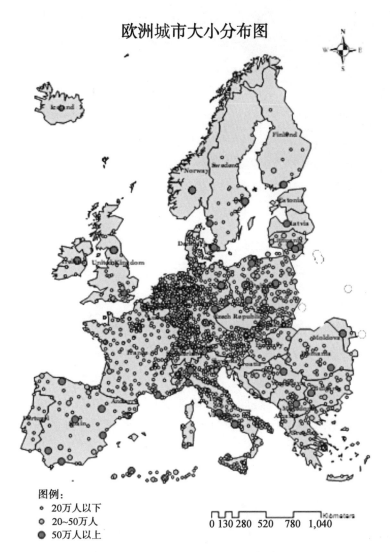

图例：
- · 20万人以下
- ○ 20~50万人
- ● 50万人以上

0 130 280 520 780 1,040 Kilometers

图 4-1 欧洲大中小城市分布情况

资料来源：欧盟统计局、联合国环境署、ESRI。

**图 4-2 法国尼斯浓郁的滨海
城市风格（一）**

**图 4-3 法国尼斯浓郁的滨海
城市风格（二）**

图 4-4　以国际电影节著称的法国城市戛纳　　　　图 4-5　戛纳的海滩

（四）发展不平衡，贫富分化严重

拉美国家的第四个教训是地区间发展不平衡，贫富分化严重。拉美国家城市化过程中，工业集聚在大城市，而农村地区却被进一步边缘化。这不仅由于人口、私人投资和消费市场在城市快速发展的吸引下从贫困地区向发达地区大规模转移，也由于为应对中心城市人口毫无节制的增长，拉美各国政府普遍把资金投入中心城市的市政建设，而忽视对农村和落后地区的资金投入，从而极大地削弱了落后地区的经济发展潜力。在这种非均衡的发展格局下，地区间和城乡间的发展水平及收入分配差距进一步扩大。

拉美国家的贫富差距极为悬殊。美洲开发银行的一个专题报告显示，拉美占总人口 30% 的穷人仅获得国民收入的 7.5%。这一比重为世界最低（其他地区平均为 10%）。在拉美收入分配的另一端，占总人口 5% 的富人却获得了国民收入的 25%，占总人口 10% 的富人则拥有国民收入的 40%。从基尼系数来看，拉美国家的收入分配差距同样明显（表 4-4）。20 世纪 90 年代世界各国的平均基尼系数为 0.4，而在拉美地区，除牙买加（0.38）外，其他国家的基尼系数均高于世界平均数，其中 11 个拉美国家的基尼系数高达 0.5（图 4-6）。联合国拉美经委会统计显示，在巴西、墨西哥和阿根廷 3 个拉美大国中，2005 年占总人口 10% 的高收入者获得的收入占国民总收入的 42%～51%，而占总人口 20% 的低收入者获得的收入仅占国民总收入的 2.5%～3.7%。在收入分配最不公平的巴西，1999 年基尼系数曾超过 0.64；近几年的经济增长虽使收入分配形势稍有好转，但 2005 年的基尼系数仍高达 0.613。贫富差距扩大是拉美国家社会动荡的重要诱因之一。

收入分配（基尼系数）洲际比较 [①]　　　　　　　　表 4-4

年代\地区	20 世纪60 年代	20 世纪70 年代	20 世纪80 年代	20 世纪90 年代
东欧	0.251	0.246	0.250	0.289
南亚	0.362	0.339	0.350	0.319
经合组织成员国	0.350	0.348	0.332	0.337
中东和北非	0.414	0.419	0.405	0.380
东亚	0.374	0.399	0.387	0.381
撒哈拉以南非洲	0.499	0.482	0.435	0.469
拉丁美洲	0.532	0.491	0.497	0.493

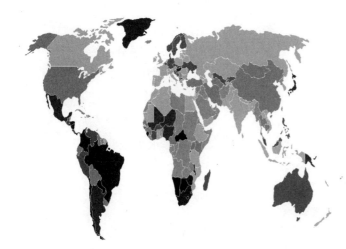

Color	Gini coefficent
	<0.25
	0.25-0.29
	0.30-0.34
	0.35-0.39
	0.40-0.44
	0.45-0.49
	0.50-0.54
	0.55-0.59
	>0.60
	NA

图 4-6　不同国家或地区的基尼系数分布情况

（五）贫民窟蔓延，社会问题突出

拉美国家的第五个教训是严重的贫民窟问题。城市无序发展导致贫民窟蔓延，城市环境恶化，社会问题丛生。

一是贫民窟蔓延。拉美国家城市由于缺乏规划建设强制力，城市没有能力为迅速增加的外来人口解决住房和医疗卫生、文化教育、交通运输、电力供应、给水排水等基本服务，造成城市化过程的混乱，城市出现了大量贫民窟，80% 以上城市的 70% 的土地被贫民窟所占据。例如，从 20 世纪 40 年代开始，墨西哥城陆续出现了 500 多个贫民居住区，居住的人口

① 资料来源：Klaus Deininger and Lyn Squire，"A New Data Set Measuring Income Inequality"，World Bank Economic Review，Vol. 10，No. 3，Washington，D. C.，World Bank，1996.

高达 400 万。联合国人居署估计，2001 年拉美地区贫民窟人口约为 1.28 亿，占城市人口比例的 31.9%[①]。近 20 年来，巴西城市人口增长了 24%，而贫民窟人口增长了 118%，其增长速度远高于城市人口增长。

二是城市环境恶化。拉美国家的城市贫民窟内居住条件极其恶劣，医疗服务和社会福利设施极度短缺（图 4-7，图 4-8）。有关国际机构估计，拉美国家约有 25%~65% 的城市人口居住条件不稳定，60% 的城市人口缺少适当的卫生服务和干净的饮用水。城市的不适当增长还造成大城市及周边地区污染严重，生活环境恶化。由于政府在城市基本维护和服务供应方面支出有限，而城市在地域和空间上又无限扩张，产生了一系列不利于民众生活的环境。在贫民居住区，除居住条件差外，医疗服务和社会福利设施极度短缺。例如，墨西哥城是世界人口密度最大的城市之一，但许多地区缺乏合格的饮用水和垃圾处理设施。

图 4-7 拉美国家的贫民窟（一）　　图 4-8 拉美国家的贫民窟（二）

三是社会问题丛生。城市病在自然环境和经济诸方面的表现会进一步传导到城市的其他系统。居住条件恶劣已不单纯是一个住房问题，而是事关社会稳定的基础条件。在不断恶化的自然、社会和经济环境中，为求得基本生存条件，公民个人的行为可能会发生变异，可能会对社会公德、传统价值、公共设施产生怀疑和抵触，甚至可能会漠视国家的法律。在拉美国家，特别是在城市贫民窟里，许多居民是非正规部门的劳动者，没有稳定的就业和收入，没有社会保障和社会福利，不少人滋生了对社会的不满情绪。由于贫困长期得不到缓解，许多人接受或认可暴力手段，一些城市经常出现暴力活动和各种骚乱事件，社会治安状况差、犯罪行为猖獗是拉美国家大城市普遍存在但又长期得不到解决的问题。贫富阶层居住分隔十

① 参见：联合国人居署. 贫民窟的挑战——全球人类住区报告 2003. 建筑工业出版社，2006 年. P16.

分严重，造成了日益严重的阶级对立。拉美国家为贫民窟的社会问题付出了沉重代价，2010年巴西警匪枪战就是这一问题的典型表现。巴西里约热内卢获得2014年足球世界杯和2016年奥运会主办权后，警方着手对贫民窟发动有计划的清剿活动，铲除当地犯罪团伙，但遭到犯罪团伙的抵抗，结果爆发激烈枪战，导致46人死亡（图4-9～图4-11）。巴西政府动用了数万名军警和重型装备，才成功占领里约热内卢贫民窟内的最大毒犯据点[1]。虽然事态最终被平息，但这一事件使巴西的国家形象严重受损，国际社会对巴西举办大型体育赛事的信心降低。

图4-9　高档街区

图4-10　贫民街区

图4-11　巴西贫民窟警匪对峙[2]

这些国家在房地产方面发展的困境再次证实了约瑟夫·斯蒂格利茨的论点："几年前一种强大的意识形态——对无拘无束的自由市场的信仰——几乎将世界推入万劫不复的深渊。即使是这一意识形态的全盛期——从20世纪80年代早期一直到2007年——美国式去监管化资

① 参见：中国日报网，http://www.chinadaily.com.cn/hqss/lvyou/2010-11-26/content_1283944.html.
② 图片来源：中新网，新浪中心转载，http://slide.news.sina.com.cn/w/slide_1_2841_14014.html#p=3.

本主义也只是给世界上最富有国家中的最富有阶层带动了更多的物质享受。"①

三、欧洲国家和新加坡促进住房公平的经验

与盲从"华盛顿共识"的拉美国家形成鲜明对比的是，英国、德国、丹麦和荷兰等欧洲国家以及亚洲的新加坡等国遵从国民福利与生产力发展同步的原则，注重住房制度建设、住房建设投入以及住房权利保障等方面，较好地实现了住房公平和社会协调发展的目标。

（一）英国——提倡混合居住、促进社会融合

英国是世界上最早立法促进住房公平的国家之一，在国家兴建住房、扶持公共住房机构发展、帮助低收入家庭解决住房困难问题，关注弱势群体住房问题等方面都有成功的经验。

1. 重视立法工作

英国历来重视住房立法工作，通过立法来规范政府在住房问题上的责任和权力范围。早在1890年，英国就制定了第一部与住房有关的法律《工人阶级住宅法》。1919年颁布的《住房和城镇规划法》，明确规定住房问题属于公共事务，政府应对公共住房建房提供支持。随后的一百余年期间，英国出台了一系列有关住房的法律并不断修订完善。这些法律内容涵盖极广，涉及住房建设、购买、租赁、金融、福利、机构等各个方面，包括住房的基本法《住宅法》，与规划和土地有关的《城乡规划法》、《地方政府规划和土地法》、《公有土地法》，与建筑有关的《住宅和建筑法》、《住宅缺陷法》，与住房补贴和住房福利有关的《住宅补贴法》、《住宅租金与补贴法》、《社会保险和住房福利法》、《全国健康服务与社区关怀法》等，与弱势群体住宅问题有关的《住宅（无家可归）法》，与住房租赁有关的《租金法》、《住宅租金和补贴法》、《苏格兰住宅（租房权利等）法》，与住房购买有关的《住宅购买和住宅法》，与住房金融有关的《住宅金融法》、《住宅和抵押贷款利率限制法》，以及与住房社会机构有关的《地方政府和住宅法》、《住房协会法》、《产业基金法》等。

---

① 参见：约瑟夫·斯蒂格利茨：西方资本主义的意识形态危机，刊于世界报业辛迪加网站，2011年7月6日。

2. 政府主导

尽管英国是尊崇市场经济自由主义、市场化程度很高的国家，但在住房政策方面，政府持积极的态度，采取了很多措施来促进住房公平。在英国，中央政府负责制定住房保障的目标和实施计划，中央财政每年都安排公共住房建房预算（2006～2011平均每个财政年度约为财政支出的1.44%），综合各个地方政府的建房情况和低收入居民住房需求情况，按年度向地方政府拨款，由地方政府负责进行公共住房建设。地方政府是各地区住房建设的决策者和协调者，也是实际的推动者。地方政府与土地所有者、住宅合作社等机构商谈购买公共住房的建设用地，参与制定具体的规划设计和指标，与开发商协商开发条件和公共住房占项目的比例，评估和管理当地的住房合作社，同时也直接参与公共住房的分配和管理。地方政府积极鼓励和吸收社会多方面的投资包括私人投资，以扩大住房资金的来源，形成地方政府牵头、多方共同参与的局面。

3. 大力兴建公共住房

英国政府高度重视住房问题。第二次世界大战后，为应对严重的住房短缺问题，英国政府投资兴建了大量住房。这一时期，当时的英国首相丘吉尔还前瞻性地提出了新城计划，在伦敦周边和英国其他地方建设新城，不仅提供了大量住房，还有效缓解了伦敦等大城市的拥挤状况（图4-12）。

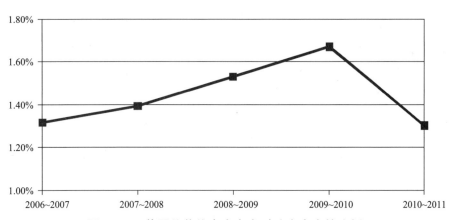

图4-12 英国公共住房支出在财政支出中的比例

在公共住房方面，英国的公共住房政策起源甚早。1851年，英国政府颁布了《工人阶级住宅法》，授权地方机构为低收入阶层建设住房，标志着政府对公共住房的介入。第一次世界大战后，为安置大量的英国复员军人，英国政府开始大规模建设公共住房，政府建房也由此成为英国住房福利制度的重要组成部分。从 1914 年到 1939 年的 25 年中，英国政府建设了 130 万套保障性住房。而 20 世纪 40 年代至 50 年代，工党政府投资兴建的住房占新增住宅总量的 80%。50 至 60 年代保守党执政期间，政府投资兴建公共住房每年也高达 30 万套，这一时期政府也开始着力解决贫民窟问题。1946～1979 年期间，工党执政时政府兴建住房占新建住房总量的 49%，保守党执政时间这一比例为 45.3%。经过历届政府的持续努力，到 20 世纪 70 年代，英国的公共住房占全部住房的比重持续上升，最高曾达到 32%。政府持续大规模建设住房，极大地促进了英国的住房供应，对于解决当时的住房短缺和低收入家庭支付能力不足的问题起到了积极作用。

20 世纪 80 年代，由于受新自由主义思潮影响，撒切尔政府推行住房私有化运动，公共住房的数量有所减少，但仍然在住房存量中占有相当的比重（图 4-13）。如伦敦公共住房的比重在 1991 年为 19.9%，但在住房租赁市场供应中公共住房仍高达 47.16%。从 20 世纪 90 年代中期开始，伦敦的公共住房规模又有所增长。2005 年，伦敦的自有住房比重为 58%，政府和非营利性组织供应的社会住房的比重为 25%，私人出租住房的比重为 17%，社会住房占租赁住房供应的比重提高到 59.52%。从全英来看，2006 年，公共住房在住房存量中的比例仍然高达 19% 左右，总量约为 400 万套。

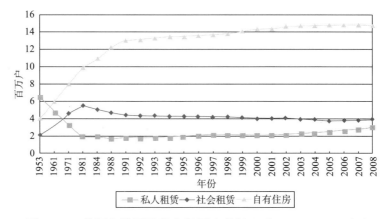

图 4-13　英国各类属性住房数量变化情况（1953～2008 年）

资料来源：英国社区发展部，Survey of English Housing Preliminary Report: 07-08。

4. 多渠道增加住房供给

英国政府鼓励社会力量参与公共住房建设和管理，支持住房合作社等社会机构的发展，使它们成为政府之外提供非市场化住房的重要力量。英国过去绝大多数公共住房由地方政府出资兴建并管理，但近年来政府从直接参与者和建设者逐渐转变为"引导者"和"助推者"的角色，政府更加注重引导社会机构参与，支持社会机构如住房协会在公共住房上承担更重要的角色。

一是支持住房合作社的发展。英国是最早创立住房合作社的国家[①]。1775年，英国伯明翰建立了全球第一家互助性建筑社团。之后英国逐渐将住房合作社作为实现"居者有其屋"的一种重要手段。1909年，《住宅和城镇规划法》生效，住宅合作社开始获得官方的财政资助。为了吸引大量缺房户为改善自己的住房条件而与他人合办住宅事业，政府给住房合作社贷款，使之成为主要的开发者，一些地方市政机构还决定把所有住房和公寓都转给住房合作社。在政府的支持下，住房合作社成为英国解决住房问题的重要力量。

英国住房合作社的特点主要有：（1）住房合作社是一种长期的住房合作组织、独立的法人实体，全过程负责或参与住房的建设和管理；（2）是一个独特的行业协会，延续至今，一直保持着其住房合资的宗旨；（3）与大多数协会不同，英国的住房协会自己从事生产、经营活动，为社员提供全方位的服务；（4）形式多样，如租户管理合作社、住宅金融合作社等；（5）住房合作社除了获得住房的革新或维修的补助金，还可通过非经常性的补助金来减少建房支付的首期费用，并用每年的补助金来维持他们经营费用的赤字。

二是扶助住房金融机构。房屋互助协会和其他互助机构一样拥有合法地位，由会员直接选举的董事会运营，并且被免除其他金融机构的诸多限制。房屋互助协会起源于18世纪，当时成立了各种特定形式的友好协会来募集会员的捐款，用于为会员建造住房。到19世纪这种形式的协会渐渐地被现代形式的住房协会所取代，在这些协会中不需要投资者和借款者发生联系。经过50多年的发展，到1874年，英国政府颁布了第一部《住房互助协会法》，使住宅金融业务逐步趋于规范。20世纪30年代以来，英国政府对房屋互助协会实施的优惠政策有：（1）规定个人在房屋互助协会的存款可以享受税收减免，从而使这一机构能够向储蓄者提供更多的优惠；（2）在实施货币控制时，对清算银行控制较严，而对房屋互助协会则网开一面；（3）1986年颁布《房屋互助协会法》，允许房屋互助协会转变成银行，使其有更大的发展空间；（4）1994年颁布《放松管制与

[①] 冯俊，张军. 国外住房数据报告. 北京：中国建筑工业出版社，2011：108.

合同法》，将房屋互助协会在资本批发市场上筹集资金占所需资金总额比例上限，从最初的 20% 提高至 50%，房屋互助协会的资产向多样化方向发展。这些协会将任何从经营中得到的盈余都加到储备中去而不是分配给"股东"。协会还从各种形式的税收减免中获益。近年来，激烈的市场竞争迫使协会提高对储户和借款者的利率，向其他金融服务部门扩张，并进行多样化投资。过去半个多世纪以来，这些协会的数量一直在减少，有数据表明[1]：1953 年到 1975 年之间协会的数量减少了一半多，从 782 个减少到 382 个；到 1986 年房屋互助协会进一步减少至 148 个，而在 2009 年 1 月，英国房屋互助协会已经减少至 55 家，但总资产却在这一时期上升到了 3950 亿英镑，其中前 10 大房屋互助协会的资产总和占总资产额的比例将近 90%，在金融行业中举足轻重[2]。

引导和鼓励市场供应主体——开发商参与到保障性住房建设中。通过规划许可制度规定开发商建设非商品性住房的义务。地方政府在规划许可中明确要求开发商的新建项目中必须有一定比例的中低价位住房，建好后以同类商品房价格的 70% 卖给住房合作社，再由合作社出租或出售给低收入者。这一规定已在 2004 年修改的《住房法》中加以明确。

5. 多种形式促进住房公平

英国在促进住房公平方面的措施主要有住房补贴、税收优惠和扩大房屋所有权等。

一是住房补贴。英国的住房建设补贴和房租补贴同时并存，前者与 20 世纪五六十年代大量建设住房相联系，后者则从五六十年代逐渐发展，并成为主流。英国政府为租用公房居民提供的补贴直接体现在其低廉的租金水平上。为租用私房的居民则提供租房补贴。对于收入已经低于贫困线的家庭，除了提供"标准住房福利"外，还以社会救助方式增加其福利。对居住自有住房的低收入家庭，每年提供固定数额的修缮费和保险费，以防止住房质量下降。

二是税收优惠。具体措施包括抵押贷款利息部分可抵扣所得税，免征住房出售后的资产所得税。对在限额内抵押贷款且是购买第一套自有住房的居民，减免住房抵押贷款所需支付的税收，税后收入用以支付利息的部分还可以抵扣个人所得税。1979～1980 年度的抵押贷款利息免税额 14.5 亿英镑，1990～1991 年度，达到 77 亿英镑的最高峰，相当于同期公共住

---

① 程肯、秦征、李贵革. 英国房屋互助协会的发展. 中国房地产金融，2000 年第 10 期.

② 数据来源：http://www.bsa.org.uk.

房支出的 3 倍。之后抵押贷款免税额有所下降，到 1993~1994 年度为 43 亿英镑。

三是扩大房屋所有权。即给予公共住房承租户以大大低于市场价值的折扣购买其住房的法定权利。这项措施中最有影响力的是"购买权利"（Right to Buy），在撒切尔政府时期制定并得到大力推行。为配合这项政策的实施颁布了相关法律。"1980 年住宅法"、"1984 年住宅和建筑控制法"、"1986 年住房和规划法"等均为地方政府出售公房和居民购买公房提供了法律依据。这项政策很受选民的欢迎，极大地提高了英国的住房自有率（图 4-14）。到 1986 年，总共有 100 多万户公共住房已被出售成为了业主自用房。10 年后，这一数字达到了 150 万户[1]。目前，英国的住房自有率约为 71%，是欧美发达国家中最高的。这主要应归功于英国历届政府对购买自有住房的鼓励和支持政策。

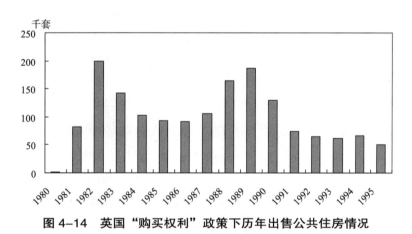

图 4-14 英国"购买权利"政策下历年出售公共住房情况

资料来源：周建明.社会政策：欧洲的启示与对中国的挑战.上海：上海社会科学院出版社，2005.

四是灵活的产权形式。英国采取产权分享形式（也称为半租半买形式）帮助低收入居民分步、逐步买房，即由居民先购买部分产权，其余仍继续付房租（其产权由房屋协会持有），等将来经济能力提高后，再买下整套住房，购买部分产权的居民可以有三年的优惠购买权，三年之内购房的房价与其他优惠条款不变。通过这种房屋产权共有的过渡方式，推动居民最终买断全部产权。

总体而言，英国政府在住房保障领域一直保持了较大规模的财政支出。从社会福利支出的角度看，公众可以按照社会福利原则享受相当一部分住房保障内容。统计显示，从 1991/92 财政年度到 2001/02 年度，英国

[1] Wilcox, S. Housing Finance Review 1997/98, York: Joseph Rowntree Foundation, 1997.

政府支出的住房福利总额从 60.5 亿英镑增长到 116.9 亿英镑，11 年间的年均增幅达 6.16%，高于同期 GDP 年均增幅 4.98% 一个多百分点。同期用于住房福利的支出占全部福利支出的比重变化趋势较为稳定，两类支出占同期 GDP 的比重也较为稳定，反映了英国作为一个高福利国家在福利支出政策方面的连续性，即住房福利支出在规模和结构的变化趋势上与经济增长基本保持一致（图 4-15）。

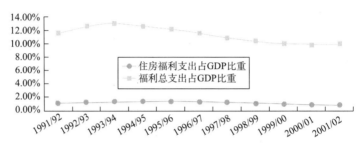

图 4-15 英国住房福利和社会福利支出占 GDP 比重变化趋势

资料来源：英国国家统计局

6. 重视弱势群体住房困难问题，推进社会融合

英国在致力于促进住房公平的过程中，非常重视解决社会弱势群体的住房困难问题，并积极制定专门政策来改善这部分人群的居住条件。在解决住房问题过程中，推行混合居住，注重社会融合，避免社会问题复杂化。

从英国的经验看，其住房领域的一个趋势是越来越重视对社会弱势群体的住房保障工作。住房保障的对象包括低收入家庭、无家可归者、少数族裔、残障人士、老年人、单亲家庭等。2007 年，英格兰公共住房的住户中，46% 是单亲家庭；22% 是年龄超过 65 岁的老人，26% 是年龄超过 75 岁的老人；41% 是需要特殊照顾的残疾人；27% 是少数族裔；68% 的住户无收入来源，其中 6% 失业，32% 为退休人员。

布莱尔政府解决无家可归者的努力是这方面的一个典型。布莱尔政府社会排斥问题工作组（Social Exclusion Unit）成立后第一个报告的重点就是解决街头露宿问题。报告建议主要通过协作方式来解决这一问题，目标是尽可能减少露宿者数量。报告建议的措施包括："更好地协调各种致力于解决露宿者问题的住房、卫生、培训和就业计划；在伦敦设立一个由'权威者'（Tsar）领导的新的协调机构；增加资源；采取措施防止那些离开（社会）护理机构、监狱和军队的人变成无家可归者。"[1] 经过努力，从 2004 年开始，无家可归者数量逐年下降，2007/2008 年度无家可归者数量已减少到不足 2003/2004 年度的一半（图 4-16）。

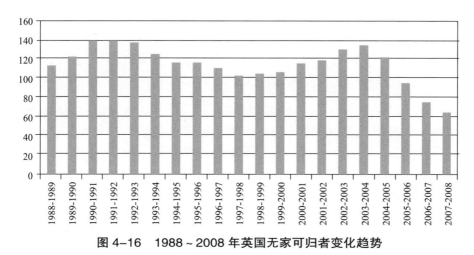

图 4-16　1988～2008 年英国无家可归者变化趋势

资料来源：Evaluating Homelessness Prevention，英国社区与地区发展部。

在解决弱势群体住房问题的过程中，英国推行多元文化、多元群体融合计划。英国政府认为，将保障弱势群体的住房集中连片建设，会导致贫民窟的出现，造成族群隔离，使不同社会群体之间矛盾的激化。而分散建房、混合居住是解决原来公共住房集中建设所致的众多社会问题的有效途径。通过分散建房可使不同收入、不同文化背景的居民能够共同生活在同一社区里，有利于族群融合。因此，英国新建的公共住房普遍采取分散建设或配建的方式。例如，地方政府通过规划手段，强制要求新的住宅建设项目必须配建一定数量的公共住房，并且这些公共住房不能集中于住宅项目中的某栋楼房或某个区域，以避免新建住宅项目内出现"贫富隔离"。公共住房配建的比例因规划许可内容而异，一般占项目总量的 15%～50%。从目前的实施结果看，平均约占 25%[2]。

英国政府认为，在推行混合居住的同时，强化社区是处理最贫困地区社会排斥问题的有效政策。政府认识到，解决这些问题涉及的不仅限于改善住房条件，还应将住房、城市重建以及其他社会政策结合在一起。这些最贫困地区的问题通过一项所谓的"社区新政"（New Deal for Communities）来着手解决。这项特别的新政把住房和城市重建结合起来，

---

① Social Exclusion Unit. Rough Sleeping-Report by the Social Exclusion Unit, London：The Stationery Office，1998.

② 陈燕.福利国家——英国的住房政策.城市开发，2003（3）.

以改善社区的管理与服务供应，并扩大当地居民的经济机会。

2011年8月，英国爆发的社会骚乱就是从族群分隔居住较明显的伦敦北部地区开始并蔓延到伯明翰、利物浦等有较多少数族裔聚居的地区。这一事件表明，英国推行混合居住、推进社会融合的工作仍有很长的路要走，且政党更替对政策连续性所产生的负面影响弱化了这项努力的效果。

（二）德国——多项措施促进住房公平

德国政府积极承担住房保障的责任，大力建设社会住房，并通过补贴等多种形式提供住房保障，在较短时期内就成功摆脱了第二次世界大战后住房短缺状况，成为全世界内住房公平程度较高的国家。德国促进住房公平的经验主要有以下几个方面。

1. 重视立法保障和制度建设

《民法》作为德国住房的基本法，规定了居住权是公民权利的重要组成部分，保障公民的基本居住条件是国家、政府的基本职能，明确了联邦政府与各州政府在住房建设与住房保障方面的职责，确定了住房财税金融政策、房屋租赁双方的权利义务等。1946年，德国颁布了第一部《住宅法》，规定联邦、州、县和乡镇政府都要为住宅提供帮助，扩大对中、低收入阶层的住宅供给。1956年颁布了第二部《住宅法》，对自有住宅建设进行扶持和鼓励，措施包括：提供建筑用地，提供贷款担保和利息补贴；给予税收和其他规定费用的减免优惠；为住宅建设储蓄提供补贴等。其他法律包括促进住房建设的《住宅建设法》、《城市建设促进法》，促进旧住宅改造和质量提升的《住宅改造法》、《住宅现代化促进法》，促进购买住宅和提供住房福利的《工人置业促进法》《住宅补贴法》等。德国通过立法，确定了解决居民住房问题的大政方针，为"居者有其屋"目标的实现提供了法律基石。

2. 政府承担促进住房公平的责任

保障居民住房是德国联邦政府首要政策目标之一。政府在住房方面的责任主要有四个方面：一是保证有足够的住房建设，同时防止住房过剩；二是保证住房的质量和环境的保护；三是住房结构和房价老百姓能够承受；四是住房产品能满足社会各阶层的需要。

3. 积极应对住房短缺问题，重视社会住房建设和供应

第二次世界大战后，德国面临着住房严重短缺问题，当时政府把居民住房视为施政的重中之重。由国家支持建造租金较低的住宅，即"福利住房"，政府给予地价、无息贷款、直接资助等方面的优惠和支持，住房建

好后由政府分配使用。这类住房的租金是市场的1/2，但质量与其他类型的民宅相比毫不逊色（表4-5）。

1950～1988年德国社会住房建设情况[1]　　　　表4-5

年份	社会住房数（套）	每1000人占用量（套）	占出租住房比例（%）
1950	319350	6.7	—
1955	341407	6.5	—
1960	326663	5.9	71
1965	209271	3.5	69
1970	165135	2.7	69
1975	153989	2.5	53
1980	91175	1.6	41
1985	68952	1.1	44
1986	52066	0.8	31
1988	40859	0.7	34
1950～1988	7744831	—	—

1949年，德国新建住宅竣工量为22万套，其中70%为社会住房。1953年后，德国每年新建住宅超过50万套，其中社会住宅比例一直保持50%左右，对于尽快解决战后住房困难起到了关键作用。从1949开始的10年期间，德国共新建住宅500万套，不但弥补了被战争摧毁的300万套住宅，而且也为大批难民和新增人口提供住宅。据统计，战后60年德国先后建造了近1000万套社会住房。从1977年起，当时的西德住宅总套数已经超过家庭数。尽管住房数量基本得到满足，但政府一直没有停止建设高质量的福利房。目前德国大约有3826万套住房，联邦、州和地方政府手中拥有约300万套公房。德国的社会住房为其社会的稳定发挥着不可或缺的作用，也是德国政府解决低收入者住房问题的重要手段。

4. 通过多种渠道增加住房供给和资金筹集

德国的住房合作社是依照《合作社法》而设立的法人，是德国住房建设的主要组织形式。据统计，合作社建造的住房约占德国新建住房总数的30.9%。1862年成立的汉堡住房合作社是德国最早出现的住房合作社。

---

[1] 资料来源：德国联邦统计局 http：//www.destatis.de/.

到 1990 年召开第一次全德联盟大会时，已有 1950 个德国住房合作社参加，拥有 280 万名社员，管理着 210 万套住房。目前德国共有 600 多家住房合作社，且成立了合作社协会，共建有 750 万套住房。德国的住房合作社起初仅是产业工人的住房自助组织，后逐渐发展成为全社会的住房互助组织。在合作社制度下，每个社员的入社资金，初期仅为 100 马克，现在则需 1 万欧元。合作社依靠社员入社资金，可获取国家等量资金的资助，并可争取银行等量的低息贷款。房屋建成后分配给社员租住，社员按照入社的先后顺序，排队租房。合作社所收房租，用以偿还贷款本息，组织房屋维修运营；有赢利时，须分配给入社股东。每个社员既为租户，也为股东。德国政府对住房合作社给予多方面的政策支持：

（1）提供长期低息贷款。贷款利息只有 1%～4%，偿还期限长达 30～40 年，最长可达 60～65 年。如果政府不能直接给住房合作社提供贷款，则住房合作社可以向金融机构贷款，其利息超出部分由政府给予补贴；

（2）给予抵押贷款保证。政府在社员向银行抵押贷款时作为保证人为社员提供抵押贷款保证；

（3）提供合理价格的土地。政府会以相对较低的价格出让土地给住房合作社，或者政府先购买土地，然后再低价出租给住房合作社；

（4）提供税收优惠。对合作社以较低税率征收所得税、财产税、土地转移税和交易税等；

（5）提供租金补贴。合作社住房如用于向社员出租，按规定对低收入者降低租金，使房租降低到社员能够负担的水平，差额部分由政府提供租金补贴。

与英法等欧洲国家相比，德国政府参与住房直接建设较少，住房合作社是德国政府实施补贴住房建设计划的最主要的机构和渠道，其在德国的住房发展方面地位非同一般。

德国的住房储蓄贷款制度，是一种建购住房的互助金融融资体系，目标是为社会低收入阶层提供政策性建购房融资。政策性住房金融主要由两部分构成，一是地方各州政府参与或直接投资设立促进住房建设的政策性金融机构，其主要职能是对中低收入家庭建购房和私人投资建造低租金住房发放优惠利率贷款资助；二是由德国各住房储蓄银行构成的合同住房储蓄贷款融资服务体系调节，国家通过联邦财政对住房储蓄者实行奖励制度。住房储蓄存款的唯一用途是为了建房、购房进行融资，而不是为了其他的消费目的申请贷款。住房储蓄机构通过大量储蓄者的参与而形成一个互助集体。目前德国有 12 家地方州住房储蓄银行和 19 家私人住房储蓄银行，受专门法律的保护和规范，同时也接受联邦信贷监督局的监督和管理。德国住房储蓄体系对住房保障的支持主要有两个方面：一是低息贷款。住房储蓄独立于其他类型的储蓄，住房贷款实行固定利率，且较市场利率要低。住宅储蓄制度是一种封闭运转的融资系统，独立于德国资本市场，不受资本市场及其利率波动的影响，国家对住房储蓄进行补贴，同时住房储蓄银行可免交营业税。住宅储蓄存贷款利率保持在 6% 以下，且贷款实行固定利率，居民还贷额固定而且明确，因而对居民有相当大的吸引力。二是储蓄奖励。住宅储蓄奖励分为两种：一种是储蓄奖励，任何 16 周岁以上、年收入 5 万马克以下的单身家庭，每月 1000 马克以下部分的住宅储蓄，可以得到政府每月最高 100 马克（即 10%）的储蓄奖励；年收入 10 万马克以下的单身家庭，每月 2000 马克以下部分的住宅储蓄，可以得到政府每月最高 200 马克（即 10%）的储蓄奖励。另一种是购房奖励，对通过住房储蓄进行的建房活动，政府给予贷款总额 14% 的贷款补助。国家对企业主每月自愿付给雇员的住房储蓄补助，同样给予奖励。目前，德国住房储蓄贷款制度在促进居民购房方面发挥着举足轻重的作用，平均每 3 个德国成年人中就有 1 人通过住房储蓄贷款合同获得了建购住房的融资。

德国还通过补贴私营开发商的方式来大量兴建社会住房。德国住房信贷银行设立住房建设基金，开发商在自有资金达到项目投资的 15% 以上时可提出申请，批准后德国住房信贷银行以无息或低息（年利率仅为 0.5%）贷款支持开发商投资建造社会住房。社会住房建成后必须定向出租给低收入家庭，房租标准由政府核定，一般为市场租金的一半水平，价差由政府补贴给开发商。以科隆市为例，社会住房每平方米月租金平均约为 4.8 欧元/平方米，而一般商品房月租金平均为 7.8~8.8 欧元/平方米。德国地方政府还规定开发商必须提供房产开发总量的一定比例，专门用于出租、出售给低收入家庭。例如，科隆市每年约新建 3800 套房，政府规定其中 1000 套开发商必须专门建造用于低收入家庭的出租房。

5. 通过财税政策和多种形式促进住房公平

德国的住房补贴政策有房租补贴、住房改造补贴、住房津贴等。

第一，房租补贴是德国对低收入居民住房保障的主要方式之一。住宅补贴法规定实行房租补贴制度，租房者如果因家庭收入不足以租赁适当住房，有权享受住房补贴，由政府根据家庭人口、收入及房租支出情况等确定补贴标准，以保证每个家庭都能够有足够的住房支付能力。房租补贴的资金由德国联邦政府和州政府各承担 50%。得益于房租补贴制度，租房者的住房负担明显减轻。例如，科隆市有 100 万人口，其中 9 万人享受房租补贴。领取房租补贴的家庭，住房负担占家庭税后月收入的比例由 45% 下降到 31%。

第二，住房改造补贴是对老旧住房维护与修缮的补贴。住房改造补贴的目的在于对旧房进行改造与现代化，以及推进城市更新。1986 年，德国用于住房改造方面的补贴金额约为 16 亿马克，占德国当年住房补贴总额的 8%。

第三，住房津贴是对房屋需求方——家庭的一种补贴。传统的德国住房政策主要通过给房屋供应方提供补贴，也就是以生产者为导向的鼓励措施，来达到推进住房建设的目标。而近年来主要是对房屋需求方，即以居住消费者为导向进行补贴。德国根据家庭人数的多少制定不同的收入标准，在一定收入范围内的家庭可以申请住房津贴。据统计，在获得住房津贴的家庭中 95% 是租房者。住房津贴发放的人数呈上升趋势，1965 年至 1984 年，获得住房津贴的人数从 40 万上升到 150 万。2004 年德国住房津贴获得人数达到最高点，共有 352.4 万人获得了住房津贴，而住房津贴的支出总额也达到了 51.83 亿欧元 [①]。

第四，德国对私人建房采取减免税和其他奖励等鼓励政策。联邦所得税法规定：①建房费用可在最初使用住宅的 12 年内折旧 50%（后又改为在最初 8 年内折旧 40%），从而降低房主应纳税的收入；②申请建房的贷款也可从应纳税的收入中扣除；③免征 10 年地产税。除税收优惠外，财政还给予收入较低的购房人不同程度的购房补贴。绝大部分德国人都可以享有不同额度的补贴，但住房大于一定规模（比如说出租房的面积为 108 平方米）的人不在补贴的对象范围内。1996 年 1 月开始，政策规定购买住房或自己建房的居民，每人每年可以按照购买价或造价的 5% 得到政府补贴，最高补贴额为 5000 马克，补贴 8 年。获得这项补贴的居民，单身者年收入不超过 12 万马克，夫妻二人年收入不超过 24 万马克。如果买房的家庭有小孩，还可以得到 1500 马克的奖励，期限也是 8 年。同时规定，私人住房奖励和私人住房儿童奖励累计不能超过房价。

德国在住房补贴和税收优惠方面的财政投入较大。例如，1986 年住房方面的全部政府补贴总数达到了 210 亿马克（占国民生产总值的 1.1%，大约人均 339 马克），包括直接的补贴和税收优惠，其中 41% 来自于国家财政预算，其余由州政府以及地方政府承担（表 4-6）。

---

① 资料来源：德国联邦统计局。

年份 补贴数量 用途	1974		1980		1986	
	亿马克	占补贴总数的比例（%）	亿马克	占补贴总数的比例（%）	亿马克	占补贴总数的比例（%）
社会住房	38	30	52	30	67	32
私人住房的税收优惠	17	14	41	24	60	29
住房津贴	16	13	21	12	34	16
"建设储蓄"	37	29	26	15	16	8
住房改造	3	2	13	8	16	8
其他的税收优惠	15	12	18	11	13	6
补贴总额	126	100	171	100	207	100

6. 推行不同种群混合居住

德国各联邦州都制定了相应的法律法规，规定新发展地区的社区必须通过规划，安排一定比例的面向低收入人群的住宅项目，地方政府的社会住房项目也不能独立开发，往往是直接从开发商手里买下房产，提供给经过严格审查的低收入申请家庭租住。地方政府通过商业网点、社会设施布局审批等正常行政程序，防止同一移民来源人群的过度集中[①]。

（三）丹麦——实物保障与住房补贴相结合

由于战争的破坏，战后很长一段时间，丹麦住房紧缺问题十分严重。因此，自 1945 年起至 20 世纪 80 年代，丹麦开始了大规模的住房建设。而在 20 世纪 80 年代，尽管住房短缺问题得到了基本解决，但住房建设在丹麦住房政策议程上仍然处于极为重要的地位。在 1981～2004 年间，丹麦住房总量稳步增长，从 1981 年的 235 万套房屋增长到 2008 年的 270 万套以上。除住房总量相对人口规模而言较大以外，丹麦的住房质量及居住水平也在世界上首屈一指。丹麦人均住房面积在过去的近 30 年里逐步提高。自 20 世纪 80 年代以来，人均住房面积从原来的 42.6 平方米扩大到 2008 年的 51.6 平方米。与此同时，丹麦住房的平均面积也

---

① 资料来源：蔡威，关于城市规划中防止出现弱势群体聚居的提案. 全国政协十一届四次会议提案第 3435 号，2011 年。

在不断扩大，从 1980 年的 106.7 平方米扩大到 2008 年的 110.4 平方米。丹麦住房成就的取得与丹麦政府战后积极进行住房建设，以及住房重建政策密不可分。

在丹麦，大约有 1/5 的住房储备由非营利的住房协会所提供。20 世纪 60～70 年代，社会住房进入其高速发展期。当时，每年建造社会住房约为 1 万套，这一时期的社会住房至今都是社会住房领域中房屋面积最大、质量最好、配置最齐全的。它们中有许多住房面积都达到了 110～120 平方，拥有 4～5 间房间、两间独立浴室以及大阳台。目前，丹麦大约有 54 万社会出租房屋，其中超过半数的都是在 1970 年后建设的，大约只有 2% 的社会住房是在第二次世界大战前建造的，相对而言，社会住房的楼龄要比其他居住板块的房屋年龄要小。此外，约有 90 万人居住在社会公共出租房中，平均每套住房中居住了 1.9 人，低于其他板块中的 2.2 人 / 套。

丹麦有 771 个住房协会在市政当局的监督下为人们提供社会出租房，而住房的实际供给则由协会的成员部门所管理。目前，丹麦有约 8000 个这样的成员部门，拥有约 54 万套房屋。丹麦住房协会运作遵循非盈利的原则，其成员部门基本上在所有权和财务等方面都是相互独立的。因此，某一成员部门的破产不会影响该住房协会或是该协会中的其他成员部门。成员部门的租金制定主要基于"平衡原则"，即租金水平与成本相当。住房协会是"私营机构"，但接受政府的经济补贴，在法律上受政府和地方当局的管制和监督。

丹麦的住房补贴包括对住房供应方的建筑补贴和对需求方的住房津贴。建筑补贴主要是合作住房建设的补贴、对新建社会住房抵押贷款的补贴以及对城市更新的补贴等。住房津贴主要分两大类：一是针对低收入家庭和享受残疾保险的人；二是针对年老退休人员。丹麦的住房津贴覆盖面非常广。2007 年，约有 52.6 万户来自各种住房板块的住户享受了该津贴的补助，占丹麦住户总数的 1/5 左右，平均每个住户获得 1794 克朗的补贴额。住房津贴已经成为政府财政直接支出中最大的项目。2007 年住房津贴近 120 亿克朗，占丹麦 GDP 总额的 0.7%[①]。

此外，丹麦税收补贴的间接支出甚至比直接补贴支出还高，这主要是因为相对其他固定资产有税收而言，对自有住房的税收要温和得多。据估计，2005 年，荷兰政府所放弃的税收收入约为当年 GDP 的 1.6%，包括给

---

① 详见 Statistical yearbook 2008，丹麦中央统计局，http：//www. statbank. dk.

予合作住房租户和自有住房的税收优惠。

（四）荷兰——宪法保障"住房权利"

自 20 世纪初开始，荷兰政府在住房领域就一直扮演着最为关键的角色。荷兰政府在住房领域的职责地位主要来源于其宪法条文：为公民提供充足的住所是政府的主要职责。在"社会权利"方面，合法居住在荷兰的人都有住房的"权利"。这意味着政府必须尽最大的努力为每一个人提供住房。因此，荷兰政府的宪法职责就是为其公民提供充足的、负担得起的、质量好的住房。虽然荷兰中央政府本身从不建造房屋，但其在保障居民住房负担能力以及居住质量方面负主要责任。荷兰政府采取了一系列手段来刺激房屋的建设，来满足大量的住房需求，其中最重要的工具就是补贴。在预算的允许或限制程度的基础上，住房、实体规划和环境问题等方面的信息都汇集到"住房建设五年规划"，这个规划经议会批准后，每个州分到各项补贴的相应配额制后再分配给地方政府。虽然荷兰住房市场已进一步放开，政府鼓励企业个人融资建房，但各项建设项目的审批实施等过程仍然由各级政府严格控制。20 世纪 90 年代以来，中央政府开始寻求权力下放，将更多的住房问题交由地方政府承担，并推动地方住房当局的私有化以及使住房协会更加独立。例如，补贴政策原来是由中央集权的，但从 1988 年起，发放住房补贴的责任下放给了地方政府。此外，政府也对房租价格进行干预。

自 1945 年到 20 世纪 80 年代中期，荷兰开始了大规模的房屋建造，提高住房建造率一直都处于国家政治议程的重要位置，相对而言，在这段时期对住房质量问题并不大关注。在 1976～1986 年间，荷兰住房存量从 448 万上升 548.3 万套，增加了 100 万套。在 1995～2004 年间，荷兰的住房存量又增加了超过 100 万套。截止到 2008 年，荷兰的住房存量约为 710 万套。

荷兰的社会住房比例是全欧洲最高的[①]。自 70 年代末 80 年代初起，住房协会在荷兰住房市场中扮演着重要角色，由住房协会所建造的住房量不断上升。1998 年，住房协会的房屋建造量达到了 2 万多套。截止到 2007 年，住房协会所有的住房总量已经达到 240 万，占住房总数的 35%。除住房协会所有的社会住房外，地方政府也拥有一定比例的住房，目前所占份额约为 7%。

① 详见 http://www.cecodhas.org/index.php?option=com_content&task=view&id=85&ltemid=127.

荷兰的住房协会是荷兰住房制度中至关重要的一部分。住房协会是独立的、私有的营利性机构，主要目的是为低收入家庭提供质量好、可负担的住房。住房协会属于私营机构，但在法律的规范下开展活动，接受政府的监督管理：在 3/4 的项目中作为法定的协会，在其他的项目中则是以基金会的形式出现。

过去几十年，住房协会获得了相当大规模的政府资助，积攒起了充足的储备资金。2007 年，住房协会共拥有超过 240 万套社会住房，其中 36% 为廉租房，58% 为经济适用房以及 6% 的高端租房 [1]。住房协会拥有的社会住房分别占荷兰出租住房以及整个荷兰住房存量的 75% 和 35%，这一比例在欧盟国家中都是相当高的。

荷兰政府通过个人租房补贴、房租政策、抵押贷款利息税减免和购房补贴等一系列具体措施来帮助低收入家庭摆脱住房困境。

首先，对租房者给予租房补贴。租房补贴主要针对那些收入较低，无法承担房租的家庭。住户获得补贴的水平主要取决于其所须纳税的收入、租金及服务成本水平、住房规模和年龄以及私人财产情况。而房租低于一定的水平（房租补贴最低限制）的租户无法获得这一补贴。截止到 2007 年，大约有超过 103 万户家庭获得了这项补贴。从收入来看，获得房租补贴者中 68% 为最低收入者，32% 高于最低收入；从年龄来看，37% 的受补贴者年龄超过 65 岁。2007 年平均每户享受的租金补贴为 1716 欧元，租户中有 30% 获得了这一补助。这一房租补贴政策还会延续下去，但将会作出一些调整。荷兰政府将考虑使用代金券来代替现金补贴，让那些接受补贴的家庭有更大的租房自由选择权 [2]。

其次，对购房者提供抵押贷款利息税减免以及购房补贴。为了支持居民购买住房，政府给予购房者抵押贷款利息抵扣所得税优惠，即从纳税人的应缴税收入中扣除抵押贷款的利息。住房贷款利息抵扣不设上限，所以贷款的额度越大，个人所得税的免税额就越大。但居民购买第二套房屋时不再享受税收减免，并且当居民增加住房贷款时，必须证明贷款只被用于改善居住条件才能减免贷款利息税。

最后，荷兰于 1995 年设立了市政住房促进基金（SVn），用来帮助那些第一次购买住房的年轻人。截止到 2006 年，该基金总额已经达到了 46 亿欧元，196 个市政当局已加入该基金。2007 年 1 月，中央政府一次性补

---

① Michael Ball，European Housing Review 2005，2008，RICS.

② http://www.vrom.nl/pagina.html?id=37413.

助该基金 4 亿欧元。市政住房促进基金可为贷款者提供 50% 的政府补贴及一定数额的借款，所有第一次购买住房者且住房价格低于 20 万欧元的，都可向地方政府提出申请。

荷兰政府重视弱势群体的住房问题。面对社会老龄化的现实，荷兰政府针对老年人的特点，出台了相关的住房政策来满足老年人的居住需求，使老年人可以独立生活。为老年人设计的住宅区交通便利，房间较少，但空间宽敞，住房里装有报警系统，住房和小区无障碍化，方便老年人和行动不便者居住和使用。荷兰政府还通过优先向 65 岁以上的老年人发放租房补贴，来提高老年人的房租承担能力。

（五）新加坡——政府主导的普惠式"社会房"

作为同为东方文化背景下的国家，新加坡实现住房公平的经验对我国极具借鉴意义。新加坡国土面积 712.4 平方公里，人口 500 万（新加坡人口约 320 万，其余是外国在新加坡工作的人）人均土地面积为 140.2 平方米[①]。扣除一些不适合居住的岛屿，以及基础设施和非住宅用地，真正用于住房建设的土地面积屈指可数。人均住房面积超过 30 平方米，社会住房差距较小，基本实现了居者有其屋的目标。作为一个面积狭小，没有任何资源的国家，新加坡的住房建设取得了举世瞩目的成就。新加坡的经验主要有以下几个方面：

1. 政府主导住房建设

政府对土地进行统一规划，并直接参与住房的开发建设。政府认为，每一个人都有享受便利和繁荣的权利，因此，由政府承担建设的组屋（即组合房屋）包括廉租房的建设不会选择偏僻或者不方便的地方，而是因地制宜地将其与富人区混合在一起（表 4-7）。组屋在住房存量中的比例高达 80%。组屋价格由政府统一规定，以低价出售或出租给居民使用。除购买组屋的居民和 3% 购买富人住房者之外，其余 17% 买不起组屋的居民分为困难户和特困户，随着经济发展政府逐步解决他们的住房问题。对困难户，政府通过补贴使每户能够购买一套 60 ~ 70 平方米较便宜的旧房居住；对特困户，政府租给每户面积较小的廉租屋，每月象征性地收取 10 余新元的房租。这样，通过政府主导以非市场方式解决住房的居民比例高达 97%，从而在全国范围内实现了居者有其屋的目标。

---

① 数据来源：新加坡统计局，http://www.singstat.gov.sg/.

年份	建设总量（套）	住宅建设总量（套）	商业开发建设量（套）
1960～1965	54430	53777	653
1966～1970	66239	63448	2791
1971～1975	113819	110362	3457
1976～1980	137670	130981	6689
1981～1985	200377	189299	11078
1986～1990	121400	119708	1692
1991	10562	10452	110
1992	18623	18482	141
1993	17900	17888	12
1994	26043	25987	56
1995	26429	26185	244
1996	27603	27484	119
1997	31418	31312	106
1998	36632	36609	23
1999	35081	34836	245
2000	27887	27678	209
2001	23950	23913	37
2002	10211	10141	70
2003	10145	10082	63
2004	5488	5326	162
2005	5721	5673	48
2006	2752	2733	19
2007	5111	5063	48
2008	3183	3154	29
2009	5220	5208	12

注：1992 年 7 月以前，商业开发建设量仅指 eating houses，shops with living quarters 以及 lock-up shops.

数据来源：新加坡建屋局年度报告 2009～2010；新加坡建屋局年度报告 2005～2006.

2. 从国情出发，坚持按小户型标准建设住房

小户型总价较低，使得绝大多数居民都能够买得起组屋。在20世纪五六十年代，由于当时新加坡的经济发展水平较低，建设的组屋主要为小户型，每套从40多平方米到70平方米。随着经济发展水平的提高，进入20世纪八九十年代后，新建组屋的户型也有所提高。例如，2002年新建组屋每套为85～125平方米，其中每套85～99平方米户型的占70%左右，每套100～125平方米户型的占30%左右。即便如此，新加坡仍然维持较小户型的建设标准。目前新加坡拥有的新旧组屋，除极少数为145平方米户型外，其余多为40～125平方米户型。新加坡坚持小户型的做法不仅较好地解决了居民的住房问题，也缓解了人地矛盾。

3. 组屋管理严格，封闭循环

政府规定，有房的居民不能购买组屋。一个家庭同时只能拥有一套组屋，如果要购买新组屋，旧组屋必须退回。居民购买组屋的次数有严格的限制。购买组屋后，业主在一定年限期内不得出租。组屋在购买5年之内不得转售，如果实在需要出售，必须到政府机构登记，不得自行在市场上出售。保障房和廉租房实行严格而且透明公开的审核制度，申请者名单通过电视和报纸公布，以接受社会监督，对于任何疑问，政府会进行再次审核。如果有人虚报收入，在买房时提供虚假文件，一旦罪名成立，将会被处以5000新元的罚款或者判处最高6个月的监禁，或者二者兼罚。作假者代价沉痛，从而形成足够的威慑作用。通过一户一组屋，买新退旧，交易双方都必须是有资格购买组屋的居民的规定，新加坡的组屋实现了封闭式的滚动循环，成为一项可持续的住房制度。

4. 对市场实行控制

新加坡真正市场意义上的住房仅限于供富人居住的商品房，在住房存量中的比例很小。对于建造富人住房的用地收取高额土地出让金，建成入住后每年要收较高的物业税。而且业主出售商品房如果购买时间不足1年，需要缴纳高额房产税。由于可自由买卖的住房少，加上政府严格监控，住房投机炒作空间有限，从而有效抑制了"炒房"行为和商品房的价格暴涨。

5. 对外国人买房实行限制

新加坡对外国人买房有诸多限制。一是不允许购买组屋。组屋主要是满足新加坡公民的住房需要，不对外国人开放。外国人只有取得了新加坡永久居民资格，其配偶是新加坡公民或永久居民，才有资格购买组屋。即便如此，也只能购买使用年限超过5年的二手房组屋。二是对购买非公寓

的商品住房严格审批。外国人如果想要购买空地和有地房产，如花园别墅、半独立式、复式等高级洋房住宅，需要通过政府相关部门的批准。相对而言，外国人购买私人公寓的限制要宽松一些。非新加坡公民或非永久居民，如果购买高于六层（含六层）的私人公寓套房，或经许可的共管式公寓，可以不需特别申请。

（六）小结

从国外的经验来看，英国、德国等欧洲国家和亚洲的新加坡虽然国情不同、社会文化背景存在差异，但在促进住房公平方面都提供了一些有益的经验，实施了一些带有共性的措施。综合起来，这些措施主要包括：

1. 政府积极干预和市场调节相结合。这些国家既没有放任或依赖市场来解决住房公平问题，也没有由政府来包办，而是将两者协调有机结合起来，并在不同的阶段调整两者之间的比率以求得平衡；

2. 重视住房保障立法。各国均通过制定与住房有关的法律，来作为住房建设和促进住房公平的根本依据和指导原则。如英国制定了最早的与住房有关的法律及其后数十部法律；

3. 明确政府的责任。各国将各级政府作为住房保障和促进住房公平的主体，即便是成熟市场国家，政府也不是放任住房市场不管，而是以积极地态度来促进住房公平的实现；

4. 大力兴建政策性住房。各国政府在住房短缺时期，均直接参与住房建设，兴建了大量政策性住房。而新加坡更是长期坚持政府主导住房建设，使新加坡的组屋在住房存量中维持了极高的比例。大量政策性住房的兴建和供应，不仅有效缓解了住房紧张状况，也为今后的住房保障提供了坚实的基础；

5. 多渠道增加住房供应。除政府直接建设住房外，各国通过各种措施扶持和鼓励社会力量如住房合作社等参与住房建设，使社会各界形成合力，共同促进住房公平；

6. 建立公平分配机制。各国在重视增加住房供应的同时，重视建立公开透明的住房分配制度，保障政策性住房的公平分配；

7. 多种形式提高家庭住房消费能力。除提供政策性住房实物保障外，还通过财政补贴、贷款和税收优惠，以及灵活的产权形式提高普通家庭的购房或租房能力；

8. 重视弱势群体住房困难问题。英国、荷兰等国近年来特别关注弱势群体如老年人、单亲家庭、无家可归者等的住房问题，通过设立专门机构，增加财政拨款，改进居住设施等措施为这些弱势群体提供适合的住房。例如，英国在解决无家可归者方面的努力，在短短四年时间内就使无家可归者数量下降了一半以上，荷兰重视老年人住房问题，为老年人提供了适合他们居住需求特点的老年住宅区；

9. 提倡混合居住。新加坡等国注意到族群分隔居住所导致的社会隔离现象以及由此引发的社会问题，并针对这一现象推行贫富阶层和不同族群的混合居住，取得了积极的效果。然而，英国的经验教训表明，混合居住模式需要长期且全面推行，才有可能达到促进社会融合和社会稳定的目的。以上各国促进住房公平的实践和经验，对我国推行住房发展 C 模式极具启示作用。

四、"房价收入比"的由来及其合理性分析

（一）概念

"房价收入比"在房地产研究中特别是对房价和居民住房消费能力的讨论中被广泛引用，但同时它又是一个饱受争议的概念。简而言之，房价收入比是房价与居民收入之比，世界银行将其定义为住房单元的自由市场价格的中位数与家庭年收入的中位数之比，测算范围可以是一个城市、一个区域或一个国家（地区）。将房价与收入等绝对值转换为相对的比值，转换后的比值无量纲，适合用于比较不同币种的国家（地区）之间的居民购房支付能力。

为评估世行项目的实施效果，世行制定了一个评估指标体系，分为结果指标、风险指标和有效性指标三大类以及农业、教育、环境等 16 个部分。其中，城市发展部分有关城市住房的指标共 10 个，房价收入比是其中之一[1]。世行认为房价收入比可能是综合衡量住房市场表现的最重要的指标，它不仅衡量住房的可负担程度，还衡量市场是否存在干扰。如果房价收入比异常高，很可能意味着住房供应存在严重障碍；如果比值偏低，则可能意味着因产权得不到保障或受到限制导致有效需求缺乏[2]。

---

[1] World Bank, the housing indicators program, Volume IV: The Extensive Survey Instrument (Revised), 1992.

[2] Source: World Bank, Performance Monitoring Indicators, May 1996.

（二）由来

目前关于房价收入比的由来主要有两个版本，分别为伯纳德·李诺（Bertnand Renaud）和安德鲁·黑马（Andrew Hamer）提出。从已有的资料来看，房价收入比这一概念可能最早由前者提出。伯纳德·李诺于1989年10月在香港大学城市研究中心写的一份研究报告中指出，房价收入比在发达国家一般在1.8~5.5∶1之间，在发展中国家则一般在4~6∶1之间[①]。在伯纳德·李诺提出房价收入比的概念之后，安德鲁·黑马等人（项目组成员包括伯纳德·李诺）在进行中国住房制度改革研究时，引用了伯纳德·李诺的研究成果作为评价当时中国的住房可负担程度的参考标准，并于1991年6月通过世界银行亚洲区中国与蒙古局域环境、人力资源和城市发展处出版的《中国城镇住房改革：问题与方案》发表了有关研究。随后，联合国人居中心也在有关住房问题的报告中予以引用。由于世行和联合国人居中心在住房研究领域的影响力和权威性，房价收入比这一概念在被这两个国际机构采用后，逐渐引起学术界和政策制定者的广泛关注并越来越多地被引用。

（三）争议

房价收入比这一概念已被广泛用于评价房价水平高低以及居民住房消费能力，但同时也备受争议。经过多年的"口水战"后，争议的焦点逐渐集中到两个方面：房价收入比的适用性问题，即其是否适合衡量房价泡沫或居民的住房消费能力；以及什么是合理的房价收入比值范围。支持者甚至给这一概念贴上了"国际惯例"的标签来表示其正确性，而概念本身的由来和实质却被忽视了。为理清这些争议，有必要从概念内涵、计算方法、各国国情、应用缺陷等方面来考察。

1. 适用性问题

首先，房价收入比是否能够反映住宅市场存在泡沫？由于不同时期不同国家（地区）居民收入水平的差异，泡沫存在与否仅从房价的绝对高低来考察毫无意义，通过房价收入比来判断也有其片面性。这是因为，高房价及高房价收入比可能是由住宅供应短缺、投机盛行或两者结合所致，但两种因素之间存在本质的区别。由供需失衡导致的高房价，在市场规律的

[①] Bertrand Renaud, "Affordable Housing, Housing Sector Performance, and Behavior of the Price-to-Income Ratio: International Evidence and Theoretical Analysis", Research Working Paper, University of Hong Kong, Center for Urban Studies, October 1989.

作用下，供需将逐渐趋于平衡，同时房价逐渐趋于合理，这种情况下市场规律能够发挥主导作用；而投机风的盛行往往偏离市场的基本面，导致房价的快速上涨，直至产生泡沫，一旦越过临界点，市场将无法再回到平衡态，最终走向泡沫破裂。由此可见，房价收入比高仅是泡沫的必要条件。而泡沫是否存在，即市场投机的程度可通过另一指标——房价租金比来衡量。租金和房屋升值是住宅投资回报的两个主要组成部分。如果房价租金比高，投资者从住宅投资中获得的出租收益率就低，其投资回报将主要依赖于房价的预期上涨。因此，房价租金比高表明市场存在较明显的投机倾向，此时房价上涨缺乏市场基本面的支撑，而是由投机推动。这符合美国经济学家查尔斯·金德尔伯格（Charles P. Kindleberger）对"泡沫"的定义，即"泡沫是一种或一系列资产的价格在一段时间内持续快速上涨，且初始的上涨导致了人们对未来进一步上涨的预期，吸引了通常是投机者的新买家，这些投机者购买资产的目的是从交易过程中获得利润，而不是使用该资产或提高其赢利能力。"[1]

其次，房价收入比是否适合用来衡量居民的住房消费能力？要回答这个问题，就如同我们要回答市盈率是否适合评价股票的投资价值。市盈率是股票价格与每股收益的比值，是证券市场投资的一个重要指标。简单而言，如果市盈率为10，表示投资者为购买某支股票的每一个单位的收益（如1元）所支付的倍数为10（即10元）。投资者可通过市盈率来比较股票的价值：如果股票A的市盈率低于股票B，而两支股票其他方面均一致，则股票A价格相对较低并更具投资价值。但是，公司之间的情况极少一样，而不同产业、不同时期的公司之间股价及收益的差异更大，仅用市盈率来简单比较投资价值，极易产生误导，因此，单纯依靠市盈率作为投资依据并不可取。与此类似，如果城市A的房价收入比高于城市B，而两个城市有关住房和收入的其他因素都一样，则可以判定，城市A的居民购房支付能力低于城市B。以此类推，房价收入比也可用来比较国家（地区）之间的居民支付能力。不难看出，如此应用的前提是城市与城市之间、国家（地区）与国家（地区）之间具有可比性，但这是一种理想的状态，在现实中很难达到。

再次，用房价收入比来衡量居民住房消费能力，一个隐含的前提是假定所有居民都将通过购房来解决居住问题，而这并不现实。也即是说，满足居民住房消费需求不应仅有购房这一个途径，而是应"租售并举"。居

① Charles P. Kindleberger, Manias, Panics, and Crashes: A History of Financial Crises, 5th edition. Wiley, 2005.

民租房负担一般用租金收入比这一指标来衡量，比值越低，居民租房负担越轻。因此，居民的住房消费能力应通过房价收入比和租金收入比来综合考察。

值得一提的是，房价与收入之间的关系缺乏实证的支持。据 OECD 的 Girouard 等人对世界主要发达经济体 1970～2004 年间的房价与收入关系的分析，没有发现两者之间存在长期稳定的关联性[①]。这意味着，房价收入比这一概念在理论上并不严谨。

综上所述，房价收入比可在一定程度上反映市场泡沫程度及居民住房消费能力，但具有片面性，需要与其他指标一起综合应用，并需注意不同时期不同地区的社会经济环境差异。

2. 合理比值问题

对房价收入比的另一个主要争议在于所谓的"合理比值范围"。目前经常被引用的合理比值范围有两个：4～6 倍和 3～6 倍。根据资料考证，4～6 倍之说来源于伯纳德·李诺 1989 年 10 月的研究报告："在发展中国家，该数一般在 4～6：1 之间"；而 3～6 倍之说据称是安德鲁·黑马于 20 世纪 90 年代初期针对当时中国住房制度的背景提出的（但经查阅，黑马 1991 年的原始报告并未明确提出该比值范围）。尽管来源不同，仅就比值本身来说，这两组范围并没有本质上的差异。

伯纳德·李诺最初提出房价收入比的概念时，并没有将其作为四海皆准的标准，而是对发达国家与发展中国家的房价与收入情况分类作了分析，在提出 4～6 倍参考范围的同时，也给出了发达国家 1.8～5.5：1 的比值范围，并指出发展中国家"也有例外"。由于早期资料的局限性，伯纳德·李诺在随后的研究中进一步收集了更多国家和地区的房价和收入资料，并在其 1991 年 6 月发表的研究报告中对最初的结论作出了修正，指出："发达国家和发展中国家的房价收入比数据形成鲜明对比"，"社会主义国家的房价收入比非常的高"[②]。安德鲁·黑马在 1991 年的报告中认为房价收入比这一指标具有参考价值，但也可能引起误导，特别是对那些可通过按揭贷款购房的国家和地区，应综合考虑利率、贷款年期和月供额。在有按揭贷款的情况下，住房的可负担程度通过家庭可支配的月收入与月供款之比来衡量更合适。

问题在于，后来的引用逐渐走样，甚至将之简单异化于所谓的国际

---

① Girouard, N. et al. (2006), "Recent House Price Developments: The Role of Fundamentals", OECD Economics Department Working Papers, No. 475, OECD Publishing.

② Renaud, Bertrand, "Housing Reform in Socialist Economies". World Bank, April 1991.

惯例。即便是当时相对合理的比值范围，相隔近20年后，经济社会发展水平和住房制度都有了极大的变化，再原封不动地照搬显然是不合适的。一些专家学者没有考虑这种变化，根据现有资料计算出来的我国的房价收入比大于6倍，并据此判断中国的房价过高，这种简单做法值得商榷。

联合国的有关研究也不支持上述合理比值范围。1993年和1998年，联合国曾两次发布了近百个国家的房价收入比资料。联合国1998年公布的对96个国家（地区）的统计资料显示，房价收入比值高度离散，最高为30倍，最低为0.8倍，平均值为8.4倍，中位数为6.4倍。这96个国家（地区）房价收入比最低的与最高的差距近40倍，其中一半以上国家的房价收入比在6倍以上，还有一部分在4倍以下，列入4~6倍范围内的只有一小部分国家，由此可见4~6倍这一比值范围并不具有代表性[1]。联合国的资料表明，房价收入比的高低，是由每个国家（或城市）的经济实力、住房市场、居民收入水平、消费结构、居住习俗、居住水平以及每年上市住房的构成等诸多因素综合形成的。由于各个国家每个时期拥有的上述因素很不一样，因而计算出的房价收入比的差别也很大，不能简单地认为4~6倍就是合理的比值范围。

（四）应用问题

在理清了有关房价收入比的争议之后，还应考虑到人地关系、居民收入支出结构、计算方法等在房价收入比应用中的影响。

1. 人地关系

美国、澳大利亚等发达国家的土地资源相对丰富，住宅供应方面土地的约束作用较小，而我国人多地少，18亿亩耕地红线不可逾越，且高产农田多与城市化快速发展区域重叠，土地约束作用明显。房价构成的土地成本、建安成本、税费和利润几大部分中，土地成本是决定性因素。因此，与欧美国家相比，除供应结构、投机等因素影响外，我国较高的房价收入比在一定程度上反映了人地紧张的现状。

2. 居民收入与消费结构

欧美发达国家的个人所得税占个人收入的比重普遍较高，且消费习惯不同。例如美国家庭收入中的相当部分用于支付信用卡债务及利息，几乎没有储蓄，收入约束效应明显，相当部分人支付购房首付都很困难。为迎

① Source：United Nations Human Settlements Indicators，Global Urban Observatory Databases.

合这部分人的购房需求，近些年美国的金融机构降低了门槛，提供低首付甚至是零首付的贷款，最终引发了次贷危机；而我国家庭收入中用于支付信用卡利息的比例几乎可以忽略不计，储蓄率非常高，许多居民的当期收入可能不高，但考虑到代际财富积累、工资外福利所得、非货币化住房补贴以及亲友资助等，其真实的支付能力要高于房价收入比值所反映的水平。

3. 计算方法

首先，我国房价收入比计算一般采用平均数，而不是中位数。发达国家的中等收入者在居民总数中占大多数，是住房消费的主体，且统计数据比较准确齐全，采用平均数与中位数计算的结果相关无几，且房价收入比值较能真实地反映占社会主流人群（即所谓的中产家庭）的住房支付能力。而我国居民收入分布呈哑铃状，与发达国家的纺锤状分布差异很大，房价收入比值无法真实地反映大多数家庭的住房支付能力。发达国家的住房质量、材料、类型差别较小，房价中位数基本能反映其住房价格水平，而我国地区与地区之间以及一个地区不同地段的房价波动区间往往很大，此种情况下用房价平均数近似代替房价中位数存在较大误差。其次，房价收入比计算仅考虑当期收入，而住房消费行为和支付能力受初始财富、当期收入和未来收入预期等因素的综合影响。第三，目前房价收入比计算仅考虑新建住宅，而随着我国住宅市场的发展，二手住宅交易所占的比重越来越大，在房价收入比计算时应一并考虑。最后，我国房价统计资料一般为单价，需要人为地设定一个"合理"的"套面积"，主观随意性大。实际计算中合理面积的设定（如每套 60 平方米或 90 平方米，或人均 25 平方米），将对房价收入比值的计算结果产生显著影响。第四，房价收入比未反映有住房消费意愿的居民的支付能力。我国目前的住房自有率已处于较高水平，其中很大部分短期内没有再购房的打算，在计算房价收入比时，不应简单采用所有居民的收入平均数，而应以有购房需求的这部分居民的收入水平来衡量。第五，测算范围界定不当。从需求端来看，北京、上海及其他中心城市的住房消费需求并不仅限于当地的居民，还包括来自周边地区甚至全国的需求。对这类城市，简单地用一个城市的居民平均收入来计算房价收入比明显有失偏颇，以此为目标来制定有关住房政策无异于缘木求鱼，政策实际效果将大打折扣。

4. 利率因素

房价收入比未能反映长期实际利率的变化情况，据此，Himmelberg 等人认为房价收入比用于衡量住房支付能力存在缺陷，对主要通过按揭贷款方式购房的住宅市场更是如此 ①。

　　上述种种因素的影响，使房价收入比的应用缺乏说服力，其准确性和全面性受到质疑。

（五）结论

　　房价收入比具有简单直接的特点，尽管存在种种局限，其仍不失为探讨住房问题的一个重要参考指标。然而，为准确应用这一概念，需要注意其适用性、不同时期不同地区的社会经济环境、人地矛盾、住房制度、住房自有率和保障情况、房价和收入内涵等因素的影响。在应用中，简单地认为房价收入比的合理范围是 4~6 倍或 3~6 倍并不足取，据此下结论，只会引来更多的"口水战"。与其争议什么是房价收入比的合理范围，不如将注意力更多地放在房价与居民收入水平的相对变化上。在房价和居民收入的结构没有发生大的变化的前提下，考察一定时期内房价与居民收入增长率之间的"剪刀差"扩张或收缩的趋势，对住房市场走向判断和政策制定更具参考价值。

---

① Charles Himmelberg, Christopher Mayer and Todd Sinai, Assessing High House Prices: Bubbles, Fundamentals, and Misperceptions. NBER Working Paper No. 11643, September 2005.

第五章

房地产之效率

一、房地产市场效率的内涵

房地产市场效率意味着在自由充分竞争的前提下，市场规律发挥基础性调节的主导作用，"市场失灵"的范围和影响都控制在最低限度，市场要素和各类资源的配置优化，市场平稳健康运行，房地产市场对宏观经济和社会发展产生正效应。

在经济学上，一个要素的"效率"往往不是从社会公平的角度来衡量，而是仅限于该要素本身的收益最大化。但对全社会而言，单纯的要素效率并不意味着社会整体效益的最大化。英国经济学家、旧福利经济学的代表人物庇古认为，功利主义的最终目标是追求"最大多数人的最大幸福。"因此，市场效率不仅是微观上的要素收益最大化，更应是宏观上社会效益的最大化，即微观上市场有效，宏观上社会公平。对房地产市场而言，从微观上来看，在一块土地上能将房屋以最快的速度、最合理的布局和使用功能盖起来可能是最有效率的。但从更大范围来看，这些并不一定等于效率，对全社会而言，住房建设与居住需求能够最大程度地契合、分配公平对其他产业的影响是正向溢出带动而不是负面掠夺挤压。和实现可持续发展是最有效率的，而这种全社会福利最大化的目标仅靠市场调节是难以实现的。从这个意义上说，应当综合房地产市场调节作用和政府干预两方面的力量来实现房地产效率的最优化。而政府干预的目标设定，干预的时机和措施，都应当建立在对房地产与一般商品之间差异性的理解之上。

一般而言，一个有效率的市场，意味着各类资源要素配置合理，市场供需基本平衡，市场价格未被扭曲，可持续发展能实现。而房地产市场是否具有效率，对经济发展、金融安全、社会稳定等都具有重要的意义。

对经济发展而言，一个有效率的房地产市场可以实现土地、资金、劳动力、建筑材料、安装设备等各种市场要素的最优化配置，在房地产市场发展的同时，促进相关产业的发展，从而对经济发展具有积极的意义。而一个缺乏效率的市场，将会对各种市场要素进行"错配"，影响要素整体效率的发挥；同时，一个扭曲的市场可能会对其他产业产生"挤出效应"，导致经济结构的扭曲，从而影响宏观经济的整体效率。

对金融安全而言，由于房地产是资本密集型产业，在土地开发、房地产开发、住房购买等环节都需要大量的资金，与信贷和资本市场的关系极为密切。如果房地产市场缺乏效率，将会导致大量的资金沉淀和错配，而房地产市场的剧烈波动，也将直接威胁金融体系的稳定。

对社会稳定而言，一个有效率的房地产市场供应结构合理，价格运行平稳，能在一定的经济水平条件下使社会不同群体的住房需求得到最大限度的满足，实现社会的和谐稳定。在低效率下追求公平只能是短缺状态下的公平，并不是真正的公平，无助于经济发展和社会进步，而一个有效率的房地产市场能够促进住房整体水平的提高，在更高的层次上实现住房公平，为社会稳定奠定坚实的物质基础。

房地产市场的剧烈波动以及房价的大起大落，会造成资金、建材、工程机械等闲置浪费或供应紧张，导致各类要素资源无法有效配置，并对其他行业产生冲击，这些后果都将是效率的严重损失。

二、市场失灵问题

房地产的本质属性和市场内在缺陷，决定了所谓完美的市场是不存在的，市场存在各种失效的情形。典型的"市场失灵"有以下几种：

（一）自然垄断经营

最早对自然垄断作出深刻归纳分析的学者应首推英国经济学家马歇尔（Alfred Marshall），他在 1927 年出版的《经济学原理》中明确地指出：垄断和成本是与生产状况相联系的，生产规模扩大的同时平均成本不断上升的产业一般是竞争性产业，而与此同时平均成本不断下降的产业往往是垄断产业。在这种情况下，在追求规模经济的过程中会出现垄断，从而使经济运行缺乏原动力，市场主体——企业缺乏竞争活力[①]。在他看来，规模经济和垄断构成了一对难分难解的矛盾，这就是所谓的"马歇尔困境"（Marshall's Dilemma）。

1937年，理查德·T·伊利（Richard T. Ely）把自然垄断分为三种类型：一是通过独一无二的供应资源（如某种珍稀的矿藏）而形成的自然垄断；二是以秘密或特权而形成的自然垄断；三是由于业务上的特性而产生的自然垄断。伊利认为城市重要的公共设施及其服务属于第三种类型的自然垄断，自然垄断可以定义为"不可竞争性"，这种"不可竞争性"可能来源于生产的规模经济状况。但他认为，还有其他因素会使竞争"自我破坏"（self destructive）[②]。

城市土地是房地产中不可分割的组成部分，具有典型的自然垄断性质：

（1）城市土地的不可替代性。甲地的土地不可以用乙地的土地来替代。虽然人们可以提高建筑的容积率，但仍然不能取代土地，反而使城市的土地价格更为高昂。

（2）城市土地的不可移动性。即此类商品不可能在价值规律的影响下作地理空间上的移动，所以城市土地总是稀缺的。

（3）拥有城市土地几乎相当于拥有特权。如果任土地拥有者（如土地属私人或某利益集团所拥有的话）像普通商品那样处置土地，就等于滥用特权从而损害公众利益。

另外，自然垄断经营会恶性循环，最后导致严重短缺。因为需求旺盛，供给滞后于需求就发生短缺，价格上涨垄断行业收益就会上升，收益上升以后垄断的积极性会更高。例如，地产商们在房地产价格高涨时囤积土地，他们认为，房地产价格越上涨，土地越有保值增值的功能。房地产行业的行话是，房地产的赢利第一是地段，第二、第三还是地段。这种黄金地段的不可替代性是土地囤积暴利的源泉。所以，垄断经营必然会造成短缺，造成恶性循环，它根本就不可能体现为公众利益着想，体现的只是个人和小团体利益，这是房地产易发的市场失灵表现之一。

（二）外部性

外部性是一个典型的经济学术概念，是指一定的经济行为对外部的影响，造成私人或企业成本与社会成本、私人收益相偏离的现象。外部性有

① ［英］A. 马歇尔. 经济学原理（上卷）. 北京：商务印书馆，1964：259～328.

② ［美］Ely R T. Qutlines of Economic. New York：Macmillan，1937.

正负之分，正外部性是指某种经济行为给外部造成积极影响，使他人减少成本，增加收益；负外部性的作用正相反。一般来说，负外部性更引人注目，也就是说，某个人或者某个企业在追求自身利益的过程中，损害他人或社会利益，这个人或者这个企业的行为就存在负外部性。

房地产同样存在外部性。例如，新开发项目的负外部性包括：项目的开发可能导致自然和文化遗产的破坏和灭失，绿地以及其他开放空间被占用；项目开发期间对周边居民造成噪声、空气及其他污染；由于居住密度加大对项目所在地带来环境压力和交通压力；对项目所在地的基础设施和公共服务造成压力，如导致局部教育、医疗保健资源的紧缺；对项目所在地房价的影响等。正外部性包括：有序的开发可促进城市更新；对棚户区的改造可提高居住水平和环境质量，减少安全隐患和犯罪的发生；应用节能技术可促进建筑节能减排及控制污染；增加住房供应；带动相关产业的发展等。

（三）信息不对称

获 2001 年诺贝尔经济学奖的美国经济学家斯蒂格利茨针对信息问题提出了著名的 Stiglitz 悖论：如果市场有效，反映所有信息——从基于信息的交易中不会得到收益；如果基于信息的交易不能产生收益，持有信息的交易者不会交易，市场无法影响这部分交易者——信息就是无效的。Stiglitz 悖论的前提是市场有效，各类信息都能及时被包括供需双方在内的所有市场相关方所知悉。实际上完全有效地市场是不存在的，因此，在任何地方和任何时间，供需双方信息分布都不可能是对称的，而且经济越发展、社会结构越复杂、科学技术越进步，不对称就越严重。传统的经济学把完全竞争模型作为经济运行的理想状态，因为在这种状态下才能实现帕累托最优，达到最高经济增长效率和福利最大化的状态。而完全竞争的一个基本前提条件是：在完全竞争市场上，生产者和消费者都拥有充分的信息，所有与产品相关信息的获取成本都等于零，生产者和消费者可以据此作出正确的决策。但在现实世界中，完全竞争模型的前提条件是无法满足的，市场交易者之间的信息不对称（asymmetry of information）现象，即交易的一方比另一方占有较多的相关信息，处于信息优势地位，而另一方处于信息劣势地位的现象广泛而又普遍存在。其基本原因可概括如下：

（1）现代社会越来越细密的专业化分工造成不同市场交易者所拥有的知识（信息）呈现严重的不对称性。市场经济体制是建立在社会分工基础上的货币经济，是通过商品交换实现分散决策、依靠市场机制进行社会资源配置的经济体制[1]。同时，随着科学技术突飞猛进的发展，现代市民日益感受到信息爆炸时代的压力。而专业化分工能使个人或企业加快知识的学习与积累，但同时也加剧了不同行业之间的信息鸿沟。正如中国民间谚语所说的"隔行如隔山"的现象日益严重，表现在绝大多数市场上，特定产品的生产者或卖方总是比消费者或买方拥有更多的信息。对于房地产市场而言，房地产的区域性和差异性意味着不同市场、不同项目之间的信息存在着极大的差异，而购买方无法获得充分的信息进行比较和交易决策。

（2）信息搜索成本。从理论上说，市场上交易双方只要不厌其烦地沟通和频繁地进行信息搜寻，信息不对称的问题是完全能够克服的。但在现实生活中，搜寻信息是需要支付成本的，而且只有当搜寻收益大于搜寻成本时，消费者才能有足够的积极性去继续进行信息搜索。尽管因特网的发展大大降低了传统意义上的信息搜索成本，但也因为因特网作为知识扩张的工具更进一步促进了更细密的专业化分工，从而加剧了信息分布的不对称性，所以因特网的发展无非使搜索成本和收益的平衡点发生变化而已。在房地产市场中，尽管现在网络技术已经十分发达，但购房者在获得了基本的房产信息后，仍然需要实地查看才能获得项目和周边环境的实际信息，产生时间和交通等成本，并且由于信息获取困难，导致交易延误产生机会成本。

（3）拥有信息优势的交易者对信息的垄断。在市场交易活动中，交易双方是根据自己所掌握的信息进行决策的，而决策的正确性在相当程度上取决于所掌握信息的数量与质量。因此，拥有信息优势的交易者为了在交易活动中取得主动权，往往会产生垄断某些信息渠道的动机；有的交易者甚至会发出一些虚假信息误导交易方，以实现自身利益的最大化。在房地产市场中，供应方和中介机构对市场信息具有垄断优势。开发商掌握所开发项目包括缺陷在内的各类信息，与购房者相比，开发商对项目周边环境及所在市场信息的了解也具有明显的优势；中介机构了解房地产交易双方和交易标的物的情况，大型的中介机构拥有独立的研究部门，对市场信息和市场走势有较深入的研究。正因为房地产市场中机构与购房者个人之间的信息极其不对称，诱发捂盘惜售、结盟垄断、散布虚假信息、价格欺诈等市场不规范的行为发生。而购房者由于信息获取方面处于弱势，在议价和交易过程中处于被动地位。

---

[1] 胡代光，周安平. 当代国外学者论市场经济. 北京：商务印书馆，1996.

（四）投资者的"非理性"

房地产具有投资品的属性，而投资品价格形成机制与一般商品存在差异，这一差异是由资本市场投资者的"非理性"决定的。资本市场风险的性质与实体经济已有极大的不同，在资本市场从事投机的人与生产没有任何直接的联系，从短期来看投资者往往是非理性的，投机的过程变得更像赌博，随之而来的是参与其中的兴奋和危险。这种非理性使得投资品的价格越高，上涨越快，对投资品的需求越大，导致一般商品的均衡价格理论在资本市场失灵，市场无法自动出清[1]。此外，资本市场普遍存在过度反应、投资行为不对称，以及各种正反馈机制，放大了市场的波动幅度和调整周期，导致泡沫的形成并且市场难以及时自行纠正，而预期的改变最终导致经济崩溃和金融灾难[2]。国际金融危机的爆发清晰地显示了这种市场"非理性"可能产生的严重后果。因此，国际上对政府干预资本市场的态度已经发生了180度大转变，不再放任金融市场的自由发展。

资本市场的"非理性"在房地产市场表现也很明显，是房地产泡沫产生的一个重要原因。按照一般的市场规律，房价越高，同样的资金所能购买的面积越小，购房者在资金约束条件下压缩购房面积，导致居住需求降低。但在投资品属性的驱动下，房价上涨推高未来房价继续上升的预期，且上涨持续时间越长、幅度越大，预期也越高，导致房地产投机需求上升。房地产投机需求增量抵消甚至超过居住需求缩减量，导致总需求增加，供需矛盾更加突出，房地产市场持续过热，且房价进一步脱离居住需求的实际承受能力。因此，在房地产市场呈现过热迹象时需要政府及时介入，限制投机行为，防止泡沫过度膨胀及对实体经济产生的负面影响。

（五）公共品

提供公共品的概念是由马斯格雷夫（R. Musgrave，1969）提出，其含义是一个人对此物品消费并不会减损其他人从同样的物品中同时所获得的好处。同时，如果将特定的个体排除在公共品的消费或公共品现有产出的使用之外也许是不可能的，或至少将付出很大的代价。也就是说，公共品具有非竞争性和非排他性。

保障性住房是为住房困难的低收入家庭提供满足基本居住需求的居

---

① 参见：陈宪. 市场自由、政府干预和"中国模式". 文汇报. 2009. 9. 20.

② 参见：李稻葵. 论限购. 新财富. 2011. 3.

所，以促进住房公平，增加社会总福利，同时有助于社会稳定，因此，保障性住房具有公共品的特征。除保障性住房外，其他与房地产相关的公共品包括有形的物质产品，如道路、桥梁、绿地公园、广场、污水处理系统、城市形象等，以及非物质产品和服务，如城市规划体系、公共政策、管理法规、市场监管体系、许可证制度和教育医疗服务等。

公共品的供给存在典型的囚徒困境问题。如果大家都出钱兴办公用事业，所有人的福利都会增加。但现实问题是，如果有人想到：我出资而他人不出资，则我可能会得不偿失；如果他人出资而我不出资，则我可以占便宜、搭便车，免费享受他人的成果。因此，每个理性的人最优选择均是"不出资"，这种纳什均衡使得公共品的供给出现短缺、公共福利无法提高。这就意味着市场价格机制面临的困境。市场价格机制是通过将那些不愿意付出现行价格的个人或企业排除在某一物品的消费之外而得以运作的。用这种方式，市场保证了现有物品数量分配给那些出价最高的人。如果缺乏排他能力，卖方则在任何情形下都不能给使用方制定一种价格，因为使用者可以不受限制地免费进行消费。既然自发的价格机制无法作用于理性的个人，则对非排他性公共品的供给和消费就必须由政府强制管制或提供。

一些自由主义经济学者歪曲了政府在市场失灵时干预市场所起的积极作用，甚至错误地认为政府干预是导致房价上涨的重要原因。例如，美国经济学家托马斯·索维尔（Thomas Sowell）认为，住房方面最大的经济谬误是政府的福利房政策，这一政策要求政府通过补贴、租房管制及其他手段干预房地产市场，以使中低收入的民众不必按照高不可攀的价格支付房费，就能拥有舒适的居所，但结果却导致房价上涨，以前的平价房难以被现在的消费者购买[1]。索维尔的论断的问题在于，他是从新自由主义的理论角度出发，通过从美国这个新自由主义盛行的经济体中选取几个孤立的案例，由此得出片面的结论。

索维尔对新加坡等国家的与之相反的经验视而不见，而这些国家往往都不是由新自由主义经济理论所主导。以新加坡为例，新加坡实行土地"双轨制"，政府通过土地有偿征用的方式，逐步提高国有土地的比重。目前新加坡的国有土地在土地总量中的比重约为90%，在土地市场中占主导地位，政府可通过土地供应这一强有力的措施来调节住房市场。新加坡不仅在土地供应上实行政府干预，在最终产品——住房的供应上也通过直

---

① ［美］托马斯·索维尔. 被掩盖的经济真相——辨识最平常经济现象的真实与谬误. 北京：中信出版社，2008.

接参与开发等方式进行干预。政府在过去几十年一直保持对住房建设的投入，且住房供应以中小户型的组屋为主。目前新加坡组屋在住房存量中的比重已近九成，组屋的存在为绝大多数新加坡居民提供了可负担的住房，也提供了政府有效干预住房市场的鲜活案例。与新加坡不同，中国香港在住房市场方面实行积极不干预的政策，住房市场被几大开发商高度垄断，房价居高不下，住房成为香港居民的沉重负担，而政府的土地储备不足，难以对住房供应进行有效调节，也缺乏平抑房价的有效政策措施。但是，近年来，随着香港房价的快速上涨，普通家庭的住房负担越来越重。为抑制房价上涨，香港政府先后出台了一系列调控措施，例如2012年10月26日，香港政府又出台了最新的调控政策，规定所有非本地居民、所有本地及外地公司在香港买楼，都需要支付15%的"买家印花税"；同时，如果买房之后三年内把房子出手，还需要支付一笔10%～20%不等的额外印花税。这是自2010年11月推出5%额外印花税政策之后，香港政府再一次以更大力度的税收政策来控制房价过快上涨。香港政府的调控做法表明，政府已开始放弃以往的积极不干预理念，转而实现积极的住房市场干预政策。

三、市场失灵的后果

市场失灵导致资源的错配，后果是损失资源配置效率、生产效率，以及经济和社会福利损失。市场失灵主要后果有以下几个方面。

（1）住房供应结构不合理。由于开发中小户型、中低价位住房的利润相对较低，开发商更愿意开发利润率高的大户型高端住房，导致符合中低收入家庭需求的住房供应比例过低。

（2）住房空置、资源浪费。住房空置主要有被动空置和主动空置两大类。被动空置主要有两类情形：一是住房供应与需求结构包括住房类型和区位等不匹配，导致部分住房紧俏的同时部分住房出现滞销，产生空置；二是市场不景气，市场整体供过于求，导致住房销售困难而出现空置。主动空置是在市场投机盛行的环境下，一方面开发商囤积住房，通过房价上涨获取更大的利益，另一方面房价与投资价值严重背离，由于出租收益较低，一些炒房者选择坐等房价上涨，宁愿空置也不愿将住房出租，导致房屋空置。我国住房的主要问题之一是投机、投资性空置十分严重，部分城市的住房空置程度已经到了惊人的地步。例如，海南省三亚市房地产交易管理所市场部2011年7月公布的调查显示，三亚市商品住房空置率平均高达近85%，尤其是拥有稀缺海景资源的三亚湾、大东海等片区商品住房空置率达到95%左右①。住房空置现象，尤其是在住房需求大于供给时出现房屋大量空置，加剧了市场供需状况的扭曲，并且导致资源闲置浪费及住房不公，是一种典型的市场无效率的表现。

（3）房价波动剧烈。由于房地产开发周期较长，房地产市场具有供应缺乏弹性而需求变化较快的特点，供需失衡导致房价波动。此外，房地产的投机品属性被过分放大，投资投机需求大量增加，投机炒作风盛行，导致房价上涨过快，脱离真实需求的承受能力，房地产存在泡沫化的风险，对宏观经济发展构成潜在的威胁。再加上现代金融的杠杆化作用，对房地产价格波动推波助澜，加剧了房地产失衡程度，导致更大的效率损失。

（4）市场不规范。由于信息不对称，市场监管体系不完善，市场存在大量不规范的行为，如开发商囤积土地、捂盘惜售、哄抬房价、结盟垄断，中介机构散布虚假信息、欺诈等。

（5）"挤出效应"。一是对产业投资的"挤出效应"。当国民经济中某一个行业演化成暴利行业，在市场经济状况下，其他行业的资金就会大量涌入这个行业。在投机盛行时，房价飞涨，房地产投资的收益率远远高于产业投资的利润率，如果搞实体经济的企业家把大部分资金和人力资本投向了能产"快钱"的房地产市场，该企业扩大再生产能力和创新能力就会退化，这个国家的竞争能力也会随之退化。二是对个人消费的"挤出效应"。房价飞涨时，普通家庭被迫将储蓄和收入中的绝大部分支付房款及月供，个人消费被极度压缩。高房价下的"房奴"现象正是消费扭曲的反映。

（6）加剧贫富悬殊和地区发展不平衡状况。房价脱离社会经济基础面的快速上涨，将会显著改变社会财富的分布。房价上涨并未创造任何新的财富，而只是使社会财富在不同地区、不同群体、不同利益集团之间重新进行了分配。房价飞涨使财富向富人们手中集聚，加剧贫富分化现象；使资金由村镇流向城市，加剧城乡发展差距；使资金由较落后地区流向相对发达地区，加剧落后地区资金"失血"状况，地区发展更加不平衡。

---

① 参见：三亚部分片区住宅空置率95%专家建议征空置税．来源：新华社，转载：东方财经．2011年7月8日 http：//finance. eastday. com/betterlife/m6/20110708/u1a5984885. html.

四、房地产泡沫及其衡量途径

（一）房地产泡沫的性质

美国经济学家查尔斯·金德尔伯格认为"泡沫是一种或一系列资产的价格在一段时间内持续快速上涨，且初始的上涨导致了人们对未来进一步上涨的预期，吸引了通常是投机者的新买家，这些投机者购买资产的目的是从交易过程中获得利润，而不是使用该资产或提高其赢利能力。"房地产泡沫是指一定时期内房地产价格严重偏离由社会经济等基础条件所决定的内在价值，价格水平不再受正常的市场供需机制调节，房地产价格远离社会大多数家庭的购买承受力，租金收益水平远低于正常投资收益水平，房地产价格脱离真实居住需求的支撑，而是由投机性需求引致快速上涨的现象。

从正常的供需关系来看，商品的价格越高，需求相应会下降，即价格与需求成反比关系。而泡沫出现时，价格越上涨，需求越旺盛，但此时的需求并不是真实需求，而是投机性需求占主导地位，越涨越买，市场供需基本规律已经不起作用。在房地产泡沫经济中，房价与投机之间形成正反馈关系，使得泡沫不断扩大，这时就需要采取一些市场机制之外的措施来抑制投机，化解泡沫。如果不采取断然措施，就会丧失时机，贻误大局。

（二）房地产泡沫的衡量途径

从房地产泡沫的性质和表现来看，对泡沫的衡量可从购买力关系及投资收益变动趋势两方面来进行。

第一，从购买力关系角度衡量。通过购买力关系衡量房地产泡沫的理论依据在于，房地产是消费品而不是收藏品，其价值只有通过投入实际利用才能得到体现，即其价值必须建立在真实的使用或居住需求之上。如果房地产价格远高于居民家庭收入水平等因素决定的合理价格，表明此时的房地产市场存在泡沫。具体而言，可通过房价收入比特别是该比值的变动趋势来近似地衡量房地产泡沫及其变化趋势。需要强调的是，房价收入比是一个动态的概念，不应用一个固定值来衡量。

我国现阶段受社会、经济和文化等因素的影响导致房价收入比偏高。一是在我国城镇化快速发展阶段，城镇人口的增加无疑会产生大量的居住需求，而供应的规模相对稳定，短期内难以快速提高，再加上土地资源的约束，导致供需矛盾较为突出，房价上行压力较大。二是现阶段我国经济发展速度较快，居民收入水平随之上升，改善性居住需求大量释放，进一步加剧供需矛盾，推高房价收入比。三是我国传统文化中有置业的偏好，住房不仅是满足居住的需要，也附加了身份标志和文化因素，人们对房价的承受能力相对西方文化而言要高一些。因此，现阶段我国的房价收入比高于正常区间一定范围内是合理的。在此背景下，考察房价收入比的变动趋势而不是房价收入比本身要更有意义。例如，根据各地人均可支配收入和房屋销售平均价格统计信息计算，2004～2006 年，北京、上海、广州、深圳四个城市的房价收入比升幅可观。其中，深圳的房价收入比 3 年间变化幅度为 142%，位列第一；北京、上海、广州的房价收入比分别上升了 49%、124%、83%。显然，各地的居民收入增长、城市人口增加等社会经济的基础因素无法完全解释如此快速的房价收入比上升速度，这说明房地产市场存在一定的泡沫。

第二，从投资收益角度衡量。通过投资收益方法衡量房地产泡沫的理论依据在于，房地产投资将会产生收益，而将未来各期的预期收益折现后可估算房地产的理论价格。再将房地产市场价格与预期理论价格进行比较，市场价格偏离预期理论价格的程度可判断房地产泡沫是否存在以及泡沫的程度。通过投资收益方法衡量房地产泡沫的公式可表述如下：

$$B_t = \frac{[P_t - E(P_t)]}{E(P_t)} \times 100\% \qquad \text{公式（1）}$$

$$E(P_t) = \sum (1+r)^{-1} E(Y_t | F_t) \qquad \text{公式（2）}$$

式中：P_t 为 t 期房地产市场价格，$E(P_t)$ 为经过风险调整后正常收益水平的预期价格，$P_t - E(P_t)$ 为市场价格与预期理论价格之间的差距，B_t 为市场价格偏离理论价格的程度即泡沫化程度，F_t 为 t 其影响收益水平的各种社会经济因素组合，包括家庭收入水平、利率、物价指数、GDP、人口增长率、土地资源稀缺程度等，$E(Y_t | F_t)$ 为 t 期预期收益，r 为折现率。

如果 $B_t > 0$，则可以判断市场存在泡沫，B_t 值越大，则泡沫程度越高。

由于统计资料的获取和房地产预期收益的确定均存在较大的难度，借鉴证券市场市盈率的理论，房地产市场泡沫可通过房价租金比来近似地衡量。从投资的角度来看，房地产投资存在风险，其收益应当高于无风险的定期存款收益或国债收益水平才为合理。如果租金收益低于无风险收益水平，则需要通过资产增值收益补偿来达到合理的综合收益水平，这种情况下投资者主要是预期房价上涨来获得收益。房价租金比与收益水平成反比关系，房价收入比越高，收益越低。如果房价租金比上升过快，则表明投资综合收益中房价上涨因素所占的比重上升，表明此时市场中投机的成分较高，存在一定的泡沫（图 5-1）。

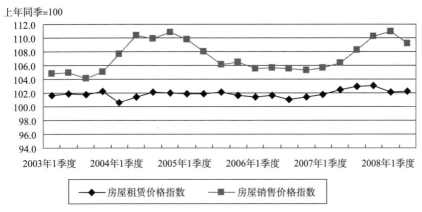

图 5-1　全国房屋销售价格指数和房屋租赁价格指数

资料来源：国家统计局

　　从统计数据来看，2004～2007 年房屋销售价格年均增长 8.1%（四年累计升幅约为 36.5%），而房屋租赁价格年均增长仅为 1.7%（四年累计升幅约为 6.9%），两者之间存在显著的剪刀差。这一趋势表明近几年投资者从住宅投资中可能获得的出租收益比重明显下降，投资回报更偏重房价上涨，市场的投机程度明显增加。从投资收益角度来看，房价上涨缺乏出租收益的支撑，主要是由投机推动，市场存在一定的房地产泡沫。

　　应该指出的是，现在社会上有一种观点，认为只要能够成交就意味房价获得了市场的认可，不论是当地需求还是外地人来购买，也不论房地产价格是否脱离当地的真实居住需求和居民的实际购买力，都不能说市场存在泡沫。这种观点是极其错误的。迪拜就是一个有说服力的例子。迪拜的房地产前些年曾经风光无限，尽管其房地产供应量已远远超出当地的需要，房地产价格也一路飞涨，但当时没有人相信迪拜的房价会跌，全世界的富人都涌到迪拜去买房子，再高的房价也都能成交。然后，迪拜房地产市场并不能摆脱市场的基本规律，2009 年 11 月，迪拜泡沫破裂的时刻最终不期而至，其房价一夜之间暴跌，其最高的建筑也已易主。迪拜和我国海南的例子都表明，所谓的投资、投机需求可以支撑一个地方房地产发展的论点是不成立的。

从市场价值的角度而言，无论是从房屋造价、居民家庭承受能力，还是房价租金比来衡量，我国很多城市的房价都已经过高。而在资金驱动与通货膨胀预期的刺激下，再加上调控政策不健全的环境，我国房地产市场难免会成为投机者套利活动的场所。因为，任何事物都有其内在的发展预期，任何商品都有其内在的合理价值，脱离了内在价值的价格泡沫，迟早是会破裂的。值得注意的是，当前我国的房地产市场出现的一些现象，包括银行资金的大规模进入、房价预期只涨不落、企业抽调生产经营资金参与房地产投资等，与日本、美国在房地产过热时期的呈现的一些特征类似，需要引起决策者和市场参与者的高度警觉和深刻反思。

五、房地产投机及其危害

一个有效率的市场意味着各类要素资源得到了合理均衡的配置，但在市场经济发展过程中，房地产市场无效率的情况极为普遍。例如，房地产市场剧烈波动和泡沫的产生，使得要素资源无法进行合理配置，导致了市场的无效率；计划经济下政府过度干预甚至完全排斥市场的作用，导致资源配置的低效；美国式的房地产过度金融杠杆化引发危机，对市场和经济都造成了严重的冲击；房地产的投资属性被过度放大导致投机风盛行，贫富差距扩大，损害了市场效率。

逐利与贪婪是资本的本性，因此在资本主义发展过程中投机和危机如影随形。在资本主义发展早期，就先后发生了荷兰郁金香投机风潮、法国密西西比股票泡沫和英国南海股票泡沫等投机事件。土地和住房这类特殊市场的投机潮同样不可避免。在数百年前欧洲城市化早期，就已出现严重的房地产投机风潮。根据达文南尔的记载，伴随着工业革命和城市化，大量人口开始涌入城市，欧洲的城市尤其是当时的大城市变得十分拥挤，导致土地价格飞涨。13 世纪时，巴黎 1 公顷土地的价格为 2600 法郎，到 20 世纪时，同一地区内 1 公顷土地的价格高达 1297000 法郎。地价飞涨吸引了投机者，当时的土地所有者挖空心思要充分利用每一平方英尺土地，即使对那些不是供纯粹出租赚钱而是供他私人住用的房屋也是如此。土地投机甚至影响了城市的空间布局。正如刘易斯所言，"由于这一原因，19 世纪时，在许多城市里，许多住宅的后花园就缩小成只能晒晒衣服的后院，这些后院后来更加缩小了，以致在诸如纽约的第五大道（Fifth Avenue）一带那些造价高昂的住宅，盖得几乎是背靠背的，像下等的贫民窟一样，外表上既难看，又不通风"。

地价和房价上涨也导致了房租的暴涨，给当时的居民带来了沉重的负担。例如，中世纪时，法国每年收入 1000 法郎的工人，能够毫无困难地租一处小房子，每年付 100~200 法郎的租金。但是，从 1550 年起到 18 世纪中，被雇工人每年工资不超过 675 法郎，而当时巴黎最坏的住房每年房租 350 法郎，工人们不得不放弃单独租住，而与其他家庭挤在一起合租一处住房。这种情况在当时整个欧洲和较为富裕的北美港口城市基本一样，只是程度上有所差别而已。

刘易斯描述了当时房地产投机的疯狂情形，"街道设计得非常非常宽阔……建造和铺装这样宽的街道，不但需要大量投资，而且平时要花大量的维修费，结果使沿道路两旁的房地产税大量增加。这种规划的价值多半是表面的、装饰性的：它是一种象征，说明将来车辆交通可能很繁忙，可能给商业带来许多机会，可能使今天的住房用地变为更能赚钱的商业用地。这样街道本身就为土地价格的惊人飞涨提供了一个特别有利的借口，而影响所及，连城市郊区农村的房地价格也提前在上涨，因为虽然这些农村土地暂时还不会进行建设，但大家对这些土地的地价都看涨。而这种对城市过早地开发掠夺，所付出的代价又要由城市的其余部分来负担。这种认为城市的增长发展是恒久的、无止境的信念是普遍存在的。"房地产投机吸收了大量原本应投资于实业的资金，造成实体经济部门"失血"，产业发展缺乏后劲，同时，房地产投机导致经济大起大落，对金融行业和实体经济都产生了巨大的冲击。历史上房地产投机严重的国家或地区，在房地产泡沫破灭后经济都遭受了严重的影响。

到 20 世纪，房地产市场的投机和波动性并未随着市场经济发展和相关理论研究的深入而有所减弱。例如，美国在过去的 100 多年里，先后经历了 6 次较大的周期波动和房地产危机，危机造成大量银行和房地产公司破产，经济发展受到严重影响。近 30 年来，较为典型的房地产危机有美国的次贷危机、日本房地产泡沫以及我国海南等地的房地产泡沫等。分析这些危机的成因及其危害性，对我国房地产市场的健康有序发展具有警示和借鉴意义。

（一）美国次贷危机

1. 次贷危机始末

2007 年 4 月美国第二大次级抵押贷款机构——美国新世纪金融公司宣告破产，标志着次贷危机开始。6 月美国第五大投资银行——贝尔斯登宣布清盘，2008 年 9 月 7 日，美国政府宣布接管两大住房抵押贷款融资机构房地美和房利美，9 月 15 日，美国第四大投资银行雷曼兄弟公司宣布破产，同日，美国银行收购美国第三大投资银行美林公司，9 月 17 日，美国政府向陷入困境的保险业巨头美国国际集团注资 850 亿美元，次贷危机全面爆发并演变为波及全球的金融危机和经济危机。目前，这场危机仍未完全结束，美国仍在实行第 2 期量化宽松计划，欧洲则深陷主权债务危机之中。

2. 次贷危机影响

美国次贷危机演变成百年一遇的全球金融危机，对全球经济带来了严重的冲击。在金融市场方面，全球股市损失惨重，2008 年前 10 个月全球股市共蒸发市值 16.22 万亿美元，仅当年 10 月全球股市损失就达 5.79 万亿美元。大批银行、保险公司、对冲基金破产，美国五大投行全军覆没，破产、被接管或改组成金融控股集团接受美联储监管。在实体经济方面，次贷危机引发的经济危机导致全球范围内大量工厂和企业倒闭，美国三大汽车制造商先后宣布破产保护，国际贸易活动锐减，我国的经济也受到波及，东南沿海地区大量出口型企业倒闭，数千万农民工返乡。在政治格局方面，欧洲等国深受危机的拖累，冰岛、希腊、爱尔兰、西班牙、葡萄牙、意大利等国相继陷入债务危机，国家负债大幅攀升，个别国家已到破产的边缘。

3. 次贷危机成因

次贷危机的原因主要有以下几个方面：

一是监管环境宽松。美国在危机前相当长时期内实行宽松的监管政策，撤销对金融机构的管制和限制。金融机构实行混业经营，规模迅速膨胀，直至"大到不能倒"；对冲基金不受监管，对投资银行、评级公司的监管宽松。

二是流动性泛滥。以格林斯潘为首的美联储长期实行宽松的货币政策，并将利率保持在不合理的低水平上，导致市场流动性泛滥，推高了房地产价格。

三是金融衍生品畸形发展。危机发生前，以次贷为基础的衍生品市场规模急剧扩大，并在次贷衍生品的基础形成了更加复杂的衍生品。在这一过程中，信用评级公司对次贷衍生品给出了不适当的高信用评级，助长了次贷衍生品市场的投机行为，直至房价停止上涨，次贷证券化难以为继。

四是住房信用过度扩张。受房地产市场长期高涨的影响，市场乐观情绪蔓延。金融机构放松信贷标准，一些原来不具信用贷款条件的家庭也可轻易获得住房按揭贷款，导致次贷规模在很短的时期内剧增；一些家庭过度消费，将房价预期上涨部分提前消费。当房价开始下降时，很多家庭出现还款困难，产生连锁反应。

（二）日本房地产泡沫

1. 日本房地产泡沫始末

日本的"泡沫"现象开始于 1983 年，为刺激经济的发展，日本中央银行采取非常宽松的金融政策，鼓励资金注入房地产及股票市场。在经济高速发展和日元升值的背景下，日本房地产投机气氛浓厚，几乎所有的大公司和金融机构都卷入其中。地价的上升则导致其作为担保的价格上升，引起建筑、土地交易空前活跃。金融机构则积极开展融资活动，向企业、个人提供设备投资资金、住宅投资资金和消费资金，民间企业则对办公楼、厂房及建筑机械设备进行过度的投资，从而使由股市泡沫诱导的泡沫进一步膨胀。当时日本的国民总资产余额迅速增加，其增长速度远高于同时期国民经济增长速度。特别是有形资产项下的土地和金融资产项下的股票余额增速最快，1989 年两者的余额高达 2153 万亿日元和 890 万亿日元，相当于"泡沫经济"前 1982 年的 2.5 倍和 7 倍。其间日本六大城市的地价指数 10 年内上涨 6 倍，地价市值总额高达 2400 兆日元，相当于当时美国地价总值的 4 倍，单价为美国的 100 倍，一般工薪阶层即使用毕生储蓄也无力在大城市买下一套住房。地价和房价暴涨，在很短的时间内积聚成了一个巨大的房地产泡沫（图 5-2）。

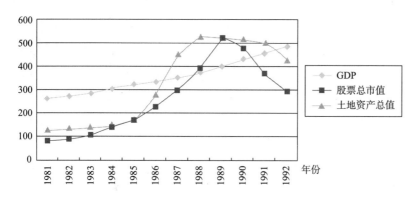

图 5-2　日本股票总市值、土地资产总值与国内生产总值变化情况 [1]

① 王宇. 国际经济协调中宏观政策的可能失误——日本泡沫经济的形成与破灭. 经济研究参考. 2004 年第 67 期（总第 1835 期）.

日本经济领域中泡沫的形成与不断膨胀使人们对生产劳动的评价发生扭曲而沉迷于金融投机和金钱游戏的陷阱。许多人向往投机，期望可以在短时间内暴富，而不愿从事艰苦的劳动，助长了社会奢侈之风并引起了社会价值观的扭曲。

2. 日本房地产泡沫破裂后果

第一，地价暴跌，财富缩水。日本的房地产泡沫最终于 20 世纪 90 年代初破裂。泡沫破裂后，日本房地产市场一蹶不振，地价一路下行，2009年地价比 1991 年最高时已累计下降超过 44%。泡沫破裂后 6 年股价、地价市值减少的幅度相当于当时日本 GDP 的两倍（图 5-3）。与此同时，日本房地产业全面崩溃，坏账高达 6000 亿美元。

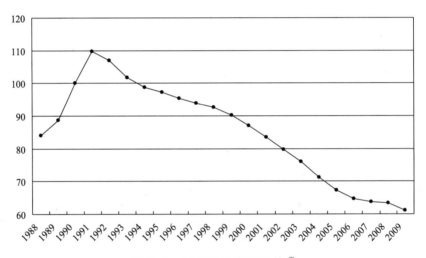

图 5-3　日本地价变化趋势[①]

第二，金融体系遭受严重冲击。泡沫破裂后，在巨额不良债权的压力下，日本开始出现金融机构接连倒闭的现象。1992 年 4 月 28 日，东洋信用金库被解体转让，"银行不会倒"的神话就此破灭。此后几年间先后发生了东京协和信用社、安全信用社、宇宙信用社、木津信用社和兵库银行等金融机构的倒闭事件和挤兑浪潮。1997 年出现了北海道拓殖银行的倒闭，同年还出现了三洋证券、山一证券和丸庄证券的破产申请。1998 年日本长期信用银行和日本债券银行也先后被日本政府宣布国有化，实质上是处于破产状态。日本金融体系遭受重创，长期难以发挥对实体经济的输血功能。

① 数据来源：Japan Real Estate Institute.

第三，实体经济受拖累。泡沫破裂致使企业资金周转状况恶化，流动性不足以及抛售所持有资产等现象十分普遍。日本于1993年3月开始实施国际清算银行（BIS）关于银行资本充足率的规定，由于股价下滑减少了自有资本，导致银行出现惜贷行为。在这种局势之下，金融机构开始收缩，实体企业受到拖累，融资困难，还贷压力上升，经营陷入困境，企业负债总额和破产数量急剧上升。据统计，泡沫破裂后，日本企业倒闭数量上升了两倍，每年倒闭企业约12000~14000家；企业负债总额则急增了4倍（图5-4）。好在日本的企业永久雇员制度，公司不会随便解雇人，必须要维持已有的生产和就业，部分挽救了日本的企业。因此，当时日本企业的永久雇佣制在一定程度上减弱了房地产投资冲动，但在房地产泡沫破裂后各种因素的综合作用下，日本还是陷入了长期的经济低迷和衰退，至今未能彻底走出阴影。

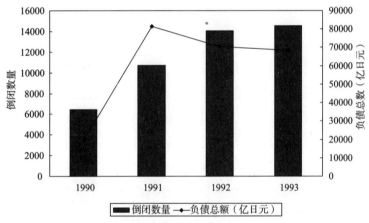

图5-4　泡沫经济崩溃后日本企业倒闭状况

（三）海南房地产泡沫

1. 海南房地产泡沫始末

海南房地产泡沫一是表现在房地产投资呈爆炸性增长。高峰时期，海南全省竟然出现了一万多家房地产公司，而当时海南人口仅160万，平均每100人左右就有一家房地产公司。开发商们先通过各种关系，采取合法或非法手段批地，后将土地抵押给银行，拿到贷款后再炒地皮，致使地价、房价暴涨。他们把倒卖地皮或楼花赚到的钱装进自己的腰包，把空中楼阁似的楼花抵押给银行。据估计，当时投机性需求已经占到了市场的70%以上，一些房子甚至还停留在设计图纸阶段，就已经被转卖了好几道手。泡沫生成期间，以四大商业银行为首，银行资金、国企、乡镇企业和民营企业的资本通过各种渠道源源不断涌入海南。据统计，1992年，海南全省房地产投资达87亿元，占固定资产总投资的一半，仅海口市的房地产开发面积就达800万平方米，地价由1991年的十几万元/亩飙升至600多万元/亩；1992年投资额增长了7.3倍，而在波峰时期的1993年和1994年更是维持在了14倍的水平；海口市经济增长率达到了惊人的83%，另一热点城市三亚也达到了73.6%，海南全省财政收入的40%来源于房地产业[1]。

二是表现在房价剧烈波动。据统计，1988年海南商品房平均价格为1350元/平方米，1991年为1400元/平方米，1992年猛涨至5000元/平方米，1993年达到7500元/平方米的顶峰。短短三年，增长超过4倍。泡沫破裂后，1993年下半年价格呈现雪崩之势，半年时间降幅高达47%。1994年又下降13%，1995年再下降10%[2]。而在海南省房地产泡沫疯狂膨胀的年代，全国各地的热钱纷纷流入海南，房价上涨频率以天来衡量。

2. 海南房地产泡沫影响

第一，泡沫破裂冲击极大。在房地产投机最为狂热时，海南7000多家公司中，至少有5000家企业参与过房地产交易，而在这5000家企业中大约只有几百家成功脱身。海南房地产泡沫破裂后，海南95%的房地产公司倒闭，占全国0.6%总人口的海南省留下了占全国10%的积压商品房。积压资金800亿元，仅四大国有商业银行的坏账就高达300亿元。银行成了最大房产商（房产和地产抵押品持有者），不少银行的不良贷款率一度高达60%以上。银行处理土地和房屋抵押品时也是困难重重。手续不全、工程烂尾、重复抵押进一步降低了项目价值，同时增加了处理难度。已建成的抵押房产，因大幅度贬值，银行的资产减值也相当大。据披露，仅中国建设银行，不良贷款房地产项目达267个，建筑面积760万平方米，其中现房面积近8万平方米，占海南房地产存量的20%，现金回收比例不足20%。

第二，对环境造成破坏。房地产泡沫导致过度开发，土地资源被大量占用，而脱离实际需求的房地产供应使其无法被真正有效利用，造成资源的闲置浪费和对环境的破坏。泡沫破裂后，海南全省"烂尾楼"高达600多栋、1600多万平方米，闲置土地面积达18834公顷，对所在地的城市

---

[1] 资料来源：中国房地产市场年鉴（1996）.

[2] 同上。

形象和环境都造成了长期的负面影响。

第三，泡沫破裂后遗症持久不愈。为处理房地产泡沫后遗症，海南省于 1995 年 8 月成立海南发展银行。但仅仅两年零 10 个月，该行就出现了挤兑风波，中国人民银行于 1998 年 6 月宣布关闭海南发展银行，该行成为新中国首家因支付危机关闭的省级商业银行。从 1999 年开始，海南省用了整整 7 年的时间，处置积压房地产的工作才基本结束。直到 2006 年下半年开始，元气大伤的海南省房地产，才开始了缓慢的恢复性增长。由于积压的房地产产权不清，债权债务纠纷普遍，严重地影响海南经济的健康发展和对外开放形象。一度 GDP 增速在全国名列前茅的海南经济也随着泡沫的破灭应声而落。1995～1997 年三年间，海南 GDP 增速两年略高于西藏，一年低于西藏，位居全国末位。

3. 海南房地产泡沫成因

海南房地产泡沫的形成是多种因素综合作用的结果。

第一，海南得天独厚的自然资源和政策条件为泡沫形成提供了炒作主题。综合来看，当时海南的题材主要有：海南建省，全国最大的经济特区，热带作物概念，热带旅游概念，政治概念，自由港概念，与国际经济接轨概念等，海南独特的地理位置和这些当时炙手可热的政策资源成为炒作的极好题材。

第二，宽松的政策让炒家如鱼得水。特别是土地管理和控制政策缺位，各级地方政府均可出让土地，签订一纸协议即可满大街找下家。房地产业进入门槛低，例如，最高峰时，海南的房地产开发企业一万多家，若每家 500 万注册资金的话，仅注册资本金一项就高达数百亿，这表明开发企业注册登记环节开始就有很大的泡沫，而地方政府过于纵容，导致流动性泛滥，为炒家营造了良好的运作空间。宽松的土地政策和房屋抵押政策是房地产泡沫形成的重要条件。

第三，银行和非银行金融机构的广泛、深度参与是泡沫形成的发动机。如无金融机构输血，海南房地产泡沫是无法吹大的。当国务院出台规定切断金融机构输血渠道后，海南房地产价格应声下跌，泡沫随即破灭，这表明金融机构的参与是泡沫形成最关键的因素之一。这从另一个侧面说明，金融机构监管是防止泡沫出现的根本措施。

第四，政府应对措施失当也是房地产泡沫骤然爆裂的原因之一。1993 年 6 月 24 日，国务院发布《关于当前经济情况和加强宏观调控意见》，16 条强力调控措施包括严格控制信贷总规模、提高存贷利率和国债利率、限期收回违章拆借资金、削减基建投资、清理所有在建项目等，银根全面收缩，海南房地产被釜底抽薪。这点和日本大藏省在房地产最火热的时刻出台针对房地产的信贷措施如出一辙。高速行驶的列车，猛踩刹车必然产生创伤。

六、政府干预房地产市场的必然性

历史上国内外房地产投机和危机的教训都极其深刻。这些教训表明，房地产市场在自我运行的情况下会发生市场失灵的现象，且仅靠市场自身无法纠正，这些问题逐渐积累直到以危机的形式爆发。因此，市场失灵必须借助外部力量即政府干预来纠正。正如萨缪尔森在2008年全球金融危机爆发后所说的那样，"今天，我们见识了米尔顿·弗里德曼认为的一个市场能够调节它自身的观点到底有多么的错误。现在，每个人都明白了相反的观点，在没有政府干预的情况下得不到解决的观点才是正确的。"

对于市场失灵和房地产投机问题，100多年前英国社会学家、现代城市规划学奠基人霍华德在其"田园城市"的设想中提出了针对性的政策目标建议。社会目标方面：

（1）通过土地价格公共政策规定来限制房客的房租压力；城市土地应归集体所有，并通过公共政策来降低土地和住房的租金；

（2）资助各种形式的合作社；

（3）土地出租的利息归公共所有；

（4）建设各种社会基础设施；

（5）创造各种就业岗位，包括自我创造就业岗位的专业户。

管理组织目标方面：

（1）具有约束力的城市建设规划；

（2）城市规划指导下的建筑方案审查制度；

（3）社会要成为公共设施建设的承担者；

（4）把私人资本的借贷利息限制在3%～4%范围之内；

（5）公营或共营企业的建立，由政府来提供公共基础设施。

事实上，即便在欧美市场经济发达国家，也一直存在或多或少的政府干预。较早的政府干预的著名例子有20世纪30年代罗斯福的"新政"（New Deal），美国次贷危机后各国政府更是对金融市场和宏观经济实行大规模的直接干预。"今天，没有一个市场经济不受到国家和政府机构的带有或多或少强制性的指导。"[1] 政府干预的主要目标有三：一是保障和提升市场功能和效率，如制定基本规则，界定清晰的产权等；二是避免或修复市场的负面影响，例如在完全依赖市场情况下所导致的居住空间资源分配不合理。如果完全依赖市场，一部分人将会被排斥在市场之外，无法获得基本的住所，需求借助政府干预"这只有形的手"来重新分配产品和服务；三是避免或修复市场失灵，如垄断、外部性、信息不对称等问题。

附：拉美陷阱及在房地产市场方面的表现

拉美陷阱使拉美国家的经济发展陷入停滞，贫富分化，住房市场也深受影响，一些国家的住房短缺现象严重，房价波动幅度较大。

一、阿根廷——住房市场波动剧烈、市场信用丧失

阿根廷曾经是拉美地区最富裕的国家之一，但其错误的道路选择、宏观管理失误以及腐败等因素使阿根廷经济从 20 世纪 50 年代开始走下坡路。特别是 1999 年开始，阿根廷遭受了严重的经济危机，国民经济直线下降，三年间经济总量收缩了 10.9%，通货膨胀率高达 26%，大量人口失业，整个国家陷入混乱（图 5-5）。

从历史趋势来看，阿根廷的住房价格波动剧烈（图 5-6），例如，1983 年房价年均下降幅度约为 70%，而 1991 年的房价涨幅则高达近120%，近年来房价波动幅度有所减弱，但年均变化范围仍在 -20%（2001年）至 30%（2007 年）之间。金融危机发生后，阿根廷的住房市场也被波及，首都布宜诺斯艾利斯 2009 年 1～10 月的住房交易量同比下降了26%。阿根廷的按揭市场在 2002 年的危机中崩溃，对房地产交易及金融市场造成了巨大的冲击，在那之后几乎所有的住房交易都是现金方式进行，且不采用阿根廷本国货币，而是采用美元或欧元来完成交易。

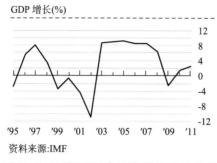

资料来源:IMF

图 5-5　阿根廷国内生产总值变化趋势

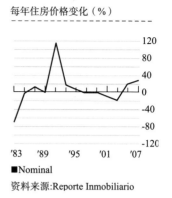

每年住房价格变化（%）

■Nominal

资料来源:Reporte Inmobiliario

图 5-6　阿根廷住房价格变化趋势

二、巴西——住房短缺、贫民窟蔓延

巴西的社会不公程度在拉美地区最高，住房短缺现象严重，住房短缺规模约为 750 万户 [1]，大量城市人口居住在贫民窟里。据估计，里约热内卢约有 1/3 的人口居住在贫民窟，圣保罗等其他巴西主要城市约有 40% 的人口居住在贫民窟。在居民拥有的住房中，高达 85% 的住房质量很差且功能不全。

巴西的房地产市场极不透明。在巴西，没有房地产价格和交易情况的官方统计数据，甚至也没有建筑产出或住房建设许可发放的统计数据。民间统计数据同样缺乏，包括国际房地产机构在内都没有住房价格的估计结果。

巴西的住房价格仅能从 Cyrela BR 近年来公布的季度数据来初步了解（图 5-7）。Cyrela BR 数据显示，一些类型的住房，如高端住宅的价格波动幅度可达到 25% 以上，而经济型住房的价格则相对平稳。总体而言，巴西的住房市场离成熟的市场还相距甚远。

Avg.Price of Pre-sold Units　BRL/sq.m.

■Luxury ■Mid-High ■Middle ■Economic ■Super-Econ.

资料来源:Cyrela BR

图 5-7　巴西的住房价格变化趋势

三、墨西哥——市场危机频发

目前墨西哥经济在金融危机发生后处于衰退之中，这是墨西哥经济

---

[1] 2006 年的住房短缺规模，资料来源：Global Property Guide，http：//www.globalpropertyguide.com/.

20年间的第三次衰退。20世纪90年代初期，墨西哥经济就经历了一次较严重的衰退，1995年经济收缩比例高达6%。由于墨西哥经济极度依赖美国，10年前，受美国互联网泡沫破灭和"911事件"的影响，墨西哥经历了新世纪以来的第一次衰退，经济增长率从7%快速下降为负值（图5-8）。

墨西哥的金融体系极不健全，风险极高，不良贷款率在20世纪90年代中后期曾高达35%以上，直至2005年才下降到较低的5%水平，但近年来随着墨西哥经济的糟糕表现，不良贷款率又开始呈上升趋势（图5-9）。

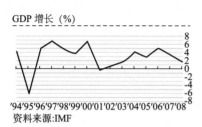

资料来源:IMF

图5-8　墨西哥国内生产总值变化情况

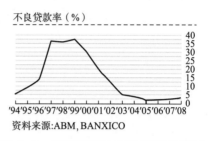

资料来源:ABM, BANXICO

图5-9　墨西哥不良贷款率变化情况

墨西哥的住房市场表现与经济相关度较高，在政治环境稳定、经济较平稳时，住房建设趋于繁荣，在经济遇到困难或政局不稳定时，房价下跌。墨西哥没有住房价格的官方统计数据。据Homex资料，针对中产阶级的住房价格在2004年曾经暴跌约1/3，之后在2005～2008年期间，房价又上升了差不多同样的幅度（图5-10）。

资料来源:Homex

图5-10　墨西哥房价变化情况

附："明斯基时刻"离中国多远？[①]

最近关于中国房地产市场风险与调控政策的争论很多，但往往缺乏深入系统的风险分析与对策评估。这其中涉及金融与经济周期的关系，有必要重温已故经济学家海曼·明斯基（1919～1996年）的理论。

这位出生于美国芝加哥的经济学家，主要贡献正是将金融与经济周期联系起来，强调信贷的顺周期特性对金融体系的冲击。明斯基在他的年代

---

① 戴险峰."明斯基时刻"离中国多远？原文载于财经.2011年第15期.

并不是个主流经济学家。他的金融不稳定假设的明显前提便是市场的非有效性，而主流经济学基本都是建立在理性行为及有效的市场基础之上的。他反对金融自由化，而这在当时却是国际上的主流思潮。

有意思的是，明斯基的理论采用的是表述方式，这也不符合日益依赖于数学模型的主流经济学方法论。他非常看重政府的作用，尤其是中央银行作为最终贷款人的作用。但是他的理论在中央银行里长期不被重视，在业界反而更受欢迎。

在他去世十二年之后，即 2008 年金融危机令市场有效性的假设受到广泛质疑时，有人想起明斯基。因为此次金融危机的开始与发展，与他曾经的理论描述相当一致。

在他看来，尽管历次危机各有各自的起因，但又遵循着共同的规律。因此从明斯基的理论理解这次金融危机，也有助于我们分析包括中国房地产在内的泡沫风险及可能的应对办法。

（一）信贷顺周期的不稳定性

明斯基的金融不稳定假设将重点放在信贷的作用上。他认为在一个不受到政策干预的自由资本主义金融体系内，信贷是顺周期的——当经济处于上升阶段时，信贷会扩张；而当经济下行时，信贷便会紧缩。信贷的这种顺周期行为形成了金融体系内生的不稳定，并最终造成危机的爆发。

根据使用信贷的不同特点，明斯基定义了三种投资者：避险、投机、庞氏，而且随着周期的发展，投资者可以在三者之间转换（比如，从避险转到投机）。

（1）避险投资者在资产方的收益现金流既能满足负债方的利息支出，又能满足本金的支付。

（2）投机型投资者的资产方收益现金流，只能满足利息支出。

（3）庞氏投资者的资产方收益，则连利息支付都不够，而是寄希望于资产升值来偿付利息及本金。泡沫的破裂则是由于庞氏投资者被迫抛售资产而引起的。

明斯基进一步定义这个周期的过程：转位、繁荣、亢奋、获利、恐慌。转位的发生往往是由于一些来自于经济体外部的冲击，如美国 20 世纪二三十年代的汽车和无线电的出现及 90 年代的互联网技术等。这样的外部冲击如果足够大，则会形成经济体内一些行业性的赢利机会。

投资者基于对未来赢利的憧憬，开始通过举债来加大投资。资金的流入推高资产价格，并进一步扩展到其他行业，最终推动整个经济的发展，形成一个正的反馈循环系统。于是经济的发展越来越快，投资者越来越兴奋，他们的赢利预期开始日益建立在资本价格上升（而不是着眼于投资对象的使用功能）的基础上。

此时，投资就变成了投机，经济的发展便从理性的、基于基本面的发展过渡到了趋向非理性的"亢奋"阶段了。当周围越来越多的人开始获取超额收益时，更多的人就不可避免地卷入其中，开始盲目地寻求高收益。泡沫在这个时候也就形成了。

在整个过程中，信贷起到推波助澜的作用，并且在泡沫破裂时产生毁灭性的打击。太平洋投资公司（Pimco）的保罗·麦卡利（Paul McCulley）在1998年发明了"明斯基时刻"这个词，描述当时的亚洲金融危机。后来，"明斯基时刻"被广泛用于描述金融体系从稳定开始转向不稳定的时刻。

明斯基所描述的周期/危机发展过程多次上演。比如1929～1933年美国大萧条，其股票市场的泡沫，就是由于投机者大量借贷炒股造成的。而美联储加息则成为刺破股市泡沫的因素。但当时的美联储在危机爆发后为了保卫金本位制而错误地进行了紧缩政策，使危机进一步恶化，并演变成一场大萧条。

（二）金融危机的相似根源

美国在2008年这次的金融危机则是由于房地产泡沫的破裂而造成。这次美国房地产泡沫的形成又是与信贷的扩张紧密相连。信贷扩张的原因很多，包括中央政府鼓励买房的政策目标、两房（房利美、房地美）的组建、美联储的低息政策、金融衍生品的发展以及银行对风险防范意识的降低等。

从信贷的需求角度来看，房地产投资者在市场过热时积极参与并对贷款产生旺盛的需求。这样，在房地产市场的上行周期，银行盲目放贷，投资者盲目借贷，共同造成了美国房地产市场最终的虚假繁荣。

美联储的政策同样起到至关重要的作用。由于2001年的经济衰退及"9·11"恐怖袭击，美联储持续降息，于2003年6月将联邦基金利率降至1%，并且在此低位保持了一年。低利率导致对贷款需求的增加，同时普遍的低息环境造成信贷供应方对利息收入的饥饿需求，饥不择食的结果就是将贷款投向风险越来越高的领域。

这就使更多低收入人群加入贷款买房的大军，对房地产市场起到推波助澜的作用，同时增加市场的杠杆，加大市场风险。而美联储从2004年

6月开始连续小幅度加息，用了两年时间加息至5.25%，最终刺破了房地产的泡沫。2007年8月被保罗·麦卡利称作美国房地产的"明斯基时刻"。而这次房地产泡沫破裂的直接后果便是波及全球的金融及经济危机。

在美国房地产周期的高点时，一个普遍的说法便是，美国没有全国性的房地产价格下调，房屋价格只会上涨，不会下跌。在华尔街房屋按揭贷款计价及风险管理的所有数学模型中，一个必不可少的变量是房屋价格的变化。而用来代表这个变量的术语叫做HPA（Home Price Appreciation），即房屋价格上涨参数。这里把价格下跌的可能从描述中直接排除了。

运用明斯基的理论，从货币信贷的角度来看，日本房地产在20世纪80年代及90年代初泡沫的形成与破裂，与美国非常相似，也遵循着转位、繁荣、亢奋、获利的过程。

日本"转位"其实早在20世纪50年代就开始了。这里的外部刺激就是战后的重建。随后的20年日本都保持着超过两位数的增长。这样，到了80年代，日本已经超越德国成为世界第二大经济体。接着日本在美国等西方国家的压力下，开始金融自由化，这又带来了货币与信贷的高速增长。

日本地产泡沫从20世纪80年代就已经开始，其中一个重要原因便是金融自由化带来的货币与信贷的高增长。日本泡沫时的种种疯狂广为人知，这里不再赘述。与美国类似，日本的房地产泡沫也是由中央银行刺破的，在90年代初，当时新上任的日本银行行长开始命令银行限制房地产贷款。随后日本的房地产进入了明斯基时刻，个人住房的价格从高点到低点下跌超过90%。

中国的房地产市场走到今天，因素很多，比如持续强劲的经济增长带来的财富积累、人为压低的利率水平、城市化进程的加速、租房市场尤其是廉租房市场的缺失、有限的投资渠道、地方政府的土地财政、人民币升值预期，以及为对付金融危机而大量发放的信贷。

由于房地产行业触及国民经济的各个方面，也成为中国保证GDP增长目标的重要依赖。就像明斯基所述，泡沫的形成总是先有一些非常合理的基本因素带来经济体的"转位"，以上所述因素中的很多也都被认为是长期的基本因素，并被用来支持中国房地产市场的无泡沫论。

（三）中国房地产的危机

进一步运用明斯基框架和概念来分析中国经济，着重于分析中国与其他国家房地产市场的结构性区别，我们将有新的发现。

明斯基的理论是针对市场经济的，他的金融不稳定假设是基于市场上各方自由行为的结果。而中国的经济在很大程度上受到政府控制，尽管如此，这并不意味着他的理论完全不适用于中国。相反，他的很多分析框架和逻辑与中国的经济现实非常相关。

中国经济所谓的"转位"应该是三十年前改革开放就开始了。那时生产力的释放使得中国经济从极低的起点迅速增长，而后来加入世贸组织的中国又充分地利用了全球化带来的机会。

城市化进程的加速，农业人口向城市转移，则提供了源源不断的住房需求。而所有这些发展的背后都有一个"人口红利"的大背景。这样，中国的房地产市场从20世纪90年代后期便高速发展。

到现在从很多常用指标来看，已经毫无疑问符合泡沫的定义，如房价与收入比、房价与房租比、房价增长速度及房屋空置率。还有到处都能听到的各个阶层关于房地产市场的谈论，也都符合泡沫特征。甚至关于房价只涨不跌的说法，也让人想起美国房市泡沫时期的一些言论。

但是，中国房地产目前的表现又不同于典型的泡沫。在市场进入疯狂阶段，也就是泡沫阶段时，如果外力（如政府紧缩信贷）造成资产价格停止上涨，泡沫就破裂了，没有什么过渡期。

按明斯基的理论，泡沫是由信贷推动的。当资产价格停止上升时，庞氏投资者会立刻被迫出售资产，从而引起负反馈循环，造成资产价格急剧下降。可是中国政府连续推出"史上最严厉的"房地产调控政策，而各地的房地产价格在一年后依然没有下跌。

仅从按揭贷款来看，中国房地产市场似乎并不是由过度信贷推动的。尽管利率水平被人为压在低位，但是中国没有CDO之类的衍生品，也没有美国那样的两房机构来大力推动个人买房。

在政府严格监管之下的中国商业银行，在房地产贷款方面非常保守，中国绝大部分购房者所用杠杆并不大。比如，美国的房地产贷款基本上是以20％首付为主，在泡沫时期零首付的贷款也很普遍。而中国则是30％，零首付作为银行政策更是闻所未闻。

而现在，第二套房贷的首付更是达到了60％。银行并没有表现出对风险的非理性追逐。而且购房者（少数除外）也没有表现出对贷款的过度追求。这可能就是大家对泡沫是否存在都存在争议的另外一个原因。

再运用明斯基的概念，分析一下中国住房投资者的资产负债。资产方现金流比较简单，主要是房租收入，其收益率通常不到2％。负债方的按揭贷款利率大概为6％～8％。按30％的首付的话，利息持有成本大概为

5％。这些投资者的现金流还不足以支付利息支出。所以中国的住房投资者，首付在 30％ 的那部分都属于庞氏投资者。

但是，所谓"明斯基时刻"的来临，并不是一个机械的计算，好像一旦投资者入不敷出，投资者就会立即被迫出卖资产。这里的关键是投资者有没有能力继续持有资产。换句话说，如果投资者有其他资金来填补现金流缺口的话，他并不需要立即出卖资产，尤其是当他对未来资产价格上升还存在幻想的时候。

这时，有两种情况能够打破这个僵局，要么价格停止上涨的时间足够长，以至于将该投资者资金耗尽，要么投资者转而预期资产价格下降。中国的房地产投资者与以美国为代表的其他国家的投资者一个很大的区别就在这里。

美国的房地产市场在疯狂期时，由于极度宽松的信贷，太多本来也买不起房的人进入了市场。他们在房地产市场下行时，立刻遇到问题，必须卖房。中国房地产市场大部分的投资者其实还是有购买能力的。当然，中国也有太多的人买不起房。

与美国相反，中国严格的信贷体制将这些人摈弃在房地产市场之外。当然，对中国这样历史上一直以现金交易为主的经济体，按揭贷款的出现对房地产的发展无疑起到了极大的推动作用。只不过中国的按揭贷款标准严格，还只适用于部分人群。全民推动的房地产泡沫缺乏信贷条件。

中国的房地产市场还有一个很大的不同，就是新屋销售和成屋销售占比。美国房地产市场的主流是成屋销售，新屋销售只是成屋销售的零头。所以在美国，购房者的资金链问题是决定性因素；而在中国，情况完全颠倒过来，新屋销售占绝大多数。所以，在中国，房地产开发商的资金链是影响房地产市场价格的重要因素，尤其在周期扭转初期。

这一点在 2008 年金融危机爆发时，已经有所表现。当时，一些房地产开发商由于资金紧张及对未来的担心，被迫以降价换销售。不过，他们这次似乎大都吸取了教训，积聚了充足的资金。进行了一年多的房地产打压，并没有促成开发商降价，似乎也证明了这一点。

所以，中国与其他国家的房地产市场存在着结构性的不同。从房屋销售来看，新房销售占主体，开发商有更多发言权。从房屋需求来看，中国的买房人群被割裂成两个群体：已经进入房地产市场的既得利益群体和被摈弃在房地产市场之外的群体。

相对于更全面的人群，中国的房地产市场毫无疑问是泡沫（因为价格太高）。但是，相对于进入市场的特定人群，这个泡沫程度则大为降低。从这个角度来看，中国的房地产市场到目前为止都更是一个社会两极分化的问题，其次才是泡沫问题。

（四）"明斯基时刻"会来吗？

泡沫如何破裂，"明斯基时刻"何时来到，中国房地产市场也存在与众不同的结构性特点。

从短期直接的因素来看，开发商的资金链就更关键。如果政府的紧缩政策持续甚至加强，那么一些资金缺乏的开发商迟早要面临资金链的问题，不得不降价卖房，从而引起房地产市场全面下跌。而已经进入市场的购房者则较少受资金链影响，因为他们大部分是有购买能力的。

在经济上行周期，这些人相互之间的交易就足以形成需求大于供给的局面，并且吸引更多低收入者接盘（因为经济的发展带来更多的边际买房者）。因为他们使用的杠杆程度低，在房地产市场只涨不跌的预期下，负现金流对他们短期内影响不大。

可是一旦对房价的预期转为悲观，他们可能就会全面性地净卖出。由于信贷的限制，这时并不会有足够数量的低收入边际买房者接盘，房价也就会急剧下跌。所以泡沫的破裂，要从资金链最薄弱的开发商开始，然后是市场对房价预期的转变。

泡沫的破裂将直接影响房地产投资者、开发商及银行，并会进一步影响大宗商品市场及整个经济。但由于中国整个按揭贷款体系的杠杆不是特别大，所以泡沫即使破裂，其冲击程度应该不会像仍在探底的美国房地产市场那样。

中国由于信贷体系不完善，金融创新开展受限制，金融自由化没有实行，所以很幸运地形成现在房地产按揭市场较低的杠杆。否则，如果大批没有能力购房者都卷入房地产狂潮之中的话，中国房地产市场的泡沫应该远远高于现在，而泡沫破裂的影响甚至会比美国更加恶劣。

所以，中国正在进行的房地产调控非常必要。理想的结果便是房地产市场软着陆，既刺破泡沫，又不严重影响实体经济，并避免更大问题的出现。历史上，泡沫周期软着陆的例子并不多，但是由于中国目前按揭贷款杠杆程度还相对较低，这个目标不是没有可能实现。

明斯基理论适用于分析具有结构性区别的中国房地产市场，也适用于分析中国整体经济的发展。除了控制房地产市场，更应该对中国经济的未来发展保持理性的认识，避免重蹈日本"失去的十年"的覆辙。

第六章

房地产之生态

在一定的意义上来看，人类活动对生态环境的影响程度可以通过生态脚印来衡量。生态脚印的概念首先由马西斯·瓦克纳格尔（M. Wackernagel）和威廉·E·里斯（W. E. Rees）于20世纪90年代提出[①]，是指在一定的人口与经济规模条件下，维持资源消费和废物消纳所必需的生物生产面积，即在一定技术条件下，为维持某一物质消费水平下的某一人口或某一区域持续生存所必需的生态生产性土地面积。根据生态脚印的理论和计算方法，人类的生产、生活消费由两部分组成：生物资源消费（包括农产品和木材等）和能源消费。因而，生态脚印计算相应地也由这两部分消费组成。

受地理环境、空间形态、文化和生活消费习惯的影响，每个国家的生态脚印差异极大。例如，2007年，美国公民的平均生态脚印是8.0公顷、英国4.9公顷、欧洲国家平均4.7公顷、巴西2.9公顷、中国2.2公顷、印度0.9公顷。如果世人的生态脚印（2007年平均为2.7公顷）都与美国人的一样大，那么人类今天就需要3个地球来满足消费的需求[②]。

人与自然和谐相处就是要尽量缩小生态脚印，减少对生态环境的影响。房地产从开发、使用到拆除的全寿命周期过程要消耗大量的资源和能源，房地产开发要占用稀缺的土地资源，房地产开发形态在很大程度上决

---

① Wackernagel, M., Rees, W. E., 1996. Our Ecological Foot-print: Reducing Human Impact on the Earth. New SocietyPublishers, Gabriola Island, British Columbia, Canada. German edition with updated data, 1997. Birkha ¨ user, Basel, 1997.

② 资料来源：全球足迹网络，http://www.footprintnetwork.org/.

定了城市的空间形态，在某种程度上也决定了城市的能耗水平。因此，房地产发展模式的选择关系到人类生态脚印及对生态环境的影响程度，其对生态形成冲击的重要影响因素主要有以下几个：

一是耕地占用。生态脚印的组成部分之一是生物资源消费，其中主要是农产品的消费。在生态脚印不变的前提下，对耕地进行保护，以维持耕地总量不减少甚至有所增加，意味着区域生态承载力的提高；

二是城市人口密度。城市人口密度的大小取决于城市空间形态。城市空间形态不仅决定了土地资源的占用程度，也决定了出行方式的选择和适应性。紧凑型的城市意味着人口密度较高，人均占用土地资源较少，也更有利于大容量的轨道交通和自行车和步行等绿色出行方式；

三是居住模式。居住户型的选择决定了人均面积的大小，居住形式如公寓式或别墅式的选择对土地资源的占用程度截然不同，而人均土地面积和建筑面积的大小直接关系到住房开发建设、使用全周期的能耗和生态影响程度的大小；

四是建筑模式。建筑模式的选择，直接关系到建筑对生态环境的影响程度和建筑能耗水平。绿色建筑是生态文明时代下最佳的建筑形式，是建筑节能减排的主要发展方向。绿色建筑与传统非绿色建筑相比，在"四节一环保"方面存在着巨大的差异。考虑到我国每年新建筑约20亿平方米以及400亿平方米的既有建筑，绿色建筑的节能潜力巨大。建筑领域另一个重要的方面是全装修与配件化。推广全装修与配件化，可以大大缩短建设周期，同时实现节能、节材和垃圾减量。据估计，如果推行全装修，全国每年可以减少300亿元的资源消耗，大幅减少二氧化碳气体的排放。与传统建筑方式相比，采取配件化可节约20%能耗，节约水耗63%，节约木材87%，每平方米产生的垃圾量减少90%，同时工地变得非常整洁，噪声影响也大大降低。

在生态方面，美国式的城市蔓延和拉美城市无序化都给生态环境带来了极大的破坏，教训极其深刻。

一、美国式城市蔓延的教训

美国式的城市蔓延造成了迄今为止全世界最大的人类生态脚印，其负面影响主要表现在以下几个方面。

（一）城市蔓延，土地利用效率低

城市蔓延是一种低密度土地利用、依赖小汽车而发展起来的居住模式。美国的机动化导致小汽车大量进入家庭，个人居住选择的空间范围极度扩大，使城市的发展失去弹性，造成城市建成区人口密度自 1890 年起的一百年里下降了 3 倍（表 6-1）。城市蔓延和郊区化占用了大量宝贵的土地资源，包括森林、湿地、野外游乐场所与农田，同时也造成了生态环境的破坏。据统计，1982～1992 年，美国平均每年有 5670 平方千米的农业用地转化为城市用地。2000 年则上升为 9320 平方千米[①]。

（二）过度依赖小汽车，交通能耗极高

美国汽车优先的发展策略，使社会患上了严重的"汽车依赖症"，彻底改变了美国人传统的生活方式和社区发展模式，最终使人均汽油消耗量是同等收入水平的欧盟国家的 5 倍、日本的 7 倍。2006 年美国人均石油消耗量高达 3.28t，是中国人均水平的 10 倍以上[②]。通过国际比较可知：洛杉矶、华盛顿、旧金山、亚特兰大等是世界人口密度最低的城市，也是人均能源消耗量最大的城市群（图 6-1）。所以，美国以占 5% 的世界总人口却消耗了 30% 的世界总资源。

国际比较（万人／平方千米）　　　　　　　　　　表 6-1

城市	人口密度	城市	人口密度	城市	人口密度
孟买	3.89	新加坡	1.07	纽约	0.40
中国香港	3.67	突尼斯	1.02	洛杉矶	0.22
首尔	3.22	墨西哥城	1.01	华盛顿特区	0.21
莫斯科	1.82	巴黎	0.88	旧金山	0.19
巴塞罗那	1.71	华沙	0.67	芝加哥	0.16
北京	1.45	伦敦	0.62	休斯敦	0.11
圣彼得堡	1.21	曼谷	0.58	亚特兰大	0.06

资料来源：Alain Bertaud，2003，"Order without Design"

---

① 资料来源：Sukkoo Kim and Robert A. Margo. 2003 Historical Perspectives on U. S. Economic. Geography. NBER Working Paper No. 9594.

② 资料来源：美国总统布什 2007 年发表的国情咨文.

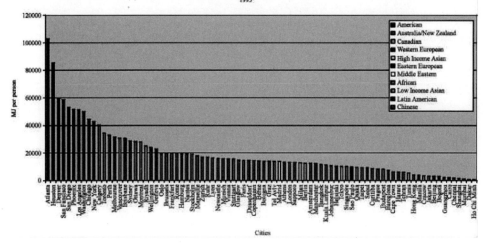

图 6-1　不同城市平均每人出行能耗水平比较

资料来源：澳大利亚默多克大学 Institute for Sustainability and Technology
Policy，http://www.istp.murdoch.edu.au.

（三）城市交通拥堵严重

美国是当今世界上头号汽车王国，被称为建立在汽车轮子上的国家。全美现有人口约3亿，拥有汽车2亿多辆，平均每1.2人拥有1辆汽车，每1.4人拥有1辆轿车。私人小汽车的发展造成了世界上最严重的城市交通拥堵问题（表6-2）。研究表明，城市交通用地比例即使达到了30%，交通问题也不可能解决。洛杉矶的例子极为典型，洛杉矶交通用地达到了33%，但仍然是美国最拥挤的城市，平均拥堵时间已达72小时/年。据权威部门多年的统计，洛杉矶有三个全美第一：人均拥堵时间第一，人均汽油消耗第一，心脏病发病率第一。

大都市区驾车人每年因交通拥堵平均所耗的时间及排序　　　表6-2

排序	都市名称	时间（h）	排序	都市名称	时间（h）
1	洛杉矶	72	7	休斯敦	56
2	旧金山	60	8	底特律	54
2	华盛顿	60	8	加利福尼亚圣何赛	54
2	亚特兰大	60	8	奥兰多	54
5	达拉斯—福特沃斯	58	11	迈阿密	50
6	圣迭戈	57	11	丹佛	50

资料来源：Texas Transportation Institute，based on 2005 data，Full report at mobility.tamu.edu

日益恶化的拥堵问题，浪费了大量的社会财富。研究表明，以公共交通为基础的城市花费在交通上的费用占当地GDP的5%～8%，而在严重依赖小汽车的城市里要花费 GDP 的 12%～15%。美国家庭支出中，交通费用所占比例从 20 世纪 60 年代的 10% 上升到 2005 年的 19%[1]。交通拥堵所造成的间接损失同样惊人。例如，由于长时间依靠私人轿车外出活动，美国已成为肥胖症增长最快的地区，因肥胖症引发的各种慢性病导致全国社会医疗支出高达 6000 亿美元，每年还以 30% 的幅度增长，已成为影响国家财政安全的顽症。

（四）城市绿色出行方式受到挤压

城市蔓延迫使人们更加依赖小汽车，而越来越多的小轿车拥有者对高架路、立交桥的需求日益强烈，导致公共财政资源向这些专为私人轿车服务的项目转移，结果形成"政治倾向"锁定。中央和地方政府因此削弱了对公交与人行道、自行车道的修造补助，进一步造成自行车、步行爱好者"无路可走"。此外，城市土地利用方式与交通状况密切相关。一般来说，单位面积城市人口密度高的城市，步行、自行车和公交车使用率最高，而低密度的城市，私人轿车使用率最高。而且就单个城市而言，人口密度高的中心区步行、自行车和公交车利用率也比低密度的郊区高得多，这说明出行方式与经济富裕程度无关，更重要的是城市空间结构问题所致。

美国模式的城市化意味着城市蔓延、能源的大量消耗和对生态环境的巨大冲击。正如布朗所言[2]，如果中国走美国模式的道路，到 2031 年，中国将消费目前世界谷物产量的 2/3；纸张的消费量将两倍于目前的世界产量；全世界的森林将荡然无存；中国将拥有 11 亿辆小汽车，远远超过目前全世界的 8 亿辆总数；为了给这支庞大的车队提供普通公路、高速公路和停车场，中国必须铺砌的土地面积会相当于目前的稻田总面积，它一天需要 9900 万桶石油，可目前世界的石油产量为 8400 万桶，也就是说，届时需要三个地球的资源才能支撑人类的发展。

二、拉美国家无序城市化对生态环境的冲击

拉美国家物产丰富，资源禀赋极高，但在经济发展过程中，由于盲目遵循"华盛顿共识"和新自由主义的指导思想，城市无序发展，人与

---

① ［美］世界观察研究所.2007 世界报告——我们城市的未来.全球环境研究所译.北京：中国环境科学出版社，2007：82.

② ［美］莱斯特·R·布朗."B 模式" 2.0——拯救地球，延续文明.北京：东方出版社，2006：1.

自然的关系并没有呈现和谐共处的局面。拉美拥有世界上40%的动植物和27%的水资源，而且全地区47%的土地被森林覆盖。但是，该地区却面临着生态环境恶化的问题，环境承载力不堪重荷、灾害频发。联合国粮农组织的数据表明，在1981～1990年期间，拉美平均每年损失740万公顷的热带森林。这一数字高于同期非洲的410万公顷和亚太地区的390万公顷。就森林生物量而言，1981～1990年全球共失去了25亿吨，其中拉美占13亿吨。在拉美地区，由于生态环境发生不利变化，在过去30年中，几乎所有国家都遇到过一次以上严重的自然灾害，损失惨重。由于城市的无序蔓延导致生态环境极其脆弱，城市灾害频发。例如，2011年1月11日晚至12日凌晨，暴雨袭击巴西里约热内卢州和圣保罗州，引发山洪和泥石流，造成至少700多人死亡、1.4万人无家可归（图6-2，图6-3）。暴雨导致距里约以北65公里的特雷索波利斯市至少152人死亡，超过1000人无家可归。该市与临近的彼得罗波利斯市和新弗里堡市电力和通信中断[1]。2011年2月27号，暴雨袭击了玻利维亚行政首都拉巴斯的贫民区并引发泥石流，损毁了至少400座房屋（图6-4，图6-5）。当地警方表示，连日暴雨引发的洪水和泥石流导致了至少44人死亡[2]。

图6-2　巴西泥石流受灾情况（一）

图6-3　巴西泥石流受灾情况（二）

图6-4　玻利维亚泥石流受灾情况（一）

图6-5　玻利维亚泥石流受灾情况（二）

① 参见：中新网，http：//www.chinanews.com/gj/2011-01-20/2800223.shtml.

② 参见：和讯网，http：//news.hexun.com/2011-02-28/127605011_1.html.

三、我国面临的生态挑战

与世界上其他国家相比，我国房地产发展面临更加严峻的生态挑战。主要表现在资源环境约束、耕地保护，以及城镇化与机动化同时发生可能导致过度郊区化等方面。

（一）资源环境约束

我国房地产发展面临严峻的资源环境约束。与美国、加拿大、俄罗斯、巴西等大国相比，我国人口密度高出几倍到数十倍，而人均耕地面积、人均水资源和森林总面积最少，只及其他国家的1/5甚至1/20。我国实际上是以占全球7%的耕地和淡水资源、3%的石油、2%的天然气储量支撑了占全球21%人口的发展。所以，从理论上讲，我国目前发展所面临的挑战是比历史上任何一个国家都更加严峻，更加复杂（表6-3）。

我国与世界其他资源大国的资源比较 表6-3

	俄罗斯	加拿大	中国	美国	巴西
人口密度（人/平方千米）	8.6	3.2	131.0	27.5	19.1
人均耕地面积（亩）	13.10	25.90	1.41	10.90	5.51
人均水资源（立方米/人）（1995）	30599	98462	2292	9413	42975
森林总面积（万平方千米）	75.49	24.72	13.38	20.96	56.6

（二）城镇化快速发展区域与优质耕地所在区间重叠

我国人均耕地面积只有世界平均水平的1/3，而且我国城镇化程度高的地区却往往与优质耕地的分布区重合。我国目前大约60%流动人口是流向沿海的，而沿海耕地的复种指数有的高达60%，一亩地的产出是北方的3倍。因此，我国房地产发展面临土地资源稀缺和耕地保护的双重压力（图6-6）。

（三）城镇化伴随机动化

与西欧国家城镇化在前，机动化在后不同，我国面临的主要挑战是快速城镇化过程中伴随着机动化。过去30年，我国的城镇化率从1980年不超过20%上升到2009年的47%，年均城镇化率约为1%，每年从农村转移到城市的人口规模超过1000万。与此同时，我国的汽车保有

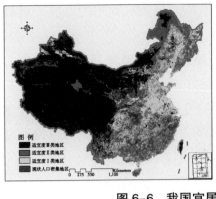

图 6-6　我国宜居地区和城镇群分布图

量快速增长，特别是近年来呈爆炸式增长趋势，仅 2005～2009 年每百户居民汽车保有量就增长了 223%（图 6-7）。2009 年，我国汽车全年产销量超过 1360 万辆，超过美国成为世界上最大的汽车市场。2010 年全国汽车产销量超过 1800 万辆，年增长速度高达 32%。以北京为例，汽车保有量从 200 万辆到 300 万辆用了 3 年时间，从 300 万辆到 400 万辆仅用了两年左右的时间，而 2010 年全年汽车销售量接近一百万辆。如果不是设立限购政策，这种呈加速增长趋势还有可能继续延续。很显然，这种趋势在我国其他城市也正在发生或即将发生。伴随机动化快速发展同时发生的是大城市人口规模的急剧扩张，空间结构随着环线一圈圈向外蔓延。其结果不仅是城市中心区的交通拥堵越来越严重，而且由于汽车尾气引发的空气污染也日益严重。

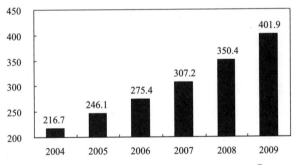

图 6-7　北京市机动车保有量变化趋势①

　　在城镇化快速发展过程中，一些城市的决策者从坐汽车者的角度出发，盲目发展小汽车，忽视绿色交通的发展，甚至为了扩宽马路而压缩甚至取消已有的自行车道。从空间利率效率来看，自行车是小汽车的

① 资料来源：北京市统计局，http://www.bjstats.gov.cn/.

12~20倍，而忽视自行车等绿色交通，片面强调机动车的发展，更加剧了城市交通的拥堵。

一些城市盲目遵循功能分区城市发展方式，卫星城只有居住功能，缺少就业机会，成为"睡城"；开发区与城市截然分开，没有居住功能，到了晚上就成为"鬼城"。这种功能分区的发展模式还引发了大量的钟摆式交通，加剧了交通拥堵，也增加了能源的消耗。一些城市盲目尊崇罗马式的大广场、大马路，其规模与城市的人口规模不匹配，造成土地资源的极大浪费。

城镇化与机动化的同时发生，以及城市的盲目扩展带来了一系列问题。

一是经济成本提高。变成超级大城市后，城市内部的交通运输活动包括基础设施的投入成本就高得出奇。如来北京出差的外地人，一天只能办一件事情，还要看交通阻塞的情况如何。在上海这样的特大城市，职工上下班每天平均要花两个小时在汽车上，这每天两个小时的累计成本损失巨大。有效劳动时间的缩短，意味着生命资源和财产的巨大浪费。

二是资源的利用成本非常高。例如，京津唐地区现在正处于大扩张期，城市水资源的问题变得更加突出。水资源短缺怎么办？南水北调。花5000亿元巨资，把南方水调到华北，南方的生态随之也将受到影响，还将消耗大量优质耕地和能源。在南水北调工程开工仪式上，温家宝总理引用了恩格斯的一段名言：我们不要过分陶醉于我们人类对自然界的胜利。对于每一次这样的胜利，自然界都对我们进行报复。这句话就隐含着南水北调工程的环境影响，要我们引起重视的期待。

三是生活舒适度的成本。特大型城市并不适于人类的居住。发达国家每一次评选最适宜人类居住的城市，大多是5万、10万人口以下的中小城市，没有一个特大城市能被列入最适宜人类居住城市的名单。

四是污染日益严重、环境质量下降。城市把人类活动从空间上凝聚到点以后，人的消费对环境造成的污染就会大大提高。1个大城市人口的排污量相当于10个农村人口的排污量。农村人口的排污问题，可以通过大自然的有机循环来解决，而城市人口的排污只有通过人工工程来完成，能耗和成本非常高。发达国家人口不足世界总人口的20%，但却造就了全球80%的污染。正是因为消费水平越高，废弃物就越多，污染就越大。某种意义上说，耗能就是污染，耗能越多，污染就越重。我国城市人口对自然环境的污染能力大大高于农村人口。城市垃圾、污水处理设施赶不上垃坂、污水量的增加，危及到城市可持续发展。泰国就曾发生垃圾山产生的沼气爆炸事故，导致数十人丧生。我国城市中共有 900 多个垃圾填埋场，但只有 15% 是达标的，存在的主要问题就是沼气防爆和渗滤液治理措施没有到位。此外，城市温室气体大量排放导致热岛效应严重。一些城市的市区与郊区的温差非常明显，像上海市最高相差 6℃，北京最高相差近10℃，严重影响了民环境。

第七章

世界主要房地产发展模式的
三维度评价及国际经验借鉴的适用性

一、世界主要房地产发展模式的三维度基本评价

综合来看，目前世界各国房地产发展模式在公平、效率与生态三个维度上可分为四大类：

（一）美国模式

美国是一个大国，其国土面积跟我国差不多，而且它是一个城市化、工业化先行国家，借鉴美国模式有特别意义。我们用以上三个标准来衡量美国模式，社会公平方面美国做得比较好，绝大部分人都有房产，人均住房面积超过了 80 平方米。从价格波动来看，美国由于过度使用金融衍生工具，导致房价波动非常大，由此引发的次贷危机波及全世界，其负面影响至今尚未消除。房地产和金融是紧密相连的，美国的问题是金融创新过度，各种衍生工具掩盖了真实的房地产风险，并将危机扩散到了全球，造成了惨痛的教训；而中国是金融创新不足，保障房建设金融支撑不够。生态效应方面，美国模式是比较糟糕的。美国号称"车轮上城市化的国度"，在城市化过程中，城市建设跟着汽车轮子跑，城市的密度就不断下降（图 7-1）。在过去的一百年里，美国城市的密度下降了一半还多。由此产生的后果是，一个美国人消耗的汽油相当于 5 个欧盟人、7 个日本人消耗汽油的总和。虽然奥巴马提出了绿色革命的口号，却无法让这些人重新回到中心城市。前人造成的问题，后人难以弥补，我们要吸取这个教训。

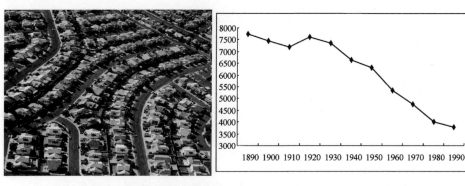

图 7-1　美国城市蔓延和城市人口密度变化（人/平方英里）

（二）日本模式

　　用三个效应来衡量，这种模式的社会效应是不错的，生态效益较好。日本的住宅以小户型为主，日本作为一个东方的发达国家，人均能源消耗量是所有发达国家中最低的。但是，日本的房价波动非常剧烈，在房价最高的时候，日本所有国土和房屋价值的总和超过美国2.5倍，这是不合常理的（图7-2）。日本的房地产泡沫是人类历史上最巨大的。泡沫破裂后日本的房价一下跌下来，到现在也没有恢复元气，拖累了整个GDP，日本的GDP在泡沫破裂后下降了40%到50%，这对全球经济带来了巨大的影响。日本地理资源约束跟我国东南沿海地区所谓的"一线"城市具有相似性，人多地少，日本的模式非常值得我国房地产市场调控者研究和借鉴。

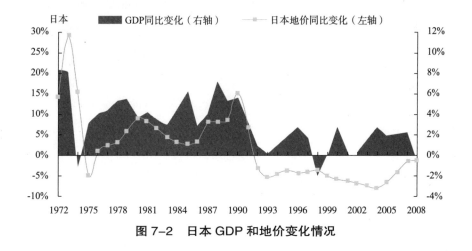

图 7-2　日本 GDP 和地价变化情况

（三）拉美和南亚模式

　　这种模式与美国相似，因为拉美很多领导人都在美国接受过正规教育或长期培训，全盘接受了所谓的《华盛顿共识》，因此往往习惯用美国的方法来解决房地产的问题。其结果是：拉美和南亚模式的社会公平程度是最差的，贫民窟占城市住房 70% 以上，穷人都住在贫民窟里（图 7-3，图 7-4），而富人的豪宅却非常巨大和豪华，城市空间分配不公和社会不公平在这些国家非常突出。房地产资源占用本质上是地理空间的垄断，所以不能仅靠市场调节。拉美和南亚的大部分居民住在贫民窟，小部分人住在豪宅里面，很大程度上是任凭市场调节的结果。因此，在社会公平方面，这些国家是该得低分的。在房价波动方面，因为这种模式基本上是两极分化，房价波动往往随着国际游资的进出而大幅波动，这些国家政府在房价调控问题上没有自主权，也是打低分的（图 7-5）。在生态方面，由于贫民窟广泛地蔓延，城市的生态环境也相对差。

拉美和南亚的大多数国家在城市化过程中，由于盲目崇拜市场力量，又没有健全的法制，所以其结果比完全遵循市场规则的美国模式更糟糕。同样一个市场化的药，老牌资本主义国家吃了房地产市场只是小震荡，但新兴国家吃了，可能就是引发市场大崩溃的毒药。从结果来看，这种模式的弊端极大。

图 7-3　拉美国家城市的贫民窟（一）　　图 7-4　拉美国家城市的贫民窟（二）

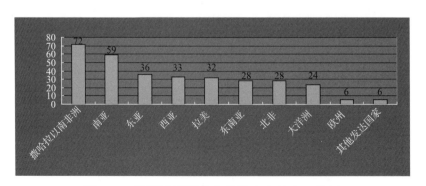

图 7-5　不同地区居住在贫民窟中的人口比例

（四）欧洲模式

尤其是北欧各国长期执行社会福利政策。政府在第二次世界大战之后每年都建设大批的公房供中低收入者居住和购买（图7-6）。欧洲模式在住房公平效应一直执行得比较好。在房价方面基本上保持了长期平稳。生态效益方面也较好，由于完善的规划管制，城市空间结构基本上是密集型的，人口密度较高，小户型住房在城市住宅中占了相当大的比例。所以它的生态效应是可以打高分的。

图7-6 欧洲的住宅小区

房地产与一般商品之间的显著差异性，以及房地产所具有的社会属性和生态属性，决定了只有从公平、效率和生态三个维度上进行综合分析与评价，才能全面反映房地产市场健康发展状况。

首先，住房是人类基本权利之一。《人权宣言》第25条第1款规定："人人有权享受为维持他本人和家属的健康和福利所需的生活水准，包括食物、衣着、住房、医疗和必要的社会服务。"住房公平是社会公平的基础。只有实现住房公平，房地产市场才能成为真正有效率的市场。拉美国家在城市化过程中，盲目照搬美国新自由主义的做法，导致城市贫民窟蔓延，贫富分化悬殊，大量城市人口连最基本的居住需求都难以满足，城市居住环境恶劣，社会动荡。这表明仅靠市场难以实现住房公平。纵观世界上大多数国家，即便是欧美等经济发达、市场相对成熟的国家，在住房问题上也没有完全依赖市场，而且存在不同程度的政府干预，采取包括建设公共住房或社会住房、规划控制、财政补贴、税收和信贷政策等直接或间接措施干预房地产市场，如扼制房产投资，建设社会房等措施来满足人们基本的居住需求、缩小居住条件的差别，实现住房公平的目标。

其次，房地产的本质属性决定了其仅靠市场规律的自行调节，无法克服市场失灵问题，实现健康平稳且有效率的发展，政府干预成为一种必然。以市场经济最为发达、号称市场规则最为完善的美国，在过去的数十年间，仍然经历了数次房地产危机，其中2008年以次贷危机开端的金融危机，更是对全球的金融和经济发展造成了巨大的冲击。日本的房地产泡沫举世闻名，在20世纪80年代末泡沫破裂后，日本经济一蹶不振，连续失去了两个"十年"，至今仍未完全摆脱其负面影响。这充分说明，过度依赖市场，放任市场自由发展，最终将会导致灾难性的危机发生。

再次，房地产在开发建设和使用全周期要消耗大量土地、能源和其他资源，对生态环境产生巨大的影响。在全球应对气候变化挑战和资源、环境约束条件下，房地产开发建设和使用必须注重生态效应，注重节能、节水、节地、节材和环保，走低碳生态之路。

总之，在我国城镇化快速发展时期，房地产市场只有实现公平、效率和生态三维度的协调均衡发展，才能实现健康可持续发展的目标。

二、国外经验教训对我国借鉴的适用性

国外住房发展过程中有很多经验教训可资借鉴。但也应当注意到，国外住房发展所处的城市化阶段和经济发展水平不同，存在文化背景、人口和资源禀赋等差异，一些政策措施有其适用范围，在研究分析时需要加以区分。

德国、英国和美国等发达国家城市化开始较早，目前均处于城市化后期并接近完成（图7-7）。例如，从1980年开始的30年内，德国的城市化仅提高了1%，而英国也仅提高了2.2%。与家庭数量相比，欧洲等发达国家的住房规模基本接近饱和，一些地区甚至出现了结构性过剩。与之相对应，这些国家现阶段的住房建设规模相对有限，住房保障的重心已从住房建设的实物保障上转向货币补贴和对弱势群体住房困难问题的关注，住房保障支出在财政支出中所占的比重相应下降。因此，如果以这些国家近期住房财政支出标准来指导我国现阶段的住房保障财政预算编制，将会产生误导。

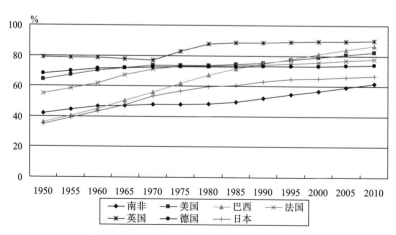

图 7-7　欧美等国的城市化率变化情况

相对而言，第二次世界大战后一段时期内欧洲各国住房建设的经验更具借鉴意义。德国、英国、荷兰等欧洲国家在第二次世界大战中房屋被大量摧毁，第二次世界大战后大量退伍军人涌入城市，面临严重的住房短缺问题。为此，各国均在第二次世界大战后大力建设住房，政府在其中发挥了积极甚至是主导作用。当时的英国首相丘吉尔还前瞻性地提出新城建设计划，在较短时期内缓解了住房供需矛盾。在住房短缺问题缓解后，这些国家的住房主要矛盾从住房短缺转移到诸如住房成套性、环境、交通等住房质量方面，为此，各国通过采取财政税收优惠政策等综合措施提高住房质量，提升居住环境水平，并将更多的注意力放在弱势群体住房问题等更具针对性的问题上。

　　我国目前正处于快速城镇化过程中，大量人口从农村转移到城市，同样面临住房供应紧张与住房需求旺盛的矛盾。因此，欧洲发达国家在第二次世界大战后解决住房问题的经验，可在结合我国国情的基础上选择性进行借鉴。同时也应看到，这些国家在解决住房问题的过程中也有教训值得我们汲取。例如，一些国家在解决住房问题时采取了"两步走"甚至"三步走"战略：第一步大量建设相对简易的住房解决短缺问题，第二步再对这些住房进行改造以提高节能性能，第三步再次进行改造以提高居住舒适性和健康性。这种"分步走"方式造成住房的多次改造过程中材料和资金的极大浪费。因此，我国在住房建设特别是保障性住房建设时，要注重提高设计水平和建筑质量，尽可能采用适宜的绿色建筑技术，将住房发展"数步并为一步"，避免重复改造所造成的不必要浪费。

　　除时代背景和发展阶段不同以外，另一个在借鉴时需要注意的问题是文化背景不同。例如，东西方文化差异的一个重要方面体现在对待实践和理性的区别上。西方文化中有很强的神学传统，强调从一个理论推到另外一个理论，一个概念推导到另一个概念，仔细推敲市场经济是什么，应该怎么设计等。而我国的改革开放模式，主要特点是实践理性，强调要善于观察、参与和体验，多方位比较，从局部试验开始，然后再加以总结并进一步深入推广、推进。所以西方文化指导的变革往往是从修宪开始，而东方文化下我国的改革开放所遵循的路径相反，总是从试验开始，取得一定经验后再推广，最后如有必要再修改相关法律条文。实际上，这两个方式各有利弊，需要根据不同的文化背景和国情来选择。总体来讲，对于我国这种人口众多、区域发展差异较大的大国，采用比较谨慎的渐近式方法来推动改革，可以避免不可预见的大的波动和灾难发生 ①。

在住房问题上，东西方文化基因的差异体现为居住消费观念上的巨大差异。与西方游牧民族文化相比，东方农耕文化传统使东方人具有极强的置业观念，偏好买房而不是租房，反映在价格上就是东方文化中往往具有更高的房价收入比。因此，简单套用国外的房价收入比水平来衡量我国的房地产市场，在对市场状况的判断上可能会产生偏差。

新加坡与我国同属东方文化，同样拥有强势政府，具有集中力量办大事的优势，其促进住房公平的经验值得我们借鉴。但是，也应注意到，我国与新加坡虽然文化背景基本相同，但国家规模、地区差别和人口流动性等方面差异极大，住房问题的复杂性也相差甚远。例如，新加坡解决低收入者住房问题地理边界相对清晰，不存在像我国这样人口大规模流动的问题，也不存在农村人口转移到城市的问题；新加坡人均收入水平较高，公积金制度健全，政府财政实力相对雄厚，住房建设财政投入资金相对充裕；新加坡虽粮食长期依靠进口，但由于人口较少，粮食进口对全球粮食需求平衡影响微小，也不存在严峻的耕地保护问题。与之相比较，我国人口规模巨大，又正处于城镇化快速发展过程中，人口流动问题突出；我国东西部发展差距大，城市众多，各地情况千差万别；我国经济发展水平还不高，可用于住房建设的资金相对有限；我国粮食安全问题突出，不可能像新加坡那样依靠大量进口来解决粮食问题，需要严格保护耕地，必须十分注重不占或少占耕地来建设住房。因此，新加坡的经验更适合在城市层面来借鉴，各个城市根据自身的情况和特点选择性地借鉴和改进现有的政策。

---

① 张维为：中国崛起是非常不容易的．新京报，2011 年 03 月 30 日．

中　篇

房地产市场调控 C 模式及其内涵

引言

在思考各类可能的替代方案过程中，应当将"理智上悲观主义"与"意志上的乐观主义"结合起来。——安东尼奥·葛兰西（Antonio Gramsci, 1891~1937）

与我国快速城镇化相伴随的 C 模式房地产发展道路，是无前例可循的艰难的方案选择。但基本的内涵可概括如下：

1. C 模式必然是"以人为本"的房地产发展模式。体现社会公正的城镇化可视为全国人民入股"城市"股份公司的长期投资行为，是民众公平占有城市空间、公平享用城镇化股份升值收益的过程。否则分配公正就无从谈起（当前我国居民财产不均的主要部分是房产不均引发的）。

2. C 模式必然是房价平稳的房地产发展模式。价格波动能被基本平抑、房地产投机行为逐渐淡化的过程，从而完全避免日本式房地产泡沫破灭而造成的经济危机。更为重要的是"C 模式"必须能避免"千家万户"炒房从而挤占社会资金造成"实业萎缩"、"科技创新能力退化"的长远危机。

3. C 模式必然是对生态环境低影响的房地产发展模式。对资源能源消耗水平低、可持续性好、下一代利益损害更小的发展模式。我国要在未来的城镇化进程中再建约400 亿平方米的建筑，使全国的建筑存量再翻一番，这些建筑是否能遵循"四节一环保"的绿色建筑模式，不仅对我国的发展能否突破资源和能源需求瓶颈、减少环境污染意义重大，而且也会对应对全球气候变化产生巨大影响。

但要医治被"新自由主义"绑架长达三十年之久而疾病丛生的我国房地产业决非药到病除那样容易，必须以"意志"上乐观主义持之以恒地进行综合调治，在充分发挥市场机制高效配置资源作用的同时，要善于用有限的"有形之手"来弥补"无形之手"之缺陷，具体来说，要实践"C"模式必须采取以下有针对性的纠偏措施：

1. 去杠杆化。高杠杆化的信贷制度是吹大房地产泡沫的主要工具。无论是 20 世纪 80 年代日本房地产的泡沫化或是 2008 年发自美国的金融危机都表明：自由放任的住房信贷制度会产生"以少博多"的杠杆放大机制助长投机行为，从而急剧吹大房地产泡沫。而现代信息技术和金融衍生工具不仅使原有的信贷杠杆以数量级放大，而且会模糊房地产风险的边界，并"毒化"了金融市场和引发波及全球的经济危机。

2. 去市场单轨化。住房权既是基本人权之一，对低收入群体理应提供体面、人性化、体现居住尊严的基础住房条件。"任一个城市的幸福度是由那些最低收入者的感受而确定的"。这样一来，在我国城镇化的全过程中都必须长期实行住房供应的双轨制：使低收入者能入住政府以成本价建造的保障房，而不能任凭市场去主宰他们的居住权就成了"C 模式"的必备内容。

3. 去投资品化。先行国家城市化史昭示的一个普遍规律是：随着城市的扩大，住房坐落的土地可达性也随之改善，从而引发房地产升值。这种持续的价值增加，当然会增加民众的财富，但也会引发房产投资和投机行为，从而助长不劳而获、挤占稀缺资源、并埋下金融风险。由此可见，必然要在信贷、税收制度等方面进行完善有效调控，扼制住房过度投资投机风潮。

如何"弹性烫平"房价及其收入房价比、而不是"硬性压低"房价而引发金融风险，就成为房地产市场调控是"软着陆"还是"硬着陆"的政策选择要点。与日本 20 世纪 80 年代房地产泡沫破灭的痛苦历程相比，我国尚存烫平房价的"窗口期"。我国如能在城镇化中后期制订有效的政策措施、上下同心、严格将房价年上涨幅度控制在人均收入增长幅度的三分之一以内，那么随着"收入倍增计划"的实现，不合理的房价比就能逐步回归合理区间。

第八章
房地产 C 模式宏观背景

一、快速城镇化与经济增长引发的巨大需求

我国改革开放后城镇化速度加快，特别是近十几年来城镇化率年均约为 1%，每年有超过一千万以上的人口从农村转移到城镇。2011 年，我国城镇化率已达到 51.27%，标志着我国已有一半以上的人口居住在城镇（图 8-1）。按照诺塞姆曲线所展示的城镇化规律，我国正处在城镇化快速发展阶段，预计未来 20~30 年城镇化速度仍将保持较高的水平。我国城镇化快速发展的同时，经济也实现了快速增长。1978~2009 年期间，我国 GDP 年均增长速度高达 16.3%（图 8-2）。快速城镇化和经济持续增长带来了巨大的基本居住需求和改善性住房需求。

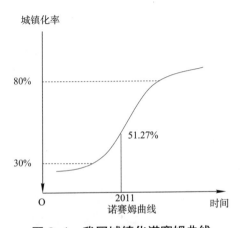

图 8-1　我国城镇化诺赛姆曲线

图8-2　我国国内生产总值变化情况（1978～2009年）

不同的城镇化模式下人口转移数量不同，与之相对应，城镇新增人口住房需求以及城镇已有人口居住条件改善引发的住房需求增加量也有差异。

（1）以城镇化率85%为终点计，在我国人口总规模基本保持不变的前提下，预计今后新增城镇人口的数量为4.7亿。假设达到这一目标的时间为30年，则年均新增城镇人口数量约为0.16亿，再假定30年后我国人均住房面积达到目前欧洲国家人均住房面积水平36.6平方米，由此推算，未来10年新增城镇人口数量可能引发的住房需求增加量约为49.85亿平方米，人均住房面积增加可能引发的住房需求增加量约为13.72亿平方米，两者合计增加住房需求约63.58亿平方米；未来20年新增城镇人口数量可能引发的住房需求增加量约为99.71亿平方米，人均住房面积增加可能引发的住房需求增加量约为32.71亿平方米，两者合计增加住房需求约132.41亿平方米；未来30年新增城镇人口数量可能引发的住房需求增加量约为149.56亿平方米，人均住房面积增加可能引发的住房需求增加量约为56.95亿平方米，两者合计增加住房需求约206.51亿平方米。

（2）以城镇化率80%为终点计，预计今后新增城镇人口的数量为4.1亿。假设达到这一目标的时间为30年，则年均新增城镇人口数量约为0.14亿，再假定30年后我国人均住房面积达到目前欧洲国家人均住房面积水平36.6平方米，由此推算，未来10年新增城镇人口数量可能引发的住房需求增加量约为42.8亿平方米，人均住房面积增加可能引发的住房需求增加量约为13.35亿平方米，两者合计增加住房需求约56.15亿平方米；未来20年新增城镇人口数量可能引发的住房需求增加量约为85.59亿平方米，人均住房面积增加可能引发的住房需求增加量约为31.22亿平方米，两者合计增加住房需求约 116.81 亿平方米；未来 30 年新增城镇人口数量可能引发的住房需求增加量约为 128.39 亿平方米，人均住房面积增加可能引发的住房需求增加量约为 53.6 亿平方米，两者合计增加住房需求约 181.99 亿平方米。

（3）以城镇化率 75% 为终点计，预计今后新增城镇人口的数量为 3.4 亿。假设达到这一目标的时间为 30 年，则年均新增城镇人口数量约为 0.11 亿，再假定 30 年后我国人均住房面积达到目前欧洲国家人均住房面积水平 36.6 平方米，由此推算，未来 10 年新增城镇人口数量可能引发的住房需求增加量约为 35.74 亿平方米，人均住房面积增加可能引发的住房需求增加量约为 12.98 亿平方米，两者合计增加住房需求约 48.72 亿平方米；未来 20 年新增城镇人口数量可能引发的住房需求增加量约为 71.48 亿平方米，人均住房面积增加可能引发的住房需求增加量约为 29.73 亿平方米，两者合计增加住房需求约 101.21 亿平方米；未来 30 年新增城镇人口数量可能引发的住房需求增加量约为 107.22 亿平方米，人均住房面积增加可能引发的住房需求增加量约为 50.25 亿平方米，两者合计增加住房需求约 157.47 亿平方米。

值得指出的是，由于我国农村的土地集体所有，田园牧歌式生活图景吸引力较大，较低的城镇化率终点是完全有可能的。从长远来看，较低的城镇化终点率可减少逆城镇化所造成的损失。

二、人口、资源、环境约束

我国人口众多，资源相对匮乏，经济发展和住房建设面临着严峻的人口、资源和环境约束。据测算，我国人口密度是美国、加拿大、俄罗斯、巴西等大国的数倍到数十倍，人均耕地仅为世界平均水平的 1/3；人均水资源为世界人均值的 1/4；石油、天然气经济可采资源量分别只占世界经济可采资源量的 3% 和 2%，排在第 128 位[1]。目前我国的温室气体排放总量已居世界第一，所面临的国际减排压力日益增大。此外，我国各地地理气候差异较大，社会经济发展存在地区差异，人口过度向东南沿海和大城市集聚，这些都加剧了资源和环境对我国社会经济发展的约束作用。因此，我国房地产市场发展必须考虑这些约束条件的存在。

---

[1] 数据来源：中国科学院地理科学与资源研究所，人地系统主题数据库，http：//www. data. ac. cn/index. asp

伴随着快速城镇化和经济持续快速发展（图8-3），我国的钢产量呈现逐年增长的态势（图8-4），特别是自2001年开始，钢产量增速明显加快，2008年，因受全球金融危机影响，钢产量增速放缓，2009年之后，钢产量恢复快速增长的势头；我国原煤产量和原油需求量总体上也呈现出逐年增长的趋势，特别是自2000年以来，增长速度进一步加快；我国铜产量也呈逐年增长趋势，2006~2010年期间，增速上升，但波动幅度也随之放大（图8-5~图8-7）。

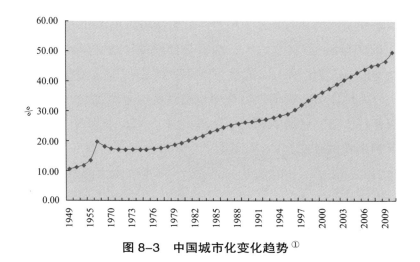

图 8-3　中国城市化变化趋势[①]

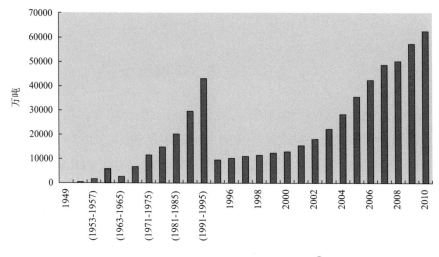

图 8-4　中国历年钢产量变化趋势[②]

---

① 来源：国家统计局。

② 来源：中国钢铁工业年鉴2008，中国统计年鉴2010，2010年国民经济和社会发展统计公报。

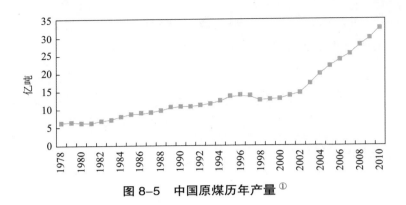

图 8-5 　中国原煤历年产量[1]

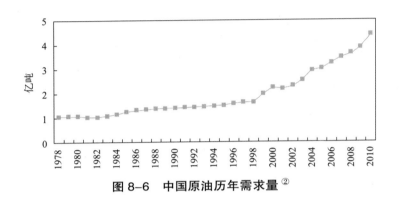

图 8-6 　中国原油历年需求量[2]

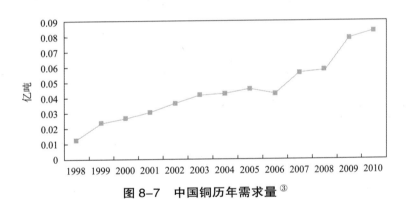

图 8-7 　中国铜历年需求量[3]

　　美国的城市化率近年来呈缓慢上升的趋势，2005 年美国城市人口已超过 80%（图 8-8）。美国的钢产量呈现出明显的周期性，产量变化与经济景气情况基本一致，1991～2000 年期间，美国钢铁行业经历了一波明显的上升期（图 8-9），伴随着 2000 年互联网泡沫的破裂，美国实体经济也受到一定影响，2001 年钢产量明显下滑，2002 年开始恢复缓慢增长，2008 年，

① 来源：国家统计局国家统计数据库。

② 注：原油需求量根据年产量与年净进口量之和推算得出。来源：国家统计局国家统计数据库。

③ 注：铜需求量根据年产量与年净进口量之和推算得出。来源：国家统计局国家统计数据库。

受金融危机的影响，钢产量急剧收缩，2009 年的钢产量比危机前下降了36.3%，2010 年开始呈现强劲的恢复性增长，当年钢产量增长38.3%。

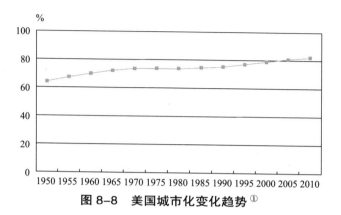

图 8-8　美国城市化变化趋势[①]

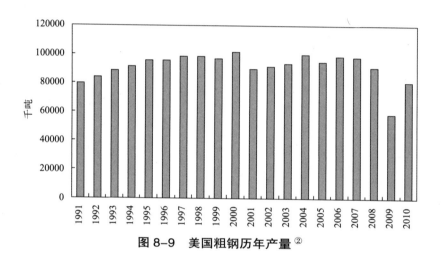

图 8-9　美国粗钢历年产量[②]

美国原油供应量波动较大，从 20 世纪 80 年代初期开始，原油供应量基本上呈现逐年快速增长的趋势，在 20 世纪 90 年代初期，受美国储贷危机的影响，原油供应量出现下滑，但随后即恢复并继续呈快速增长的势头，自 2005 年开始，受国际原油价格大幅上升影响，美国原油供应量放缓，2007 年次贷危机发生后，美国原油供应量急剧下挫，2009 年开始趋稳。在过去几年中，美国原油供应结构发生了重要转折，受供应总量下降以及国内产量上升的双重影响，原油进口在美国原油供应中的比例达到60% 的峰值后，开始逐年下降，到 2010 年累计已下降了 11 个百分点（图8-10）。美国煤炭消费量自 2006 年开始呈下降趋势，但下降幅度总体不如

① 来源：联合国人口机构（UN Population Division），http：//esa. un. org/unup/
② 来源：国际钢铁协会。

原油供应量的变化明显（图 8-11）。美国铜产量波动较大，2008 年铜产量增长 12%，达到近年来的产量峰值（图 8-12）；2009 年大幅下降 9.9%，2010 年进一步萎缩 5.1%。

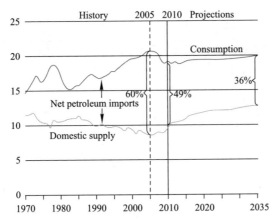

图 8-10　美国原油供应量变化趋势（1970～2035），百万桶 / 天 [1]

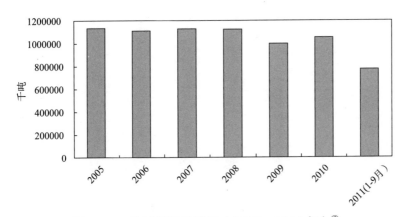

图 8-11　美国煤炭消费量（2005～2011 年）[2]

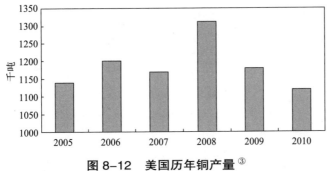

图 8-12　美国历年铜产量 [3]

① Source：U. S. Energy Information Administration.

② 来源：U. S. Energy Information Administration.

③ 来源：National Mining Association.

　　日本在经历了1950年后30年左右的快速城市化后，自20世纪80年代开始，城市化进程开始明显放缓，最近30年的城市化率提高幅度仅7.3%（图8-13）。根据日本官方统计资料，自1995年起，日本钢铁消费量逐步增长；受全球金融危机影响，2008年，日本钢铁消费量开始下降，2009年金融危机的影响进一步显现，钢铁消费量较上一年大幅下降24.9%。日本原油需求自1995年开始呈现逐步下降的趋势，且下降速度逐渐加快（图8-14）。自1995年以来，日本铜需求量总体呈下降趋势，2005年，铜需求量开始有所增长，但2008年起，铜需求量开始下降，2009年下降幅度进一步放大，降幅达24.7%；日本铜需求量中相当一部分通过废铜回收利用来满足，2007年至2009年间铜回收利用比例约为10.4%（图8-15）。

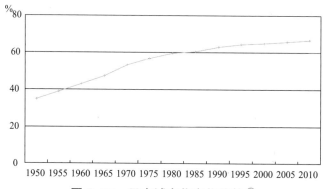

图8-13　日本城市化变化趋势 [①]

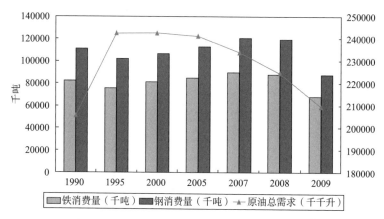

图8-14　日本钢铁和原油需求量变化趋势 [②]

---

① 来源：联合国人口机构（UN Population Division），http：//esa. un. org/unup/
② 来源：日本经济产业省经济产业政策局调查统计部。

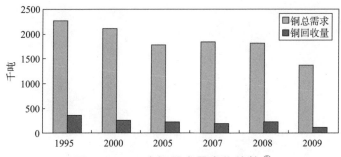

图 8-15　日本铜需求量变化趋势 [1]

　　从 20 世纪 70 年代中期开始，我国万元 GDP 能耗一直呈下降趋势，但 20 世纪 90 年代中期开始，下降速度开始趋缓（图 8-16）；与此同时，我国经济自改革开放以来呈现快速发展的态势，由此导致我国社会总能耗快速上升，仅在 1996～2001 年期间出现短暂的放缓甚至下降现象。从世界范围来看，欧美发达国家的石油消费量增长较为平缓，日本的石油日消费量过去 30 年内一直保持在 5 百万桶左右，在能源消费总量方面，除美国之外，欧美发达国家以及日本呈现出与石油消费类似的趋势，这与上述国家的城市化已接近完成，城市化率增长速度缓慢的发展阶段基本相吻合。与欧美发达国家不同，中国、印度等新兴国家的石油消费和能源消费总量增长较快，其中中国的石油和能源需求增长趋势更为突出，这直接反映了新兴国家的快速城镇化以及经济发展的快速发展状况（图 8-17，图 8-18）。

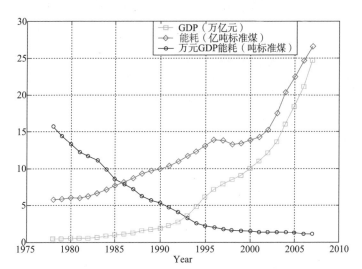

图 8-16　中国 GDP、总能耗和万元 GDP 能耗（1975～2007 年）[2]

① 来源：日本经济产业省经济产业政策局调查统计部。
② 来源：张坤民．低碳经济的理论探索与国内外实践进展．清华－耶鲁"环境与城市可持续发展高级研究班"讲义．2011．

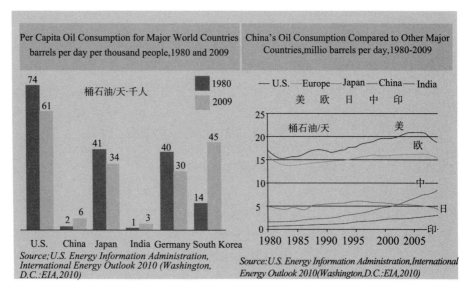

图 8-17　石油消费：中国同其他国家对比

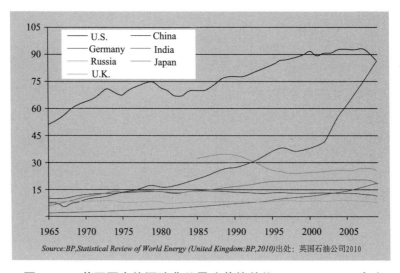

图 8-18　若干国家能源消费总量（英热单位，1965～2010 年）

三、住房市场化道路面临转折

我国改革开放以来的住房体制改革，从之前的政府包办走向过度市场化，出现了矫枉过正的现象。市场化改革取得了巨大的成就，但也产生了市场化锁定问题，导致诸多矛盾长期积累，住房结构性问题、房价问题等日益凸显。目前，我国住房体制改革已经走到了关键的十字路口，所需攻克的困难极其艰巨，是继续走彻底的市场化道路，还是走政府干预加市场配置的 C 模式之路？这是我们必须要作出的历史性抉择。

（一）住房保障模式

住房保障可分为三种基本模式：①从当前超强的住房双轨制转向强双轨。即每年 300～500 万套保障房建设加上住房保障货币补贴措施；②从当前超强的住房双轨制转向中双轨。即每年 100～300 万套保障房建设加上住房保障货币补贴措施；③从当前超强的住房双轨制转向弱双轨。即在房价调控目标基本实现之后，由大规模建设保障房转向主要实行住房保障货币补贴，从补"砖头"为主转向补"人头"为主，并保持每年 50～100 万套的保障房建设数量。从时间轴分布来看，从现在开始 3～5 年内将以第一种模式为主，接下去的 5 年将以第二种模式为主。而在我国快速城镇化接近尾声时，才可适时转向第三种模式。

（二）房地产市场干预模式

房地产市场调控由强至弱可分为三种力度：①强干预。即重点城市限购，加上开始推行物业税和住房消费税；②中干预。即少数超大城市限购，加上全面推行物业税和住房消费税；③弱干预。即取消限购，通过住房信息的全国联网，全面准确地推行物业税和住房消费税，对上涨较快的城市提高"两税"。从时间分布来看，强干预模式有可能在物业税和住房消费税逐步推广（并从低税率起步）的情况下，分 3～5 年逐步退出并转向中干预模式。在接下去的 5～10 年内将以中干预模式为主。在房价调控制度趋于完善，城镇化速度趋缓以及全国城乡住房信息全面联网的情况下，才会开始推行弱干预模式。

第九章

房地产 C 模式三维度目标

一、公　　平

住房公平指标可以直观地衡量社会的住房公平程度，并为促进住房公平提供努力的方向。住房公平指标包括住房总量、非商品房比例、住房保障支出、居住质量等。

（一）人均住房面积

对一个国家或地区而言，住房存量尤其是住房套数与家庭总数基本相当是实现住房公平的基础。如果住房总套数显著少于家庭总数，意味着这个国家或地区存在严重的住房短缺问题，势必造成一部分人居住状况拥挤甚至无房可住（图 9-1，图 9-2）。因此，在住房短缺的情况下，住房问题的解决就像无本之木，实现住房公平更无从谈起。在住房总量与家庭总数基本均衡的基本上，还要再观察人均住房面积及不同收入阶层、城乡住房面积比，人均住房面积越大、不同收入阶层之间、城乡之间人均住房面积差异越小，表明住房公平程度越高。当然，由于我国人口众多，在土地、环境和资源等因素约束下，人均住房面积并非越大越好，而是以居住功能齐全，住房相对紧凑为宜。

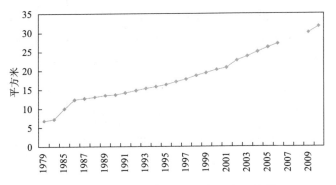

图 9-1　我国人均住房面积变化趋势 [1]

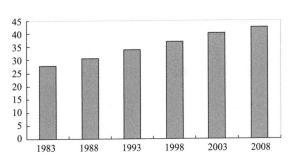

图 9-2　日本人均住房面积变化趋势 [2]

住宅建设 [3] 如果分别遵循不节能模式、节能模式和低碳模式，初步测算结果显示，三种模式之间对资源和能源的需求量 [4] 差别巨大。

如果按照不节能模式，未来 10 年新建住宅及其使用将要消耗能源相当于约 15.74 亿吨标准煤，消耗水将达到约 1491.44 亿吨，消耗的建筑材料约 104.54 亿吨；而按照节能模式，未来 10 年住宅建设将可节约能源

---

① 来源：国家统计局。

② 注：根据人口总数、住宅总数、户均面积估算。来源：Statistical Survey Department, Statistics Bureau, Ministry of Internal Affairs and Communications, Japan.

③ 2011 年到 2040 年城镇住房建设量按 2006～2010 年 5 年平均建设量测算。

④ 住宅建设能源需求量测算：建设能耗（包括建材生产、运输、施工能耗）为 3.275GJ/ 平方米，折合标准煤 0.11 吨。节能模式：能耗降低 10%；低碳模式：能耗降低 20%。

住宅使用能耗：不节能模式，采暖能耗 25kg 标准煤 / 平方米，除采暖外能耗 30 度电 / 平方米，折合 10.9kg 标准煤 / 平方米；节能模式下降 30%，低碳模式下降 50%。

住宅建设新增水需求测算：2010 年全国城市人均耗水量 364.7 升 / 人·天，人均住宅面积 30 平方米，计算得到单位面积耗水量 12.16 升 / 平方米·天。节能模式相比不节能模式节水 10%，低碳模式节水 30%。

住宅建设建材需求测算：参照住宅建设建材消耗定额，单位面积住宅消耗建材重量 1.4 吨左右。节能模式相比于不节能模式，材料消耗降低 10%，低碳模式降低 20%。

相当于约 3.1 亿吨标准煤，节约水将达到约 149.1 亿吨，节约建筑材料约 10.5 亿吨；如果按照低碳模式则可节约的资源和能源规模更大，未来 10 年可节约能源相当于约 5.3 亿吨标准煤，节约水将达到约 447.4 亿吨，节约建筑材料约 20.9 亿吨。

将时间尺度拉长到 30 年来看，未来 30 年住宅建设将要消耗能源相当于约 87.42 亿吨标准煤，消耗水将达到约 14417.22 亿吨，消耗的建筑材料约 313.63 亿吨；而按照节能模式，未来 30 年住宅建设将可节约能源相当于约 21.4 亿吨标准煤，节约水将达到约 1441.7 亿吨，节约建筑材料约 31.4 亿吨；如果按照低碳模式，未来 30 年可节约能源相当于约 36.1 亿吨标准煤，节约水将达到约 4325.2 亿吨，节约建筑材料约 62.7 亿吨（表 9-1，图 9-3 ~ 图 9-5）。

住宅建设三种模式的能源、资源需求量估算 表 9-1

时间	能源（亿吨标准煤）			水（亿吨）			建筑材料（亿吨）		
	不节能模式	节能模式	低碳模式	不节能模式	节能模式	低碳模式	不节能模式	节能模式	低碳模式
10 年	15.74	12.63	10.41	1491.44	1342.29	1044.01	104.54	94.09	83.63
20 年	44.87	34.64	27.52	6297.17	5667.46	4408.02	209.09	188.18	167.27
30 年	87.42	66.03	51.33	14417.22	12975.49	10092.05	313.63	282.27	250.90

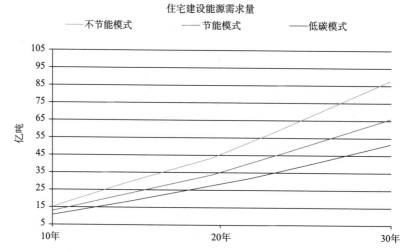

图 9-3 住宅建设三种模式未来 30 年能源需求量

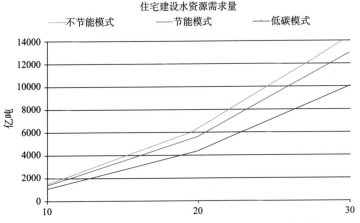

図9-4 住宅建設三种模式未来30年水资源需求量

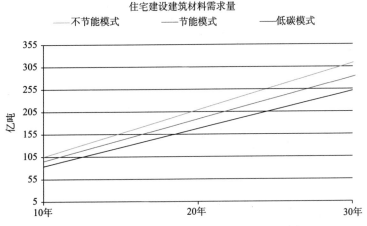

图9-5 住宅建设三种模式未来30年建筑材料需求量

（二）非商品房比例

非商品房是指通过国家或社会力量建设并供应给住房困难家庭或低收入者个人购买或使用的保障性住房，这类住房包含有社会福利在内，与市场供应的商品住房相区别。非商品房比例是一个反映全社会住房属性结构的指标，在一定程度上反映了住房在各阶层的分配情况。在住房总量一定的情况下，非商品房占比越高，表明社会用于解决住房困难家庭、满足基本居住需求的住房资源越多，从而实现住房公平的机会越高（图9-6）。

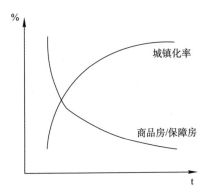

图9-6 商品房与保障房比例动态均衡趋势

（三）住房保障支出

这方面的支出包括非商品房建设、住房补贴以及税收优惠等显性或隐性的财政支出，反映了政府在住房保障方面的投入情况，表明一个国家或地区对于住房公平的重视程度。住房保障支出在财政支出中的占比越高，表明政府分配给促进住房公平的财政资源越多，住房公平实现的机会越高。当然，对这一指标应辩证地看待。总的来看，这一指标应与一个国家或地区所处的发展阶段和人口流动量相适应，并非越高越好。如果住房保障支出超过财政可承受的合理范围，将会难以为继，并会影响到其他社会保障和经济建设方面的资金需求，从而拖累社会经济的发展，反过来影响住房公平目标的实现。

（四）居住质量与环境

与非商品房比例和住房保障财政支出两个指标从量上来反映住房公平程度不同，居住质量是从质上来反映住房公平，即在更高层次上的住房公平程度。追求居住质量，意味着社会成员不但要"居者有其所"，而且要"住得有尊严"。为满足基本居住需求的非商品房不应与配套性欠缺、质量低劣、环境差、位置偏等画等号。居住质量包括住房本身的质量以及所在社区的整体质素。在住房层面，居住质量应从住房的成套率、住房质量优劣、户型结构是否合理、基本市政设施是否完备等方面来考察。在社区及城市层面，则应从小区居住环境、居住人群构成、小区的交通可达性、能否就近就业、能否享受优质的教育和医疗等公共服务等来考察。因此，居住质量不仅关系到"横向公平"，即当代人之间的公平，也关系到"纵向公平"，即"代际公平"。

（五）不同收入阶层混合居住

保障房应采取配建或与商品房小区混合布局的方式，使不同收入阶层能够混合居住，防止贫富阶层居住区分离。这样做不仅意味着被保障者能获得就近就业、融入社会的机会，也意味着他们的子女有获得平等接受教育的机会。不同收入阶层混合居住还可以避免低收入群体聚居、与商品居住区隔离而产生贫民窟问题。

上述指标涵盖了住房公平实现的基础、促进住房公平的资源分配以及居住质量等住房公平质与量等方面的内容，可对住房公平情况进行比较全面的考察。

二、效　率

房地产效率的表述应不仅包括自身的经济效率的衡量，而且还应涉及房地产对市场整体的干扰和对其他产业的影响。

（一）市场运行平稳，价格波动较小

房地产市场运行是否平稳是市场是否有效率的重要表现之一。如果市场波动过大，不论是过快上涨还是过快下跌，都意味着对经济平稳运行的冲击，以及社会财富的损失，这种情况下市场是无效率或低效率的。市场运行是否平稳的目标可由房地产价格波动幅度来近似衡量。在定量分析方面，对于具有足够长年限的时间序列市场价格，可通过价格或价格指数变动的方差来具体衡量，如果方差越小，表明房地产市场运行越平稳，市场效率越高。

（二）价格与经济发展水平相适应

一个国家或地区的房地产价格如果严重背离经济发展水平和民众的支付能力，表明房地产市场已经失衡，市场价格信号失灵，资源无法按照市场价格信号进行有效配置，房地产市场效率势必降低。如果房地产价格大大超出市场均衡价格，表明市场投机情况严重，存在潜在的泡沫风险；反之，如果房价大大低于均衡价格，表明市场发生停滞现象，市场效率同样不高。由于市场的均衡价格难以确定，可通过房价收入比来近似替代，从收入角度来衡量房地产价格与购买力的背离程度，以及通过租金收入比从投资角度来衡量价格与经济的背离程度。

（三）供应结构合理

房地产的最终价值体现在作为生产或生活资料上。如果房地产供应结构与需求结构矛盾，表明市场发生扭曲，市场效率下降。从居住需求来看，房地产供应结构应与居民收入结构相匹配，因此，可从供应户型和面积分布结构与收入结构的匹配程度来衡量市场的有效性。房屋空置是供应无效的一种反映，从资源利用的角度来看，空置率应从房屋是否投入最终使用，而不是从是否已被出售来衡量。因此，空置率可作为衡量市场效率的指标之一，空置率越低，表明市场效率越高。

（四）房地产信贷占比合理

资金占比反映了金融资源分配的情况。对一个国家或地区而言，某一时期的金融资源总是有限的，如果房地产金融资源占用过多，则其他行业的金融资源会相应减少，即产生所谓的"挤出效应"，导致经济结构的扭曲，影响宏观经济的整体效率。房地产金融资源的占比应在一个合理的范围内，过高或过低都意味着市场效率的降低。我国房地产金融市场还不够发达，房地产资金最主要的来源是银行信贷，因此，房地产信贷在全社会信贷总额中的占比可作为衡量市场效率的一个重要指标。

三、生　态

生态效率的理性目标可从空间形态、环境和人居三大方面以及城市、社区和建筑三个层次来考察。

（一）城市空间生态目标

在空间形态方面，生态效应目标是节地和城市空间布局合理。具体目标包括：紧凑型城市发展模式，城市人口密度应适度密集（如1万人/平方千米左右），土地利用"紧凑度"高，以利于节约土地；土地混合利用，以利于合理利用城市空间资源，减少"钟摆式"的交通流量；不占或少占用耕地，尽量在盐碱、滩涂、荒漠等难以用作农业用途的土地上规划建设城市和卫星城；土地利用多样性，提升城市空间利用的内涵，居住区和公园绿地、永久性农田空间配置合理，相互穿插，减少热岛效应，增加生物多样性；遵循生态城模式规划建设新城、卫星城以及对既有城镇的生态化改造等。

（二）社区环境目标

在环境方面，生态效应目标是节能减排和人与环境的和谐共生。具体目标为：以节能、节水、节地、节材和环保的"四节一环保"要求进行开发建设；采取低冲击开发模式；遵循共生理念；采用本地材料和适宜技术建设住宅和改造既有建筑；推广绿色建筑等。注重社区设计的交通、能源、通风、日照和绿化等基本元素的合理配置，促进其共生效益和视觉美感。

（三）人居目标

在人居方面，生态效应目标是住房适度消费和居住健康舒适。住房供应结构合理，以中小户型供应为主；提高设计和建筑水平，做到户型紧凑，质量可靠，功能完备，配套齐全；室内外环境良好；住宅在全生命周期内实现"四节一环保"，并注重住宅对微气候的自适应性；通达度较好，交通便捷；基础设施完善，各类基础设施和公共服务服务半径合理；提供创造就近就业机会的建筑形态和社区环境。对炫耀性消费或投资投机性购房有实质性的约束等。

第十章

政策纲要之强化公平

与 A、B 模式不同，C 模式就是要走一条公平、效率与生态协调发展，综合效益最佳的住房发展道路。在这个总原则的指导下，从本章起以下三章将从促进住房公平、提高市场效率和注重生态效应三个方面，提出有关政策建议。

住房公平是社会公平的基础，也是社会发展成果能否为全体成员享有、社会福利最大化能否实现的关键。我国目前的住房市场化取向过于强调效率，而将公平摆在了从属的地位，对住房公平产生了消极影响，使得社会矛盾日益积累和激化。因此，按照 C 模式的住房发展思路，在制度建设、政策制定和执行过程中应更加明确和强化住房公平问题。

一、确定政府促进住房公平的主体地位

住房作为特殊的商品和民生的基本品，决定了住房权利的保障和住房机会公平的实现仅靠市场是无法完成的，政府在促进住房公平问题上责无旁贷。当前，我国在住房领域还存在政府责任不够明确，一些地方政府决策者受 A 模式即市场原教旨主义影响过深等问题。因此，需要通过住房立法明确政府在促进住房公平问题上的责任，同时加强住房制度建设，明确各级政府责任。

一是加强住房立法。住房权利和住房公平需要通过立法来切实保障和推进。从国外的经验来看，欧美等发达国家普遍重视住房法制建设，英、

德、荷、美、日等国都有住宅法或相应的住房立法，与之相对应，这些国家的住房公平程度相对也较高，其在住房立法方面的成功经验值得我国借鉴。目前我国在住房方面已有的法律主要是界定物权的法律和规范市场的法律，如《物权法》和《城市房地产管理法》等，这些法律为房地产市场的运行提供了基础条件，即提供物权的保障和市场运行的法律框架。但我国目前还未有针对住房权利的法律，对公民住房权利、住房保障的对象和范围等没有明确的界定。因此，促进我国的住房公平，加强住房立法是重中之重。

在加强住房立法方面，首先，应尽早通过立法明确住房权利是人民群众的基本权利，住房制度是我国社会制度的重要组成部分。把住房制度用立法的形式进行规范，既有权威性，又有利于其贯彻执行。其次，应通过立法明确各级政府在促进住房公平方面的责任、权利和义务。在此基础上，制定配套的法律法规，在住房政策目标、住房用地的规划和供应、住房的权属、住房财政支出、低收入者和弱势群体的住宅问题、居住区的改造和改善、资源能源节约、住宅租赁、住房金融、住房管理等方面作出规定。在制定了一系列住房立法后，还应根据住房状况和社会经济发展形势及时作出补充和完善，使住房立法与住房公平发展趋势保持一致。

通过住房立法，可以为促进住房公平的实践提供法律框架和原则依据，使促进住房公平的工作法制化、规范化，使政府促进住房公平的行为具有稳定性和持续性，避免住房政策的摇摆和住房保障实施的随意性。通过住房立法提供住房权利的根本保障，使广大人民群众对住房问题具有稳定的预期，从而促进社会的稳定与和谐。

二是提高思想认识。由于受新自由主义思潮的影响，一些地方过分迷信市场的力量，相信"市场是万能的"，错误地认为市场可以解决一切问题，从而"矫枉过正"，从计划经济时期政府对住房问题的"大包大揽"到近年来的"放任自流"，寄希望于把住房问题全面推向市场。国外的经验表明，即便是在市场经济发达的欧美国家，在住房问题上也不是完全交给市场，政府在促进住房公平方面仍然承担着很大的责任。例如，德国将房地产作为社会福利机制的重要一环，而不是将其作为德国经济增长的"支柱产业"，联邦和地方政府均承担促进住房公平的相应责任。因此，地方政府不应当仅仅将注意力放在土地财政收入和 GDP 政绩上，而是要站在促进社会公平、维护社会稳定、建设和谐社会和生态文明的高度来认识和解决好住房问题，促进我国的住房公平。

三是明确中央和地方各级政府在住房保障问题上的责任。各级政府是促进我国住房公平的主体，中央政府的主要责任是加强住房立法保障，制定中长期住房发展战略规划，明确保障目标，并将保障目标和住房发展任务分解到地方，以中央财政预算和转移支付形式提供资金支撑，同时加强实施过程和事后的监督与评估考核。各级地方政府是促进住房公平的具体实施者和直接责任方，应根据所在地的实际情况制订地方住房发展规划和年度实施计划，明确解决居民住房问题的手段和措施，并制定相应的地方配套法规。

四是做好机构准备和资金准备。各级政府根据住房发展的任务要求，调整相应机构的职能和人员配置。中央和地方各级政府明确把住房保障资金列入财政预算，确保各级财政支出的一定比例用于住房保障；中央加大财政转移支付力度，支持地方加大对住房保障的投入，为促进住房公平提供财政支持和资金保障；对中西部土地出让净收益少、公积金增值收益少、财政能力弱的贫困地区，逐步增加财政性转移支付比重，缩小东西部地区间的差距，提高这些地方在住房方面的公共服务能力和保障水平，促进基本公共服务的均等化。

五是建立良好的决策机制和提高资金使用效率。国外促进住房公平的经验表明，开放的公共服务体系，透明的决策机制，高效的资金利用方式，不仅有利于住房公平的推进，也有利于建立一套廉洁高效的住房保障体系。

六是对住房市场进行有效调控，使房价和租金保持基本稳定，避免普通家庭的住房负担加重，避免因房价过快上涨而导致需要保障的范围扩大，为促进住房公平创造一个良好的市场环境。

二、建立保障与市场的双轨制

自由放任的完全市场化方式和政府包办的方式都无法较好地解决住房问题特别是住房的公平问题，这是由住房作为商品和满足居住需求必需品的双重属性所决定的，以拉美为代表的 A 模式和以苏联及东欧转轨国家为代表的 B 模式的实践经验都已经充分证明了这一点。因此，正确的路径是区分保障与市场，建立保障与市场的双轨制，即"保障房由政府主导，商品房由市场主导"。

对于商品房部分，充分发挥市场机制配置资源的基础性作用。政府的作用主要集中在建立保障市场运行的产权制度和维护市场秩序的法规制度，在总量投放、质量监管、收入高低者混居、节能减排性能、公共安全等易发"市场失灵"的领域进行有效调节，纠正"市场失灵"，以及防范和控制市场的系统性风险。

对于保障房部分，建立"倒逼机制"。按照欧洲国家和新加坡的经验，只有保障性住房的数量占到全社会住房存量的相当比例，真正意义上的住房公平才有可能实现。保障房由政府主导，不受市场起伏的影响，对整个住房市场起着"定海神针"的作用。只有在保障性住房达到一定规模的情况下，政府才能有效地应对市场变化和住房困难问题，对低收入家庭实行住房实物保障。在此基础上，再以财政补贴和税费优惠等多种政策措施作为补充，建立起较为完备的住房保障体系。政府根据住房保障需要和社会经济发展水平，制定解决低收入家庭住房困难问题的中长期规划和年度计划，对于住房困难家庭，按照收入水平进行倒排序，通过保障房建设和货币补贴等方式，每年解决一定比例最迫切需要住房保障的困难家庭的住房问题。如果目标设立为每年解决占城镇家庭总数 3% 的最低收入家庭的住房困难问题，通过这一倒逼机制，经过两个"五年"规划，可望累计解决 30% 中低收入家庭的住房困难问题，基本上可以实现对低收入困难家庭住房保障的全覆盖[1]。按照上述设想，每年 3% 的比例相当于年均建设约 600 万套保障房[2]，而 2010 年全国保障房实际建设规模为 560 万套，与上述设想的建设规模基本相当。因此，按照目前的经济水平和财政状况，实现上述目标是可行的，也是可持续的。

保障房不等同于价廉质次，在加大保障房建设力度的同时，还应注重居住质量的提高。欧美等国在解决住房问题时基本上是分两步走，第一步是集中力量建设大量住房以解决短缺问题；第二步是在住房短缺问题基本解决之后，将注意力转向居住质量，通过政策引导和资金投入来改善住房质量和居住环境。欧美等国的"两步走"做法既是经验也是教训：经验是可在最短时间内解决住房短缺问题，教训则是使居住条件得到根本改善的周期拉长，且"两步走"模式容易造成浪费。当今建筑科技水平与数十年前已不可同日而语，因此，我国在促进住房公平的过程中，应根据科技

①　据专家测算，我国现阶段城镇家庭自有住房率在 80% 以上，即便考虑到一些由于拥有多套住房而被重复计算，实际自有住房率可能低于上述比例，通过保障方式在未来两个五年计划解决城镇 30% 家庭的住房问题，这一比例实际上仍然很可观。
②　根据统计，2009 年全国城镇人口约为 6.22 亿人，户均人口为 3.15 人，据此推算，城镇家庭户数为 1.97 亿户，3% 的家庭数为 592 万户。

发展水平和经济可负担的原则，争取"两步并为一步走"，在进行保障房建设时，不仅重视规模，还要注重房屋质量和居住环境，大力推行绿色建筑。这样就可以同时实现满足住房需求和建筑节能减排的双重目标，避免建设后再改造的"两步走"模式造成不必要的浪费。

三、保障性住房建设激励机制

大规模的保障性住房建设面临两大难题：土地供应和建设资金筹集，建立有效且可操作的激励机制显得尤为紧迫。

第一，保障房建设力度与房价和地价挂钩。总的原则是保障房建设目标应根据所在地区的经济发展水平、人口增长情况、住房供应状况、房价水平和财政状况等综合确定。具体来说，保障房建设任务指标应与所在地区房价涨幅和土地出让收入挂钩。某城市房价涨幅越大，房价越高，需要保障的对象也就会相对越多，保障房比率指标相应越高；土地出让收入越多，可用于保障房建设的资金相应也多，保障房指标相应越高。这种挂钩的做法一是将保障房建设与房地产调控有机结合起来，与房价挂钩，既是对地方政府调控房价的鞭策，也是实际保障的需要；二是同步考虑了地方的财政状况，较为切实可行。

第二，推行保障房配建。在商品房开发项目中配建一定比例的保障房，这种做法具有以下优点：一是确保每年新增的住房供应中保障房占有一定比例；二是开发房地产的同时承担保障房建设任务，有利于在保障房建设中借助市场的力量和效率，同时提高社会力量的参与度；三是无需额外增加土地供应，减少保障房建设中的土地供应难度；四是减轻地方财政负担；五是减少了"地王"的出现，降低了"地王"提拉周边地价攀升的危险。从这个意义上来说，配建应成为规划许可的法定内容，从而建立起配建的长效机制。

第三，对保障房建设实行"以奖代补"。在对数量和质量包括"三大公平"严格考核的基础上，中央财政视保障房建设任务量和完成情况事后对地方政府给予奖励。

第四，动态均衡配套。保障房和商品房的比例并非一成不变，而是在不同时期受人均GDP、城镇化率、房价、城乡收入差距及基尼系数等因素影响而动态变化。一般而言，城镇化初期商品房比例较高，随着房价上升，一般收入者购房困难程度增加后，保障房比例应逐步提高。通过动态调整保障房和商品房比例，使保障房供应规模和速度能够符合不同阶段社会经济发展水平和住房需求。

第五，补"砖头"与补"人头"相结合，并根据不同发展阶段的住房保障形势进行调整。按照欧美国家的经验，在城镇化初期、住房短缺问题严重时，住房存在绝对的不足，此时应大力建设保障房并以各种优惠政策鼓励社会力量参与保障房建设和供应，即以补"砖头"为主。我国由于自改革开放特别是1998年住房制度以来，从计划经济时代以政府提供住房为主转向主要依靠市场提供住房，使得现有住房存量中保障性住房的数量较少，住房分配不公的程度有所扩大。尽管我国目前已进入城镇化中期，但"十二五"期间及今后一段时期，仍应加大保障性住房建设力度，弥补过去三十年左右在保障性住房方面的欠账。因此，中央提出"十二五"期间大规模建设保障性住房的目标，是符合我国改革开放特点和基本国情的。

随着保障房在住宅存量中达到一定的合理比例之后或在城镇化中后期，人口流动规模逐渐缩小、住房短缺状况大大缓解后，此时应转向补"砖头"与补"人头"相结合，但重点转为补人头，即对不同群体给予差别化的、适当的租房或购房补贴和信贷、税收优惠政策，弥补他们住房消费能力的不足，与此同时，仍应长期保持一定比例的保障房，使实物保障成为住房保障的基础和最后一道防线。

第六，注重保障房质量。社会上有一种观点认为，与商品房相比，保障房造价相对较低，因此其质量很难保证，事实上，价低并不等于质次，目前暴露出来的保障房质量问题，其根本原因在于保障房建设过程中缺少最终用户——即利益最直接相关方的监督，造成保障房质量监督的"先天不足"。要克服这一缺陷，需要解决好保障房所有权人缺位的问题，在保障房建设初期就引入包括住户在内的多方力量进行建筑质量等方面的监督，建立和完善多重监管和监督机制，同时通过财政税收优惠政策鼓励保障性住房建设成为绿色建筑，使保障房不但价廉而且质优。

四、引导社会力量参与，多渠道增加住房供给

欧美发达国家和东欧转轨国家的经验教训表明，无论经济发展水平如何，由于住房建设投资极大，仅凭政府一家之力是难以承受的。因此，政

府在发挥住房保障主导作用、大力建设保障性住房的同时，也应注重借助社会的力量来加大非商品房的建设和供应力度。

第一，适当发展非盈利性的住房社会机构。这些机构不以盈利为目的，专门从事住房建设和管理工作，承担一部分非商品房的建设和管理任务，政府给予相应的财政支持、税收优惠及其他鼓励政策。

第二，对从事公共住房租赁的机构给予税收优惠和信贷支持，增加公共租赁住房的来源。

第三，对从事保障性住房建设的开发商，给予一些优惠政策，如税收减免、容积率奖励等，以及在信贷方面给予倾斜，提高开发商参与保障性住房建设的积极性。

此外，地方政府还可通过规划手段来调节住房供应结构，比如规定每年保障性住房建设用地的比例以及开发项目中保障性住房的比例等，从源头上确保保障性住房在全社会住房供应中占有一定的比例。

通过引导和鼓励社会力量的共同参与至少可以达到以下几个目的：一是可以多渠道筹集住房，有效增加住房供给；二是可减轻财政负担；三是可引进专业化的建设、管理和服务，提高保障性住房的供应效率、居住质量和管理水平；四是增加了投资渠道，可有效聚集社会闲散资金并有序投入住房领域，从而降低社会闲散资金（热钱）对住房市场的冲击。需要指出的是，在合作建房这种方式中，需要在以下几个方面加强管理和防范风险：一是利用合作建房进行非法集资或欺诈活动；二是质量问题；三是用地问题，如防止合作建房占用公共绿地、操场等开放空间用地等；四是公平分配，防止不属于住房保障范围的人借此占有更多的住房。

五、通过财税政策降低住房负担

在增加住房供应的同时，还应注重对住房需求方——家庭的支持。欧美等国通过补贴，使家庭住房支出控制在合理范围内。例如，德国通过房租补贴使中低收入者住房负担下降到30%左右；纽约保障标准是低收入家庭支付的房租不超过其家庭收入的25%~30%，超过部分由政府给予补贴；日本对公营住宅等保障性质的住房，按照家庭不同收入标准详细规定了相应的租金标准，原则上都是租金不超过家庭月收入的30%。

因此，针对一些困难家庭住房支出负担沉重的情况，应通过财政补贴和税收优惠，对租房或购买自用住房给予适当支持，使家庭住房支出在总支出中的比例控制在一定范围内。

第一，提供租房补贴，降低住房困难家庭的实际租金支出。租房补贴还有其他方面的好处，例如，被补贴人在租房时可不必局限于廉租房等政策性住房，从而扩大了被补贴人的租房选择范围，有利于劳动力的流动，也有利于选择在就业地就近居住。

第二，提供住房补贴，加大住房公积金对购买自有住房的支持力度，减轻购买自用住房购房者的负担，提高中低收入家庭的住房承受能力。

第三，对租房或购买自有住房给予适当的税费优惠，或实行按揭利息支出可用于个税抵扣的政策，从而降低普通家庭的税费负担和住房支出。

由于保障对象的住房困难情况千差万别，所以住房保障不能搞"一刀切"。地方政府应结合本地经济发展实际，制定出相应的地方性住房保障措施，并针对不同保障对象，提供多种方式的住房保障，从而能够灵活地适应保障对象的具体需求和保障水平。根据国外在促进住房公平方面的经验，住房保障具有层次性，即首先重点解决低收入家庭的住房问题，然后再逐步解决中等收入家庭的住房问题。在此过程中，可实行"打分制"和"轮候制"逐步有序解决，同时建立严格的信息公开披露制度和监督机制，确保住房机会公平。提高保障房分配和退出制度的透明度，防止权力寻租和可能的腐败发生。此外，在住房形势发生变化后，住房制度和保障措施也要及时作出相应的调整。

六、充分发挥金融体系的住房保障资金支持作用

住房建设和住房保障都需要大量的资金投入，这离不开有效的住房金融体系支持。住房金融体系建设可从以下几个方面入手。

一是通过财政税收政策引导金融机构向住房保障领域倾斜，加大对住房建设和住房保障的信贷和资金支持力度，同时严格控制对商品住房的贷款规模，防范金融风险；

二是建立政策性住房储蓄机构，吸引社会资金专门从事住房信贷和住房金融支持业务；

三是以低息贷款或贷款贴息等方式支持社会机构和开发商建设保障性住房以及支持居民购买满足基本居住需求的自有住房；

四是充分发挥住房公积金的互助作用。增强公积金缴存的强制性，依法扩大公积金制度覆盖面，使每一个城镇就业者都能享受公积金制度的优惠；扩大与商业贷款利率差距，真正体现政策性住房金融的作用；实施向中低收入职工家庭倾斜的贷款政策，充分发挥公积金在帮助中低收入家庭解决住房困难中的作用；进一步简化公积金贷款手续，建立风险管理体系，确保公积金使用的安全以及公积金的保值增值。

五是发展 REITs 等住房投资基金。通过 REITs 等投资工具吸纳社会资金，用于保障性住房，如公共租赁住房的建设。由于保障性住房的盈利预期较低，与商品房投资相比相对缺乏吸引力，因此政府应通过税收优惠和补贴措施来提高收益率，增强 REITs 用于住房保障的吸引力。

七、推广混合居住模式

混合居住不仅是居住模式的问题，也关系到社会是否和谐和稳定的大局。法国在这方面的教训极其深刻。法国由于各阶层和种族之间分开居住，长期相互隔离，导致社会矛盾的长期积累并最终爆发，法国也为此付出了沉重的代价（图 10-1～图 10-3）。2005 年 10 月，法国爆发了严重的社会骚乱，骚乱首先起源于大巴黎地区外围的克利希 - 苏布瓦镇，之后蔓延到巴黎郊区多处城镇及法国其他城市。在爆发冲突的城镇中有多处城镇的名字都带有苏布瓦（意为"丛林里"），它们主要分布在巴黎的塞纳 - 圣丹尼达区。在 20 世纪六七十年代法国政府为缓和巴黎城区的住房压力，在郊区及周边地区集中建设了大量住宅楼，在这些地区，政府提供的公共住宅和低价房集中成片，居民主要来自前法属殖民地移民及其后裔，相对其他地区而言，塞纳 - 圣丹尼达区人口密度高，居民受教育水平普遍较低，失业率高，使这些地区逐渐成为贫困、犯罪、被遗忘者与被损害者的代名词[①]。与法国的情况不同，新加坡的做法值得借鉴。新加坡早在建国之初就注重采取有效措施使华人、马来人、印尼人等不同种族的人混合居住，使各种族各阶层的人充分交流和相互了解，促进了社会的融合，新加坡也由此成为世界上社会稳定的典范。英国在这方面也有值得研究借鉴的

① 资料来源：蔡威，关于城市规划中防止出现弱势群体聚居的提案．全国政协十一届四次会议提案第 3435 号，2011 年。

经验教训。英国与法国类似，来自英国前殖民地以及中东北非的移民在人口中占很大比重，这些移民的宗教信仰、文化习俗等差异极大，如不能融入当地社会，就有可能成为社会的不稳定因素。为推动社会融合，英国工党政府成立了专门的机构，在充分调查的基础上制订相应的政策，推行混合居住模式。然而，英国在这方面的政策推行并不彻底，伦敦、利物浦等大城市仍有大量主要由移民组成的少数族裔聚居区，这些聚居区与其他居住区分隔明显，是导致 2011 年 8 月英国伦敦等地骚乱的重要原因之一。因此，我国在促进住房公平方面，应充分借鉴国外的经验与教训，提倡不同收入阶层混合居住的模式，防止贫富居住区泾渭分明的错误做法，推进社会融合和社会和谐。推行保障房配建政策，在商品房住宅区内配建保障房，不仅具有上述提及的各项优点，还可以避免集中建设保障房可能引发的"贫民窟"问题。具体措施包括，在商品房项目开发规划设计时明确保障房配建比例及配建位置，并在《建设用地规划许可证》和《国有土地使用权出让合同》上列明，作为项目建成后检查验收的依据。

图 10-1　2005 年法国因移民分隔居住而引发的骚乱情形（一）

图 10-2　2005 年法国因移民分隔居住而引发的骚乱情形（二）

图 10-3　法国高档住宅与保障性住房混合建设

八、有序渐近解决农民工的住房问题

改革开放以来，城乡之间开始出现大规模的人口流动，农民工的住房问题日益突出，这一问题的解决关系到社会稳定和城镇化有序进行等长期发展问题。因此必须立足长远，建立系统解决方案，与户籍制度改革和住房保障体系相互衔接，逐步有序地解决农民工的住房问题。

（一）"积分制"入户

我国现行的户籍制度建立于 20 世纪 50 年代后期，当时的出发点主要有两个：一是户籍制度服务于城镇非农就业的排他性，即户籍制度是为防止农村劳动力的大规模流动，特别是流出农业生产；二是保障城市基本生活品和最低社会福利的供给，为此也要针对农村人口做出排斥性的制度安排，因而形成城乡分割并且差异巨大的社会福利供给。

在我国城镇化快速发展，人口流动规模日益庞大的新形势下，户籍制度所具有的局限性也日益显现，改革势在必行。但户籍制度改革只能采取循序渐进的方式，而不是在短期内完全取消，理由主要有以下几点：

第一，目前的户籍制度可以避免大城市人口压力过大。城市所能容纳人口的规模，是受到城市资源承载力和基础设施承载力限制的。城市的资源环境承载力具有一定的刚性，比如水资源、耕地资源等都属于有限的资源，一旦过度消耗，就很可能无法再生，如果突破这种刚性限制，就要付出沉重的成本和代价。我国城市公共基础设施长期以来一直处于超负荷运行状态，外来人口的大量涌入和共享资源，会造成城市社会资源环境承载压力过大、就业竞争加剧、社会保障水平下降、优质教育资源相对减少、住房紧张等一系列的压力。对于经济飞速发展的大城市而言，在经济繁荣社会发展的背后，是过多的资源消耗和土地开发利用。随着流动人口大量进入城市经商、务工和生活，大城市资源环境和公共基础设施的压力日益增大，城市"规模不经济"现象日益显现。因此，户籍制度是对缓解外来流动人口可能给城市资源和基础设施带来难以承受的压力的有效手段。

第二，可以避免形成城市贫民窟。从现有城镇发展的角度来说，取消户籍制度不利于有序城镇化的实施。如果放开城市户口，涌入城市的不仅仅是技术和管理人才，还有大量农业剩余劳动力将潮水般流向城市，对城市发展带来巨大的冲击，从而引发"城市病"，并在城市边缘地带形成巨大的贫民窟。

第三，可以避免中小城市人才外流。我国的城镇化，要走一条靠发展小城镇和新城市、吸收剩余劳动力的道路，而不是靠无限制地扩大现有城市尤其是大城市的规模。中小城市和城镇的发展需要大批的技术、管理人才和数量巨大的工人和服务行业从业人员，如果放开大城市户口，大城市将会成为中小城市和城镇发展最重要的人才的"巨大吸盘"。

第四，可以减少东西部经济差距。从更长期的角度看，如果改变现有户籍制度，若干年后，我国将会出现东部地区人口的极度膨胀，而西部相对落后地区则会比以前更落后。如果西部地区只剩下不能和不想转移到发达地区的人口，东西部的差距就不仅仅是经济上的，更会体现在社会文化上，这对于我国这样一个多民族的大国来说后果极其严重。这不仅仅是一个经济问题，还涉及国家的长治久安和可持续发展。因此，现阶段户籍制度改革的最佳路径不是一步到位取消，而应是渐近式地有序推进，使农民工可以循着一定的路径逐步融入城市。

近年来，各地政府相继构建起了覆盖城市职工的基本社会保险体系，包括基本养老保险、基本医疗保险、失业保险等，以及城镇最低生活保障制度。农民工在就业地入户最主要的动力在于可以获得医疗、教育和养老保险等基本保障和社会服务，以及获得纳入住房保障体系的机会。我国的人口流动规模大，且具有从农村到城市、从经济发展相对落后地区向经济相对发达地区单向流动和季节性流动的双重特点。所谓"人往高处走"，大城市和发达地区中心城市的就业机会相对较多，公共服务水平相对较高，吸引力也相对较大，是人们就业和入户的首选。如果不加以引导和控制，势必造成大城市和发达地区的人口压力过大，这些地区的生态环境和公共服务体系将难以承受。因此，农民工入户必须通过制度设计和创新来有序进行。

从国外的经验来看，英国、澳大利亚等发达国家采用打分制的方法来达到有序移民的目的。这些国家每年都设立一定的移民配额，并实行打分制度，在学历、工作经历、年龄以及信用等方面对移民申请者打分，并根据分值来决定是否准予移民。因此，借鉴和参考国际人口迁移积分制管理的经验，遵循目的性、科学性、系统性、可操作性、权利与义务对等、低成本等基本原则，探索推广采取'积分制'等办法，使在城镇稳定就业和居住的农民有序转变为城镇居民，是对现有户籍制度的改革和创新，也是调节社会需求与供给均衡的有效途径。

从本质上说，各种社会需求与供给在一定的经济社会条件下可以达到均衡。但这并不意味着所有社会需求都能得到满足，而是指通过公共政策影响社会需求——供给关系，使之实现均衡。积分制管理以积分而不是以户口为标准，从而将教育、就业、社保、医疗等公共服务与户口脱钩。这一制度创新不仅能够缩小流动人口和户籍人口在教育、就业、社会福利等方面的差别，创造一种新的户籍改革和流动人口市民化的思路；更深远的意义在于改变了城市对流动人口的选择方式：即从集体排斥向个体选择转变。

"积分制"入户办法符合我国国情和现阶段人口流动特点，其合理性体现在以下几个方面：一是公平。所有农民工均可以参加"积分"，机会均等；二是可操作。"积分制"对技能、工作年限、贡献大小等方面进行细分，并一一设定分值，每个人都可以根据自身的情况进行对照打分，便于量化操作；三是规范有序。每个人都可根据"积分"的高低来决定是否达到入户的门槛以及入户的先后顺序；四是激励作用。积分制管理的指标"跳起来可及"，在利益导向激励机制的作用下，流动人口为实现享受基本公共服务或入户的目的，必然会对照积分指标及分值，有针对性地提高自身整体素质（如学历、技能），为社会作出更多贡献（如投资纳税、志愿服务、慈善捐赠）。同时，在负分指标的约束下，促使流动人口不断提高遵纪守法、诚实守信的观念和意识，有效减少流动人口的违法犯罪行为。这样有利于社会形成一种积极向上的氛围；五是合理预期作用。对仍未达标的外来人口，有一种稳定的长期的自我提升"分数"的追求和希望，有利于社会稳定。

积分制管理回应了农民工渴望能被其长期工作地所接纳并获得享有基本社会保障权利的合理呼唤，打破长期以来把户口作为社会福利分配依据的制度安排，设计了一套新标准作为流动人口享受城市基本公共服务的根据。在这种制度安排下，地方政府根据人才需求和财政承受能力，综合考虑流动人口在城镇当地的连续工作年限、文化程度、技能水平、投资规模、纳税额度、获奖等级、计划生育、遵纪守法等情况进行积分登记，累积达到一定积分额度即可申请享受相应水平的公共服务。积分制管理应遵循"简便明晰，通俗易懂，操作方便，管理灵活，长期稳定"的基本原则，采用定性与定量相结合的方法，构造指标体系与确定指标分值，通过累计积分进行科学计量，依据积分值为进城农民工提供相应水平的基本公共服务和入户服务。从我国的实践来看，广东等地已陆续开始试行农民工"积分制"入户，并已取得一定的经验。如中山市设立"积分制"后，已有40余万流动人口被纳入"积分制"管理。"积分制"管理制度在地方的试行工作已经取得积极的成果。

积分制的具体内容和门槛应因地制宜。各地社会经济发展水平不同，对农民工的吸引力也不一样，如果积分门槛一样，将会出现吸引力大的地方人口争相涌入，而吸引力较弱的地方却乏人问津的局面。中山市在这方面的尝试也反映了这一规律（图10-4）。在中山市的积分入户申请中，5个中心区镇的申请数与指标数之比超过31，但部分落后镇区的申请数还不足入户指标数，冷热不均的现象十分明显。积分门槛差异化在国际上也有先例可循，例如，申请澳大利亚移民，悉尼、墨尔本等主要城市对移民的门槛相对较高，而一些偏远城市的移民要求相对较低；美国的一些"区域投资中心"对投资移民的要求相对一般的投资移民条件较为宽松，这是因为这些所谓的"区域投资中心"都是社会经济状况不佳的地区，急需外来投资和人力资本以改善当地的就业环境和财政状况。因此，各地可根据当地情况在计分项以及总分标准即入户门槛设置上适当差异化。那些生态环境压力大、土地和社会承载力负荷较大的特大城市、大城市和中心城镇，入户门槛可相应提高，而其他城镇的门槛可相应放宽，以达到调节人口流向、实现有序入户的目标。

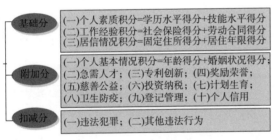

图10-4　中山市流动人员积分制管理计分标准

（二）申请经适房及廉租房的轮候制

与住房需求相比，保障房的供应总是有限的。特别是在人口可以自由流动，保障范围不受限制的情况下，由于价格信号的缺失，保障房的供需将无法达到均衡，这正是科尔内短缺经济学所描述的困境。那种主张将所有农民工短期内都纳入住房保障范围的论点，只能是一种不切实际的美好愿望而已。因此，住房保障的对象必须设置一定的限制条件，对农民工而言，在"积分制"的基础上实行申请经适房和廉租房的轮候制是一种可行的政策选择。具体而言，根据农民工"积分"的高低，以及住房困难程度、家庭人口构成和经济状况等因素，综合确定轮候的顺序，分批次逐步提供住房保障。

（三）入户农民工的承包地及宅基地问题

入户农民工的承包地及宅基地问题在社会上备受争议，并且两种主流观点的意见相左。主张收回入户农民工的承包地和宅基地的观点认为，农民工入户后可享受社保和其他公共服务，相应地占用了城市资源，如果承包地和宅基地继续保留，等于同时享受针对农业户口的集体土地收益，形成事实上的资源双重占用，是一种新的社会不公平。主张保留的观点认为，农民工凭借自身的努力获得入户机会，已经对入户地作出了不小的贡献，如果还要以收回承包地和宅基地作为条件，代价太大，对他们并不公平。而且农民工本身就是城市里的弱势群体，收回他们的承包地和宅基地，等于是对弱势群体的剥夺。实际上，入户农民工的承包地和宅基地并不是一个简单的土地问题，而是一个复杂的社会问题，关系到农民工、迁入地和迁出地等多方利益。一是农民工利益。农民工除了土地、劳力，再无其他的资源、资本，属于社会的弱势群体。而承包地（包括宅基地等）具有稳定器的功能，一旦入户农民经营或就业上发生困难还可回老家种地，无偿收回对农民工极不公平，对社会稳定没有任何好处。二是迁出地利益。在农民进城以前，教育、民政等公共支出都由迁出地承担，如果土地收回归迁入地所有，迁出地的利益受损。三是迁入地利益。农民工虽然为迁入地创造了财富，但也占用了城市资源。如果农民工转成城市户口后，土地无偿交还给迁出地，利益由迁出地政府一方占有，这对迁入地也不公平。四是可实施性。如果承包地和宅基地归迁入地所有，除城市近郊的土地外，入户农民工的土地极为分散，且与迁入地距离遥远，管理上也不可行。此外，远郊或偏远地区的土地没有相应配套基础设施，且我国农村地方人际亲缘关系密切，很多村庄都是以某些姓氏为主世世代代聚居，在过去数百年的历史上建立了牢固的宗族关系，外姓的人很难立足，种种因素导致这些土地不具有可交易性。因此，入户农民工的承包地及宅基地问题现阶段难以找到最优解，保留他们的承包地和宅基地不失为一种次优解，一方面保障了入户农民工的权益，另一方面为他们提供了社会保障的最终防线，使农民工进城无后顾之忧。

附：合作建房的困境及发展前景

合作建房这种形式最早出现于欧洲。在 19 世纪，随着工业革命的发展，涌入城市的人口越来越多，造成城市住房紧张。在房价昂贵，收入又低的情况下，一些低收入家庭联合起来，借助集体的力量来解决自己的住房问题。当时欧洲许多国家，如英国、德国、丹麦和瑞典等国都成立了各种类型的合作建房组织。

一、合作建房的困境

合作建房在我国的实践断断续续，一直未成体系，其在我国的发展主要面临以下困境。

一是与非法集资界线模糊。目前合作建房的法规制度极为缺乏，法律风险极高。个人集资合作建房与非法集资的界线不清，在具体操作过程中极易触及法律红线。例如，有 100 人集资建 100 套房，但在建设过程中有几个人退出，这些人退出后的原计划住房如何处理？是内部再分配还是对外出售？如果内部再分配，难免引发纠纷，甚至可能因参加人数减少导致资金不足而使合作建房计划夭折；如果出售，则有非法集资之嫌。对外出售的做法也是 2006 年建设部等三部委《关于制止违规集资合作建房的通知》所明令禁止的。该通知明确规定，不得"对外销售集资合作建成的住房"，否则将"没收非法所得"，甚至追究当事人的刑事责任。

二是合作建房者的资格问题。例如，对参与合作建房者是否应该加以控制？如果不控制，富人也可以参与合作建房，本应成为低收入家庭获得住房的渠道却被富人侵占，产生新的不公平，也丧失了合作建房为低收入家庭提供住房的制度设计初衷。

三是合作建房的产权及其分割问题。国外合作建造的房屋，其使用和所有权一般分为以下几种：一种是房产权归合作社所有，房屋供出租；一种是住房出卖给个人，归个人所有；还有一种是房产权由集体和个人共同所有，只允许个人在其内部转让调剂。我国的合作建房按照相关规定，应参照经济适用房进行管理，但对于民间自发的合作建房，如果其土地通过公开市场招拍挂而来，应视为商品房为宜，然而产权如何初始登记、税费如何交纳等问题仍有待解决。

四是土地问题。合作建房能否成功的前提之一是能够获得土地且成本较为低廉。目前国家对合作建房的土地供应没有明确的优惠政策，获得土地的途径主要有两条：一是单位使用自有土地合作建房；二是民间自发合作建房通过公开招拍挂取得土地。第一条途径不具普遍推广意义，因为其前提是合作建房的单位有地，而且单位合作建房容易引发特权单位和部门依靠自身优势去获取土地，会导致新的不公平。第二条途径需与开发商竞争，在资金、信息、人才等方面都明显处于劣势。

五是合作建房资金问题。国外合作建房的资金主要来源是：①入股资金。加入合作建房组织的人，一般都必须按规定交纳一笔股金，作为购租住房的预付款。入股金多为一次交清，其数目所占住房价格的比例各国不尽相同，一般为 20%～50%；②住宅或房产银行储蓄。许多国家都开设了这类银行，通过住房银行，一方面可以吸收大量的社会闲散资金，另一方面能对储蓄者提供贷款或购租住房的优先权；③政府低息贷款。不少国家为了支持合作建房，提供利息低于银行的贷款或者无息的贷款给合作建房组织，贷款的利息差额则由国家及地方财政给予补贴。贷款数目可占建房费用的 50% 以上，归还期限多为 20 年左右，有的可长达六、七十年。我国的合作建房因主体地位不明确，难以获得贷款，只能依靠参与者自筹资金，对大多数低收入家庭而言难以负担。

六是合作建房过程中的法律纠纷。合作建房者之间本身是一个松散的组织，其目标难以完全一致。在建房过程中，可能会因购买土地位置、报价高低、建筑风格、建筑造价标准、住房分配、后期管理以及整个过程中的费用分摊等问题产生纠纷，导致项目延期甚至无法实施。

七是开发资质问题。在合作建房项目启动前，合作建房运作主体无法获得开发资质，而开发资质往往是土地招标的前置条件或是被赋予较大权重，合作建房者在与开发商竞争中将在开发资质上先输一筹。此外，缺少开发资质在项目运作上也会遇到众多障碍。

二、合作建房对我国住房保障的意义及前景

目前我国住房保障工作的一大特点是政府主导，不论是廉租房还是经济适用房，其计划、资金投入、建设和分配管理等各个环节政府都发挥着主体作用。合作建房的最大特点是民间主导，是对政府主导的住房保障体系的一种有益补充。合作建房一方面为低收入家庭解决住房困难问题提供了更多的渠道和选择；另一方面可筹集社会资金，弥补政府用于住房保障财政资金的不足，对我国通过多渠道多种形式解决低收入家庭住房困难问题具有积极的意义。

从国外的经验来看，合作建房这种形式在过去的一百多年里一直发挥着重要作用，在德国等欧洲国家的住房建设中甚至处于主导地位，这说明

这种建房方式有其存在的价值。然而，合作建房如果要在我国得到更好的发展，真正发挥出其积极作用，就必须克服前述的种种困境。

首先，应解决合作建房的主体问题。成立非营利性的住房合作机构是一种可行的途径。住房合作机构可以考虑按企业、行业或地域等划分方式成立，这是因为住房合作机构的成员职业、收入等背景相似，区位相近，以利于最大限度地发挥住房合作机构的潜力，同时也有利于成员对住房合作机构运行的监督。住房合作机构设立目的明确，具有法人地位，其开发资质问题也可迎刃而解。资金筹集、住房建设、分配和后期管理均可由住房合作机构来具体承担。

其次，合作建房不应与商品房混为一体。如果合作建房的定位不清，不仅会在商品房市场上引起混乱，也会影响到合作建房自身的良性发展。

再次，合作建房的对象范围应界定为低收入家庭。这样才能体现合作建房本身属于住房保障体系的保障方式之一。国外的合作建房也带有明显的社会福利色彩，并对参与对象范围有一定的限制。

最后，建立配套政策体系。对合作建房的主体、产权性质、对象范围、分配和管理等各个方面在政策上予以明确规定，在此基础上，政府在土地、税收等方面可给予一定的支持，以利于合作建房的健康有序发展。

附：利用单位自有土地自行建房公平吗？

我国在住房制度改革前，住房是社会福利的重要组成部分，基本依靠非市场化的方法建设、分配和使用。由于当时国家的财力有限，大部分住房建设的任务实际上由各个单位自行承担。因此，单位在自有土地上建房在当时具有普遍性，对解决员工住房问题，为国家分担住房建设任务方面具有积极的意义。然而，住房制度改革后，福利实物分房已被终止，如果继续允许单位利用自有土地自行建房，则存在一系列弊端：

一是土地来源问题。我国目前行政、国有企事业单位的自有土地一般都是行政划拨方式取得，或者原土地用途为非住宅用地，如果直接用于单位建房，可能造成土地利用和城市规划的混乱以及国有资产的流失。如果用来建房并作为单位员工福利来分配，等于把属于社会所有的公共资源用来补贴少数人，明显有欠公允。过去的经验表明，即便是补地价，所补金额也往往低于土地公开出让的市场价格，仍然存在大量国有资产流失和城市空间失衡。过去，一些中小学校曾经将操场作为合作建房用地，结果学生无操场可用，只能在马路上体育课，以至于酿成重大交通灾害 [1]。

二是分配对象问题。单位自建住房面向单位内部员工分配，只有少数单位、少数人才能享有，属于极不公平的福利再分配举措，有违住房保障是为解决全社会低收入家庭住房困难问题的初衷。尤其是一些垄断企事业单位员工的收入本来就高于全社会平均水平，再对这些单位在自建住房问题上开绿灯，显然有失公平。

因此，单位自建住房这一计划经济时期福利分房制度下的做法，存在着国有资产流失、分配对象不公及影响城市规划等诸多弊端，在住房制度改革后的今天，不宜再继续实行，以免产生新的住房不公平现象。

① 刘红，石岩 . 我国中小学生"公路跑操"现状、成因及对策 . 山西大学学报（哲学社会科学版），2007（9）第 30 卷第 5 期 .

第十一章

政策纲要之减少市场波动

住房市场的内在缺陷造成了众多的市场失灵问题。国外的经验教训表明，仅靠市场自我调节无法避免市场失灵，因此，必须对住房市场进行积极有效地干预，提高市场效率，促进房地产市场健康持续发展。

在房地产调控中，中央掌握社会经济发展的全局，对住房保障和房地产调控负目标和标准制订、任务落实等领导责任；城市政府熟悉当地的住房需求和房地产市场情况，其对中央调控政策的执行和地方配套政策的制定直接针对当地的供需双方，对于具有区域性的房地产市场而言，城市政府的调控行为更具针对性，作用也更直接有效。因此，中央政府侧重住房保障和房地产调控宏观政策的制定，注重调控目标与我国国民经济和社会发展总体目标的匹配，以及对地方执行调控情况的监督与指导；城市政府负责中央调控政策的执行，并可根据当地社会经济和住房需求实际情况出台地方配套政策措施。这样，从保障民生、维护社会稳定、促进市场健康发展的高度来认识，使中央与地方之间、各级政府部门之间目标一致，步调协调起来，形成中央和地方纵向联动、各级政府部门之间横向联动的"合纵连横"的局面。

一、中央调控政策

（一）物业税费比率调控

房地产的税收是一个国家、一个城市财政收入的重要组成部分。房地产税收可分为间接税和直接税两大类。间接税是指在生产交易环节征收的税，包括交易契税、增值税、营业税、所得税等，这些税种一般直接体现在房价中或转嫁给受让人，因而推高房价。直接税是指房产税、物业税等房地产保有环节征收的税，这类税一般定期征收，并按房地产价格或价值的一定比例征收。在税率一定的情况下，房地产价格越高，相应的税也越高。这样，征收直接税一方面起到抑制房价的作用，另一方面，考虑到持有成本，购房消费会更加趋于理性，由于持有成本增加，投机购房也会得到有效遏制。

国外的房地产税收一般以直接税为主。美国对房地产在持有环节征税以及物业税对房价的影响很有启示意义。在美国，物业税属于地方税种，州县两级均有征收，目前州一级政府直接征收物业税的有 37 个州。美国的物业税率由所在地方的政府自行决定，各州之间的税率差异较大。根据房价中位数和物业税中位数估算，美国各州的实际物业税率水平在 0.2%~1.8% 之间，其中最高的是德克萨斯州，最低的是路易斯安那州。从分布来看，美国各州物业税率水平呈现中部和东北地区高，东西部地区低的特点。其中，中部各州和东北各州除个别州以外基本在 1.2% 以上，而西南各州物业税率水平都在 0.7% 以下，东南各州普遍在 0.8% 以下。美国不仅各州的物业税率有差别，州内的各县税率也不相同。县一级物业税率最高的是纽约的 Niagara 县，实际税率中位数为 2.8%，最低的是路易斯安那州的 St. Bernard Parish 县，为 0.14%。纽约也是州内各县税率差异最大的州，例如，最低的 Kings 县实际税率中位数仅为 0.48%，约为 Niagara 县的 1/6。夏威夷各县之间的物业税率最为平均，其实际税率中位数高低之比仅为 1.38。

从实际物业税缴纳金额来看，新泽西州的物业税额最高，该州超过 50% 的家庭物业税缴纳额超过 5352 美元，高于第二位的新罕布什尔州约 4 倍。而加利福尼亚、夏威夷、哥伦比亚特区和马萨诸塞等州尽管房价高于新泽西州，但这些州的物业税率相对要小得多，因此物业税缴纳额反而低于新泽西州。

美国的物业税是地方政府的重要财政收入来源。物业税占各州的财政收入比例大多在 20% 以上，最高的为新罕布什尔州，占比高达近 43%，占比低于 10% 的有达那威尔州、阿拉巴马州和新墨西哥州三个州，占比分别为 8.8%、8.9% 和 9.7%。从国家整体来看，物业税占全美地方财政收入的 21.7%。

从物业税与房价的关系来看，物业税率高的州，如威斯康新和德克萨斯，其房价水平显著低于全美平均水平；而房价最高的三个州，加利福尼亚州、夏威夷和哥伦比亚特区，其物业税率水平处于全美所有州最低之列，分别为0.45%、0.2%和0.38%。统计分析显示（图11-1），美国各州房价与物业税率之间存在负相关关系，相关系数为-0.14。在县一级两者之间的负相关关系更为明显，相关系数为-0.19。因此，物业税率可能影响房价的论点，在美国物业税的例子上获得实证的支持。

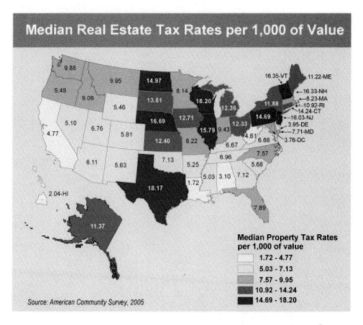

图 11-1　美国各州实际物业税率中位数分布趋势 [1]

物业税的设置意味着一个人只要拥有私有房产，就要承担缴纳物业税的义务。假如一栋房子的售价是20万美元，物业税率为2%，业主每年要为这栋房子缴纳4000美元的物业税，50年累计缴纳的物业税为20万，相当于业主每50年就要重新把自己的房子买一遍。物业税根据房子的市场价值来征收，如果房子升值了，比如升值到50万美元，业主每年为这栋房子支付的物业税相应提高到10000美元。这意味着业主不用50年，而是30年就必须把自己的房子重新买一遍。房子升值越快，这个时间就越短（表11-1）。

总体上看，由于物业税的存在，在美国相当于业主并不真正拥有房地产，而是向政府租用。每年向政府交纳相当于房地产价值的2%~3%的

① American Community Survey，2005. 引自 Natalia Siniavskaia. Residential Real Estate Tax Rates in the American Community Survey. HousingEconomics. com.

表 11-1

美国州内县级房价和物业税率中位数及相关系数

州	州内物业税率最低的县			州内物业税率最高的县			物业税率与房价相关系数	高低之比
	县	房价中位数	物业税率中位数（‰）	县	房价中位数	物业税率中位数（‰）		
Alabama	Cullman County	96200	2.02	Jefferson County	118400	4.86	0.44	2.41
Alaska	Matanuska-	175000	10.68	Fairbanks North	171700	14.25	0.23	1.33
Arizona	Apache County	76600	1.64	Pima County	167400	8.01	0.25	4.87
Arkansas	White County	81500	4.23	Pulaski County	114400	6.70	0.08	1.58
California	Yuba County	247000	3.61	Kern County	210700	6.48	-0.11	1.80
Colorado	El Paso County	191200	4.44	Douglas County	327600	7.37	0.01	1.66
Connectic	Fairfield County	475500	10.96	Hartford County	224200	16.29	-0.55	1.49
Delaware	Sussex County	203400	2.45	New Castle	218400	5.00	0.03	2.04
DC	DC	384400	3.76	DC	384400	3.76	—	—
Florida	Monroe County	683200	3.94	Alachua County	147100	10.21	-0.45	2.59
Georgia	Muscogee	113000	4.64	Fulton County	243600	10.46	0.42	2.26
Hawaii	Maui County	573400	1.62	Honolulu County	457700	2.24	-0.16	1.38
Idaho	Kootenai County	173600	7.60	Bannock County	99900	12.40	-0.62	1.63
Illinois	Cook County	241800	13.08	Winnebago	114300	23.05	-0.11	1.76

州	州内物业税率最低的县			州内物业税率最高的县			物业税率与房价相关系数	高低之比
	县	房价中位数	物业税率中位数（‰）	县	房价中位数	物业税率中位数（‰）		
Indiana	Kosciusko	117100	6.67	Lake County	119800	15.11	0.10	2.27
Iowa	Dubuque County	117500	12.00	Woodbury	87600	15.11	-0.49	1.26
Kansas	Douglas County	163500	10.69	Wyandotte	86200	15.12	-0.81	1.41
Kentucky	Pike County	58000	4.86	Kenton County	133800	9.35	0.58	1.92
Louisiana	St. Bernard	103700	1.35	St. Tammany	154500	4.19	0.53	3.10
Maine	York County	223200	10.09	Androscoggin	140500	13.54	-0.78	1.34
Maryland	Calvert County	349500	5.97	Baltimore city	103400	15.14	-0.63	2.53
Massachu	Barnstable	400500	5.63	Hampden	177200	13.38	-0.87	2.38
Michigan	Lapeer County	179800	8.89	Ingham County	139600	16.17	-0.04	1.82
Minnesota	St. Louis County	122600	7.08	Hennepin	245500	9.83	0.46	1.39
Mississippi	Rankin County	121500	4.71	Jackson County	97800	7.79	-0.13	1.65
Missouri	Cape Girardeau	120300	6.33	St. Charles	175500	11.14	0.68	1.76
Montana	Gallatin County	216900	7.96	Cascade County	112600	11.56	-0.92	1.45
Nebraska	Douglas County	136500	18.02	Sarpy County	147300	19.09	0.99	1.06

续表

州	州内物业税率最低的县			州内物业税率最高的县			物业税率与房价相关系数	高低之比
	县	房价中位数	物业税率中位数（‰）	县	房价中位数	物业税率中位数（‰）		
Nevada	Washoe County	336000	5.00	Clark County	289300	5.23	—	1.05
New	Rockingham	310500	14.92	Cheshire County	170600	20.42	-0.76	1.37
New	Cape May	304400	9.80	Camden County	184700	23.86	-0.63	2.43
New	McKinley County	56400	2.50	Bernalillo County	152400	8.46	0.15	3.39
New York	Kings County	471200	4.79	Niagara County	91600	28.12	-0.82	5.88
North	Henderson	155600	5.24	Cumberland	95300	12.11	0.16	2.31
North	Burleigh County	117500	16.22	Cass County	124400	18.59	0.36	1.15
Ohio	Belmont County	77500	9.07	Cuyahoga	136500	17.12	0.40	1.89
Oklahoma	Pottawatomie	85600	5.64	Tulsa County	112800	10.42	0.53	1.85
Oregon	Josephine	226000	4.32	Multnomah	221200	11.63	-0.15	2.69
Pennsylva	Franklin County	143500	9.92	Allegheny	101700	23.50	-0.13	2.37
Rhode	Newport County	391400	8.71	Kent County	243800	12.40	-0.98	1.42
South	Oconee County	97100	4.23	Richland County	130500	8.34	0.02	1.97
South	Pennington	120100	13.62	Minnehaha	131100	14.25	—	1.05

州	州内物业税率最低的县			州内物业税率最高的县			物业税率与房价相关系数	高低之比
	县	房价中位数	物业税率中位数（‰）	县	房价中位数	物业税率中位数（‰）		
Tennessee	Sevier County	123400	3.46	Shelby County	118200	12.86	0.00	3.72
Texas	Bowie County	69600	11.47	Fort Bend	153100	25.79	0.66	2.25
Utah	Washington	203400	4.46	Weber County	137100	7.72	-0.50	1.73
Vermont	Chittenden	223900	15.65	Chittenden	223900	15.65	—	—
Virginia	Frederick County	250000	4.27	Roanoke city	102200	10.66	-0.28	2.49
Washingto	Whatcom	248400	7.35	Benton County	145200	11.80	-0.42	1.60
West	Raleigh County	81200	4.00	Kanawha County	90700	6.38	-0.35	1.59
Wisconsin	St. Croix County	216800	14.58	Milwaukee	145700	22.92	-0.65	1.57
Wyoming	Natrona County	127300	5.48	Laramie County	146700	5.97	—	1.09

"租金"。万一业主变穷了，交纳不起"租金"，其房产可能就会被没收并拍卖抵税。因此，在美国，物业税相当于一个平衡器，如果房价上涨一倍，物业税额也要增加一倍，这部分税收往往比月供还要高。这样一来，虽然大家都希望房价上涨，但是 2% 的物业税绞索套住了房价的恶性攀升，所以美国的房价不可能像中国这样无休止地疯涨。

物业税并不只在美国有，在其他发达国家和地区也普遍存在物业税或房产税（表 11-2）。例如，丹麦根据房产（包括土地）价值缴纳不动产税，税率最高为 2.4%。芬兰的不动产税税率在 0.5% ~ 3% 之间，根据税务机构的评定值纳税。在法国，持有不动产者，每年按 3% 的公平市场价值（fair market value）纳税。西班牙按照税务评估价值征收不动产税，税率为 3%。智利根据税务部门评估的不动产价值征收 1% ~ 2% 的税，对非营业性不动产价值低于一定标准的给予免税。韩国对房产实行累进征税，综合税率为房产税基的 0.5% ~ 2.0%，而别墅的税率高达 4%。对出租房产征收所得税，税率为房租的 6% ~ 35%，计税房租可进行必要的成本等项目扣减[1]。

世界各国和地区物业税情况　　　　　　　　　　　　　　表 11-2

中国香港	如房地产作出租用途，则该租金收入需要缴纳物业税。每一个课税年度按照土地或楼宇的应评税净值，以标准税率向在中国香港拥有土地或楼宇的业主征收，税率为 15%
日本	日本财产税主要是对房地产等不动产课征的不动产取得税、固定资产税、城市规划税、注册执照税等，同时还有遗产继承税与赠予税。固定资产税的标准税率为 14%
韩国	韩国综合税率为房产税基的 0.5% ~ 2.0%，别墅为 4%。对出租房产征收所得税，税率为房租的 6% ~ 35%
中国台湾	按我国台湾物业税的征收标准来看，144 平方米以上的房源，每年收取的税费将有可能在房屋总和 0.8% ~ 1.5%/ 年
瑞典	不动产税：征收额度为不动产税务评估价值的 0.5% ~ 1%。自 2001 年起，对于单栋独立家庭住房（相同于国内别墅的那种住房），税率为 1%，对共同产权型的公寓住宅，税率为 0.5%。商业物产不动产税率为 1%，工业物产税率为 0.5%
奥地利	不动产税 / 物产税：房产持有人每年根据评估价值的 1% 缴纳不动产税。如果土地没有建造房屋，土地持有人根据土地的评估价值再缴纳 1% 不动产税。这意味着未开发土地实际需要缴纳 2% 的税

---

① Global Property Guide，http：//www. globalpropertyguide. com/Asia/South-Korea/Taxes-and-Costs#.

比利时	不动产税：比利时的房产都要评估其名义租赁价值，然后根据地点，每年分别征收名义租金的 30%~50%
丹麦	不动产税：根据房产（包括土地）价值缴纳，税率最高不超过 2.4%，根据地点不同而改变
芬兰	不动产税：不同地区税率不同，税率在 0.5%~3% 之间。根据税务机构的评定值纳税。农田和森林免税
法国	不动产税：持有不动产者，每年按 3% 的公平市场价值（fair market value）纳税。公司将自己房产装修后出租，按税基的 84% 缴纳 15%~30% 营业税。税基包括：公司房产的出租价值，或 16% 的公司所付出租金
德国	不动产税：根据评估价值的 1%~1.5% 征收
爱尔兰	房地产投资收益税：参照爱尔兰公司税，按扣除合理费用后的收益的 20% 纳税。包括买卖房地产公司的股票
意大利	不动产税：按照税务评估价值的 0.4%~0.7%
荷兰	不动产税：按照税务评估市场价值的 0.1%~0.3%，对房主和使用者双方征税
挪威	不动产税：国家税务机构按照税务评估市场价值的 30% 征收 0.9%，但地区税务机构再按市场价值 30% 征收 0.2%~0.7%
葡萄牙	不动产税：由地方税务机构征收，按照税务评估市场价值征收，税率在 0.2%~0.8%
西班牙	不动产税：按照税务评估价值征收（一般低于市场价值的 50%），税率在 3%
美国	不动产税，归在财产税项下，税基是房地产评估值的一定比例。目前美国各州县都征收这项税收，各州和地方政府的不动产税率不同，大约平均 0.2%~2.8%

在新加坡，物业税按房地产年值（AV）[①] 即房租或估算房租的一定比例征收，自住房产的物业税率为 AV 的 4%，其他类型房产的物业税率为 AV 的 10%。然而，2011 年 1 月 1 日起，新加坡对自住房产开始实行物业税累进税率（表 11-3）。具体而言，对于 AV 低于 6000 新元的房产，免征物业税；对于 AV 高于 6000 但低于 65000 新元的房产，按 4% 的税率征收；对高于 65000 新元的房产，按 6% 的税率征收[②]。

---

① 年值是指物业的估算年租金，估算原则对自住、出租和空置均一致。如果是出租物业，租金扣除家具、装修和维护费用后即为年值。在新加坡，物业的年值作为征收物业税的税基。

② 资料来源：新加坡税务局，http://www.iras.gov.sg/irasHome/page04.aspx?id=2378.

新加坡自住房产物业税累进税率表　　　　　　　　表 11-3

自住房产年值（新元）	税率（%）
首 6000	0
次 59000	4
超过 65000 部分	6

由此可见，欧美和一些亚洲国家普遍征收不动产税、物业税等直接税。物业税是一种从价税，也就是依据住宅的价值而征收的税，它不同于个人所得税和销售税，不会依据一个人收入和消费多少来征税，而是根据一个人拥有房地产价值的多少来征税。只要一个人拥有房地产，他的一生就必须年年为此缴税，除非他不再拥有房地产。正是这个原因，西方国家曾经出现过"富 n 代"因家道中落无法负担物业税，最后被迫变卖并搬出祖辈留下的豪宅的例子。因此，物业税的存在促使购房者必须考虑所购房屋应与自己的承受能力相匹配，对住房过度消费有抑制作用，长期来看将有助于促进住房供需平衡。

物业税存在的意义，一是对社会贫富起着调节作用；二是在一定程度上抑制房地产投机，特别是对那些通过囤积住房待涨获利，而不通过出租经营获取收益的投机行为更为有效；三是为地方政府提供稳定的财政收入来源；四是改变了房地产的财产属性，物业税的存在使持有房地产不仅是一种财富的拥有，同时也是对社会的一种责任。欧美等国的物业税在地方财政收入中已占支配地位。因此，我国开征房产税客观上也有利于破解我国地方财政依赖土地出让收入的难题；五是减少了房产空置现象。因为空置意味着仍要向地方政府交纳物业税，所以在设置足量物业税的国家，房产的空置率一般都较低；六是物业税主要用于中小城市维护，有征收与使用的自调节作用。例如，美国及西方国家的地方政府的运转主要依赖物业税，政府会根据物业税的收入情况量入为出，自行调节其政府雇员的规模，其结果是普遍的城市层面的小政府。

我国已于近期开始房产税试点。2011 年 1 月 27 日，上海、重庆分别出台政策，在两市开征房产税。两市房产税试点主要有以下几个方面差异：一是征收对象不同。上海仅对新购住宅征收房产税，而重庆既针对新购的高档住房以及非本市家庭的第二套住房，也针对存量独栋商品住宅；二是征收范围不同。上海的房产税试点范围覆盖全市行政区域，而重庆的试点范围为主城 9 个区；三是起征点不同。上海以人均面积来衡量，人均 60 平方米为起征点，而重庆以户面积来衡量，每个家庭只能对一套应税住房扣除免税面积，存量独栋商品住宅免税面积为 180 平方米，新购独栋商品住宅、高档住房，免税面积为 100 平方米，非本市家庭的应税住房不扣除免税面积；四是适用税率不同。上海税率分为 0.4% 和 0.6% 两档，并在税款计算时再乘一个 70% 的系数，重庆税率分为 0.5%、1% 和 1.2% 三档。总体而言，上海试点方案侧重于抑制投资投机购房需求，重庆方案侧重于抑制高档住宅消费。

房产税试点的推出，客观上对住房消费和投资理念产生了一定的影响。从试点效果来看，2011 年重庆房产税起征点是 9941 元／平方米，满足征收条件的高档商品住房共有 8563 套，其中独栋别墅 3400 余套。预计 2011 年征收房产税可达 1 亿元。截至 2011 年 7 月，上海认定应征房产税住房共七千多套，上海房产税试点以来，总体运行平稳。在房价方面，2011 年重庆和上海两地高端房地产市场，都表现出松动迹象。有关方面表示，房产税试行以来，重庆高档楼盘访客量下降了 30%～50%，高档商品住宅成交量下降了 4 个百分点，抑制了投资和投机性消费①。

总结城镇化先行国家的经验教训，我国应加快推进房产税改革进程，在总结上海、重庆试点经验的基础上，在全国推行房产税。房产税不仅对别墅、大户型高端房地产征收，对存量房地产也要尽快研究征收办法。征税时区别对待自住住房和投机性住房，对投资、投机性住房包括三套房、多套房提高房产税税率，同时对一定面积范围内的自住住房或改善房（第二套房）给予税收减免优惠。这样既不会增加有真实自住需求的普通家庭的税负，又可提高房地产投机投资行为的持有成本，同时还可为地方财政提供一个稳定的税源。在征收力度上应按先低后高，逐年提高的原则进行。对少数房地产市场泡沫较多的城市也可一步到位、提高物业税收占比、有效挤压房地产泡沫。不动产税等直接税一方面成为地方政府财政主要且稳定的收入来源之一，另一方面也在抑制住房投机、公平分配城市空间资源等方面发挥着重要的作用。

（二）自住房和投资房差别化购置税费调节

房地产市场过热的典型特征之一是房地产交易频繁，房价在炒作中快速上涨。通过对交易行为征税，相当于在"过快过热转动的房地产交易齿轮中间撒一些沙子"，起到增加房地产投机成本、降低交易频率、减少房地产投机行为的作用。由于对交易行为征税是按次征收，即房地产每交易

---

① 参见：重庆日报：2012 房产税改革何去何从？2011 年 12 月 27 日。

一次就会被征税一次，这一措施对短期交易行为影响更大。征税税率应根据交易间隔时间、交易对方所拥有房产数量而有所区别，从而起到打击投机的目的，同时又不会对真实的居住需求增加额外的负担。

通过征税对短期房地产投机行为进行打击，是一些发达国家和地区的通行做法。例如，韩国对房产转让征收资本利得税，根据税基的高低分四段累进，如果税基不高于 1200 万韩元，税率为 6%；如果税基超过 8800 万韩元，税率则高达 35%；税基在两者之间的税率为 15% ~ 24%。该项税收可根据房产持有时间给予相应扣减，持有时间越长，扣减比例越高，持有 10 年以上的最高可扣减 30%，持有 3 年以下的不予扣减 [①]。

又如，中国香港为遏制楼市炒风，在 2010 年 11 月推行了额外印花税。对持有物业在 6 个月或以内转售的，征收 15% 的额外印花税；在 12 个月和 24 个月内转售的，分别征收 10% 和 5% 的额外印花税。统计显示，2011 年前 10 个月中国香港共有约 7.5 万个一手及二手住宅物业的交易个案，较 2010 年同期，即宣布推出"额外印花税"前下跌了约 34%，其中二手住宅物业市场有约 6.7 万个交易个案，同比跌幅约为 34% [②]。无独有偶，我国台湾地区也在 2011 年 4 月推出奢侈税，目标直指房地产投机行为。根据有关规定，持有非自用住宅的房屋及其坐落基地、空地，在一年内转让的，将按照实价课征 15% 的奢侈税；两年内转让的课征税率为 10%。

目前我国交易环节的税收主要有契税和营业税，但对抑制房地产投机交易行为的指向性不够明确。例如，契税税率为 3% ~ 5%，由买方承担；营业税针对一定期限内（如 5 年）转让房地产的交易行为征收，税率只有一档，为 5%，且对 5 年内转让的行为未再加以区别，无论是 1 个月内转让，还是 4 年 11 个月后转让，营业税率都按同一个标准征收，这样就难以起到对短期投机炒作的遏制作用。

事实上，适度的税收有助于遏制房地产市场的投机行为。例如，深圳从 2011 年 7 月 11 日开始，对二手房实行按评估价征税。根据深圳市规划国土委的数据统计，在二手房按照评估价征税新政出台后，深圳市二手房成交量跌至冰点，环比暴跌 77%，一个月内日均成交仅 101 套，其中的重

---

① 资料来源：Global Property Guide，http：//www. globalpropertyguide. com/Asia/South-Korea/Taxes-and-Costs#.

② 陈静. 香港"额外印花税"遏抑住宅短炒成效显著. 经济参考报. 引自：中财网，2011 年 11 月 24 日.

要原因就是征税新政使二手房交易成本急剧上升 2 ~ 3 倍[①]。

　　为更加有效地抑制房地产投机炒作行为，应制定目标指向更加明显的差别化税收政策，对短期房地产投机行为征收重税，包括考虑对卖方征收增值税、征收特别交易税以及对买方征收消费税，并根据交易时间间隔和交易性质实行差别化税率政策。对卖方来说，交易越频繁、间隔时间越短、卖方拥有房产数量越多，税率相应越高；对买方来说，对购买的第一套住房免征消费税，对购买第二套及以上的，采取累进税率，购买套数越多，税率越高。特别交易税和消费税针对房地产投机炒作行为，地域特征明显，应归为地方税范围。中央政府负责税种的设置，具体的税率以及开征时机可授权地方政府自行决定，以增加调控政策的针对性、灵活性和适应性，并提高地方政府调控的积极性。此外，在对交易行为征税时，加强对房地产"阴阳合同"的打击力度。通过差别化的税收和建造费用调控，对高、中、低端住宅以及自住和投机实行有保有控的策略，降低保障性住房建造费用，减轻低收入群体购买首套普通商品房税费和信贷负担，但对高端住房征收重税，从而达到住房需求调节和财产分配调节的目的。

　　（三）理顺财税体制，减少地方政府对土地财政的依赖

　　分税制改革以后，中央与地方的财政收入与事权比例不匹配的矛盾日益凸显。统计显示，2009 年中央与地方财政收入比例为 52.4∶47.6，财政支出的比例则为 20.0∶80.0，且财政收入与支出比例不协调的状况从 20 世纪 90 年代初以来逐年加剧[②]（图 11-2）。近年来，地方政府社会保障责任加重，教育、医疗、社会保障等刚性的民生支出规模日益扩大，而地方财

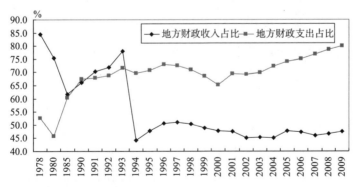

图 11-2　地方财政收支在全国财政收支中的占比变化趋势

① 叶檀. 货币泡沫未除 房地产调控成效不大. 南方人物周刊，2011-8-25.
② 中国统计年鉴 2010. 中国统计出版社，2010 年 9 月。

政收入增长速度赶不上支出的增长，造成地方政府对土地财政的依赖程度加深。特别是近几年，土地财政收入不断增加，在地方财政中所占比重也越来越大。由于地方政府垄断了土地供应一级市场，地方对土地财政的追求导致对土地的惜售与对高地价的默认甚至是推波助澜，这与房地产调控目标之间存在明显的不匹配。

中国土地勘测规划院报告显示，近年来房地产市场呈现出地价增速超过房价的趋势。特别是在一些发达城市，其地价的上涨速度明显超过当地经济增长的速度，重点城市的房价构成中，土地成本占到三成以上[1]。另据统计，近几年土地财政收入快速增长，其增长速度远远超过经济增长和国民收入增长速度。2010年，我国土地财政收入高达2.9万亿元，占地方财政收入的比重超过30%，一些地方的土地财政收入占比甚至超过70%[2]。与之相比较，2010年我国全年商品房销售总额约为5.2万亿元，土地财政俨然成为房地产市场的吸金黑洞。虽然商品房销售收入与土地财政收入之间存在一定的滞后期，两者同一年的数据不具有完全可比性，但土地财政收入凸显了一个事实，即高房价既是供需关系失衡的结果，也与成本推动因素密切相关。

地价快速上涨带来了一系列后果：一是导致地方政府在增加土地财政收入与控制房价之间纠结；二是地价持续上涨特别是地王的出现发出了强烈的市场信号，强化了房价上涨的预期，并直接刺激地王周边的房价跟随上涨。这种房价上涨现象与住房本身及业主经营等因素并无关联，完全归因于住房所在地段的土地升值。这样一来，本应归全社会享有的土地增值收益却几乎被开发商和少数业主所独占，造成事实上的社会财富分配不公。

解决地方政府土地财政依赖和土地增值收益分配不公问题的根本办法之一，是从房地产供应链的前端逐步向供应链的前端和中后端并重转变，即在土地出让环节收取土地出让金的同时也注重在房地产销售和交易环节向开发商和卖方个人收取土地增值税，从而减轻"土地财政"的依赖症（图11-3）。根据我国城镇化的进程，上述转变时间安排上可分为三个阶段：在城镇化初期，土地出让金占主导；在城镇化中期，转变为以土地出让金为主，逐步增加物业税和住房消费税在地方财政收入中的比重；在城镇化后期，物业税和住房消费税占主导，土

---

① 搜狐焦点，http://house.focus.cn/news/2011-03-25/1240952.html.

② 谢旭人释疑"土地财政"2.9万亿之谜.http://content.caixun.com/CX/01/f6/CX01f6ov.shtm.

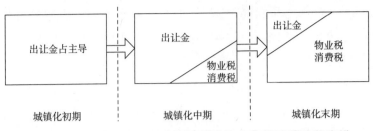

图 11-3　土地出让金向物业税和住房消费税过渡阶段安排

地出让金退居次要位置。

　　在税收设计上，土地增值税的征收应采取累进税率，增值越大税率越高，最高税率可设为 100%，以抑制房地产投机和炒作中的暴利现象。土地增值税实际征收时，对房价上涨部分，可以按一定的比例，如参照 CPI 变动幅度，逐年扣除，使产权人在合理幅度内可以分享经济成长所带来的成果，同时不至于因通货膨胀因素而遭受贬值损失。对家庭拥有的唯一自用住房，可规定在一定时间内再次购房给予税收抵扣或土地增值税退税的优惠，以避免因征税导致购买力下降无法保持同等居住水平的情况出现。

　　需要指出的是，减少地方政府对土地财政的依赖，并不意味着要以物业税等持有环节的税收来取代土地出让金。这是因为，土地出让金与物业税是两个不同的范畴，两者在理论依据、收取对象、收取标准、所起作用等方面均不相同。具体而言，土地出让金是国家作为土地所有者向土地使用者收取的土地价格，是土地使用权的交易价格，借助土地市场平等竞争通过土地使用权交易实现，价格高低取决于土地市场的供需关系，解决土地市场配置和产权交换、交易的问题，是政府以土地所有者的身份收取的土地使用权让渡价款。税收是凭借国家政权收取的，用于补偿政府提供无选择的普遍服务所需的费用，解决的是政府无选择的对公民普遍提供服务的费用补偿等，纳税人交纳税收的高低与享受政府服务量也不直接对应。税收是凭借国家政权强制力收取的，解决的是收益再调节问题。物业税作为"有房户"按固定比例的支出，房价越高，相应的物业税也将越高，物业税实际上对房价起到了反向调节作用。

（四）金融杠杆比率调控

　　房地产是资金密集型产业，与金融的关系密不可分。因此，货币信贷政策的变化将对房地产供需双方产生显著的影响（图 11-4）。对供应端来说，银行信贷资金是开发商最重要的资金来源之一。根据公开的数据计算[①]，1997～2006年房地产开发中使用银行资金的比重平均约为55%[②]。因此，一定时期内房地产贷款总量决定了开发商可承受的实际开发规模和开发商的资金充裕程度。对需求端而言，大部分人买房都需要借助按揭贷款，按揭贷款实际上放大了住房购买能力，并起到将未来住房消费能力提前释放的作用。按揭贷款放大了购房金融杠杆倍数，对投机者而言，在放大了投资风险的同时也放大了投资收益的可能性，但其中的一部分风险却转嫁给了银行，从而刺激了房地产投机行为。

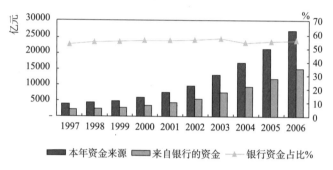

图 11-4　全国房地产开发企业资金来源构成（亿元，%）

资料来源：根据国家统计局的统计数据计算

房地产金融调控是通过差别化信贷政策，调节房地产资金成本、资金流向和资金总量，抑制投资投机需求，支持真实居住需求，从而达到影响不同类型购房需求，平抑市场波动幅度的调控目的。金融调控可分为三个方面，一是货币投放，二是利率调节，三是金融杠杆调节。在货币投放方面，可在基本的货币政策基础上对房地产项目实行"窗口"调控，即在既定的全社会信贷总量基础上，指导商业银行、信用社和其他金融机构对房地产信贷规模进行适度的控制，使房地产信贷在信贷总量中的比例控制在一定的额度以内。在开发贷款窗口指导政策下，优先保障适合中低收入家庭的中小户型、中低价位普通商品住宅以及保障性住房建设的贷款发放，优先向以提供普通商品住宅为主、积极参与保障性住房建设、守法诚信经营的开发企业发放贷款，限制向高端住宅项目，以及有捂盘惜售、囤积住房、哄抬房价、散布虚假信息的开发企业发放贷款。公积金是商业银行贷

① 《2004年中国房地产金融报告》估计，"房地产开发资金来源中，自筹资金主要由商品房销售收入转变而来，大部分来自购房者的银行按揭贷款，按首付30%计算，企业自筹资金中有大约70%来自银行贷款；'定金和预收款'也有30%的资金来自银行贷款"，pp13

② 《2004年中国房地产金融报告》认为，我国房地产开发商获得的银行资金占其资产的比率可能高达70%以上，pp24

款之外另一个重要的地方性住房贷款来源。因此，公积金贷款也应纳入房地产金融调控的范围，在公积金贷款规模和具体贷款上对不同类型住房实行差别化贷款政策，对高端住房给予限制和利率上浮直至不予发放公积金贷款，对中低端住宅给予较高贷款比率支持和利率优惠。通过货币投放对住房发展方向和企业诚信经营等起到调节和引导作用。

在利率方面，在现有央行统一的房贷利率浮动的范围内，对高、中、低端住宅实行贷款利率的上下浮动，对高端住宅和多套房的贷款利率上浮，对中、低端住宅贷款利率下浮。对首次购房的真实居住需求给予利率适当下浮的优惠，支持和鼓励居民购房；对二套房以上及异地购房等投资投机性购房，向上浮动利率，增加炒房的资金成本。对不同购房类型的利率上下浮动幅度可根据市场状况进行反向调整，市场过热时，提高上浮幅度；市场转冷时，相应降低上浮幅度，从而减小市场的波动程度。

在金融杠杆方面，从国外经验来看，不同的金融杠杆政策将会导致不同的后果。一些国家实行激进的金融杠杆政策，如美国为了刺激其房地产市场实行零首付政策，使一些本来无力进入房地产市场的低收入家庭也加入了购房的行列，金融和评估机构通过各种衍生工具将其包装成"优质"资产推销到全球，让购买者为此承担了巨大的信贷风险，最终导致次贷危机的爆发。另一些国家实行相对稳健的金融杠杆政策。例如，资料显示，2000年左右德国住房贷款的首付比例约为35%，远高于同期美国和英国的水平[1]。德国在住房贷款上相对保守的政策，使其国内的住房市场经受住了美国引发的全球次贷危机的冲击。

国外经验表明，政府运用金融杠杆的正确与否直接影响投机资金的规模和当地房地产市场的稳定。因此，在实际调控中，应采用相对稳健的政策，并对不同类型的住房实行差别化的金融杠杆政策。具体而言，对当地居民购置首套普通商品房，首付比例可设在30%左右，最低不低于20%；对第二套以上的商品房或者高档商品房，首付可设定为50%~60%；第三套以上的实行零按揭。这样，越是投资投机性购房，金融杠杆比率越低，可通过金融杠杆撬动的资金越少，通过金融工具推高房价泡沫的作用也就越小。

（五）提高市场信息透明度

信息是市场参与各方作出理性决策的重要依据，以及市场机制能否发

① Axel Börsch-Supan and Annamaria Lusardi. Saving：Cross-National Perspective1. From Life-Cycle Savings and Public Policy：A Cross-National Study in Six Countries. edited by Axel Börsch-Supan.

挥作用的基础。对于不可移动、非标准化的房地产市场而言，信息的作用尤为重要。信息的采集和发布在国际上有成功的经验可供借鉴。例如，英国的 IPD 指数定时发布，既有总体指标，又有分地区分类型的细化指标。借助 IPD 指数，不仅可以进行纵向比较，考察一国或地区的房地产市场起伏变动和历史趋势，也可进行国家或地区之间的比较研究，甚至可以用来比较不同金融资产之间的收益率。近年来，欧洲已经出现以 IPD 指数为交易对象的金融衍生产品，该指数的权威性可见一斑。再如，美国的凯斯－席勒（S&P/Case-Shiller）房价指数由标准普尔发布，该指数以重复销售定价技术（repeat sales pricing）为基础，已被各方广泛采用，具有很高的市场认可度，是美国住房价格变化的指针。除这些商业性质的市场信息发布之外，欧美发达国家（日本除外）国家统计部门都定期发布市场信息和价格指数，并且可回溯相当长的时间。这些信息的发布及权威性给予市场各方充分的知情权，从而可以在此基础上作出理性的决策。

我国房地产市场公开的权威信息仍然较为缺乏。官方的 70 城市房价指数最早仅能回溯到 2005 年，但这一时期的房价几乎是一路向上，让人感觉投资房地产完全没有风险，甚至有人错误地宣传"早买房、早受益"，使房地产的投资投机者缺少风险防范的意识。普通老百姓则在"恐涨"的情绪下跟风入市，加剧了短时期内的供需失衡状况。事实上，我国在 20 世纪 90 年代曾经历了局部的房地产泡沫危机，当时参与其中的很多人损失惨重，房地产泡沫较严重的海南、北海等地经济发展也受到严重影响。但在经历了长达十余年的房地产上升期后，这一教训似乎已被淡忘。在时间序列极短的 70 城市房价指数上，这段历史完全缺失，使得已有指数难以起到基本的警示作用。

信息的权威性、完整性和时效性是市场高效运行的润滑剂，也是避免因信息不对称导致市场失灵的有效办法。提高房地产市场的透明度，必须及时向市场参与各方提供住房存量、新增供应量、未来若干年内潜在供应量及供应结构、房地产开发成本利润、地区人口总量及构成、地区人口变动趋势、住房拥有比率、二套房以上拥有比率、本外地居民拥有住房比率等基本市场信息。只有建立起高效的信息采集和发布体系，提供翔实且权威的信息，提高市场透明度，才能给市场参与各方传递清晰、准确的信息，达到树立正确市场预期，减少住房市场羊群效应，促进房地产市场理性消费的目的，并最大限度地压缩捂盘惜售、发布虚假信息误导市场等不规范的行为发生。信息的丰富和完善还有助于科学严谨的房地产研究，减少目前充斥于各类媒体缺乏事实依据和科学论证的奇谈怪论。

信息的发布和采集应借鉴国外的经验，政府主导、社会积极参与，由政府和社会共同来完成。政府负责采集和发布对市场有重大影响的全局性、基础性信息，而影响较小的区域市场动态信息则由有公信力的第三方机构负责采集和发布，以保证信息的时效性。同时，对采集和发布信息的第三方机构进行有效地监督和约束，以保证信息的真实、客观。

二、城市政府如何进行房地产调控

长期以来，我国房地产市场调控模式存在的误区是过分依赖中央货币和政策对房地产市场进行整体调控，而地方政府只是房地产调控的被动受体。长期的实践证明，这样的调控模式效果往往不佳，这一方面是因为全国各地经济发展水平、住房需求、基础房价和人居环境差别极大，难以用统一的调控手段进行操作。另一方面是地方政府对土地财政的过分依赖也使中央与地方利益产生分野，地方政府在调控房价方面没有任何利益可获，难免会产生或明或暗的抵触情绪。更重要的是，在采用以户口限购商品房的房价调控方式实施之前，地方政府很少自主进行房价调控，以至于众多自主权极大的地方首脑不熟悉如何有效地进行当地房地产市场调控以获取城市长远可持续和谐发展的机遇。基于对国内外经验教训分析，并结合地方政府现有或潜在的权限，对地方政府中调控权限最为完整的城市政府的房地产调控提出七方面的具体措施和政策建议。

（一）房地产供需平衡调控

1. 人均住宅总量调控

房地产调控的目标之一是供需基本平衡。要做到房地产的供需平衡，应从供应和需求两端都进行调控。对需求端而言，首要的是确定合理的人均住房需求面积。我国人多地少，不宜将人均住房面积标准定得过高，美国的人均住房面积约为 80 平方米，但这一标准并不适合我国人均资源短缺严重的国情。我国应长期贯彻紧凑型城市发展模式，人均住房面积以 30 ~ 40 平方米为宜。

人均住房标准确定后，再根据地区或城市的社会经济发展规划所确定的预期人口规模，就可估算出本地区未来一定时期内城市的住房总需求量。考虑到已有住房存量，以及因拆迁、改造、折旧等因素所致的住房合理灭失量，可以估算出未来一定时期内所需的住房建设总量。

城市政府根据的预期住房建设总量进行相应规模的土地储备，并以五年为一周期确定住房建设量，再按年度确定土地供应计划、施工量和竣工量，并根据人口增长规模和住房需求变化情况及时进行调整，使住房供需达到相对均衡。

空间资源是我国紧凑式城市最稀缺的资源之一。住房占有是城市空间资源的一种分配形式，如果不同群体的住房面积相差过于悬殊，就意味着城市空间资源分配的不公和上述调控模式的失效。因此，对于超出人均住房面积标准的购房行为，应通过经济税收杠杆，以及直接限购等行政干预措施进行必要的限制，避免过于旺盛的投机需求加剧供需失衡状况。

2. 房地产投资比例控制

房地产投资在固定资产投资中所占的比例是判断一个城市的房地产是否过热或者发育不足的重要指标。一般而言，在城镇化高速发展期，一个城市每年的房地产投资应占当年固定资产投资的 25% 左右。如果不足 25%，说明这个城市的房地产业发育可能相对不足；如果超过 25%，则可能会导致泡沫产生。

这方面，我国部分地区已经有过教训。在 20 世纪 90 年代初期，一些城市或地区的房地产投资在固定资产投资中的占比过高。例如，20 世纪 80 年代末至 90 年代初，海南的住宅投资占固定资产投资的比重由 1986 年的 23.3% 猛增到 1987 年的 36.1%，1987～1991 年住房投资占比平均达 30.3%。从住房投资增速来看，1988～1991 年平均每年递增高达 53.1%，远高于同期固定资产投资增速的 38.1%，超过"七五"期间年均 22.3% 住房投资增速的 2 倍。海南住房投资高速增长的结果是后续投资难以为继，最终出现了严重的房地产泡沫，而泡沫的最终破裂，则会给所在地区的社会经济发展带来了严重的冲击。近些年来，一些城市的房地产市场呈现出明显的过热迹象。例如，2004 年以来，温州市房地产投资在固定资产投资中的占比均在 25% 以上，2009 年和 2010 年房地产投资占比均超过 29%。又如鄂尔多斯市，房地产开发企业由 2000 年的 17 家增加到 2008 年 6 月末的 283 家，增长了 15.6 倍。2000 年到 2007 年 8 年间房地产开发投资累计完成 160.83 亿元，年均增长高达 68.0%。8 年间建筑施工面积累计达 1727.8 万平方米，年均增长 51.14%，其中住宅 1307.83 万平方米，年均增长 57.06%。8 年间建筑竣工面积累计达 715.4 万平方米，年均增长 41.73%，其中住宅竣工面积 570.93 万平方米，年均增长 43.75%。8 年间商品房销售建筑面积 978.12 万平方米，年均增长 54.7%，其中住宅 768.11 万平方米，年均增长 53.01%。

因此，为防止房地产市场过热，在整个城镇化进程中都应积极控制房地产投资比例，使其在固定资产投资中的占比保持在25%左右，并随着城镇化进入中后期，逐年适度递减，以保持合适的供需关系。尤为值得重视的是，此项比例的调节具有明显的滞后效应，应十分注重适时性和长期性，防止错误的反向调控引发助推房价的错误效果。这样，既有利于房地产业的健康发展，也有利于防止房地产业挤占其他产业的发展资金影响地方经济结构的调整和转型升级。

（二）均衡楼面价和地价比率调控

地价是住房成本中的重要组成部分，而且是房价构成因素中弹性最大的部分，也是最易引发房价泡沫化的部分。地价的波动会直接造成房价的涨跌，并影响到市场预期。近年来，我国沿海城市的房地产调控经验证明，一旦有"地王"出现，周边的房价往往应声上涨，地价对房价的影响作用十分明显。因此，要控制房价，首先必须控制地价，只控制房价不控制地价往往是舍本求末的做法，尤其是房价构成中地价占比逐步攀高的一线城市更是如此。

我国实行城市土地国有制，在现行法律框架下，土地一级市场事实上由城市政府所主导，控制地价城市政府责无旁贷。就大多数城市的房价控制目标来说，住宅的楼面地价不能超过当期房价的1/3，这应该作为地价调控的一条标准线。如果地价过高，甚至如一些"地王"那样超过周边地区当期的房价，只会对房价上涨起到推波助澜的作用，最终会提高当地的投资成本，损害本地的投资环境，反过来不利于地方经济的长期可持续发展。

要控制地价，城市政府手中必须有充足的"弹药"，即要有一定规模的土地储备，而且所储备的土地应在城市各个区域均有分布。政府进行土地储备的首要目的不应是增加土地财政收入，而是以此来增加住宅有效供给，从而调控地价。只有如此，在地价过快上涨时，政府才能通过加快推地速度来平抑地价。在这方面重庆的经验值得借鉴。重庆市政府从2002年开始，强力推进土地储备，将40余万亩土地储备起来，约占该市核心区未来要扩张的500平方公里60%的可建设用地。这样，一旦有需要，政府可以通过增减供地规模和速度来调节地价水平。

从根本上来说，住宅供应规模和速度取决于土地供应规模和速度。但从土地供应到形成住宅有效供应存在一定的时滞，其时间长短与项目规模、周边设施配套情况、交通可达性、地理气候条件等因素有关。而其中影响项目周期最重要的因素是开发商的开发意愿和开发策略。一些开发商的经营重点不在于通过提升产品质素、提供优质服务来获取利润，而是蓄意拉长开发周期，甚至通过各种手段囤积土地拖延开发，以期获取土地升值所带来的暴利。这些行为扭曲了土地供应转化为住房供应的过程，使得一定时期内住房供应更趋紧张，这种人为的住房供应"饥渴症"加大了房价上升的压力。因此，土地供应应有科学的预见性和一定的超前性。例如，在预见到未来几年可能出现住房供应紧张状况，政府可加大土地供应力度；预见到可能出现供大于求的局面时，则提前减少土地供应量。这样，通过调节土地供应这个总的"水龙头"来促进供需平衡。

土地供应政策的有效性取决于以下几个方面：一是科学地预测市场变化趋势。政府和各类研究机构都应加强对房地产供需形势的研究，特别是对宏观经济运行状况、住房需求潜力、有效需求和需求结构等方面进行分析和预测，以提高土地供应政策的针对性和有效性；二是地方政府以均衡住房供需、促进住房公平作为土地政策的主要目标，而不是片面地追求土地财政收入，使土地供应成为市场的"稳定器"而不是房价上涨的"助推剂"；三是加强房地产开发一级市场的管理，保障土地供应到住房供应传导机制的畅顺。对囤地行为予以坚决打击，同时加大闲置土地清理力度，对通过土地升值获取暴利的行为严格征缴土地增值税，纠正和防止土地供应转化为住房供应过程的扭曲；四是保持合理的土地储备规模。土地储备应逐步从借债储备向土地储备与土地基金相结合。一方面可以通过扩大土地基金规模来加强土地储备，另一方面，也可以借此改变目前土地基金即收即用的做法，使相当于未来数十年的土地出让收入能为长远所用。此外，应积极采用 TOD 模式开发和储备土地，使土地增值收益能为全社会所分享。

（三）住宅建造费用成本调节

1. 住宅建造费用调节

住宅建造费用包括建安工程成本、税费、地价以及建设企业的合理利润等。其中，现有住宅建设方面的税收主要包括营业税、企业所得税、个人所得税、城镇土地使用税、房产税、城市维护建设税、耕地占用税、土地增值税、印花税、契税等[①]，行政收费主要包括征地管理费、市政配套费、开发管理费、增容费、防洪基金、教育附加等。

住宅建造成本中的第一大因素是土地成本。例如，数据显示，从 2002~2007 年，上海的土地成本在开发成本中的比例分别为 56.3%、

---

① 参见：现行税收制度。北京市地方税务局。http://shiju.tax861.gov.cn/bjds/zwgk/zngk/qjgk/display.asp?more_id=1359621

52.4%、53.4%、53.6%、49.5%、53.4%，其中仅 2007 年略低于 50%。而 2009 年全国"两会"提案披露，"2008 年 7 月份到 10 月份在北京、上海、广州等 9 个城市房地产开发企业的调查，包括 62 个开发企业，涉及 81 个房地产项目，结果显示，土地成本所占比例平均为 41.2%"。第二大因素是公共配套设施费。调查显示，上海这部分费用平均约为每平方米 320 元，其他城市相对要低一些，如多数长三角城市该费用一般为每平方米 100 元多，其中苏州约为每平方米 120 元。第三大因素是水电气等配套费用。例如，2002～2007 年，上海房地产项目公共配套设施占总成本的比例分别为 0.9%、1.5%、1.3%、1.2%、1.3% 和 1.2%[①]。

由此可见，住宅建造费用的总数较大，在房价中的占比很高，其中很大一部分取决于地方政府的收取标准，因此，这一部分费用的可调节空间较大。在实际调控中，可对高、中、低端住宅区别对待，有保有控。对低端住宅实行低费税来降低建造成本，政府尽可能减免各类建造税费，例如免收土地出让金和配套费、免收或减收相应的税费、政府自行开发不计收利润、通过合理设计和应用本地建材等措施降低建安成本等，使住房建设成本降到最低，从而降低住房租金或售价。对中端普通商品住宅适时适度给予建造费用的减免等优惠措施，例如减免土地配套费、减免相应的税费、合理设定这类住宅开发的利润上限、公开房地产商开发成本、贷款实行优惠利率等，使普通家庭的购房负担降低。对全生命周期节能减排量大的绿色建筑及超低能耗建筑实行税费减免或容积率奖励的办法。对高端商品住房、土地利用率低的别墅和多套房等通过增加税费等措施进行约束，对高端住房通过完全的市场公开竞价方式出让土地使用权，征收房产税或物业税，并实行较高的税率；在交易环节征收较高的契税和增值税；对于多套房实行差别化的交易税。

2. 成本公开

开发商混淆成本概念是推高房价、获取暴利的重要手段，也是逃避税收的方法之一。为此，应严格房地产开发成本核算并予以公开，一方面可以通过同行评议、社会舆论监控来精确衡量房价偏离成本的程度，降低房价非理性上涨的预期，另一方面，也可以此为基础，对囤积房源、蓄意涨价的开发商实行反暴利惩处措施。

3. 住房价格管制

住房价格管制其目标指向为供应方，管制措施可分为三个层次：一是

---

① 上海房地产开发成本实地调查。21 世纪经济报道，2009-03-15.

建立基准房价体系。基准房价考虑区位、环境、通达度等影响房价的重要因素，以及建筑成本，税费和合理利润等，分区域分类型测算并建立住房基准价格体系。住房基准价格定期调整，以反映城市建设和市场环境的变化情况。二是设立利润限制。在基准房价基础上设定房价控制目标，控制合理开发利润，对超过部分，以暴利论处并给予相应处罚。三是实行明码标价。对每套住房实行明码标价，未经批准企业不准擅自涨价。实行明码标价制度后，房价调控目标不再是一个笼统的区域均价，目标明确、可操作、可评估、可监督检查，对不同类型、区域、价位的住房均可应用。需要注意的是，如果只是规定明码标价，而不明确明码标价的内涵，开发商可先标出高价来规避，一方面留出房价上调空间，另一方面也可避开涨价审批的限制，同时标高价的行为还可能强化房价上涨的预期，因此，应出台相应政策，指导开发企业参照本区域同质楼盘实际成交价格、委托房地产估价机构评估等方式合理定价。同时，对于定价过高的，房管部门可通过约谈、劝诫等方式加强指导和审核，并联合价格主管部门进行审查和监管。对于预售价格定得过高的项目，通过不予发放预售许可证来进行纠正。明码标价政策规范的是市场价格行为，其目标指向是供应方，对投机投资需求没有抑制作用，因此严厉程度和效果要低于限购政策。

此外，还应对地价采用综合限制措施，从源头上控制住房价。一些地方对此进行积极探索，并推出了有特点的措施。如北京市从 2011 年 8 月开始尝试"限地价竞房价"的土地出让方式。具体来说，"限地价"，是指政府在出让土地时已将该地块的楼面地价和总价限定，无论最终竞得者是谁，需要支付同样的土地出让金；"竞房价"，是指设定一个最高售价，然后由所有竞买人报出未来在该地块上建设的商品房销售价格，承诺销售价格最低的就是竞得人。这种"限地价、竞房价"的土地出让方式可以起到"一石三鸟"的作用：

（1）政府保住了基本的地价。政府按照拟出让地块周边土地历史出让记录的地价水平或者略作折让来确定"限地价"的标准，让开发商去拼房价，而政府已经确保获得其希望的出让金收入。

（2）通过"竞房价"，让开发商未来售价下降，起到抑制房价的作用。竞买前先确定拟出让地块的房屋销售价格最高限价，且最高限价明显低于周边在售商品房价格，在竞买时，竞买人每次还要向下浮动来报价，从而起到抑制房价的作用。

（3）作为"半保障项目"，部分满足"被保障家庭"需要。拟出让地块的销售对象为：符合"京十五条"、"限购"政策的家庭均有资格购买。

其中有三类家庭具有优先购买权，一是在北京首次购买住房的本市户籍家庭；二是持有本市有效暂住证在本市首次购买住房，且连续 5 年（含）以上在本市缴纳社会保险或个人所得税的非本市户籍居民家庭；三是已经通过住房保障资格审核，正在轮候保障性住房配售，且同意购买该项目后放弃保障性住房购买资格的家庭。

在"限地价竞房价"的同时，还需明确详细的建筑标准，以保证住房质量，实现价廉质优。

（四）住房租金管制

与住房购买市场不同，住房租赁市场面对的主要是真实居住需求。如果房租在一定时期内上涨过快，租房者难以承受，只能被迫向更低居住标准的住房或更偏远的地区迁移，导致居民的生活水平和幸福指数降低，城市交通压力增加等一系列问题，甚至可能引发社会不稳定。因此，住房租赁市场不应完全由市场调节，而是应该对租金水平、上涨速度等进行有效地干预，并增加租赁住房供应来源如公共租赁住房的建设和供应。

对租金的干预可通过设立基准房租来进行。具体而言，根据住房区位、环境、通达度等因素，以及居民收入水平，按照合理可负担原则，分类型测算基准住房租金，建立基准房租体系。在此基础上，规定房租每年合理上下浮动的范围。例如，规定房租每年向上浮动最高不超过 10%。基准住房租金定期调整，但每次调整不应超过一定幅度，如低于 CPI 的上升水平。基准房租制度有助于降低房租负担水平，建立合理的住房梯度消费结构，同时降低通货膨胀压力。

（五）保障房商品房比率调控

对大多数家庭而言，住房是他们一生中价值最高、花费最大的消费品。国外经验表明，无论一个国家或地区的社会经济发展水平如何，总有一部分人无法负担购买或租赁商品住房，因此，这些人的基本居住需求必须通过政府提供的保障房来实现。

欧美国家经济发展水平较高，市场经济发育较成熟，但欧美各国城市政府在城市化高潮期仍将住房保障作为社会制度的重要组成部分。这些国家城市政府不仅通过住房补贴、税收优惠等措施帮助普通家庭购买住房，而且通过建设公共住房等措施直接提供住房保障。例如，英国伦敦公共住房的比重在 1991 年为 19.9%，在住房租赁市场供应中公共住房更高达 47.16%。从 20 世纪 90 年代中期开始，伦敦的公共住房规模进一步增加。

2005 年，伦敦的自有住房比重为 58%，政府和非营利性组织供应的社会住房的比重为 25%，私人出租住房的比重为 17%，社会住房占租赁住房供应的比重提高到 59.52%[①]。

德国在第二次世界大战后也建设了大量公共住房。1949 年，德国新建住宅竣工量为 22 万套，其中 70% 为公共住房。1953 年后，德国每年新建住宅超过 50 万套，其中社会住宅比例一直保持 50% 左右。据统计，战后 60 年德国先后建造了近 1000 万套公共住房。从 1977 年起，当时的西德住宅总套数已经超过家庭数。尽管住房数量基本得到满足，但政府一直没有停止建设高质量的福利房。目前德国大约有 3826 万套住房，联邦、州和地方政府手中拥有约 300 万套公房。

先行城市国家经验表明，住房供应可以而且应当实行"双轨制"，即由市场供应商品房，由政府给住房困难群体提供保障房。保障房的建设和供应应成为房地产调控的重要政策之一，并得到长期执行。政府通过保障房建设计划，最终使保障房达到社会存量住房的 20%～30%，在易引发房地产泡沫的城镇化中后期，此比率应更高，这样才有可能实现较合理的住房配置格局和有效扼制房地产市场泡沫。

在进行保障房比率调控时，还应重视城市规划的作用。规划不仅是城市空间布局和发展方向的导向性基础手段，也是房地产调控有力措施之一。规划的调控作用在英国等发达国家已被广泛应用，通过规划不仅能够调节一定时期内住房供应规模、结构和分布，也可以实现不同群体合理混合居住的目的。

对于单个地块，在土地出让前，首先做好拟出让地块的详细规划控制条件，包括容积率、建筑密度、户型比例、面积限制、保障性住房比例等具体指标，作为土地出让的前提条件，并在土地出让合同中以正式条款注明，项目竣工时作为竣工验收的重要检查内容。对于整个区域，根据年度土地出让规模和分布情况综合考虑可建住宅面积和结构，在提出每个地块规划要点时统筹考虑，并结合"一书两证"对套型面积、节能减排性能、商住比率、保障房比率等方面给予明确规定。

（六）成立政策性住宅公司，开发面向中低收入家庭的住房

房地产开发企业是住房市场中的供应主体，而开发企业以逐利为目的，因此其开发节奏和产品供应类型结构与社会需求可能并不完全一致，

---

① 英国社区发展部，Survey of English Housing Preliminary Report：07-08.

甚至在通过经济和行政干预措施影响之下，其行为仍然无法达到均衡公平与效率的目的。因此，政府一方面要完善市场机制和体系建设，促进市场公平竞争和效率的提高；另一方面也要着力培育多元化的供应主体，包括组建政策性住宅公司，专门从事普通商品住宅和保障性住宅的开发建设。政策性住宅开发公司带有一定的公益性质，所开发住宅以设计合理、功能完备的中小户型住宅为主，以成本加上微利，如5%以下的利润率面向中低收入家庭出售。政策性住宅公司开发微利住宅将改变以开发商为主供应住房的现状，可分流一部分刚性需求，有利于平抑房价。微利开发模式可使住宅公司收回开发成本，维持公司的基本运作，实现滚动开发和资金循环利用。

（七）保障房交易增值收益分配调节

如果制度不完善，城市政府的保障房建设将会形成"黑洞"。一是利益输送"黑洞"。由于保障房与商品房之间价格相差悬殊，如果允许保障房转化为商品房并自由交易，中间存在巨大的利益和寻租空间，必将会导致一些腐败分子插手保障房分配或吸引很多人通过弄虚作假等手段来申购保障房。即便是低收入家庭申请保障房，如果将保障房卖掉后赚取价差，相当于将运用社会财富提供的公共产品据为私有，导致社会财富分配产生新的不公，形成利益输送"黑洞"。二是保障房建设资金"黑洞"。如果保障房建好后只是无限期地低于成本租金出租或简单地低价一卖了之，或者没有建立有效的退出机制，使地价增值部分不能被政府有效收回用于民生，这些都将会导致政府需要不断地投资建保障房，从而形成建设资金"黑洞"。

为避免保障房利益输送和建设资金两个"黑洞"，必须建立和完善保障房的供应和分配制度。一是建立封闭的保障房体系，使保障房只能在体系内循环利用。对于公租房，承租满一定年限后，承租人可以成本价购买，但以后要出售时只能卖给政府的保障房管理部门；对于出售给个人的经济适用房，日后转让也只能卖给政府的保障房管理部门，通过这些措施确保保障房能在体系内封闭循环。二是建立退出机制。对保障房既要管住分配的入口，也要管好腾退的出口，定期对被保障对象的住房状况和收入水平进行评估，不再符合住房保障条件的人要及时从保障房中搬出来，确保将保障房始终配置给最有需要的人。三是设置交易环节高税费。例如对居民购买的公租房和经济适用房市场化交易房产升值部分至少应征收占收益率30%～50%的增值税费，并专项用于当地保障房和必要的城市基础设施的建设。

总之，房地产具有不同于一般商品的特性：既是消费品，又是投资品；构成要素中既有会折旧的房屋，也有会增值的土地；既是可交易的商品，也是百姓民生的必需品；既是与众多相关产业发展交织的重要行业，又是事关社会公正、分配公平的基础性工具。因此，城市政府的房地产调控要根据不同房地产项目的属性和城镇化发展阶段，在供需平衡、投资比例、地价水平、成本费用调节、房价租金管制、"双轨"配置、保障房封闭循环等关键环节上进行相应的有效调控，从而既保障人民群众的基本住房需求、维护社会公平、缓减房地产泡沫的形成，促进当地房地产市场的健康发展。

三、住房"需求管理"的常态化分析

我国住房领域目前突出的矛盾是供需失衡，即受土地资源稀缺、公共服务资源约束所致的供应相对滞后和供应总量有限，以及人口增加、改善居住愿望等因素所致的需求无限性，供需矛盾及其各自影响因素的制约，意味着必须对住房需求进行管理，以缓和供需矛盾。

对一般商品而言，市场经济条件下价格起到了调整供需矛盾的作用，即一种商品如果不存在供给刚性或需求刚性，在存在供需矛盾的情况下，价格最终促使供需在某一区间达到新的平衡。与一般商品不同，相比需求而言，住房供给相对缺乏弹性，在我国还存在土地供应的绝对约束条件，这就意味着住房供需达到平衡的区间范围是有限的。此外，住房具有投资品的特性，在投资品属性而不是消费品属性起主导作用下，房价越涨，投资投机需求越旺盛，即越涨越买，价格调节作用失效。因此，在需求旺盛的特定阶段如我国现阶段的城镇化快速发展期，价格作为需求管理手段有其极大的局限性。

在市场规律特别是价格调节无法起到住房需求管理作用的前提下，非市场手段成为需求管理的自然选择。而以户籍为标志区分居住需求和投资需求相对简便并具有操作性，是一种非市场的需求有效管理手段。住房存在的根本价值在于满足居民的居住需求，为在一个地方长期工作和生活的人提供居所，而不是作为投资品成为少数人谋利的工具。在我国现行户籍管理制度下，户籍是区分一个人是否长期在本地居住生活的重要凭证，因此以户籍为依据实行住房需求管理具有合理性。

我国现行的户籍制度建立于20世纪50年代后期，这一制度的建立有着深远的历史渊源，在其长期推行和实施过程中，已经嵌入于社会系统之中，有着广泛的社会影响，其中也包括对新的社会需求的制约。随着城镇化的推进，大中小城市发展不平衡的矛盾日益突出。一方面，大城市因其集聚效应对流动人口产生了巨大的拉力，城市人口急剧膨胀，城市规模不断向外扩张，房价飞涨、交通拥堵、生态环境恶化等弊病日益显现，大城市开始变得"规模不经济"；另一方面，中小城市因区位优势不明显、公共服务水平相对较低而对流动人口吸引力不足，城市发展速度相对滞后，一些小城市和镇的人口甚至出现负增长。在城镇化过程中，大城市的住房供给的有限性与对住房的旺盛需求之间的矛盾更为突出。因此，在大城市实行以户籍为依据的住房需求管理实际上起到了设置需求门槛的作用。

需求管理的重要手段之一，即限购的理论依据在于，住房关系到城市空间资源的合理分配，市场将住房的商品属性发挥到极致，但对住房作为民生必需品的属性却无能为力。在市场经济中，一部分人可以毫无节制地购买多套住房，而相当一部分人却被剥夺了分享城市空间资源的权利，造成空间资源和社会财富分配的极度不公，市场机制对此无法纠正，必须依靠外在的力量来减少这种不公平性，促使空间资源达到最低限度的公平分配。

限购具体措施有限制购买对象和限制购买数量两个方面，两者综合使用，缺一不可。实行限购措施，购买对象范围限定为有真实居住需求的人群，包括户籍人口和在城市长期工作的人。对于长期在本地工作的非户籍人口，可通过是否已纳税或缴交社保一定年限来区分，为防止个别投资投机者打"擦边球"，严格限制通过补缴个税或社保的方式购房。长期来看，这部分人可与积分入户相结合，满足积分入户条件者可在入户地购买一套住房。限购数量方面，每户家庭限购一套住房，对于以改善为目的再购一套住房的，限定在一定期限内须将原有住房出售。考虑装修、搬迁和住房出售所需时间，原有住房出售期限可设定为一年。对在规定期限内出售原有住房的给予退税优惠，以鼓励按期退出，增加房源供应。

以户籍为基础的需求管理对商品房和保障房都可以起到调节作用。

对商品房而言，大城市的公共基础设施相对更加完善，就业和投资机会众多，同时土地资源更加稀缺，因此，大城市的房价更高且上涨速度很快，对投资投机性购房需求的吸引力大。以户籍为依据实行需求管理，可以有效地限制外来投资投机需求，再加上对户籍人口实行购房套数限制，可以抑制内生性的投资投机购房需求。内生和外部投资投机性住房需求同时受到抑制，有利于商品房供需矛盾的缓解，从而达到住房需求管理的目的。

对保障性住房而言，住房保障与失业养老保险、教育医疗等社会保障一样，都需要政府财政来作为支撑，也都面临财政的约束和资源的有限性，因此对住房保障对象的范围必须有所限制。特别是大城市，如果不加选择和限制地向所有外来人口提供住房保障，将会吸引更多的流动人口向大城市聚集，最终城市财政将难以承受，住房保障的目标也将落空。以户籍为依据进行住房保障，可以有效地控制保障性住房需求，使住房保障工作有序进行。

当然，以户籍为依据的需求管理并不等于将非户籍人口的住房需求完全排斥在城市之外。在户籍需求管理的基础上，通过一定年限的缴纳社保和纳税等作为购房资格的补充条件，以及通过积分制入户，提供户籍之外的可选择路径，使长期在城市工作居住，为城市发展作出贡献的外来人口有机会融入城市，真正有居住需求的家庭有机会购房或获得住房保障，这种做法符合我国城镇化和人口流动的国情，也符合户籍制度渐近式改革的实际。

我国住房领域的供需矛盾将在城镇化过程中长期存在。限购政策目标指向在需求方，可极大地限制投机投资性需求，是相当严厉的调控措施，其涉及的环节较少，指标界限明确，具有较强的可操作性。以户籍为依据的住房需求管理不应是一种临时性的应急措施，而应在住房供需矛盾得到根本性的缓解前，特别是在大城市应当作为长期的政策实行。只有将住房需求管理政策常态化，才能避免政策反复导致住房需求"脉冲式"的抑制和释放，对经济社会形成更大的冲击；也才能避免政策频繁变化影响到政府的公信力，导致政策效果打折扣。

附："售租比"的合理性及其缺陷

售租比，简而言之就是房屋售价与月租金的比例，具体计算时，可以采用平均售价与平均租金的比值，或者采用售价中位数与租金中位数的比值。衡量售租比值是否合理，要看房屋出租是否可以获得合理租金收益回报，这种租金收益率应当与投资出租房屋所需承担的风险相匹配。具体到不同的房地产市场，其风险和收益水平都不相同，但一个基本的原则是应该高于长期国债的收益率。

需要指出的是，上述计算的结果仅仅是名义售租比，而实际售租比往往更高。这是因为，房屋出租有空置率和空置期，扣除这一影响后，实际平均月租金将低于名义月租金。此外，房屋出租还有大量的支出项目，包括租赁中介费、管理费、住房维修费、折旧费、房屋保险费、税金等，这些项目扣减后，出租净收益将远远低于名义月租金。有人做过简单测算，在考虑上述因素后，如果售租比为 100∶1，出租房屋约需要 17 年才能收回投资；如果售租比为 150∶1，约需 26 年才能收回投资；如果售租比为 250∶1，所收租金与支出相抵将入不敷出，收回投资无望。从 2011 年第 2 季度高档住宅的房价租金情况来看，一些城市的售租比高于 300∶1，个别城市如温州的售租比甚至超过 1000∶1，因此，与正常收益率所对应的售租比相比，我国住房市场目前的售租比水平明显偏高（图 11-5）。

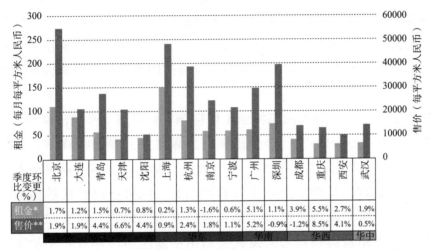

图 11-5　部分城市高档住宅房价租金情况（2011 年第 2 季度）[①]

从投资的角度来看，以出租净收益与售价之比计算的收益率才有实际意义。

从售租比的计算方法可以看出，售租比的高低与房屋售价和租金相关，租金偏低或者售价偏高都可能导致售租比水平偏高。综合来看，我国售租比水平偏高的原因主要有以下几个方面：

一是租售两类房屋不匹配。售价是新房，出租多是旧房，售租比计算的两类房屋不匹配，导致售租比偏高。

二是租房和购房两者需求结构不同。租房市场上基本为真实的居住需

———————————
① 资料来源：CB Richard Ellis 房地产市场报告（2011 年第 2 季度）。注：以建筑面积计算，扣除管理杂费。

求，租金水平比较客观地反映了租赁市场的供需状况；购房市场上投机投资性购房需求占有相当比例，这两类需求与居住需求叠加，放大了购房需求，推高了房价。

三是租房群体总体上收入水平相对较低。租房住的群体大多属于中低收入阶层，无力负担过高的房租，倾向于租住面积较小、位置和配套较差的旧房，从而拉低了房租的总体水平，导致售租比偏高。

四是现阶段房屋租金不是住房投资的主要收益来源。近些年来，我国房地产已经历了较长时期的上升阶段，投资住房的收益主要来源于资产增值即房价上涨，这部分收益很大程度上弥补了出租回报的不足。

五是资产估价方式不同。目前我国房屋出租方主要是个人，不太看重租赁收益率，房屋出租并非纯粹的投资行为，西方国家房屋租赁机构普遍采用的资产估值方法未被普遍认同，房屋交易中市场比较法计算房价更为普遍，导致售租比偏高。

六是东方文化中的置业观念导致大多数人倾向于购房而不是租房，使得买房需求过于旺盛，在价格上反映为较高的售租比。例如，温州人有重置业的传统观念，根据 2011 年 7 月网上租售信息初步估算，以温州鹿城区部分小区为例，二手房售价和租金比例约为 640～850：1，虽然无法区分居住需求和投资需求对温州售租比的贡献比例，但偏高的售租比水平在一定程度上反映出温州人注重买房的偏好。

综上所述，售租比可在一定程度上反映市场状况，特别是房屋交易市场与租赁市场偏离的程度。但售租比受不同市场房屋构成、房价租金数据产生来源、市场发展阶段、文化等因素的影响，使其在不同市场间可比性较差，实际应用受到限制。我国现阶段的售租比较高有其内在原因，在这种情况下，关注售租比的变化趋势而不是售租比值本身可能更有意义。例如，在一定时期内，如果房价增长率持续高于房租增长率，售租比快速上升，意味着交易市场可能过热，需要引起决策层和市场参与者的高度警惕。

第十二章
政策纲要之注重生态

住房发展模式的生态效应可从微观上的建筑、中观上的城市等不同层次来考察和实现。从建筑单元层面来看，向 C 模式转变应从传统的建筑节能向绿色建筑转变。绿色建筑其核心含义是指在建筑全生命周期（建造、使用和拆除）中对资源（包括水、土地及各种原材料等）和能源的低消耗和可循环利用，对自然界的低污染和低影响，同时提供给人类健康舒适的室内外环境质量与服务效果，即节能、节地、节水、节材和健康环保的建筑。从社区层面来看，绿色建筑是一种微气候适应性建筑。通过建筑之间的通风、阳光、绿化、公共空间的合理配置，使热岛效应最小。此外，通过可再生能源的建筑应用和智能电网，使建筑由能源的消费体转变为生产能源的单元。从城市层面来看，城市建设应从功能分区向土地混合利用转变，从传统的无序蔓延扩张向低碳生态城市的规划建设实践转变，实现生态、经济和社会综合效应的最大化，以及人与自然的和谐相处和城市发展的可持续。

一、坚持紧凑型城市发展模式

国外经验表明，不同城市发展模式对生态环境的影响差异巨大。欧洲国家的城镇化普遍在机动化时代到来之前就已完成，因此，欧洲的空间结构大多比较紧凑，适合绿色交通的出行模式，而不适合小汽车。比较而言，欧洲这种被动选择的紧凑型城镇化模式，其郊区化问题并不十分突出，城乡之间能够协调互补发展，宜居程度较高，对环境的影响也较小。与欧洲国家的城镇化模式不同，美国的机动化和城市化几乎同步发生，美国的城镇化也被称为"车轮上的城镇化"，其结果是美国的城镇人均占地明显偏大，空间结构日趋分散，城市蔓延至今仍没有停止。

我国城镇化的中后期，同样面临着城镇化和机动化并行推进的挑战。我国传统的城市空间相当集约，城市建成区的平均人口密度大约为1万人/平方公里（图12-1），过去60年基本上都维持在这个水平上。我国将长期面临人口环境资源的巨大压力，很显然，美国模式的城市化对我国而言并不适合。我国应继续坚持走紧凑型的城市发展道路，将城市人口密度保持在适度高水平上。

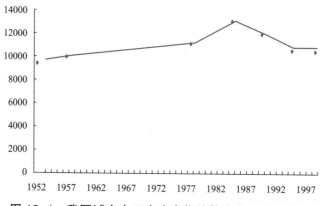

图 12-1　我国城市人口密度变化趋势（人/平方公里）

为此，应警惕我国目前导致郊区化的一些诱因。例如，一些城市实行所谓的"土地新政"，在部分基层政府默许或不作为下，郊区出现大量"小产权房"等非法建设用地项目；有的地方盲目修建高速公路和封闭式的高架桥，推动了机动化的加速进行；还有的城市新区开发失控，盲目扩大新区规模，甚至提出十年内使原有的城区总面积翻番等不切实际的发展目标；一些地方盲目跟风，大举撤并村庄和集镇，推行"农村城镇化"。这些错误倾向都应在我国城镇化中后期加以避免和纠正。

二、推行土地混合利用和 TOD 发展模式

城镇土地利用模式的选择对能源、资源消耗的影响非常巨大，而且具有刚性特征，一旦实施就难以改变。随着科技的进步，现在大多数门类的

工业都可以与居住区适度混合，采用就业——居住——服务的平衡模式。在城市内部沿着主要交通进行混合土地利用的规范布局，能够产生较均衡的混合双向交通流。如瑞典的斯德哥尔摩采取了这种发展模式，在交通高峰时段，一般有 55% 的通勤者乘一个方向的列车出行，而另外 45% 在相反方向。该市的公交出行比率几乎是欧洲最高的，而小汽车的使用量正趋于减少[①]。

实践证明，居住区与商业、工业、展览业适度混合，经济活力和效益较好。土地的混合使用，有利于增强城市各相关产业和服务机构之间的联系，促进多样性的成长，有利于住宅和就业岗位的均衡分布，减少钟摆式交通引发的能耗和污染，使交通设施的占地面积大大减少，有利于改善生态环境，也有利于推广环境绩效规划（Performance Zoning），提高整体人居环境质量。因此，应积极倡导土地混合使用的新理念。

在土地利用上还应推行 TOD 发展模式。经过多年的理论探索与实践总结，TOD 已经从早期的一种规划概念逐步发展成为一种特殊的"用地单元"，成为一种有别于传统"小汽车交通为导向"的新的城市基本构成结构。TOD 以大容量公共交通为导向实施规划开发，把居民的许多活动安排在能够通过步行到达公交站点的范围内，使更多的人能使用公交系统；开辟完善的步行和自行车道系统，达到人车分流；限制汽车在区内的活动范围，尽可能减少机动车交通占地面积，保障居住环境质量和减少污染及能源消耗。TOD 模式的特点有：紧凑布局，混合使用的用地形态；临近提供良好公共交通服务的设施；有利于提高公共交通使用率的土地开发；为步行及自行车交通提供良好的环境；公共设施及公共空间临近公交站点；公交站点成为本地区的枢纽。TOD 的规划原则：在区域规划的层面上组织紧凑的、有公共交通系统支撑的城镇模式；在公交站点周围适于步行的范围内布置商业、居住、就业岗位和公共设施；创造适于步行的道路网络，营造适合于行人心理感受的街道空间，在各个目的地之间提供便捷、直接的联系通道；保护生态敏感区、滨水区，以及高质量的开敞空间；使公共空间成为人们活动的中心，并且为建筑而不是停车场所占据；鼓励在已有发展区域内的公共交通线路周边进行新建和改建。

TOD 发展模式不仅把公共交通系统与土地利用合理组合起来，还可

---

① 据 Ken worthy and Lanbe 1999，斯德哥尔摩是为数不多的汽车使用减少的城市之一。在 1980～1990 年，它是全球 37 个被调查城市中唯一出行每年减少 229km 的城市。

以使地铁这种大规模投资建设获得额外回报，同时可增加"地铁上盖区"的社会就业岗位。比如我国香港任何一个新区的地铁口周边区域内就解决了很多人的就业问题，最高可达70%。倡导土地的高密度利用，有利于大规模发展电动自行车交通和出租自行车。自行车与地面快速公交系统（BRT）和地铁等大容量公共交通的衔接要精心设计，处处体现人性化，以期达到生态化的效果。总之，TOD发展模式有利于实现生态、社会和经济效益的统一。

三、提倡住房适度消费

改革开放以来特别是1998年城市住房体制改革以来，我国的住宅建设取得了长足的发展，近15年来每年新增住宅面积约20亿平方米，城市居民人均居住面积由1980年的7.2平方米增加到现在约30平方米。但是，住宅建设领域在取得成绩的同时，一些突出问题仍然存在。一是住宅供应结构不合理。据统计，2010年，全国重点城市商品住房供应中，144平方米以上的住宅面积占比超过20%，90平方米以下的中小户型占比低于35%，大户型住宅比例仍然偏高，而符合普通家庭居住需求的中小户型占比仍然偏低。二是盲目追求住房过度消费和超前消费。住房梯度（property ladder）是英国社会广泛接受的概念，其实质是从小房到大房，从租房到买房的居住梯度消费。梯度消费不仅在英国，而且在其他欧美发达国家也很普遍。而我国居住消费存在"一步到位"的倾向，且购房者日趋年轻化。据统计，2010年北京首套房贷者的平均年龄只有27岁，深圳购房者平均年龄34岁，国外首次买房的平均年龄，法国为37岁，日本、德国为42岁，美国人也在30岁以上，国内外买房平均年龄最大相差整整一代人[1]。因此，我国居住方面的理性消费观念仍有待进一步引导和加强。

居住适度消费有助于缓解住房供需矛盾，减少浪费。提倡居住适度消费应从两方面入手：一是调整住房供应结构，提高中小户型住房供应比重。如果现有住房供应结构中，144平方米以上的住房比重减少到10%，90平方米以下的比重提高到50%，粗略估算，每年可节约建设用地约

---

[1] 参见：中国年轻人买房是否急了点？世界财经报道. 2011-01-15. http://finance.icxo. com/htmlnews/2011/01/15/1427467.htm；深圳购房者平均年龄34岁. 深圳新闻网. 2010-10-07. http://www.sznews.com.

4500公顷。住房供应以中小户型为主，不仅有利于解决住宅供应需求之间的结构性矛盾，而且可以节约土地，提高生态效应。二是树立理性消费观念，提倡梯度消费，避免需求过早集中释放，有利于缓解住宅供需矛盾，缓解房价上涨的压力，也有利于使居住消费结构更加合理，从而提高社会总福利。

四、推广绿色建筑

发展绿色建筑是使建筑——城市的基本单元生态效应最大化的有效方法。绿色建筑不同于节能建筑。发达国家在1973年能源危机时，从节能的目的出发建造了不少封闭性较好的建筑，但这类建筑虽然节能，却不利于人的健康。由于建筑不通风，造成住在建筑里的人患上"建筑综合症"。发展绿色建筑比较效益高。据测算，达到同样的节能效率，建筑要比工业投入少。联合国政府间气候变化专门委员会于2007年发布的《第四次评估报告》指出：至2030年，全球建筑行业可分别以小于0美元、20美元和100美元/吨CO_2当量成本每年分别减少45亿吨、50亿吨和56吨CO_2当量，大大低于工业节能的投入。绿色建筑具有"四节一环保"的特征，在实现节能减排的同时，为用户提供一个舒适健康安全的室内环境，对减少室内外污染，保护环境，改善居住舒适性、健康性和安全性具有现实意义。据测算，我国只要维持每年新增绿色建筑项目100个，"十二五"期间将可节能8.5亿千瓦时，相当于节省约30万吨标准煤，减排CO_2气体76.6万吨，节约水资源0.3亿吨，可循环的材料1.1亿吨，节能减排效果非常显著。绿色建筑也是我国房地产开发由粗放式增长方式向集约型内涵增长方式转变的必然选择。推动绿色建筑发展的基本策略如下：

第一，加快绿色建筑规模化发展。我国绿色建筑发展分三个阶段（图12-2）。"十一五"为第一阶段，采取自愿申报的办法，使绿色建筑从零起步到每年100个以上项目获得绿色建筑标识标志；"十二五"为第二阶段，把公益性、区域性强制与商业性自愿结合在一起，每年获得标识标志的绿色建筑达到三百个至五百个；"十三五"期间，在"十二五"基础上增强商业性经济激励政策，进一步覆盖所有建筑类型，使得绿色建筑基本上在我国全面推广。目前，第一阶段计划已完成，并已转入大规模发展绿色建筑的"十二五"阶段。

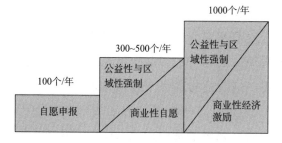

图 12-2　我国绿色建筑发展的三个阶段

　　第二，依托生态城示范强制实施绿色建筑（图12-3）。我国正面临生态城市大规模建设时期，城市是由建筑组成的，其节能、生态特征在相当程度上是由建筑特性决定的。而绿色建筑是生态城市的根基，没有任何一个城市可以避开绿色建筑来发展成为生态城市，因此依托生态城示范推行绿色建筑是一种极其有效的必由之路。

图 12-3　住宅类型绿色建筑

　　生态城市可分成三类。第一类是既有城市改造升级为生态城市，要求新建建筑中的50%～60%达到绿色建筑标准（其中深圳光明新区达到100%），既有建筑20%改造成绿色建筑，这是刚性要求；第二类是新建生态城，要求80%以上新建建筑为绿色建筑，未来的目标是达到100%（天津中新生态城设定的目标为100%绿色建筑）；第三类是城市社区生态化改造示范，要求50%以上既有建筑改造成绿色建筑，80%以上新建建筑为绿色建筑。

　　第三，依托可再生能源建筑应用项目与示范城市强制实施。一是，凡享受国家补贴的可再生能源应用示范项目，要求80%以上的项目建成绿色建筑，并尽快过渡到100%，对于不能获得绿色建筑认证的项目应终止其可再生能源补贴。二是，可再生能源示范城市30%新建建筑应为绿色建筑。三是，启动既有建筑改造为绿色建筑的示范工程，"十二五"期间将至少有20%既有建筑被改造成绿色建筑。通过绿色建筑改造，改善室内生活舒适性，提高空气质量，同时大大降低能源、水的消耗和材料消耗。

　　第四，依托"绿色小城镇"推广农村绿色建筑。一是，鼓励发展"绿色小城镇"。我国有两万个小城镇，近一半的农村进城人口目前还居住在小城镇，"绿色小城镇"的发展是我国发展绿色建筑的重要组成部分。国家将出台政策，对新建建筑绿色建筑达到30%以上的小城镇命名为"绿色小城镇"，并一次性给予1000～2000万补助。二是，设立乡土绿色建筑创新奖。我国各地的乡土建筑都是先民们为了应对自然的变

图12-4 我国的乡土建筑

化（图12-4），以最节材、最省能的方式和采用当地材料创造出来的节能建筑，是时代和远古文化留给我们的智慧。这些古老的绿色建筑，我们应该尊重、改善与延续之。

第五，全面推行绿色建筑"以奖代补"的经济激励政策。一是专项补贴。对三星级高等级绿色建筑以奖代补的金额应大于1/3的增加成本，平均每平方米补助75元，由地方政府和中央政府共同奖励。二是物业税减半征收。一、二星级成本相对较低，减半或者减少对绿色建筑的物业税征收额。三是土地招拍挂前置条件。非绿色建筑不能获得土地，或者对开发地块中绿色建筑的比例提出要求。四是容积率返还。这项优惠政策已经在北京等城市试点，对绿色建筑可奖励5%的容积率。五是购房贷款利率优惠。在需求端，购买绿色建筑等同于对地球与人类下一代可持续发展在行动和资金两个方面做出了贡献和承诺，因此可给予购房贷款利率优惠。

第六，全面推行住宅的全装修与装配化，促进绿色建筑的发展。我国与发达国家建筑发展中差距最大的是建筑全装修。目前我国建筑全装修比例不到20%，提升空间巨大。未来几年，将在全国设立20～50个示范基地，加快促进建筑全装修与绿色建筑的发展。

五、发展低碳生态城市

低碳生态城市实质是各种应对城镇化挑战、气候变化、住房公平的措施之集大成。城市既是人类所有的梦想所在，但也是未来最大的威胁。100多年前，英国社会活动家霍华德认识到城市存在的问题，在观察和思考的基础上，他提出了田园城市的理论，并在英国建设了两个田园城市。

霍华德之后的"新镇运动"的实践者总结认为，城市大规模发展，必须要有一些具有居住、就业、商业、娱乐等功能的、人口规模为 20～50 万、环境非常优美的综合性的卫星城，来平衡大城市的摊大饼趋势。英国在第二次世界大战之后的新一轮城市化过程中制定了新镇开发规划。第二次世界大战以后，大量的英国军人回乡，英国及时地提出了新镇开发规划，建立了 38 个新镇，疏导了大城市 20% 以上的人口。这不仅对英国的生产力布局和城镇化带来深刻的影响，而且为全球的城镇化发展带来了有益的启示。20 世纪 90 年代以后，人们逐渐认识到城市既是人类创造和追求梦想的地方，也可能是毁灭人类的武器。这是因为 80% 的 CO_2 是城市排放的，这对地球造成了严重的危害，威胁了人类的未来。同时，城市还造就了收入不平等、污染、动乱和失业。所以，城市既是人类所有的梦想所在，但也是未来最大的威胁。为此，人们提出要建设低碳生态城市，重新走绿色生态、人与自然和谐发展之路。

根据世界自然基金会的定义，低碳城市是指城市在经济高速发展的前提下，保持能源消耗和 CO_2 排放处于较低的水平。生态城市，是指有效运用具有生态特征的技术手段和文化模式，实现人工——自然生态复合系统良性运转以及人与自然、人与社会可持续和谐发展的城市。低碳城市和生态城市这两个概念联系密切，不应人为割裂和区分。低碳生态城市是生态文明时代城市未来发展模式的战略选择。通过低碳生态城的规划建设实践，来引导城市发展模式的转变。

生态城市本质上是一种共生的复杂结构，其规划建设需建立一套复杂的指标体系，总体上来看，生态城市建设要遵循"三可"原则，一是目标的构成应具有可约束性，也就是说能用这个目标来动员社会各方面的力量来实践生态城，对社会各界有约束力，也体现道德和责任的双重含义。二是目标可分解性。指标体系不能停留在政府层面，必须把这个指标体系从城市的总体目标分解到社区，社区分解到家庭，以至作为社会最基础细胞的家庭等都为绿色发展增添动力；同时从行业到企业也应该进行分解，促使各种社会活动者和全体市民都参与到生态城发展中来，这样生态城市的目标才能达成。三是指标体系的可实践性。即依据现发展阶段的国情和科学技术水平，制订合理的目标，以合理的成本和技术含量达到低碳排放和资源循环利用的目的。

建立不同类型低碳生态城过程型、动态评价综合指标体系，按照可持续发展程度对低碳生态城进行分级评价。如中新生态城市指标体系可以概括为生态环境健康、社会和谐发展、经济高效循环、区域协调融合四大目标。在这四大目标里再分层次地进行描述。生态环境健康目标可再细分为自然环境良好、人工环境协调等，社会和谐发展细分为生活模式健康、基础设施完善、管理机制健全等，经济高效循环细分为经济发展持续、科技创新活跃、就业综合平衡等，区域协调融合细分为自然生态协调、区域政策协调、社会文化协调、区域经济协调等。

第十三章

不同类型土地制度的分析、比较与启示

从政府与市场的角度来看，世界各国的土地制度可分为两大类型，即市场主导型与政府主导型，中国香港和新加坡所实行的土地制度分别是这两种类型的典型代表。中国香港与新加坡作为经济腾飞的"四小龙"长期以来被相关国际组织评定为竞争力进入全球"十甲"的地区[①]。作为人口持续增长的现代化城市，这两者都被列为国际著名的长寿宜居之城。作为东方民族的创造，此两城既保留了许多大中华传统的文化特色和习俗，同时又能无阻碍地融入全球化之浪潮，并成为吸收应用西方科技、经济成果的国际化大都市。

但这两个城市由于历史及政治体制等方面的原因，其土地制度迥然不同。由此所导致的房地产控制权及房产享有公平程度差异日趋悬殊。更为重要的是此两个城市对中国内地大城市决策者及城市开发商的影响巨大。许多城市管理者都有在此两城学习、培训之经历。中国内地目前正在实行的《城乡规划法》《土地管理法》、国有土地招拍挂制度等重要的法规政策也无不留有以上两个城市相应制度的烙印。

本章正是基于"正本清源"之设想，试图从中国香港、新加坡两城市土地制度差异之起源进行阐述，进而追踪制度变迁的历史轨迹与动力机制。最后再进行比较分析，来求解中国大陆房地产与城市土地制度变革的原则。

---

① 参见：英国《经济学家》全球最具竞争力城市历年调查报告。

一、市场主导型：中国香港土地制度的历史背景及变迁简介

目前的中国香港包括香港岛、九龙半岛和新界地区三大部分，全境土地面积 1097 平方公里，总人口 706 万。自 1842 年香港岛和九龙半岛被无偿割让给英国政府后，这一带就一直处于不断开发的过程之中。1898 年，中英签订《展拓香港界址专条》，包括界限街以北、深圳河以南的新界被无偿出租给英国政府 99 年，新界才逐步得到开发。

1960 年代初，中国香港城市化进程取得突飞猛进的发展。人口的加速集聚导致土地资源日益紧张。当港岛和南九龙的土地已经远远不能满足经济发展的需要时，中国香港就开始往今天的新界一带扩展，在此过程中也就遇到了征地的问题。值得一提的是，当时的新界与现今的大陆在基本的土地产权结构上还是有着非常重要的差别：1898 年的《展拓香港界址专条》里规定，中国政府只是将新界土地出租而并非割让给英国政府，英国政府在接管新界时必须严格尊重土地上既成使用者的财产权利。换句话说，在新界，不仅仅是土地的使用权，就连土地的所有权也完全归属于原住居民，恰恰是这一点大大提升了香港政府在新界征地的成本。正是在这样基本背景下，中国香港创造了换地权益证和允许私人变更土地用途，从而奠定了该城市独特的土地制度。

（一）换地权益证的产生与普及

所谓换地权益证，是指"香港政府于 1960 年 1 月至 1983 年 3 月 9 日期间，以函件形式发出的文件，提供现金以外的另一种补偿方法来收回私人土地，从而配合新界新市镇发展的需要"[①]。换地权益证上注明了政府于何年何月征收了多大面积、什么类型的私人土地，将来被征地所有者可以拿着它按照政府承诺的兑换比例换得一块由政府提供的土地。换言之，换地权益证是一种土地期权，它意味着被征地的所有者可以在将来换得另一块它种用途的土地。

自 1960 年后，为进一步推进新市镇建设，港英政府开始在新界大面积征收农地。一方面由于港英政府无力负担对这些土地的现金补偿，另一方面由于当时的新界村民因惧怕通货膨胀而更愿意采用实物土地而不是现金作为补偿的方式，再加上港英政府为了规避支付现金赔偿过程中发生的长时间争拗和麻烦，最初偶然发端于元朗地区的换地权益证渐渐成为港英

---

① 新市镇类似于开发区、城市拓展区的概念。

政府征地时对农民补偿的主要方式。

港英政府若要收地，必须先发收地通知，并告知其相应的补偿方式：一种是直接补现金，此补偿价是在参考农地市场价的基础之上再加10%；另一种是给你一张换地权益证。起初定下的农用地换建设用地的比例为5∶1，但到后来很多人感觉不公平，于是调整为5∶2[1]。建筑用地对建筑用地的换地比率则是1∶1。农民在这个过程中有选择权，可以在现金补偿和换地权益证之间自由选择。他们一般都选择换地权益证，而不要现金补偿[2]。

（二）换地权益证的交易

换地权益证的如下几大特征吸引了一大批香港地产商搜集和交易换地权益证，并由此形成了一个颇具规模的换地权益证二级交易市场。第一，港英政府承诺兑换的公信力较强。换地权益证是一种必须兑现的负债，港英政府每年必须从征得的土地中拿出一部分来让农民交换才能确保今后能够收到地，政府每年兑现权益证的行为增强了权益证持有者的信心。第二，换地的空间范围广泛。港英政府规定，拥有换地权益证的农民可以在全香港范围内交换政府提供的私用土地，这使得换地权益证的经济价值大大提高。第三，没有年期限制。除非满意的地块出现，换地权益证的持有者可以一直持有。一般来讲，换地权益证的持有年期越长，随着土地稀有性日益明显，其经济价值就越高。第四，允许私人之间自由买卖，且无需缴纳印花税。

对于地产商来讲，能否通过换地权益证挣钱主要看两条，首先是看能否拿到实地。当时港英政府规定，换地的时候要求申请人首先要有足够面积的权益证。

在面积相同的前提下，需要通过一个换算系统计算出两个申请人所持有的换地权益证的平均"年龄"，年龄较大者将优先拍得土地。具体的计算方法是"按有关换地权益书由发出日期至截标日期止之日数，乘以换地权益书可交换之土地面积"。

决定能否赚钱的第二条是看拿到地后需要补多少地价。比如说，假设乙申请人的换地权益书 E 是 1962 年 7 月发放的，换地权益书 F 是 1975 年 2 月发放的，申请竞拍土地是在 1981 年 5 月，那么乙申请人为此所需

---

[1] Roger Nissim（2009）指出："政府透过换地权益书收回的土地大部分属于农地，而换地比率是 2 平方英尺的建筑用地交换每 5 平方英尺收回的农地，建筑用地对建筑用地的换地比率则是 1∶1。"

[2] 在 1967～1968 的动荡年代和 1972～1973 的股灾时期，很多人对未来土地价值预期不稳，大量选择现金补偿。

补交的地价总额是 $10000^{①} \times (875^{②}-10^{③}) + 10000 \times (875-80^{④}) = 1660$ 万港币，相当于每亩补交了 595.83 万港币。

（三）换地权益证的退出

对农民而言，如果从政府手里换地，他们不仅需要和政府打交道，还需要和其他拥有换地权益证的农民竞争，而且也多因地块面积较小增加了协调换地的难度，所以很多人都选择将手中零散的换地权益证转卖给地产商。后来，随着换地权益证二级市场的成功，农民转卖换地权益证更加方便了，这就导致越来越多的换地权益证向香港四大地产商（分别是李嘉诚的长实集团、李兆基的恒基兆业、郭氏兄弟的新鸿基、郑裕彤的新世界集团）集中。虽然港英政府不愿意把区位较好的地拿出来兑现换地权益证，但由于换地权益证没有年期，持有者可以一直等待，所以最后的结果是四大地产商凭借着对换地权益证的垄断权，与港英政府讨价还价，逼迫着港英政府不断地拿出部分好地出来交换，四大地产商因此获益不少。过于集中的换地权益证对港英政府的供地市场产生了重要的影响，迫使港英政府采取行动停发并回收历史中遗留下来的换地权益证。

1960～1978 年间，港英政府为推行新市镇计划累计发出的换地权益上升至约 3600 万平方英尺。为避免与日俱增的换地承诺影响未来的土地供应，1978 年 7 月港英政府决定缩减换地权益证的发放数量，但因为之前承诺的农用地换建设用地 5：2 的比率不好随意更改，港英政府只好调整征地补偿的组合方式：在收地时，强制规定对农民 50% 的土地只能采用现金补偿，另外 50% 的土地仍可由农民在换地权益证和现金补偿之间自由选择。1983 年 3 月，港英政府担心过量的换地权益证超过了未来存量土地的供应，正式停发换地权益证。

英国土地委员会向中国政府承诺在 1997 年 6 月前赎回所有已发出的换地权益证。1983 年以后，港英政府不断地回购换地权益证，到 1995 年底时，未赎回的土地已减至 200 万平方英尺以下[⑤]。这余下未兑现的换地权

---

① 权益证 E 的总面积为 10000 平方英尺。

② 1981 年 5 月的市场平均价为每平方英尺 875 港币。

③ 1962 年 7 月的市场平均价为每平方英尺 10 港币。

④ 1975 年 2 月的市场平均价为每平方英尺 80 港币。

⑤ Roger Nissim（2009）介绍到，鉴于未赎回的甲／乙种换地权益书大量积压，加上房地产市场于 20 世纪 80 年代初暴跌，港英政府曾经引入过货币回收计划，吸引换地权益证持有人交回土地。在 1984 年 3 月 9 日的政府公告 720 号（附录 C）中，政府规定多项与新界土地有关的交易，如契约修订补地价、延长建筑规约及短期租金等，可以用换地权益证代替支付现金。有少量的换地权益证就是透过这种方法被赎回，但当换地权益证的市值开始高于政府本身评估的货币价值，这种回收方式便逐渐被冷落了。

益证中，绝大部分都由香港四大地产商持有，少部分由小业权人持有，极小部分被遗失或不慎损毁。为了赶在香港回归前完成工作，1997 年港英政府直接与四大地产商磋商共换地三宗，总计供出约 150 万平方英尺的土地。最后，港英政府于 1996 年 12 月制订《新界土地交换权利（赎回）条例》（1996 年第 40 号），以现金形式强制赎回了余下的 50 万平方尺的换地权益证 ①。至此，换地权益证正式退出历史舞台。但由此而形成的四大地产集团的垄断地位已达无人能撼的地步。

（四）允许私人申请土地用途更改

目前中国香港新界的土地管理制度中最重要的一部分，就是在一定条件下，私人可以向政府申请对自己所占有并使用的土地进行用途变更，包括由农地转为住宅用地。这一制度正式诞生于 1984 年，促成这项制度的诞生主要有如下两大原因：

第一，习惯法判案对土地私人产权的支持。在 1984 年以前，很多农民已经对港英政府在征地过程中的利益分配不满，农民认为政府低价收地、高价拍卖后独吞高昂的级差地租侵犯了他们的自由发展权，属于"官霸民产"。于是一批农民开始控告港英政府，在法庭上打官司，当时提出的理论依据是 1898 年的《展拓香港界址专条》，在这项由中国政府和英国政府签订的租地协议里，中国政府要求英国政府尊重原住居民的土地权利。新界的农民认为，以前的政府管理部门就没有在新界实施过土地用途管制，现在的港英政府也不应该限制对土地转变用途。当时的法院判决结果说，除了盖房子，不能限制农民将自有的农用地转作他用。于是，允许一部分农民私人申请将农用地转变为除住宅之外的其他用途的制度安排开始出现，但这只是作为整个香港当时土地管理制度的补充，并没有大规模铺开。

第二，迫于香港回归，中国政府对港英政府卖地规模的年度总量控制。1984 年，中、英两国政府讨论香港回归的安排。英国政府想给世界一个良好形象，决心在将香港退还给中国之前改善香港的经济。港英政府计划采取经济手段，在当时推行了一个叫做"玫瑰园计划"的新市政项

① 回购价格依权益证的年龄不同而有所差别。1973 年香港股灾，香港著名地产商、北京大学名誉校董陈国钜先生以每平方英尺 1 港元的价格购买了 5 万平方英尺的 1962 年的换地权益证，没过几年就有人出价每平方英尺 30 港元要买他的换地权益证，陈先没卖。后来有人出到 50 港元，卖了 1 万平方英尺。后来出到 80 港元，又卖了 1 万平方英尺。再后来有人出到 150 港元，就都卖掉了。据陈先生透露，如果买了之后存起来一直不卖，等到后来政府回购，5 万平方英尺的总价就等于 10 亿港元。也就是说，港英政府对 1962 年的换地权益证的回购价是每平方英尺 2 万港元，相当于陈先生最初收购价的 2 万倍。

目，通过修建诸如金马大桥和机场等重大基础设施来促进香港经济的繁荣。然而，实施这批项目总计需要投资 2000 亿港元，是一笔不小的数目。钱从哪里来？港英政府当年一方面要收购所有未兑现的换地权益证，另一方面又要大手笔地刺激经济，资金链格外的紧张。如果想推动"玫瑰园计划"，只能靠每年多卖一些新地。但当时中国政府的相关负责人认为，英国这样做是想把香港的储蓄花掉，寅吃卯粮，相当于是今天港英政府请客，明天中国政府付钱。于是，中国政府要求英国政府答应，每年卖地规模不得超过 50 公顷。就是这一条，逼着港英政府想到了允许私人转变土地用途的制度安排。因为这样的制度安排有两个好处：一是可以从批准用途变更中获得不少收入，用于推进前面提到的新市镇建设；二是可以在确保每年 50 公顷的卖地规模不被突破。由私人完成农地向建设用地的转换不属于政府卖地的行为，所以也不会额外增加卖地规模。由此，经过一定程序、在一定条件下，私人可以转变土地用途的制度被当时的港英政府大规模采纳。

（五）私人变更土地用途的程序和条件

港英政府决定是否批准一块土地变更用途的主要依据是，变更后存在规划意义上的社会净收益——即申请者必须证明新用途比旧用途更好。具体说来，私人申请用途变更的大致程序如下：

第一，申请用途变更的土地必须明确地归属于申请者。香港政府规定，用途变更的换地比率是 1∶1，这就意味着如果私人要变更 1 亩的土地用途，那么申请人就得事先拥有 1 亩的实物土地。这块土地的产权必须清楚地属于申请者，不能有任何产权纠纷。如果地产商想要完成土地用途的变更，它就得在申请之前完成对其他人土地的收购和补偿，彻底获得相应土地的财产权利。比如，在某一个位置很好的区域里有一所小学，过去位置坐落非常合适，但是随着经济条件的变化，或许在小学所在地建起商业住宅更能满足当地人的需求。在同一块地上建小学的机会成本越来越高的前提下，为完成这块土地的用途的转变，地产商就得先和修建小学的慈善机构或政府谈判，重新给小学提供一个合适的位置并给予相应的补偿，在完成产权交割和拆迁复垦后，地产商才能以拿到的地申请土地用途变更。

第二，申请者需要证明用途变更会对社会带来净收益，并将计算结果递交给主管土地、交通、环境等总计 20 多个政府部门审批。譬如，如果要将一所学校的土地改为商住用地，交通部门会根据新增的人口和车位计算用途变更对公共交通造成的压力变化，如果这个压力过大，就需要减少车位。对于房产商来说，当然希望车位更多，因为这样房子就能够卖出好价钱，但如果要保留更多的停车位，就需要证明增加的车位不会影响公共交通，这就需要请交通方面的咨询专家进行实地调研，然后出具一份研究报告，陈述增加车位不会影响交通的理由。比交通部门更难对付的是环保部门，环保部门要求，阳光、空气、水等各项基础设施的承载能力都必须通过这些部门的审核，比如某一个地区规划可以住 50 万人，目前只有 30 万人，还有 20 万人的容纳能力，但这并不表示现在就已经形成了对 50 万人所形成的污水进行处理的能力，此时若要申请修建一个 10 万人的新区，必须考虑污水处理的基础设施是否达到了 40 万人的处理标准。总之，只有在专业部门认为各方面条件都足够的前提下才有可能获得用途变更的批准。

第三，需要公民代表的同意。港英政府认为，土地用途的变更具有很强的外部性，牵涉到方方面面的不同利益，因此，在决定是否进行土地用途转变的过程中必须让居民参与并讨论。香港的公民议事会制度是全世界最严格的，所有要求用途变更的人必须和当地其他居民或其代表进行沟通，牵涉到的大大小小的讨论会至少有 20 次。而且，不是大部分人都同意就可以通过，还要看少数人的牺牲是不是太大。只要有人感觉到这种变更对自己不安全，就可以写信给政府，反对土地用途的变更，香港土地管理署在接收到这些意见后，会要求每一个专业部门给出相应的反馈意见，然后依据这些意见决定是否批准土地用途转变。

第四，申请者必须缴纳一笔用途变更费，才能正式按新用途使用土地。目前的香港土地管理制度规定，港英政府作为规划当局，允许租约人申请土地用途变更，但租约人必须缴纳一定数额的用途变更费，这一条实质上就为行政当局预留了一个征收土地增值税的权利。不同用途的土地有不同的价值，政府在收费时首先要确定用途变更前后的级差地租。一般来讲，新用途的地价以预期未来的市价为准，以土地拍卖市场提供的信息作为依据；但还没有开发的农地或者其他类别的土地价值只能估算。譬如，有一块 10000 平方英尺的农地，原值 100 万，如果转变成住宅用地，市场价是每平方英尺 1000 元，扣除三通一平和拆迁安置的成本 300 万，那么这块地的净级差地租就是 600 万，这块地的用途变更费就得依据这 600 万净级差地租缴纳。缴纳多少呢？香港的做法是由私人或企业和政府谈判，没有固定的分成比例，政府一般默认给地产商 20%。

以上这些临时性规定进一步促进了土地向"四大开发商手中集中"的趋势。因为只有这些地产巨头才有足够的资金实力、人脉关系和专业队伍与众多的部门和利益方进行谈判。

二、政府主导型：新加坡土地制度的起源与沿革

（一）土地公私并存与强制征用制度

新加坡实行公有制与私有制并存的混合型土地制度，这种独特的"双轨制"土地制度，既不同于西方国家以私有制为基础的市场化的土地制度，也不同于前苏联、东欧国家以公有制（国有制）为基础的无偿划拨的土地制度。

新加坡曾经是英国的殖民地，在土地方面受英国影响较深，主张土地最终归国家所有。新加坡的公有土地可分为国有土地和公有土地两大类。其中律政部所属的国土局拥有的土地是国有的土地，即由国土局代表国家行使对这部分土地的所有权。而法定机构（如公用事业局、港湾局、建屋发展局等）所拥有的土地以及宗教团体的土地，则属于公有的土地。新加坡的国有和公有土地大部分是通过土地征用制度而逐渐转变的。1965年新加坡独立后，积极推进土地国有化的进程。20世纪六七十年代，政府以强制性低价将大量私有土地征为国有。1959～1986年，共征用土地189平方公里，约占国土总面积的30%。其中1985年和1986年征用土地较多，分别为629公顷和547公顷。目前，在新加坡625平方公里的国土总面积中，国有土地约占国土总面积的90%，私有土地面积不到10%。在过去半个多世纪里，新加坡的土地一直呈国有土地和公有土地比重上升而私有土地比重下降的趋势。这种趋势反映了新加坡土地制度的本质和特点，即新加坡虽然是个以私有制为基础的国家，但在土地方面，则是公私并存且国有和公有土地占主导地位（图13-1）。

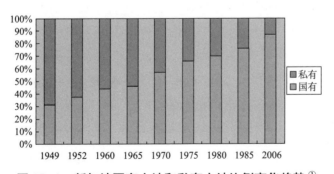

图13-1　新加坡国有土地和私有土地比例变化趋势[①]

① 资料来源：新加坡土地局。

新加坡的土地征用是依据土地征用法进行的。政府或政府指定的机构，在从事公共与公益事业（如道路建设、公共事业建设、军事设施建设等）时，都可以对私有土地进行征用。一些法定机构也有土地征用权。如建屋发展局、市区重建局、国营城镇开发公司、新加坡港湾局等，都有一定的土地征用权。其中，建屋发展局征用土地主要用来建设公共住宅，目前新加坡80%以上的住宅是由该机构提供的，它是该国"居者有其屋计划"的主要实施者。市区重建局征用土地主要用来进行有关城市开发与改造事业。国营城镇开发公司征用土地主要用来建设工业区。土地征用后，一般都由房地产开发商对土地进行开发，其中也有国外的主要是日本的土地开发商。在新加坡，土地征用后，最终的使用者还是企业家或民间开发者。

新加坡的土地征用制度具有很大的强制性。被征用土地者不能对征用土地的决定的行为本身提出法律诉讼，仅能对补偿价格提出法律诉讼。对于补偿方面提出的法律诉讼多数都是失败的，成功者极少。新加坡采用强制性土地征用制度有以下几点好处：（1）私有土地迅速转变为国有或公有，基本上消灭了凭借土地占取社会利益和土地投机的问题；（2）减轻了政府在土地方面的经济负担，对土地的补偿较少；（3）对住宅发展、公共设施建设起到了促进作用。

新加坡的土地征用不仅要遵照土地征用法，还要遵循严格的手续。以建屋发展局征用土地为例，首先要根据远期建屋计划预测土地需求量，与市区重建局进行反复研究，并向有关单位咨询。一切土地申请都由市区重建局审批。当重大的土地需求确定之后，建屋发展局将提呈土地发展审批委员会，同时提呈建屋发展局委员会及国家发展部审批，最后报呈内阁审批。经过审批，建屋发展局取得土地后一般都要尽快加以利用。如果长期不利用，这部分土地若是从土地局取得的，就要归还给土地局。

（二）谋求公平的土地市场

新加坡的土地国有和公有占主导地位，以及实行强制征用土地制度，但并没有否定土地市场的存在和发展。

在新加坡，土地市场有三种基本类型。一是以土地私有制为基础的土地市场。在这种市场上，通过土地交易买卖，土地的所有权由一个私有者手里转移到另一个土地私有者手里。对这类土地市场政府不进行过多干预，仅要求交易双方在一个月内到政府有关部门登记，办理产权移交手续，缴纳印花税，并在特定媒体上刊登，将交易公开，便于指导实际交易和社会监督。二是以土地公有和国有为基础的土地市场，即政府的法定机构（如建屋发展局、港湾局、公共工程局等）向国土局购买土地的市场。在这类市场上，通过土地交易，并不发生所有权的变更，而仅仅是土地使用权的变化，这是土地使用权的交易市场。三是以私有土地转变为国有和公有为基础的土地市场。这种市场又可称为土地征用市场。新加坡的土地征用制度并不是国家和法定机构无偿征用土地私有者的土地，而是运用市场机制，通过买卖而进行的，但征用土地的价格较市场价格要偏低。

与三种类型的土地市场相对应，新加坡的土地价格分为三类。

一是与土地征用市场相对应的土地征用补偿价格。这种价格的确定，经过了两个时期的变化。在1986年前，以1973年11月30日的价格和征用时现实市场价格为参考，两者之间选取较低的作为征用补偿价格，在1986年后，以1986年1月1日的价格和征用时现实市场价格为参考，两者之间选取较低的作为征用补偿价格。这样，实际上把土地价格分别固定在1973年与1986年的水平上，避免了土地投机和炒卖地皮的现象。因此，新加坡土地价格水平较低。目前大约200~300新加坡元/平方米。

二是与土地的自由交易市场相对应的土地自由价格。这类价格水平较高，最高者曾达到4万元/平方米。位于繁华商业区的办公大楼达7104新加坡元/平方米。郊区住宅地约760新加坡元/平方米。由于土地征用补偿价格仅相当于自由买卖价格的1/10左右，所以，土地私有者并不愿土地被征用。当强制征用时，也往往在价格上发生矛盾。90%以上的被征用土地者都提出过价格方面的法律诉讼，但极少有胜诉者。

三是在国土局与法定机构之间进行土地买卖时的价格。这类价格介于以上两者之间。1989年国土局卖给建屋发展局的土地价格大约是600~700新加坡元/平方米，高于征用土地价格的1~2倍。

与其他市场经济国家类似，新加坡按市场原则自由交易的商品住房的价格也随着市场供需变化、经济运行环境等因素影响而起伏。但是，自由交易的商品住房占新加坡全部住房的比例很小。而占住房绝大多数的组屋所使用的土地，其价格并不是按照市场规则确定，与之相应，这些住房价格也不是市场价格，因此，组屋价格基本不受经济形势的影响，成为新加坡住房市场甚至是社会经济的稳定器。

新加坡的土地出让一般采用招标与投标的方式。凡国有或公有土地出让时，一般先由市区重建局公布，公开招标。土地开发商根据招标的条件进行计算、分析和研究，决定自己是否投标以及投标的价格。参加投标者绝大多数是新加坡的法人，也有少数国外开发商。国外开发商的投标价格只有高于国内开发商投标价格的 5% 方可中标，以此给予对国内开发商的优惠。

由此来看，新加坡的土地市场是在国有和公有土地基础上发展起来的，反过来，土地市场的发展又促进了国有和公有土地制度的巩固。这表明市场机制与土地公有制并不矛盾，而是能够与公有制、国有制有机结合、平衡运作发展的。

（三）城市规划和城市开发与土地公有制之结合

新加坡城市开发的主要经验之一在于有一个明确、清晰和强有力的规划控制机制。这种机制创造了坚实的政策环境，针对城市开发采用了建设性的方法，使专业规划者与开发企业能很好地合作。在这种机制下政府果断执行了一些重大的政策和计划，使得新加坡有了如今举世闻名的"花园城市"的市容环境和良好的自然生态。

1. 三级规划系统推动执行

新加坡土地管制制度的优势之一是有一个很好的城市规划。这个规划与政府的干预有机结合起来，有效地限制了土地市场的消极作用，并使土地市场的积极作用得到充分发挥（图 13-2）。

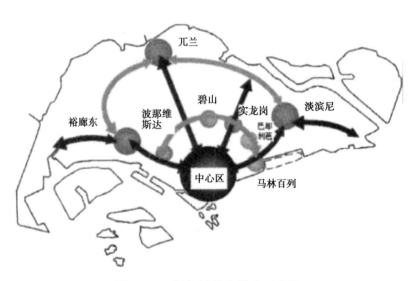

图 13-2 新加坡的市镇体系布局

在战略层次上，新加坡的开发规划中采用了富有远见的步骤。由于政权稳定，政府敢于提前规划，并保证使有限的土地资源得到最合理的利用。1970 年和 1991 年的概念规划就阐明了这一步骤。

概念规划只是一个广泛的战略规划，并不能代替具体的空间规划设计。在概念规划制定后，随之开始详细的"开发指导规划（DGPs）"。在广泛的构架和长期战略的指引下，第二级更详细的规划出台，将新加坡划分为 55 个更小的规划区域。DGPs 提供一个地区的规划前景，以及指导开发的控制参数，如土地利用情况、强度和高度等，同时鼓励公众对这些建议提出反馈意见。一些"开发指导规划"由政府机构之外的专家来编制，并鼓励吸纳一切有创造性的建议。对开发指导规划定期进行讨论和检讨，以保证它们与城市变化的方向相一致。

第三级"开发控制"是"开发指导规划"实现目标所需借助的工具。新加坡的规划系统具有规划法所赋予的法定效力。在开发进行之前，所有的开发提议必须获得主管部门的批准。"开发指导规划"对这些提议的价值做出指导性评估，土地利用的兼容性和效果将受到检验。必要情况下，建筑物将让出边界线以保护开发区周围的宜人环境。在某些地区如市中心，建筑物设计必须符合实现美丽都市风景的公众利益之目的。环保局等其他相关政府部门经常参与商议，以保证工程在获得批准之前符合政府相关的政策方针。"开发控制"制定了灵活的政策来平衡私营开发商的利益和良好城市环境的需要。土地、建筑物的缩进、覆盖区、高度、绿化以及人行道等都可以根据需要定期调整和改进。

新加坡的三级规划系统从战略规划（概念规划）到本地规划（开发指导规划和城市设计规划）再到调整职能（开发控制）环环相扣，从而有效地保证了概念规划目标的实现。

2. 多部门协作途径

新加坡所有城市规划设计和执行措施都是围绕概念规划来开展的。在地区规划中，相关的部门需进行商议，有关观点进行综合。新加坡成立了多部门委员会，并承担起调整不同需求和解决冲突的特殊作用。概念规划指导委员会和总体规划委员会即是典型的例子。

概念规划是国家发展部为应对城市开发的需要而制定的一项厚重而复杂的远景规划，并经过了城市经济恢复部门的调整。概念规划阐明了战略开发中满足住宅、工业、商业、交通、环境以及娱乐的各种需要。成立各级委员会应对土地利用的种种需要，政府所有主要规划和执行部门都参与其中。

总体规划委员会（MPC）是城市重建局的主要规划者，代表着不同的政府部门，如国家发展部、环保部、贸工部、国防部、土地办公室、建屋发展局、社会工作部、经济发展局和城镇合作社。总体规划委员会还承担着保证国有土地得到最佳的和最适当利用的任务。由于新加坡政府控制了绝大部分的土地所有权，并且是基础设施、公共设施、住宅和工业开发最大的开发商，因此总体规划委员会作为重要的机构来保证土地开发按照概念规划要求进行。它还提供了一个论坛，供规划和执行部门辩明是非解决争端之需。

新加坡在城市规划中详细规定出住宅区人口密度（如中心地区的住宅区最高限为 495～1485 人／公顷），商业区每条街的具体容积率（一般在 1:3～1:10.4 范围内）。因新加坡土地少，对于建筑物高度一般没有限制，所以高层建筑较多。为了保证良好的住宅环境，新加坡对于土地分割规定了下限，在住宅区，最小区划面积（即建筑占地面积）应在 1400 平方米以上。

新加坡不仅有一个很好的城市规划，而且还采用强有力手段来保证其实施。其中，开发许可证制度是实现总体规划的重要手段。一切建筑和开发行为，都必须获得开发许可批准。批准权属于国家发展部，具体执行单位则是公共事业局开发建筑管理部。另外，新加坡也采用经济手段来促进城市规划的顺利实施。如果开发超过总体规划所规定的最大人口密度和最大容积率时，将对超过部分征收 50% 的评价额（由国家鉴定官评价）作为开发负担基金。如果变更城市规划，提高建筑高度，也将对变更后的评价额征收 50% 的负担金。

3. 与交通规划紧密结合

新加坡发挥有限土地资源的最大效能的关键性战略举措之一就是建立现代化的陆路交通运输体系。为此，新加坡政府以"建立整合、高效、经济的道路交通网络，并使之持续满足国家的需要"为公共交通战略发展目标，利用其娴熟的市场性调控技巧与雄厚的经济实力，综合协调土地使用与交通规划，最大限度地提高道路网通行能力，运用经济手段控制私有机动车数量与其对道路的需求，提供可选择的高质量公交系统，积极发展公共交通。具体包括以下措施：

（1）整合土地使用和交通规划以充分提高土地利用的效率，减少路网建设的盲目性和冗余度，建立完整有效的道路交通网络，包括普通道路、城市快速路、地铁系统、轻轨系统等。

（2）以多种经济调控手段控制以私人小汽车为主体的私人交通的增长。主要的做法包括实行私人小汽车牌照收费制，征收车辆注册与附加注册费、关税、汽油税、路税、停车费等税费，安装电子公路收费系统，开征城市中心区拥堵费等。这些措施在控制私人小汽车方面成效显著。新加坡每百人汽车保有量远远低于欧美发达国家，也低于我国北京市（图 13-3）。

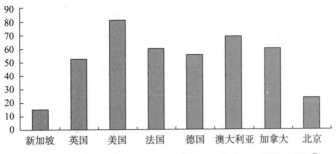

图 13-3　世界各国及大城市每百人汽车保有量比较 [1]

（3）积极推广公共交通，发展以公共交通为导向的交通系统。新加坡的公共交通系统体系完整，方式多样，包括大运量地铁系统（MRT）、轻轨系统（LRT）等（图 13-4）。

图 13-4　新加坡的轨道交通紧密联系市中心和各卫星城

新加坡的公共交通网络由以下 4 部分组成。

一是城市捷运系统（Mass Rapid Transit）。MRT 是新加坡公交系统的主干，基本覆盖全国主要地区，承担了连接主要地区间频繁交通干线上的大部分客流，保证了整个交通系统宏观运行的效率和稳定。

二是城市轻轨系统（Light Rail Transit）。LRT 是 MRT 的补充和拓展，主要用于连接捷运站与主要居住区和商业区。整个系统置于全自动槽中，

---

① 注：根据世界银行 2008 年每千人汽车保有量换算，北京根据 2010 年汽车保有量与常住人口数换算。

使用无人驾驶机车，在降低成本的同时提高了运行效率。从每个轻轨车站到附近的公寓最大步行距离不超过 400 米，大大降低了出行者的总体交通时间。

三是公共汽车系统。公共汽车系统用于填补公共交通与私人交通间的空白，是形成完整的公交系统所不可或缺的部分。

四是私人汽车系统。这个系统有严格控制，新加坡通过静态的车辆配额系统与动态的电子道路收费系统两种主要方式对交通需求进行管制。

新加坡整体化公交系统以轨道交通服务为骨干、以公汽服务为基础、以出租车服务为补充，市域交通与对外交通紧密衔接。新加坡强调综合开发建设大型地铁枢纽站，在所有的 22 个市镇中心都设置了综合地铁、公共汽车、轻轨、出租车的综合公交转换站，在外围三个较大的区域中心设置大规模的综合转换站。此外，新加坡在这些交通中心还附加了许多其他社会功能，如购物、餐饮、医疗、图书馆、邮电、影院、行政和其他公共服务等。用一个或数个大型建筑物把所有活动涵盖在所谓的"一个屋檐下"。在这些综合中心附近设置高密度的住宅区，包括公共住房和私人住房。通过这样的人口、交通和综合服务中心的空间布局，极大地提高了土地利用效率，也让居民出行更加方便、快捷、可靠。

（四）政府与私人合营

在 20 世纪六七十年代城市复兴时，城市经济恢复部门的土地出让程序是一项重要的城市发展控制手段。20 世纪 60 年代，由于市中心大量分散的土地是私人所有，极大阻碍了城市的快速全面开发和城市复兴。1966 年新加坡提出土地购置法，使政府享有通过强制手段征用土地的权力。政府对被征用的私有土地的补偿数目十分有限，但对居住者的搬迁给予较优惠的补偿。土地购置和重新安置政策使政府能集中一些私营发展商无法自行开发却又造成阻碍的土地。政府对基础设施的开发实行公开招标。私营开发者可以投标，并为实现开发提供资金和技术。由于城市重建局同时还兼顾着国家文物保护的作用，有些保护项目出售给开发商并开发为保护性商业项目。

为应对亚洲金融危机，新加坡政府在 1998 年和 1999 年分别出现财政和税收优惠政策，包括给予 10% 的房地产税返还，允许未竣工项目延迟交纳印花税，政府暂定出让土地，以及针对家庭的税费和租金返还、帮助重新安排抵押贷款等政策。这些政策非常有效，在较短时期内就稳定了当时的房地产市场。随着新加坡经济的复苏，这些激励措施在 1999 年后被取消[①]。

新加坡国有土地出让程序成为一个地区实现规划目标的催化剂。例如，通过合作方式开放市中心重要的商业地段能推动金融中心的开发。在适当的位置出让宾馆用地还有助于促进旅游开发。一些地点出让用于开发公寓或私有地产等各种形式的住宅。出让程序同样能促进文化文物保护工程。

三、中国香港、新加坡土地制度比较

1. 房地产控制权不同

由于中国香港和新加坡在土地制度上的不同，导致两者之间在房地产控制权的差异显著。中国香港实行土地私有制，换地权益证制度经历长期的实施和演进，使得土地逐步向大型开发商手中集中，再加上地价长期上涨已经达到一个很高的水平，无形之中抬高了房地产开发的进入门槛，进一步强化了大型开发商的垄断地位。香港政府尽管也储备了一些土地，但是，由于大型开发商拥有的土地资源较多，政府通过调整供地规模和速度来调控房地产的努力，往往很大程度上被开发商赢利行为对冲掉，导致政府对房地产的控制权被削弱。

与香港不同，新加坡实行公私并存的土地制度，而且国有土地占绝对比重，使得政府具有较强的控制权。此外，土地强制征用制度进一步强化了政府对房地产的控制权，政府通过土地调控房地产、进行城市开发以及兴建组屋等都更加得心应手。

2. 住房公平享有程度不同

香港和新加坡不同的土地制度产生了不一样的住房制度。香港以市场化的商品住房为主，再辅之数量有限的以面向低收入家庭的公屋；新加坡以满足基本居住需求的组屋为主，完全市场化的商品房仅占很小的比例，不仅低收入家庭，绝大多数中等收入家庭和工薪阶层都可申请入住组屋。从量的方面来看，2006 年 3 月底，香港公屋数量约为 111 万套，包括廉租房和政府低价出售的公屋，占当时香港所有住房的 45%；新加坡的组屋数量占所有住房的 87%，成为住房存量中的主体[②]。从质的方面来看，香

---

① 参见：Ngiam Kee Jin. Coping with the Asian Financial Crisis：The Singapore Experience. Institute of Southeast Asian Studies. Visiting Researchers Series No. 8. 2000.

② 参见：新加坡组屋政策面面观．中新网．2011 年 01 月 31 日。

港的公屋面积最小的仅有 8 平方米供一人居住，最大的公屋面积约为 69 平方米，供 6 ~ 12 人家庭居住，从整体上看，人均公屋住房面积约为 12 平方米。[①] 一般都是低收入家庭居住在一起，容易形成贫民窟；新加坡现有的组屋面积一般为 40 多平方米至 125 平方米，也有少量 145 平方米的户型，组屋中不同收入水平的家庭、不同种族的居民混合居住，有助于社会融合和社会稳定。此外，香港的一些豪宅价格高达数亿甚至十几亿元[②]，花园、游泳池等一应俱全，而一些公共住宅如廉租房面积狭小、楼房老旧，众多人口挤住一屋，不同阶层的居民居住水平相关极为悬殊；新加坡由于绝大多数住宅为组屋，居住面积、标准和配套标准等方面差别较小，居住公平程度更高。

3. 城市开发效率不同

任何城市开发和公共基础设施建设都将不可避免地遇到用地问题。香港由于实行土地私有制，不同土地所有者之间的利益诉求各异，即便有科学完善的城市规划和法治机制，在具体实施时需要与数量众多的利益相关人进行无休止的谈判，其效率也会大打折扣，甚至无法进行。例如，港珠澳大桥工程将使香港与珠江西岸的广大腹地紧密联结，从长远来看有利于增强香港的辐射力和香港经济的发展（图 13-5，图 13-6），这一工程对广大香港居民有利，但在建设过程中也难免会对部分居民造成一些负面影响。受到影响的居民绝大部分与政府达成了补偿协议，但也有极个别的人与政府争执不下而提起诉讼，其中最著名的诉讼是"东涌婆婆"朱绮华诉大桥项目环境问题。虽然法院最终裁定朱绮华败诉，但却使大桥工程延误近 1 年，保守估计政府要为此多付出 65 亿元的工程开支，还要承担逾 750 万元诉讼费，及法援署资助原诉人即朱绮华的 149 万元。这一项目并非个例，香港有关部门承认已有多项基建因诉讼而延迟开展，这些基建项目特别是跨境基建项目的延迟开通，将损害香港与珠三角经济融合及长远的经济增长潜力[③]。

新加坡编制了三级规划，并有完备的体系来保证规划的实施。更为重要的是，新加坡的土地绝大部分属于国有或公有，土地权利人相对单一，有利于规划的实施和重大公共基础设施工程的开发，从而提高了城市规划建设的效率。此外，新加坡的土地强制征用制度也为城市开发、保障性住房建设提供了有力的制度保障，降低了土地开发成本，提高了基础设施建

① 参见：香港廉租房最小只有 8 平方米 低收入者均可申请. 北方网. 2007. 2. 25.
② 参见：80 后少妇掷 3. 45 亿购香港九龙最贵楼盘. 和讯网. 2011. 5. 13.
③ 参见：港珠澳大桥成本增 65 亿 港府诉讼费达 750 万港元. 人民网－港澳频道，2011. 10. 27.

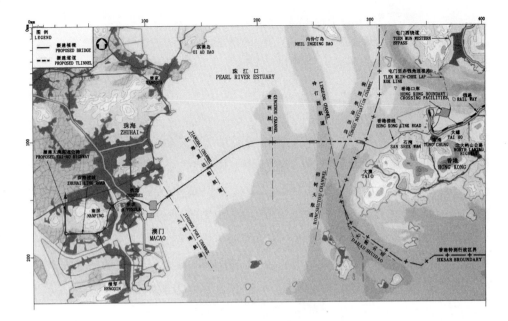

图 13-5　港珠澳大桥示意图

图 13-6　港珠澳大桥效果图

设效率，有利于城市综合竞争力的提高。值得强调的是，新加坡城市规划在注重城市开发的同时，也注重对生态环境和历史建筑等不可再生资源的保护，较好地解决了效率与保护两者之间的关系。

四、土地公有与土地财政

土地制度与土地财政是目前房地产调控中的热点问题。土地公有或私有，哪一种制度更有利于房地产发展？土地财政的合理性及如何破解目前地方政府土地财政依赖问题？这些问题影响到住房改革和房地产发展方向，有必要作出分析和回答。

（一）土地公有的必要性

一是土地公有符合社会整体利益。我国实行社会主义制度，土地公有符合社会主义制度的基本原则，而且城市规划实施、事关国家长远发展的重大战略和重大项目实施等方面都涉及土地问题。如果土地私有化，将会涉及众多私有业主，其中的利益博弈可能产生巨大的资金和时间成本，将会严重影响到我国国家中长期发展战略的实施。在这方面，一些实行土地私有制的国家所经历的教训极其深刻。例如，日本实行土地私有制，其成田机场跑道修建案例反映了日本土地私有制的低效率以及私人利益与社会整体利益的尖锐对立。在成田机场建设过程中，由于7户农民的阻挠，成田机场两条跑道前后耗时44年才建成，而其中一条跑道比设计长度还短了几百米（图13-7）。"短腿跑道"的后果是作为东京门户的成田机场无法成为全天候机场，一些大型客机起降受到限制，且未达到标准长度的跑道也给客机起降带来了安全隐患。因此，土地私有制看似保护了这几户农民的利益（实际上，身处机场这种特殊的环境，这些农户的发展空间和享

图 13-7　日本成田机场跑道用地状况

受舒适安静生活的权益已经受损），但这种极端的制度安排完全排斥了任何其他合理的选项，损害的是每年出入机场的千千万万旅客的利益甚至是东京大多数人发展的权利。

二是土地私有微观高效和土地公有宏观高效的矛盾。微观上的高效率和宏观上的低效率是土地私有制内生的悖论。从微观上看，土地私有意味着产权人可以按照最高最佳原则利用土地，实现微观上的私人利益最大化。但从宏观上看，土地私有意味着产权人利用土地的随意性（包括故意闲置）、逐利性和整体上的无序利用，土地的组合和分割以及基础设施的建设都会涉及众多产权人的个人利益，其间的利益冲突成为土地最佳利用的最大障碍，造成了宏观上土地利用的低效率。例如，北美有关土地产权组合和分割的法律极为繁复，相关事务在地方政务中占很高的比例，处理起来困难重重，社会成本极高。与之相比，土地公有相对而言比较有弹性，公有制下的土地界限和用途可根据社会发展需求和功能需要来确定，如此在土地利用上就可以全盘考虑和协调土地的经济价值与社会效益之间的关系，比私有产权的各自为政更具经济效益、生态效益和社会效益。

三是土地增值应归全社会享有。与西方国家已经基本完成城市化不同，我国城镇化正处在快速发展期，这一时期是城市基础设施建设投入最集中的时期，也是土地升值最显著的时期。大量的城市建设投资在改善城市环境和生活便捷程度的同时，也形成了巨大的财富积累并在城市土地上沉淀下来，这种财富积累主要体现在城市土地增值。例如，2010年5月，北京广渠门外10号地拍卖成交的土地价格约为每亩1600万，而据土流网土地交易信息显示，位于黑龙江的一处农场场房用地转让价格仅为每亩400元[1]，两者价格相差数万倍，造成这一差异最根本的原因在于其区位即可达性的不同。因此，由于城市建设和发展而引发的土地增值实质上是社会创造的财富，理应归全社会享有。如果实行土地私有制，土地增值将由拥有土地的私人所独占，从而造成巨大的社会不公。因此，土地公有是确保由全社会创造的土地增值财富归全社会享有的制度基础。

四是公共交通导向型发展模式（TOD，Transit Oriented Development）的由来及其合理性。TOD发展模式起源于美国。20世纪90年代初，基于对郊区蔓延、土地利用的密度降低及其所带来的能源和环境等一系列问题的深刻反思，美国学者、新城市主义倡导者之一彼得·卡尔索普在1992年提出TOD的概念，并在其著作《下一代美国大都市地区：生态、社区

---

[1] 资料来源：土流网，http://www.tuliu.com/.

和美国之梦》中作出进一步阐述，明确提出以 TOD 替代郊区蔓延的发展模式，并为基于 TOD 策略的各种城市土地利用制订了一套详尽而具体的准则。TOD 的精髓是由政府事先控制地铁沿线土地，待地铁建成后再用于房地产开发，这样就可保证地铁建设所带来的土地增值归全社会享有。但在土地私有制度下，由于轨道交通沿线的土地归私人所有，TOD 的优势很难得到体现。而 TOD 与土地公有制结合可以充分发挥其优势，主要有三个方面的原因：一是在土地公有的前提下，TOD 发展模式所带来的土地增值将由全社会共享；如果土地私有，土地增值将由轨道交通沿线土地的私人拥有者所独享。二是土地公有有利于土地的统一规划和利用，使土地利用效率最优化；如果土地私有，TOD 发展模式将要面临众多的土地私有者，这些私人和企业间的利益博弈将大大延迟甚至阻碍 TOD 发展目标的实施。三是在土地公有的前提下，政府可以在轨道交通建设之前预先规划控制土地，待轨道交通建成后再将土地公开拍卖，所得土地增值收益可作为轨道交通建设资金的重要来源。

由此可见，土地公有在制度上更具优越性，更加符合我国基本政治制度和现阶段社会经济发展的需要。当然，要充分发挥土地公有制的优势，关键是要处理好社会利益和个体利益之间的关系，在社会利益最大化的前提下确保个体利益之间的公平。

（二）土地财政争议

土地财政是土地公有制度下不可回避的一个重要问题。目前土地财政问题引起社会广泛关注的主要原因有：现行土地出让的招拍挂制度主要是以价高者得，容易导致地价的快速上涨。地价快速上涨一方面推高房地产开发成本，另一方面释放出错误的信号，强化房价上涨的预期；二是土地财政在地方财政中占比过大，且一次性收取未来几十年土地出让收入的方式就如"竭泽而渔"，不具有可持续性；三是任期较短、更换较快的书记、市长干部制度也助长了在土地财政上"寅吃卯粮"的现象；四是土地财政支出不透明，部分土地收入并未用于基础设施建设和住房保障等与城市建设相关的方面，且土地收入有被方方面面瓜分之势，土地增值由全社会享有未能得到充分体现。

前面已经分析到，我国现阶段的城市土地增值主要是由于城市建设投入引发，应归全社会享有，并通过土地财政的形式体现。因此，土地财政作为土地公有和土地增值全社会享有的具体表现形式是成立的。目前引起争议的问题主要集中在土地财政的获取方式和使用上。

从获取方式来看，目前建立在土地出让金基础上的获取方式存在三个主要的缺陷。

一是土地增值的取得环节集中在前端。土地利用全周期可分为土地开发和出让、房地产开发和销售、房地产经营利用、房地产再交易等阶段。土地出让处于土地利用整个链条的前端，而中前端的房地产开发销售，中端的经营利用，后端的再交易等阶段产生的土地增值收益基本上都归拥有房地产权益的少数人占有。例如，政府投入资金在已建成区修建地铁，由此带来的土地增值归地铁沿线房地产的权利人占有，就是全社会投入、少数人获益的典型例子。

二是土地增值的取得挂一漏万。目前土地出让中有一种现象，只要一出现"地王"，地王所在区域甚至所在城市的房价都会显著上涨，除地王外，一般性的土地出让也会刺激周边的房价上涨。在这个过程中，政府获得了该地块（点上）的土地收益，而周边土地（面上）并不是因为业主的努力（资本投入或劳动）所产生的增值本应归全社会享有，但现在却都流失了。这种方式就像一个漏水的网兜，看似网住了出让土地的收益，但却漏掉了更大范围的土地收益，且出让地块未来土地增值也被开发商据为己有。这是目前造成社会贫富悬殊的原因之一。

三是政府的定位不清晰。土地出让中政府不是作为裁判员而是作为交易方，看起来更像是垄断的地产商。这种角色的错位导致政府难以洗刷作为地价上涨推手的指责。更重要的是，作为交易直接参与者而不是规则制定者的角色使政府的公信力大大受损，在征地拆迁中为了公共利益的说辞失去了说服力，补偿标准成为交易双方博弈的对象，出现漫天要价的情况也就不足为奇了。

从土地财政使用方面看，目前我国土地财政使用制度尚不规范和健全，一些城市将土地财政用于政绩工程、形象工程上多，用于民生如保障房建设上少，民众对土地增值财富归全社会享有的认知度还不高。

五、对我国城市土地制度变革的启示

我国现行城市土地拍卖制度存在的问题主要在于：一是过度吸收香港的做法，导致较长一段时期内一些地方存在着重高档商品房土地出让、轻保障房用地的现象；二是由于盲目追逐容积率增加土地出让收益，推倒历史文化街区，盲目旧城改造，破坏城市文脉和特色；三是土地房地产市场投机炒作现象严重；四是由于土地一级市场由政府垄断，但又缺乏严密的法纪管制，政府官员与不法房产商串通，导致国有资产流失和腐败案件频发。

通过比较中国香港、新加坡两地的土地制度及其影响，以及分析发达国家土地私有制度的弊端，对我国土地制度变革的启示有以下几个方面。

1. 坚持城市土地公有制，从过度依赖市场过渡到市场和保障并存

中国香港和新加坡的经验表明，市场并非万能，它仅能在有限范围内解决土地资源配置效率过低的问题，但却无法解决住房公平和城市空间分配不公等问题。历史证明在城市开发建设方面，土地私有制不仅不是最有效率的，而且对社会公正和生态均衡更易产生南辕北辙之危局。对于土地这类稀缺且又是人们基本居住需求不可或缺的资源，土地公有制在促进住房公平和生态平衡更具优势。土地公有制加上科学的城市规划和完备的规划管理执行体系，可以有效提高城市开发效率，兼顾公平与效率、发展与保护。因此，我国土地制度变革必须坚持城市土地公有制，对过去过度强调和依赖市场的做法进行必要调整，对土地出让价格进行适度控制，同时，完善土地征收制度，通过科学测算确定合理的土地征收补偿价格，对土地征收价格既规定下限，也明确上限，防止土地征收过程中因无休止地要价和"土地二次补偿"而引发大量的矛盾，影响到城市开发建设的顺利实施。在坚持土地公有制的基础上，加大保障性住房建设力度，使保障房在住房总量中的比例稳步增加。再通过保障房分配和管理机制的完善，使保障房在促进住房公平方面真正发挥其基础性作用。

2. 科学编制和严格实施城市规划，促进城市开发有序进行

新加坡的经验表明，土地公有制加上科学的城市规划和完备的规划管理执行体系，能够促进城市开发，同时兼顾对生态环境和历史建筑等不可再生资源的有效保护。为充分发挥我国土地公有制的优越性，在城市规划方面：一是要科学编制城市规划，构建城市发展总体框架，指导城市开发建设。在城市规划的编制中，既要具有足够的前瞻性，有效协调好城市开发和经济发展对土地的需求、城市交通体系的安排与构建、公共基础设施的建设等，又要充分注重对生态环境和历史街区、历史建筑等不可再生资源的保护。城市规划既要具有权威性，又要具有适度的弹性，以适应城市的发展变化对土地利用功能的改变；二是健全规划法律法规和制度，加强规划管理和监督体系建设，确保城市规划的有效贯彻实施。

3. 警惕变相地票，防止土地投机炒作

香港由于实施土地私有制，土地市场投机炒作风盛行，尤其是香港的

土地权益证在实行的数十年期间，其价格最高上涨了2万倍，将香港的土地投机炒作演绎得淋漓尽致。尽管如此，香港土地权益证制度最大的获益者并非最初拥有土地的那些原住民，而是少数开发商和个人。为避免香港土地市场投机炒作所产生的负面效应，我国应坚持城市土地一级开发市场城市政府垄断，并通过土地供应调节和税收政策抑制土地价格的过快上涨，同时防止企业或个人通过囤积土地来获取暴利。对于集体土地的拆迁征用，慎重使用变通方式如地票来达到流通的目的。这类方式如果应用不慎，不仅无法提高农民的收入和农业生产效率，而且很可能会导致后人难以纠正的不良后果：一是出现香港土地权益证那样的暴炒现象，最终提高全社会的土地利用成本；二是地票及其所代表的土地会向少数企业和个人手中集中，形成当地土地开发垄断企业；三是由于我国城市主要负责人频繁变动，一旦地票制流行，就会因而造成大规模的地方政府负债，提前透支土地财政。

4. 坚决制止房地产商囤地，缓解房价上升势头

城市土地因其稀缺及不可移动性，具有天然的垄断性，市场机制在土地和空间资源配置上难以充分发挥作用。香港的教训表明，实行土地私有制，过度依赖市场会形成少数大型开发商垄断的局面，导致房价居高不下，住房公平失衡，住房设计容积率过高而影响人居环境等问题。与之相比较，新加坡由于实行以土地国有为主导的土地制度，绝大部分居民的住房需求都可通过政府供地建设来满足，较好地解决了住房公平问题，有利于新加坡社会的和谐稳定以及综合竞争力的提高。

我国房地产市场垄断一方面表现在房地产开发商特别是大型开发商主导了一些地方的房地产市场，各类市场资源有进一步向少数大型开发商集聚的趋势；另一方面表现在房地产市场上供需双方的话语权严重不对称，开发商处于强势地位，而且经常非法囤地推迟开发，而购房者无论是在价格、供房周期、质量监督等方面都处于弱势。更为严重的是，房地产开发对短期GDP的作用明显，由于一些地方政府首脑受GDP政绩观的影响，偏好形象工程、大项目和房地产开发，导致地方政府在城市建设过程中被开发商所左右，话语权被削弱，自然环境和历史资源遭到破坏，土地资源浪费、房价泡沫滋生等问题较为严重。

因此，我国土地制度变革中需采取有效措施，防止出现房地产市场垄断的局面。一是坚持政府在土地供应中的主体地位，对保障房建设等民生需求用地以及公共基础设施、配套服务设施的建设用地应占土地供应的较大比重；二是商品房用地出让不以土地价格为唯一标准，还应综合考虑保

障房配建比例、对城市建设的整体影响等因素，限制单个开发商在一个城市竞买土地的比例过高，同时采取措施限制开发商大量囤积土地；三是增加住房供应中的保障房比重，相应缩减商品房比重，使开发商的市场影响相对降低；四是通过金融、税收政策甚至是反垄断措施防止少数大型开发商在某个地方的市场份额过大。

5. 严格土地开发容积率调整程序，防止国有资产流失

当前我国实行严格的城市土地征用指标制度及试点"建设用地增减挂钩"的办法。这些制度与香港回归前几年的用地限制有类似之处。由此也引发了全国各城市开发商违法增加开发容积率，城郊农民违反土地法将耕地更改为建设用地或直接建成"小产权房"。此类行为如不能制止，无疑会造成国有土地资产的大量流失，而且更为严重的是使科学编制的城市规划成为一纸空文，直接危害公众利益和可持续发展能力。

6. 土地财政问题的应对之策

在土地增值收益收取方面，应在土地开发利用和交易整个环节上强化土地增值税的征收，其效果可达到将取得土地增值收益的重心适度适时后移。这样，通过将土地收益分配使用高度严格化和社会基金化，如10%用于教育，10%用于给水、排水，20%用于保障房……再加上后置的房产增值收益，将土地出让之后的环境改善的社会收益收之于民、用之于民。具体效果主要有以下几个方面：

一是通过对土地增值税的严格征收，政府可从对土地财政的依赖中部分得到解脱；

二是因扼制了囤积房产而减少投机所引发的房价波动；

三是土地增值税针对利润设立，利润越高，土地增值税率及税额越高，在其约束下，房价暴涨的动力减弱；

四是可适用于集体建设用地，增值部分通过土地增值税归全社会分享；

五是土地增值税是对土地增值收益的社会再分配，有利于促进社会公平；

六是减少征地拆迁过程中的矛盾，避免因土地价格一日三变所引发的征地拆迁补偿标准分歧和冲突。

在土地增值税征收制度设计时，对家庭拥有的唯一自住住房，可规定在一定时间内再次购房给予税收抵扣或退税的优惠，以避免出现普通家庭因税收原因转让家庭唯一住房后无法再获得同等条件的住房而导致居住水平下降的情况出现。

在土地财政使用方面，应有明确的使用方向和边界。土地财政主要来源于土地增值，因此其使用方向应以城市基础设施建设和住房保障为主，这样才能真正实现土地财政"取之于民、用之于民"的本义。

在土地收益用于民生方面，中国香港和新加坡的经验值得借鉴。香港政府针对土地收益专门成立土地基金，其使用审批较一般性的财政预算更为复杂，不仅明确使用范围与审批程序，而且对权限也有明确要求，极大地减少了使用土地财政的失误，比如对形象工程的支持等，同时也防止在土地问题上"寅吃卯粮"。新加坡市场化住房用地的收益都用于住房保障。新加坡政府从商品房用地出让和交易中得到非常可观的收入，但这些收入只能用来为普通百姓和穷人们服务——建造保障房和廉租房，真正体现了土地增值财富归全社会享有的理念。此外，土地财政的收入和使用应更加透明，便于社会监督和增强群众对土地财政的认同感。例如，新加坡通过建立透明公开的财政制度和有力的问责制度，有效地防止了土地收入被挪作他用。这种做法使市场与保障两者之间并行不悖。中国香港和新加坡的经验表明，土地公有制度是促进住房公平的坚实基础，通过制度设计和严格管理，土地收入可以成为提高全社会住房福利水平的重要支撑。

总之，我国城市土地制度变革应充分借鉴先行国家和地区的经验和教训，坚持城市土地公有制，注重保障房和公共基础设施建设用地供应；通过科学编制和严格实施城市规划，健全规划法规和管理体系，促进城市有序开发；坚持城市政府垄断土地一级开发市场，采取综合措施防止土地投机炒作和房地产垄断，促进住房公平；严格容积率调整程序，防止国有资产流失，维护城市规划的权威性和严肃性。通过以上措施，达到促进城市土地和空间资源的合理配置，房地产市场良性发展，城市土地开发建设兼顾公平与效率、发展与保护的目的。

第十四章

农村土地制度与健康城镇化

我国农村土地的集体所有是全世界特有的土地制度，由此派生的建设用地征收和审批管理、建设用地的招、拍、挂制度等都是与我国城镇化能否健康发展直接相关。尽管这种独特的土地制度并不符合"国际惯例"和西方主流经济学对农地产权的习惯性释义，但在我国前期城镇化过程的实践中却有效地避免了将土地私有化奉为圭臬，奉行"华盛顿共识"的先行国出现的城市蔓延、农村衰退、贫民窟盛行、食利阶层迅速膨胀等弊端。本节的研究结果并不支持对该制度全盘推翻式的改革，而是倡导在维持现有制度优势的基础上适度改良，以保证我国城镇化的健康发展。

一、农村土地制度争论的产生

农村家庭联产承包责任制的实行，使我国农村的生产力得到了充分释放，但不少人认为经过三十年的实践后，农村生产力的潜力挖掘已经接近顶峰，农村的进一步发展遇到瓶颈。特别是 20 世纪 90 年代以来，"三农问题"不断涌现，农村发展步伐放慢，农民增收困难，农村公共投入严重不足。在这种背景下，如何建立适合农村生产方式和有助于提高农业生产力的农村土地产权和管理制度成为社会关注的热点问题。一些观点认为，现行的农村集体土地所有制已不再适应农村发展的需要，农村土地私有化才是改革的方向。

其代表人物茅于轼就认为：如果让农民的土地自由买卖，农民可以自由地和开发商讨价还价，将会发生以下的结果：

第一，农民的财富可以极大地增加。中国贫富差距的主要原因是农民穷。如果把农民穷的问题解决了，收入差距问题能够极大地缓解，可以解决中国社会最重要的一块心病。

第二，地价和房价会大幅度下跌。现在房价高的原因是地价贵。地价贵的原因是政府从农民手中低价拿地，然后拍卖出售，获取价差。土地的增值大部分被政府拿去了。也就是土地的供给被政府垄断了。如果分散的农民可以竞争地出售自己的土地，地价会比现有的价格大大地降低，而农民出让土地的收入却可以大大提高。地价合理化的结果将是房价的下降。国务院想尽办法压房价，效果不大，还引起一大堆意见。如果土地自由买卖，地价由公平竞争的市场决定，谁也没有意见。而房价可以趋于合理水平。

第三，城市里的房价下降，农民的收入提高，进城打工的农民就有机会进城租房买房，变成真正的城里人。中国城镇化可以大大地加速。如果没有这样的改变，要让农民工变成城市居民，靠他们微薄的工资去租房买房，再有三十年也难于实现。农民工变成了真正的城市居民，每年拥挤的春运，这世界上独一无二的钟摆式人口流动会逐渐消失。

第四，土地用途的转变通过自愿交换，强制性的事件被自愿交换所替代。土地纠纷将大大地减少。因土地造成的暴力事件可以绝迹，上访人数会减去一半以上，可极大地减轻各级政府的负担。

他认为：这样的改变会造成地方政府的土地收入减少，可能发生财政困难。但是从另一方面看，土地自由交换导致的交易税收增加。由于消费扩大使市场繁荣，政府从市场得到的税收也会增加。[①]

与此同时，国际社会也给予了我国农村土地制度广泛的关注。西方主流报纸《金融时报》（Financial Times）、《基督教科学箴言报》（Christian Science Monitor）与《华盛顿邮报》（Washington Post）都对我国农民的抗议活动进行了报道。美国的农村发展研究所（Rural Development Institute）和卡托研究所（Cato Institute）持续支持中国及其他国家的土地私有化，也对这些报道进行了政策分析，并认为私有化是消除贫困与社会不稳定的解决方式。

西方主流媒体文章乌托邦式的分析与卡托研究所和农村发展研究所的观点一致，认为土地私有化、土地集中到少数优秀农民手中以及多数农民迁往城镇，将会提高农村地区的效率和生产，促进国家的总体发展，最

---

① 参见茅于轼：允许土地自由交易的好处。

终实现繁荣昌盛。这一观点建立在对美国发展模式的线性和有限的分析之上，表明了他们几乎不了解中国迥然不同的历史与现实，同时也显示出这些观点背后的政治设想与企图。[1]

二、农村土地私有化的危险性

持农村土地私有化观点的人受到"华盛顿共识"和新自由主义思潮中将"手段"看作是目标式的错误影响，希望采取非此即彼的方法，将复杂的农村问题通过"私有化"一步到位简单化。但是，现阶段我国如果实行农村土地私有化，可能会引发一系列的社会经济问题。

（一）农村土地私有化可能会影响国家粮食安全和经济发展

首先，农村土地私有化并不必然等于农村生产效率的提高。有人说：如果土地不私有化，土地就流转不起来，就无法搞规模经营。但农民回答说：在现有制度下只要种地能挣钱，土地使用权就自然会流转起来。内蒙的大兴安岭地区的农民有了一个土地流转的好办法：进城的农民可以用自家的责任田作抵押，每亩可以得到 5000 元的进城发展的资金，抵押期一般为十年，村长是交易的裁决人。出资人在十年内享有土地的使用权、收益权，而进城人则享有无偿使用 5000 元资金的权利，实际上是一亩地的租金交换 5000 元资金的利息。十年期满，双方"完璧归赵"，也可以再次交易。在这种产权的交易过程中，也自然发展出了土地使用权交易的中介组织——土地信用合作社，对进城不再回来的农民，其原承包权通过村土地信用社收归村集体。为什么大兴安岭地区的农村能发展出这样的土地流转模式呢？因为土地负担较轻，每亩负担才 20 元，土地使用权有较高的收益，可以在市场经济条件下自愿有偿转让；像中原地区，土地负担重，土地使用权往往是负收益，土地的使用权自然无法实现自愿有偿交易。因此，现有的土地制度并不影响土地的流转，影响土地流转的是与土地相关的税费负担政策。中国农村是不是一定要搞像国外农场那样的规模经营呢？是不是搞了规模经营就可以有更高的效益呢？

其次，我国大多数地方的现代农业发展之路必然要走服务型的规模经济之路。我国现在每年新增 1100 万人口，保持 8% 的经济增长，每年只

---

① 耕者无其田：中国农村土地私有化的必然结果 .（卢克·埃里克森 .LUKE ERICKSON）.

能从农村转移 800 万人进城就业生活。40 年后，农村的人口数量依然十分巨大，人均耕地有可能还达不到现在的水平，所以小农经济是我国农业经济的长期现实的选择。在未来 40 年，我国农村劳动力的基数始终保持 4 亿以上，而理论上只需要 1.2 亿劳动力，因此，技术进步对劳动力的替代并不一定能降低成本、增加土地产出。相反，据我调查研究的结果表明：种地 500 亩的家庭农场比种地 5 亩的农户的单位面积产出要低 15%。精耕细作是我国农业的优势，还不能丢。既然如此，我们为什么要私有化、土地规模化？[①]

更为重要的是，作为原住民为主的农耕大国，其农业现代化道路只能走服务规模化的集约型绿色农业发展之路，而要避免外来移民为主的美澳式土地规模化和能源化、化学化的现代农业发展之路。除此之外，居住在农村的人口与务农的劳动力完全是两码事。凡是原住民为主的法国、日本等国在城市化末期，居住在农村的人口比率往往高达 30% 以上，近年来还在不断增加。作为悠久农耕文明和祖先崇拜文化古国的我国，对田园式家居的留恋和公共农村基础设施的完善，肯定有相当比率的人口居住在农村，从而缓解超大城市的人口压力。

其次，农村土地私有化可能会推高农产品成本和土地价格，影响经济发展。未来三十年内，我国仍处于城镇化快速发展期，城乡边界还不清晰，城区面积还将继续扩大，农村土地特别是城乡结合部的土地存在巨大的升值空间，城乡地价存在着巨大的差距，如果实行农村土地私有化，土地利益分配格局将面临剧烈的调整过程。一方面，农村土地私有化后，原来公有制下的土地隐性成本将会显性化，土地要素成本必然体现在农产品价格中，导致农产品成本提高。另一方面，农村土地私有化后，农村土地利用将从低利润的农业转向利润率高的行业如房地产开发等，就业直接相关的工业生产和与民生利益直接相关的"菜篮子工程"将难以获得廉价的土地，土地要素成本大幅上升，导致工业制成品的价格上涨，我国制造业的低成本优势必然丧失，经济发展速度将会受到严重影响。此外，国家的基础设施建设因涉及众多的私有土地业主，获取所需土地的时间和成本都会大大增加，经济运行效率也会大受影响。在农产品和工业产品成本上升的双重作用下，我国将进入持续的高物价时代，通货膨胀将严重影响人民群众的生活水平。

---

① 李昌平：慎言农村土地私有化。

（二）农村土地私有化将使健康城镇化难以实现

首先，我国现在很多影响国家可持续发展和集约城镇化的战略都是建立在农村集体土地所有制基础和现有的用地指标性管理办法之上，例如耕地保护和18亿亩红线的问题、退耕还林和退耕还草等保护环境的问题等。如果农村土地私有化，农民和其他农村土地的业主将从私人利益最大化出发，随意改变土地用途，国家集约城镇化战略和防止城市蔓延都将无从谈起。

其次，土地私有化后，农村集体的组织和协调功能将会弱化，农村的公共服务、公共事业和基础设施建设，以及社会公共秩序的维护等将更多地依赖于国家和地方政府，宏观的农村土地政策将难以推行，农民的集体意识将会消解和丧失，进城务工的农民与农村的联系将被切断，农村的社会稳定将会面临威胁。

再次，土地是一种特殊的蛋糕——做不大且越来越小的蛋糕，是不可以多次分配的，经济学的蛋糕理论并不适用于我国农地。这种稀缺性决定土地不能当作一般的商品和生产资料来分配。温铁军先生的"农地在中国的最基本的功能是社会保障功能"的观点经常受到批判，批判者说，当大量的农民失地、失业后，我们可以把农民纳入现代社会保障体系。但只要稍有常识的人都无法想象一个人均国民生产总值1000美元的中国，怎么能迅速建立起8亿农民的现代社保体系。不说中国做不到，如果我们转移6亿农民给美国，经济总量9倍于我国的美国恐怕也无能为力！既然土地是农民的安身立命之本，是8亿农民的社会保障，怎么可以随意买卖呢？如果土地可以买卖，那城里人的社保是不是也允许买卖呢？[1]

最后，土地制度的调整，将可能导致我国未来农村出现向三个不同方向演变的结果：

一是农民通过"维系性命的土地要素"来交换并得到在未来城镇生活的所需，即赢得"滋补未来新生活的全过程"，农民以"土地换身份"，实现了与城市人的"同富贵"，政府通过"资源换空间"，实现了城镇化的良性发展；二是农民通过"土地要素"的交换，以失去"地权"为条件，换得农民就地"上楼"，农民仅获得小康生活的"标签"，而交换的另一方则赢取含有"地权"的"土地要素"，成为因整合土地而成巨富的利益集团。之后，农民将无奈的再次"沦为"利益集团所雇佣的具有现代意义的"雇农"；三是农民在"土地要素"的交易方式、定价原则、交换结果皆为被

---

[1] 李昌平：慎言农村土地私有化。

动的情形之下，被动将自己的"命根子"交给利益方，换得名义上的城镇身份，但最终落得房屋买不起、工作无着落的"城镇游民"。

实际上，理论工作者们早已将后面两种农民的身份转换定位为：是实现城镇化过程中不幸落入的"中等陷阱"。但是，当我们有足够的时间和充足的理由，站在历史的远郊来聚焦到今天的镜头，我们不得不深感疑惑：为什么从理论准备到制度设计，不去做争取第一种结果的努力呢？没错，改革允许出现差错，摸着石头过河也允许支付成本。但是，在将土地资源的转换利益究竟让位于贫困一方，还是利益一方的核心性原则上，历史的秤砣终究是要做出选择的。

经济学者认为那些分散承包的土地是归集体所有，农村土地所有权是官有的，农民并没有拥有土地。这种说法是经不起本质性的推敲。集体是由这些农民组成的，它只是一个空虚的概念，集体所有要最终通过每一个农民所有体现出来，而家庭承包责任制正是把这个集体所有权分散到每一个农户承包下来，使得每一家农户都有田耕种。由于禁止转让，三十年的承包期到期后仍然要继续延续承包，而且各个农户可以在自家承包的田地上自主耕种，只要不改变其承包土地的现有用途。这种长期的土地使用权实质上就等于是农民拥有了其承包土地的所有权，只是为了避免土地被他人兼并而不能买卖。因此，农村土地集体所有只是一种名义上的，而实际的所有权仍然归还到这些农民手中。书院式学者甚至还经常指责土地集体所有容易导致地方官员损害农民的权益。这种情况事实上更多的发生在城市边缘的农村地区，即城市周边很多地区的农民土地被强征强卖，但这仍然是城镇化导致私有资本侵蚀土地级差地租的结果。城市的私有资本为了占有土地，首先去腐化地方公共权力，导致地方政府的腐败，继而损及广大农民的利益，这不是土地公有的错，归根结底还是资本的嗜血本性和地方行政官员的贪污腐化所导致的。[1]

（三）农村土地私有化面临巨大的政治风险

首先，我国现阶段土地不仅有粮食生产的功能，而且有社会保障的功能，土地实际上是农民的最后保障和依托。2008年，受全球经济危机的冲击，数千万在外务工的农民提前返乡，整个社会经受了严峻的考验。试想一下，如果实行土地私有化，进城务工农民将"承包地"一卖了之，农民失去了土地，也就意味着失去了最后的保障，他们将面临无乡可返的境

---

[1] 李昌平：慎言农村土地私有化。

况，被迫滞留在城市里成为无业游民。这就是"拉美陷阱"中最难以治理的症结问题。

其次，农村土地私有化将导致土地向少数人手中高度集中，引发复杂的社会矛盾。土地私有化后，土地几乎总是从弱小贫穷的单个农户手中流向富裕的个人和农业企业，而且这种流动是不可逆的。我国已有的实践也证明了这种土地单向流动的规律。据统计，从 2008 年开始的两年多时间里，成都流转农用地面积已超过全市农用地总面积的 20%，其中流转到农业大户和公司企业的农用地占一半以上，土地集中趋势明显。与一般的认识相反，农村土地私有化不仅不能保证农民拥有土地，而且将会加速农民丧失土地的速度。正如 1957 年在肯尼亚举行的关于非洲土地所有制的工作会议所说的那样："要剥夺一个农民的土地，最好的办法莫过于让他完全占有土地，并且规定土地所有权可以转让。"① 在城市中，土地分配不公意味着公民空间占有极大的不均等，从而形成即时的社会不公和未来收益的悬殊化，形成城市的贫民窟并引发严重的社会问题。在农村，土地向少数人手中高度集中，多数农民丧失土地而成为流民。农民失去土地就意味着失去在农村生存的根基，将被迫向城市聚集，农村劳动力过快、过早转移，精耕细作的传统被放弃，造成农产品欠收，从而成为社会动荡的根源。

再次，农村土地私有化意味着各类资本包括外国资本的进入以及土地逐步向少数人手中集中，农民与土地的关系将逐步演变为以资本为主导的农场雇佣关系，以农户的生产经营为主体的家庭联产承包责任制将会被动摇，农村社会结构也将发生深刻的变化。农村土地私有化引发的农村生产关系变革，其影响和后果都难以预料，隐含着巨大的政治风险。土地私有化不仅不会给农民第一桶金，相反，正好给了资本家一次扩张和掠夺农民的机会。主张私有化的人的一个重要的理由是，农民有了土地的自由处置权，就能够获得发展的第一桶金。然而，在农地负担重、农业收入低、绝大多数农民穷的情况下允许土地买卖，在很多地方一户农民的土地所卖到的钱可能不够一个孩子上大学的学费、一个难产产妇在地市一级医院住院的费用。当一个贫困的农民面对孩子要上大学、病号要住院时，除了"自愿"低价出卖土地外，他还有别的自由选择吗？《潜规则》的作者吴思先生在和农民座谈时，提出土地私有自由买卖的方案征求农民意见，农民的回答是土地不能私有、不能买卖。农民不同意土地私有化的理由是"老子赌博、抽烟、喝酒败掉了土地，那儿子怎么办？""允许土地买卖，肯定

---

① ［英］保罗·哈里森著，第三世界——苦难、曲折、希望北京：新华出版社，1984：67.

有少数人成为地主，多数人成为无地游民，那不是又要打地主分田地了吗？"他在农村调查时特别关注了土地的买卖价格：在东北人少地多、亩均负担在50元，亩均年收入200~300元的地方，农民认为一亩土地卖4000元比较合理。在中原农民负担较重、亩均年收入100元以内的地方，农民认为一亩土地卖2000~3000元合理。在农民负担过重，亩均年收入低微甚至是负数的地方，农民对土地的感情非常复杂，少数人认为土地不值什么钱，谁要给谁，但希望能留下后人的宅基地，多数人认为土地是安身立命之所，虽然卖不到几个钱，但卖与不卖应该交给后人处理。城市郊区的农民对土地的价格预期一般会比郊外的农民高出10倍以上。因此，现阶段土地私有化正好给资本的扩张创造了机会。[1]

最后，与土地私有化相伴随的"政府征地只限于公共利益"难以操作。在"公共利益"界定方面难度很大，比如在产权法中应该列举什么叫做公共利益，比如说盖政府大楼叫公共利益，如果盖商品房就不叫公共利益……但是老实说，这种列举没有多少意义。因为什么叫"公共利益"，并不是一个可以"客观"列举的范畴。"公共利益"老实说很大程度是"公共"主观认定的。比如著名的美国新伦敦案例就是这样，就是一个营利性企业要用这块地，但是新伦敦的市民都认为应该让这个企业进来，因为，新伦敦原来是美国的一个潜艇基地，它原来的产业链条主要是为这个基地服务的，但冷战结束后基地取消了，造成一个很严重的问题，就是当地很多人无法就业。因此，当地人普遍认为应该招商引资来改善就业，那么这个招商引资就不仅仅是一个商业性行为了，政府要用这块地来安置这个企业，显然也不仅仅是对企业有利的事情。因此，在这种情况下，一个营利性的企业用地，都不能说仅仅是商业行为，无需公共干预。相反，如果是盖一座政府大楼，是不是就一定是公共利益呢？也很难说。现在政府盖豪华大楼，老百姓对这种行为的利益认同往往还不如对盖商品房的认同。怎么能断言这一定就是公共利益呢？要"客观"地划定什么叫公共利益，通过划定一二三四来列举，那是根本不可能的。数年前，全国人大常委会在制订《物权法》时，曾组织专家学者对"公共利益"如何界定进行了长达一年多时间的讨论，但由于该概念涉及的内容过于复杂，也难界定，各方意见也严重分歧，故不在法律条文中具体定义。

以上分析可见，盲目推行农村土地私有化并不能解决现阶段农村存在的问题，反而存在更多不确定的危险因素。我国农村是农民以村落形态集

---

[1] 李昌平：慎言农村土地私有化。

聚的社会，不同于松散结构的城镇社会，也与美洲、澳洲等以单个家庭农场散居的农村社会不同。因此，现阶段我国农村社会是通过土地农民集体所有来维系，是基于传统文化和社会资本的合理体现，不能简单地以土地私有制来取代。事实上，即便在经济发达和城镇化已经完成的欧洲国家，农村也仍然是以家庭农场经营为主。农村土地所有权问题表面上看是一种财产问题，但在深层次上反映的却是生产关系问题。现阶段我国农村集体土地所有制基础上的家庭承包责任制，其实质是农民种自己的地，生产属于自己的农产品，农民具有生产的独立性，对产品具有支配权，是农业生产和经营的主体。改革开放以来的实践证明，这种制度安排符合农业生产自身的特点，极大地释放了农业生产的潜力，具有很强的生命力。因此，农村土地产权制度改革，必然遵循农村社会和农业生产的规律，根据城镇化进程逐步推进。随着我国城镇化的继续推进，预计将有更多的人口从农村转移到城市。需要指出的是，这种转移并不是以户籍身份是否转变为标志。城镇化不能简单地看有多少人口从农村转移到城市，而是要看转移出来的农村劳动力是否真正融入到城市中，劳动技能和生产效益是否得到持续提高，就业是否具有稳定性和收入增长的长期性，医疗卫生、教育、养老等是否得到保障。只有达到上述标准，农村人口转移才具有长期性和不可逆性，这样的城镇化才具有实际意义。当城镇化进程接近完成时，绝大多数农村劳动力已转移到城镇，城市的空间永久边界已经基本明确，农村地区人多地少、农民高度依赖土地的状况已经改变，到那时时机基本成熟，可再考虑农村土地根本制度变革问题，农村集体土地可享有与国有土地同样的权利，农村土地使用权才可以自由转移。

（四）历史的经验与先行国的教训

我国与其他国家相比一直是个巨型的农业社会，历史上每当全国各地的地主大规模地兼并土地时，都会使得广大农民失去其赖以生存的土地资源，继而导致民不聊生，引发社会大动荡的农民起义，这是中国古代土地私有化引发的周期性恶果。土地私有化在我国历史上一直难以阻止地主对土地的大规模兼并和对广大农民利益的双重盘剥，"平均地权"在私有制的社会制度里成为了广大农民遥不可及的梦想。我国的王朝更迭，有多种原因分析，其中一个重要原因不可忽视，那就是"土地的聚与散"。每个王朝的初期，统治阶级都吸取上一个王朝的失败教训，其中一个重要教训就是：作为农业社会的重要生产资料的土地的过于集中，集中在少数人手里，大多数人都失去了土地，也就失去了生存的最主要依靠。这样以来，一方面形成强大的地主阶层，另一方面形成庞大的流民阶层，这两个阶层都不利于皇权稳定，于是乎社会危机也就随之到来。开国君主都是乱世枭雄，个个深谙此道，开国之初，一个重要的举措便是尽可能地使土地均等化，并结合采取一些减轻徭役赋税政策，让利于民，使人民有一个休养生息的机会，便形成了历史上的"文景之治""贞观之治""康乾盛世"等等。然而，在土地私有化的情况下，土地兼并的趋势始终存在，无论是王莽的"托古改制"，还是王安石的"变法"都不能扭转这一趋势。

作为土地私有制最悠久的农耕文明古国，并没有出现少数经济学家所断言的那样：一旦实施了土地私有，农民可以凭借土地换取的资金进入城市，安心成为富足的市民。事实是，我国历史上经历了长期的土地私有封建制度，但历朝历代都未能解决土地私有所造成的社会矛盾问题，这些矛盾长期积累后导致农民起义爆发，引发朝代的更替。[①]

早在西汉时期，由于土地私有制导致土地兼并现象严重，出现了"富者田连阡陌，贫者无立锥之地"的社会贫富极度不均的状况。在这种形势下，农民们为了反对残酷的剥削和奴役，纷纷起来进行斗争，西汉王朝在农民起义的烽火中走向覆灭。到了东汉时期，随着豪强地主势力的发展，土地兼并的趋势急剧扩大，许多自耕农民因受到国家的横征暴敛和地主阶级的巧取豪夺而失掉土地，变成流民或地主依附农民，农民破产过程加速，社会危机由潜在转化到表面。"豪人之室，连栋数百，膏田满野，奴隶千群……三牲之肉，臭而不可食"[②]，底层的劳动者却是"生有终生之勤，死有暴骨之忧，岁小不登，流离沟壑，嫁妻卖子，其所伤心腐藏，失生人之乐者，盖不可胜陈。"[③] 这些正是当时土地兼并集中导致社会极度不公的写照。植根于封建土地私有制基础之上的土地兼并和集中愈演愈烈，激化了农民阶级与地主阶级的矛盾，最终使得社会危机在东汉末年集中爆发。

唐王朝是中国封建社会的颠峰时期，但它同样没有能够摆脱源于封建土地私有制的土地兼并造成的周期性社会危机的支配。安史之乱之后，伴随中央的宦官专权、朋党之争和藩镇割据，均田制遭到严重破坏，王公百官"比庄置田，恣意吞并"，贫富悬殊的局面再度出现。随着阶级矛盾的

---

① 参见：土地私有制、阶级矛盾和农民战争——中国封建社会周期性社会，http://bbs.jschina.com.cn/thread-169395-1-1.html

② 参见：《仲长统传》。

③ 参见：《全后汉文》卷46。

激化和社会危机的加剧，以黄巢起义为标志的农民革命最终葬送了唐王朝。强盛无比的元王朝仅仅存在了不足百年就被农民大起义所终结。之后的明朝，到了中后期土地兼并日趋加剧，皇帝、王公、勋戚、宦官所设置的庄田数量之多超过以前任何朝代，一般官僚地主兼并土地的情况更加严重，江浙地区地主豪绅的土地"阡陌连亘"，或"一家而兼十家之产"①。到明朝末年，土地集中到了空前的程度，大多数农民相继失去土地，如浙江、福建有田者不足十分之一，为人佃作食力者十分之九，直隶、山东、山西、河南、陕西、湖广等地大部分的腴田都被王公勋戚和地主豪绅侵占②。随着土地兼并的加剧，阶级矛盾也变得空前尖锐，以李自成为代表的农民大起义最终爆发，标志着明王朝走向灭亡。

我国封建社会最后的王朝——清朝的农业生产发展过程也是土地日益集中的过程。在北方，满州贵族在圈占土地之外又倚其权势继续强占和强买农民的土地，一般汉族地主也乘机兼并土地，北方大地主已是"田连阡陌"，大批农民沦为佃户和雇工，南方各省"小民有恒产者十之三四，余皆赁地出租"，"田大半归富户，而民大半皆耕丁"，全国范围内阶级矛盾和民族矛盾日益尖锐，加上西方列强的侵略使中国坠入半殖民地半封建的深渊，最终爆发了太平天国农民起义，加速了清王朝灭亡的进程。

封建社会农民阶级与地主阶级之间的矛盾和由此引发的周期性社会危机贯穿于封建社会的全过程，其根源均出于封建土地私有制，这是不以人们意志为转移的客观规律。我国封建社会所展现的"土地兼并——农民起义——改朝换代——均田制——土地兼并"这样一种周而复始的社会更替现象，其历史教训不可谓不深刻。农村土地改革不应忘记这些历史教训，不能因为追求所谓的西方现代农业规模化生产而盲目推行土地私有制，导致不可预测的社会后果。正如史学家钱穆所言："正因为土地私有，耕者有其田，才有了自由买卖，才开始兼并，才使贫者无立锥之地。"③因此，在我国还有8亿农村人口的情况下，现阶段还必须坚持农村集体所有制，并在此基础上进行土地政策的改革和完善，充分保障农民的土地承包权益，维护农村社会的稳定。

从先行城镇化国家的经验和教训来看，土地是公共品，不仅具有自然属性，还具有社会属性，为占人口绝大多数的农民提供了基本的社会保

① 参见：《明英宗天统实录》卷5宣德十年五月。

② 参见：翦伯赞：《中国史纲要》第159页。

③ 参见：《中国历代政治得失录》。

障，这就决定了土地问题不能主要依靠市场来解决，否则极易出现土地兼并集中，加剧城市盲目扩展与人口贫困并存等社会问题。统计数字显示，2010年印度贫困人口总数达3.72亿，比1994年多出近1亿，数以亿计的城镇居民栖身于贫民窟。如印度最大的城市孟买，至今约有60%的人口住在贫民窟，贫民窟里严重缺乏自来水供应、电力、厕所等基本设施，路面污秽不堪，苍蝇蚊子乱飞，各种传染病频发。

南美的城镇化也说明土地私有制必然导致农村经济凋敝，农村经济的凋敝必然将大量的失地农民赶入城市，导致拉美地区畸形的城市化。2000年，阿根廷城市人口占89.16%、巴西79.19%、墨西哥75.14%、乌拉圭93.17%，这种极高的城市化率绝非现代化的标志。恰恰相反，畸形的城市化大大超过了工业化速度，政府无法为居民提供充分的就业机会和必要的生活条件，同时超负荷的人口规模又给城市建设与资源环境带来了沉重负担，造成了城市贫民窟的不断衍生与扩大。土地私有后，广大农民名义上拥有了土地所有权，但是国家却再也不能禁止这些土地在市场上自由交易。土地一旦能够作为私人财物在市场上进行自由交易，土地的兼并就开始了，那些分散的田地必然会被强势资本吸附而集中，于是就会有大量的农民土地自愿或者不自愿地被强迫卖掉。尤其是在农村，资本更容易利用恶霸、地方宗族势力和被腐化的地方公共权力一道去掠夺广大农民的地产。农民们一旦以土地私有换来名义上的所有权，就会很快在市场上以廉价贱卖给农业资本家，继而丧失自主耕种的土地。因此，土地私有化不但不能维护农民的权益，还会为资本掠夺广大农民的权益打开了大门，导致大量的农民破产。

拉美等国的教训还表明，土地私有化后少数人占有了大多数土地，但土地集中使用并未实现农地的规模经营和农业生产力的提高，原因主要有以下几个方面：一是土地规模增加不等于土地利用效率的提高。大地产主们占有大片土地，往往不是为了提高农业生产率，而是为了囤积增值或以备后用或者是防止其他国家的资本或当地的资本占有这些土地，导致大片土地没有得到充分开发利用甚至被故意荒芜；二是土地规模增加不等于土地用于种植的面积增加。拉美国家的国内资本和外国资本对农业投资主要是为了获取利润，他们开辟种植园的目的是生产国际市场需要且利润较高的农产品，而对满足当地人民生活必需但利润微薄的大宗粮食作物减少甚至停止种植。例如，巴西土地利用结构表明土地种植比率与农场规模成反比，农场规模越大，土地用于种植的比率越小，这也是巴西土地资源丰富，但粮食却要依赖进口的一个重要因素；三是缺乏技术投入的动力。拉美各国土地和劳动力资源比较丰富，价格低廉，种植园无需采用先进的农业技术就可获利，技术投入的动力不足。大地产主们为了最大限度地获取高额利润，竭力降低生产成本，除了必要的部门和工序之外，很少对农业技术进行投资，种植园里的大部分劳动仍然是靠人力完成，农业技术没有任何实质性的进展。许多拉美国家的土地资源丰富，但基本口粮却要依靠进口高价的大宗食物，形成对资本主义大国和国际市场的依赖，甚至国家主权也受到威胁。可以预见，我国农村土地如果实行私有化，低利润的基础粮食生产将大大减少，土地将向高利润的农产品生产聚集，甚至大量转为利润更高的非农用途，如此一来，国家粮食安全将面临严重的威胁。

总之，与新自由主义的宣传相反，私有化带来的土地丧失并非"穷人的选择"、"落后地区的实践"、"有限的人力资本"等此类辞藻的必然结果。资本主义的竞争动力，在应用到全世界的农村社会时，一定会使得农民迅速出售其土地，并导致土地集中到少数人手中，剥夺了多数人的唯一生存之本。特别是在新自由主义倡导国家不对社会福利进行投资，农民愈加贫困的背景之下，情况更是如此。包括中国在内的土地私有化不是承诺"耕者有其田"，而恰好相反，将会导致"耕者无其田"的最终结果。这便是新自由主义所谓"土改"的悖论。事实证明，这种"土地改革"与世界上多数穷人的利益形成直接冲突。①

虽然土地私有化被奉为农村贫困的解决方式，但是大量的证据表明，新自由主义的土地改革会带来大量的农民失地、土地集中、社会分化加剧、农民加速向城市迁移、城市贫困加剧以及城市工资下降等后果。在我国，数以亿计的农民工已经融入全球经济，因此土地私有化过程可能将导致全球工作和环境水平的下降。贫穷的失地农民失去赖以生存的土地，无法避免遭到本国以及世界的资本拥有阶层的掠夺。土地私有化可以增强我国作为世界资本工业平台的吸引力，但从长远来看，却几乎无法提高农民和工人的利益。

那么，现有的土地制度是不是就没有问题呢？当然不是。最大的问题在于农业用地改为非农业用地的增值收益分配不公问题，是以城郊为主的局部土地农转非问题，不应该上升为全局的土地制度问题。有人以为被征用的土地的增值收益应该全部归原来使用或所有这片土地的农民享有。难道全民共建城市所带来的土地增值仅归少数人占有合理吗？在城市化和现

---

① 耕者无其田：中国农村土地私有化的必然结果．（卢克·埃里克森．LUKE ERICKSON）。

代化的进程中，农业用地转为非农业用地的增值收益是巨大的，每年都以数千亿计。这部分增值收益必须通过立法分配，要把增值的相当部分用于进城农民的社会保障。[1]

实际上，城镇化建设需要多方面的投入，包括住房和就业场所的建设，城镇基础设施、公共设施的建设等。建设资金从哪里来？实践证明，这些资金都可以通过市场的手段，在整个城镇化的过程中筹集。工商企业等就业场所建设的投入，可以由工商企业解决，政府不必掏腰包。80%的居民住房需求可以由居民通过房地产市场得到满足，还有20%的低收入和最低收入家庭的住房需求，可以由政府通过各种形式的保障房建设来满足。保障房的建设资金相当一部分来自于政府收取的土地出让金。剩下的城镇基础设施和公共设施建设需要巨额的资金，只能由政府通过出让城市国有土地使用权，收取土地出让金再投入到上述两种配套设施的建设。目前备受攻击的所谓"土地财政"制度，恰恰是为上述两种配套设施建设提供了合理的资金来源。政府收取土地出让金，主要不是因为政府拥有土地使用权，而是因为未经开发的土地需要上述的配套设施建设才能转变为城镇的一部分。或者说，只有完善了这两种配套设施建设，商品房才具有居住的价值。因此，城镇国有土地的土地出让金应用于上述两种配套设施建设，而不应该挪作他用。只有这样才能保证我国的城镇化能沿着"集约、绿色和低碳"的轨道健康发展。

附：小产权房的本质分析

小产权房目前并没有严格的定义，一般而言，小产权房是在集体土地上建设并向非本村村民出售的住宅，没有商品房产权证，不能合法上市流通。小产权房具有几个特征：一是土地属于集体所有的建设用地或农用地，未经国家征用并转为国有土地，其土地使用权不能上市流通；二是项目未经规划和建设审批，无国家颁发的"两证"；三是住宅由本村集体以外的人购买，而非村民自用；四是住宅没有合法产权，购买人的权益不受法律保护；五是住宅质量无法监管，质量问题丛生，有的还威胁到入住者的生命财产安全。

---

[1] 刘宏长. 土地出让金当用于城镇化建设.

一、小产权房产生的原因

小产权房产生的根源在于我国土地所有制度的二元结构。在土地二元制度下，只有国有土地使用权可以转让并获得收益，而集体土地必须经过征用转变为国有土地后其使用权才能转让。小产权房在集体土地上建设，决定了小产权房的产权不完整性。与商品房产权相比，小产权房存在部分权益的缺失，因此在产权上被冠以"小"字。

土地二元制度仅仅是小产权房产生的基础，而小产权房的大规模蔓延则是在需求拉动、基层政权利益追求错位、供应推动、利益驱动和制度缺位等多种因素综合作用下的结果。

首先，小产权房需求旺盛。"小产权房"一词出现的时间并不长。在住房市场尚未建立时，住房交易极少，也不存在对小产权房的需求；在住房市场建立初期，住房价格还不高，商品房与小产权房的价格差距很小，极少有人会冒风险跑到交通不便的郊区去购买小产权房，因此小产权房的现象也并不普遍。但近年来房价快速上涨，而小产权房因不包含地价和税费显得极为低廉，商品房与小产权房之间呈现出巨大的价格差，对无力购买商品房的城市中低收入居民而言极具诱惑力。以北京市为例，商品房每平方米的价格动辄几万元，而小产权房的价格一般都在万元以下，价格相差数倍，因此，一些人甘愿冒其中的法律风险购买小产权房。

其次，我国正处于快速城镇化过程中，城市边界不断向外扩张，城市郊区特别是城乡结合部可达性日益改善从而导致土地升值潜力巨大，农村集体通过将土地直接开发成小产权房，可以部分获得城市基础设施延伸而致的土地增值收益，同时规避土地被征为国有、所有权性质发生转变后土地增值收益旁落地方政府或开发商。

再次，利益关联。农村集体经济组织、乡镇政府与小产权房开发商之间存在各种利益关系，纵容包庇小产权房开发，一些集体经济组织直接参与到小产权房的开发建设当中。还有一些农村集体和基层政府错误地认为小产权房开发建设是聚集人气、发展农村经济和新农村建设的灵丹妙药，对此持鼓励和支持的态度。

最后，制度缺失。对小产权房的处理意见迟迟不能出台，无法实行规范有效的管理。小产权房问题长期得不到有效处理，造成小产权房的蔓延，民众产生"法不责众"的心理。一些小产权房甚至出现升值的现象，加上舆论引导不力，社会产生小产权房可能"转正"的幻想，吸引投机投资者进入，小产权房的利益群体日益复杂和庞大。如果久拖不决，小产权房问题将变得积重难返，对其处理的难度将更大。

二、小产权房的危害

小产权房的存在和蔓延带来一系列的危害：

一是小产权房不按土地用途和城市规划进行开发建设，导致城市无序建设并向郊区蔓延，往往缺乏相应的基础设施配套，恶化了城乡环境。

二是不利于耕地保护。据中国新闻网载文介绍，涉及城市居民和公司拥有的小产权房已达全国村镇房屋建筑面积330亿平方米的20%以上[1]，如果以平均容积率2.0来估算，这些小产权房占地面积高达近500万亩，造成土地资源的极大浪费。小产权房蔓延使村集体为短期利益而不惜侵占耕地进行建设，使国家的耕地保护计划难以实现，粮食安全受到威胁。

三是建筑质量难以保证。小产权房未经规划和工程建设审批和竣工验收程序，最终产品"住宅"将在"黑市"交易。小产权房项目属于"地下工程"，整个开发建设过程中众多环节监督缺位，承建单位一般都不具有相应的资质，且开发建设者可能为节省成本而使用伪劣建筑材料，小产权房存在各类工程质量隐患的可能性极大，其住户生命财产安全无法得到保证，责任也难以追究。

四是购买人的权益得不到法律保护。如被称为"小产权房第一案"的北京通州宋庄画家村一案，最早是一些画家到宋庄购买宅基地并在该村聚集而形成画家村，导致该村土地升值，但土地升值后农民反悔，要收回卖给画家的宅基地，画家们为保护自身的权益将之诉诸法律但却败诉，法院裁定原购买宅基地的合同无效，购买小产权房的画家们权益受损。

五是小产权房的蔓延将侵蚀商品住房市场，对住房市场的长期健康发展造成危害。

① 参见：程浩.中国小产权房：现状、成因与问题.中共中央党校学报，第13卷第2期.2009年4月。

三、小产权房处理对策

对于小产权房问题，处理政策要点在于迅速有效地扼制"计划"外违法建筑的蔓延，纠正"以租代征"、"以罚代拆"的行为，并使保护耕地的目标与强化土地闸门的调控能力一致化。其核心的政策在于，在不助长地方"五个规避"的前提下，尽可能利用多种现有的政策手段和经济杠杆，强化土地管理，采取如下措施。

（1）以最高权威的文件重申，严格限制"以租代征"的范围。凡属与农户个人从事农业生产无关的建设占地行为，均应被视为非法占地。新发展的各类工商企业都不能采用"以租代征"来规避用地审批。（原乡镇企业大幅度萎缩后，有大量的土地资源，应收回重新安排。）

（2）坚持房地产宏观调控政策。通过建设一定比例的保障房和房地产宏观调控使外来务工人员和城市低收入者住得起合法房，并使房价控制在合理水平，缩小相近区位的商品住房与小产权房的价格差距，缩小小产权房潜在获益空间，同时凸显其潜在风险，从而使小产权房失去吸引力。

（3）对各类违法建筑应采取以拆除为主的办法进行严厉处罚。对原有违法建筑也应以拆除为主，杜绝"以罚代拆"。确因各种原因无法拆除而给予保留的，经济上的处罚应高于违法建设预期的市场效益。

（4）严肃法纪。对官商勾结、从中牟利的基层乡镇党员干部及其家属，应明确期限一律退出，拒不执行的应公开严肃处理，以期教育民众。

（5）凡属与农户个人从事农业生产直接有关的"以租代征"建设占地行为，应视同耕地占用，必须上交土地复垦金，以提高农用地转非农用地的成本。

（6）对已开展"以租代征"试点的地区进行全面总结，并严格控制新闻报道，以防媒体炒作而引发误导。在人均拥有耕地低于全国平均线以下的省、市、区，不宜推行"以租代征"、农民承包地入股搞建设等"改革"试点。

（7）强化土地利用总体规划和城乡规划的协同管理功能，直接将"永久性"的基本农田保护范围落实到地块、详细的地理坐标和小于或等于1/500比例尺的规划用图之中（目前在我国诸多的各类规划中，仅有城市和村镇规划能普遍做到这一点。土地利用总体规划，一般尚只能依据1/10000或更小比例尺的规划图进行粗放管理，难以据此来鉴定违法建筑行为）。土地利用总体规划应侧重于基本农田、生态用地和耕地保护，而城乡规划应侧重于建设用地与非建设用地的鉴定、分界与控制。基本农田应受到这两类规划的双重保护。

（8）加快出台针对别墅类低密度土地利用建设的物业税（房产税）。以税收的杠杆作用抑制已经初露端倪的"郊区化"现象（指私人轿车大大增加后，中等收入阶层大举迁移到郊区，居住在别墅区或低密度住宅区的趋势）。此外，也可以制止少数地方干部和富裕阶层直接向城郊、风景区农户购买农房的行为（而以往以土地计划控制的办法，停止别墅类供地，反而会造成"供不应售"而使别墅开发商大获暴利，这也是此类滥用土地的行为屡禁不止的原因之一）。

（9）对新增建设用地发放土地使用权证进行分类专门编号，并进行计算机联网统一管理。凡所发的土地使用证与计划内审批的土地指标和城乡规划、土地利用总体规划不相符的土地使用权证应视为非法而作废。这样可进一步杜绝非计划审批的土地进入市场所引发的扩张性建设冲动。

（10）对国务院、省政府审批的城市总体规划派驻城乡规划督察员，就地接受群众举报，就近视察建设和开发地块，制止违法建筑，并监督地方政府未经批准擅自修改城市总体规划。这种派驻到城市的规划督察员，与国土资源部派驻到省的土地督察员制度可以互相强化。

（11）出让金收入与支出应全额列入地方人大的年度预算审查，上级政府尽快对地方政府的土地出让金进行用途管制式审计，严禁土地出让金用于各类形象工程、政府办公大楼、大面积的广场、标志性大道、干部住房等工程建设。对违规者进行公开严肃处理。

附：对北京两村改造试点的建议

2009 年，北京市启动首批城乡一体化试点，包括北坞村和大望京村。对北京市北坞村、大望京村改造试点的建议如下。

（1）两村回迁楼房用地均采用国有建设用地进行旧村改造的模式，较为规范，防止了"小产权房"补偿建设费用的混乱与弊端，值得肯定，有全国推广的重大意义。

（2）"城乡一体化"主要指的是城乡"公共财政"补助均等化，从而达到城市反哺农村工业支持农业的目的，而不是指建筑物质形态的一体化。题目应以"北京城郊型旧村改造"作为城市郊区城乡一体化战略的组成部分为宜。更不宜简单地以"农民上楼"来称谓，以防引发形式主义仿照。

（3）以城郊农民"土地"换保障，即以合法的宅基地（包括旧宅）、承包地转变为建设用地而提供足额的村民新住宅和社会保障是较为稳妥、较为成熟的思路。

（4）从两村试点方式来看，北坞村试点中"以地换房"的形式来腾退宅基地和旧宅，整体支出比大望京村较为节约（11.2亿：35亿），更值得推广总结。

（5）建议试点村的土地应以城市建设用地储备中心统一收储、统一支付村民安置房和各项保障开支，并统一支付新移民村基础设施改造费用较为简单有效，有利于全市范围内公平公正地解决旧村改造难题。

（6）由城市土地储备中心收储的土地向银行贷款后统一支付农民安置房、城镇职工养老保险、新村基础设施等费用较为合理，也不存在资金滞后支付的问题。北坞村试点中建设回迁楼按照1：0.5的比例配建商品房，以上市出售所得收入用于补偿拆迁、新村建设等。不但难以监督，易发腐败行为，而且由于房市波动易引发资金回拨严重滞后的问题。

（7）安排城郊产业用地，应结合基本农田保障，主要发展高效有机农业，再安排一部分土地建设节约型的公共集体租赁房（以原有外来人口为基数来确定建筑面积），而不宜由农民合作建酒店、房地产等高风险产业。

下　篇

我国房地产市场调控的分项研究与政策建议

引言

过去的历史似乎告诉我们：寸步不让的保守主义是不能实现的。没有弹性的铁会突然断裂，有伸缩性的钢却可以弯曲。脆而没有伸缩性的经济制度不能逐渐演变来使自己适应与日俱增的紧张状态和社会变动。这种制度——不管它在短期中看来是如何强大——具有最大的被消灭的可能。因为科学与技术经常改变经济生活的自然发展途径。如果一种制度要继续存在，它的社会体制和思想体系必须根据这种改变而加以调整。——保罗·萨缪尔森（Paul A.Samuelson，1915~2009）

任一国房地产业的发展模式必然会深刻地影响社会、经济和生态等方方面面，反之亦然，任何社会文化的变迁、经济形势的起伏、人口老化程度、新资源新能源的开发和应用、交通工具的创新与普及和新技术、新产品的涌现等等，都会导致人们居住模式的变化。由此可见，对现代房地产市场的调控必须"见异思迁"，紧随市民的爱好和需求进行调整，以增加人们的幸福感、归属感和社会的公正性。也就是说，"C模式"的房地产调控政策是坚持"以人为本"的原则基础上，关注"细节"、短期效应与中长期效果相衔接、上中下相互配套、富有"弹性"的系统工程，力求避免"一调就死、一松就涨"的传统怪圈。

增加我国房地产市场调控政策的"弹性度"应遵循以下的原则：

1. 多样性

多样性是任何一个自适应系统以多种方式应对变化和干扰的能力表征。富有弹性的房地产调控政策应为民众提供多样化的选择、为地方政府提供多样化的政策工具，以满足百姓的住房需求及千差万别的市场情景。

2. 灵活性

具有弹性的系统能承受和利用形势和需求的变化，而不是硬性的对抗和控制。传统的房地产调控政策为什么失效，原因之一就是试图沿用行政手段强行扼制百姓住房需求的变化，或力求用"一刀切"的政策去应对千差万别的城市社会经济发展水平。

3. 模块化

富有弹性的政策集一般是由不同的模块构件组成的。每项调控措施既具有相对独立性、又能相互协同作用。相互依赖过密的政策集更容易受到外部干扰而趋于低效，而具有独立协同性的模块化政策工具，在调控的过程中能以下而上创新性地生成某些有效的新模块。这也符合"风尚从上而下、创新从下而上"的规律。

4. 管理慢变量

具有弹性的系统必然具有应对慢变量的能力，从而控制与阈值跨越有关的变量，避免"冷水煮青蛙"式的毁灭。我国房地产市场也正在遭遇前所未有的慢变量，例如独生子女家庭、城镇化的终结和人口的老化等，都会影响房地产市场的长期需求。对慢变量的敏感，可使系统能承受更多的干扰，从而有利于房地产市场从濒临崩溃的状态中适时恢复过来。

5. 适时反馈

任何弹性系统都必然具有适时的反馈机制。作为具有弹性的社会－经济复合系统的我国房地产市场必须强化中央政府与地方政府、企业及民众之间的反馈机制。任何调控政策的出台都应在征求各方意见的过程中倾听不同利益方尤其是弱势群体的呼声。2008 年的金融危机使人们痛彻地觉悟到：全球化和资产证券化使得反馈机制变得十分松驰，从而引发了全球性的危机。

6. 协同作用

具有弹性的系统应促进子系统之间的信任，充分发挥社会交流网络的协同性。房地产市场的有效调控需要各方面的协同作用并具有优先的次序安排，如"能由地方政府主动调控的，就不必由中央政府出台一刀切的政策"；"能用经济手段抑制投机炒房行为的，就不必用行政手段伤及正常的刚性需求"等。增强协同性既能克服各方的摩擦及错位调控所产生的相互抵消，而且还能有效应对外部干扰的能力。

7. 权力叠加

富有弹性的系统必然拥有"冗余"的调控机制。对于快速变化的城镇化时代，房地产调控政策集及其机构应具有多种重叠的响应方式。足额冗余的结构能增加系统反应的多样性与灵活性，也能加强跨尺度影响的调控意识和质量。一个自上而下没有角色冗余的调控体系可能在短期内具有高效率，但是一旦环境发生突变，调控结构就有可能出现 20 世纪 80 年代日本房地产那样的雪崩式溃败。史实已经证明，那些看似"混、杂"的多层政府复合调控结构更能在突变的环境中有效应对危机。

以上七个方面"弹性度"的要求是我国房地产市场调控具体政策设计的原则，也是本书第三部分的目标导向内容。

第十五章

保障房质量问题的历史、成因及基本对策

近年来，随着我国保障性住房的建设力度加大，与之相关的质量问题也频频被曝光。例如，2010 年，北京大兴区的"明悦湾"保障房项目，因结构混凝土未达到设计要求，6 栋楼房被拆除重建①。2010 年 7 月 25 日，海南省质量技术监督稽查总队根据群众举报在文昌市文城镇政府保障性住房工地上发现大量不合格钢筋，经查明，存在重量偏差的钢材是施工单位湖南新康建筑工程有限公司和海南省第一建筑工程有限公司分批从海口建材市场购买，总重量 345 吨，作为文城镇保障性住房建筑工地第二标段和第三标段的待用钢筋②。在安徽，自 2010 年底开始，安庆市太湖县最大拆迁安置小区五十多户居民的房屋陆续出现承重梁、屋面、外墙裂缝和渗水等现象，部分住户甚至出现楼板踩穿、房屋沉降等质量问题③。2011 年 5 月，总投资 8 亿元的青海省最大拆迁移民安置工程"康川新城"被曝出存在严重质量问题。根据青海省出台的《关于加快城镇保障性安居工程建设实施意见》，"康川新城"属于限价类保障性住房，按规定户型以每平方米 800 元价格限制销售给西宁市甘河滩工业园 5371 户征地农民，一次性集中安置 22600 人。部分村民在入住后发现住房存在质量问题，当地政府组成专家组进行全面质量检测，结果显示有 21 栋楼的个别楼层不同程度存在露筋、空洞、蜂窝麻面、阳台栏板强度不够等质量问题，其中有 3 栋存

---

① 参见：新华网财经频道，"注水"与"缩水"：保障房不该"低保障"，2011 年 05 月 13 日。
② 参见：南方周末，2011-08-03，http://www.infzm.com/content/61873。
③ 参见：京华时报，2011 年 07 月 30 日。

在混凝土构建强度偏低等严重质量问题，部分楼层被要求拆除重建①。

以上的舆论热点也仅仅从传统意义的"技术结构质量"对保障房问题进行曝光批评。其实关于保障房的质量问题一直是先行国家的热点，本文从回顾国外保障房建设历史入手，并力求从更广泛深入的范畴——从人文环境的角度提出"生活环境质量"来总结保障房质量问题的经验教训、成因并提出相应的基本对策。

一、国外保障房建设历史回顾及经验教训

住房问题作为最基本的民生需求之一，一直是政府积极介入的重要领域之一，即使是市场经济发展最为成熟的欧美发达国家，也没有放任市场来解决所有的住房问题，而是由政府提供包括实物和补贴在内的程度不同的住房保障，来满足中低收入家庭的基本居住需求。

第二次世界大战后，由于战争破坏和大量军人复员，欧美等国均出现了严重的住房短缺问题，为解决这一问题，各国政府投资巨资甚至直接参与住房建设，在较短时期内建设了大量的公共住房。例如，第二次世界大战后，英国面临着整个 20 世纪中最为严重的住房短缺状况，为此，英国提出了新城计划，在伦敦外围及英国其他大城市周边建设了大量住房，1945～1951 年期间，地方政府投资兴建的住房占新增住房总量的80%。此后，尽管工党和保守党轮流执政，但公共住房建设一直保持着较高的比例，截至 1973 年，30.7% 的房屋都是公共住房，而在 1968～1973 年间，37.3% 的新建房屋是公共住房②。第二次世界大战中德国约 1/4 的住房被毁，在科隆、汉堡等城市被毁住房比例更高达 50% 以上。针对住房严重短缺问题，德国开始大规模建设住房，尤其是具有福利性质的社会住房。1949 年，德国新建住宅竣工量为 22 万套，其中 70% 为社会住房。1953 年后，德国每年新建住宅超过 50 万套，其中社会住宅比例一直保持50% 左右，对于尽快解决战后住房困难起到了关键作用。从 1949 开始的10 年期间，德国共新建住宅 500 万套，不但弥补了被战争摧毁的 300 万套住宅，而且也为大批难民和新增人口提供住宅③。日本为应对第二次世

---

① 参见：保障性住房建设质量出问题 管理漏洞要封查，法制日报，2011-05-30。

② 吴立范. 美英住房政策比较. 北京：经济科学出版社，2009：41.

③ 余南平. 欧洲社会模式——以欧洲住房政策和住房市场为视角. 上海：华东师范大学出版社，2009：188-189.

界大战后的住房短缺问题，以国家为主导建设了大量住房。从 1952 年起实施公营住宅建设三年计划，共持续了 5 期共 15 年。从 1966 年起又实施了"住房建设五年计划"，共 8 期，于 2005 年结束。经过努力，日本于 1968 年实现一家一户的目标。到 1973 年，日本的住房总数已经超过家庭户数，从数量上已经消除了住房短缺问题。除此之外，欧洲大陆国家、美国以及前苏联东欧国家也都在国家主导下建设了大量公共住房。如美国在 1949～1959 年的 10 年间，将公共住房总数增加了 1.5 倍[1]。

第二次世界大战后欧美等国以国家为主导，在短期内建设了大量的公共住房，这一举措在当时是极其有效的，极大地缓解了当时的住房短缺问题，促进了所在各国的战后重建和社会经济恢复增长，对保持社会稳定且有积极的意义。

然而，由于在短时间内兴建了大量公共住房，也导致了一些问题的产生，特别是保障房的质量问题较为突出。美国第二次世界大战后由政府出钱建设了大量的保障房，但在后期这些保障房及所属的社区缺乏有效的管理，居住其中的穷人越来越多，而富人都早早搬离了，形成了明显的少数族裔或贫困家庭的聚集区，产生了一系列社会问题（图 15-1）。例如，纽约的尼克伯克村是建于 20 世纪大萧条时代的保障性住房，在两幢封闭式口字形的建筑中有总数高达 1573 套的小型公寓，密度高达美国联邦政府推荐标准的两倍[2]（图 15-2）。调查表明，在美国，使用公共住房的家庭随

图 15-1　美国第二次世界大战后建设的保障房小区显得萧条、环境恶劣

① 住房和城乡建设部住房改革与发展司等编. 国外住房数据报告. 北京：中国建筑工业出版社，2010：94.

② Phillip Lopate，Waterfront. Crown. 2004 年 3 月 1 日，以及 Knickerbocker Village，维基网站，http：//en. wikipedia. org/wiki/Knickerbocker_Village.

图 15-2　纽约尼克伯克村（knickerbocker village）拥挤不堪

着时间的推移越来越趋于贫困化，2004 年，公共住房家庭的年平均收入远远低于联邦政府的贫困线。这些家庭收入的主要来源是退休金、养老金、残疾金以及其他各种社会福利。从种族上看，这些家庭中黑人占总人口的 46%，西班牙族裔占 20%。居住分隔和公共住房地区发展滞后是 20 世纪 60 年代末美国 150 个城市居民骚乱和 80 年代洛杉矶黑人暴动的重要原因之一[1]。

美国在这方面另一个恶名昭著的典型案例是普鲁伊特——伊戈（Pruitt-Igoe），它在建好 17 年后被炸毁（图 15-3 ~ 图 15-5）。这个项目由日裔美国建筑师雅玛萨奇（Minoru Yamasaki）设计，计划建成当时"最好的高层公寓"：各种高度的板楼和联立式住房建筑；板式公寓中宽阔的进出走廊，作为游戏区域、门廊和晒衣区，电梯隔层一停的复式单元，空间开阔的河流穿过住区等。然而，种种原因导致这一项目的最终效果与计划初衷大相径庭。根据 1949 年美国的联邦住房法，这个项目被要求所有建筑一律建成 11 层楼，33 幢相同楼房，包括 2800 多套公寓，在光秃的场地上向过境交通敞开。为了控制在成本限额之内，在建造期间进行了大量的和随意性的削减。公寓室内的空间，特别是那些数量众多的提供给大家庭使用的公寓"被削减至骨头，甚至骨髓"。这些建筑的质量是如此之差，以至门锁和门把手第一次使用就坏了，有的甚至在使用之前就坏了，窗框断裂，一部电梯在开幕当天就坏了。在完工当天，这些建筑几乎只是一堆钢筋混凝土陋屋，设计差、装备差、大小不合适、位置不合适、不通风，并且实际上难以维护。这一项目的结

① 吴立范. 美英住房政策比较. 北京：经济科学出版社，2009：34，35.

果是灾难性的：白人搬走了，黑人以及很多依靠社会福利的家庭搬了进来。到 1965 年，超过 2/3 的居民是少数族裔，70% 的人年龄在 12 岁以下，38% 的家庭中没有就业人口，只有 45% 的就业率就是唯一的收入来源。这个项目在投入使用后入住率就直线下降，普鲁伊特的入住率在 1956 年是 95%，1965 年就降至 72%，而伊戈的入住率一开始就未达到 70%。到 1966 年，情况已经极其糟糕，管道爆裂，发生过煤气爆炸，玻璃、橡皮和碎片散落在街道上，道路开裂，废弃的汽车留在停车场，金属罐头撒得到处都是。从外表上看，普鲁伊特——伊戈就像一个灾难区域，每幢房子都有打碎的窗户，路灯不亮，大楼被废弃的房间里什么废物都有，老鼠、蟑螂以及其他害虫在这些空间里肆虐横行，积满灰尘的窗帘遮盖的是没有玻璃的窗户，用于走廊供暖的散热片在很多大楼里已经从墙上剥落，垃圾漫溢到地面上，电线裸露，灯泡和灯具已经损坏，34 台电梯中有 28 台不能开动。普鲁伊特——伊戈的社会治安状况极为恶劣，居民如同生活在一个噩梦般的世界中，自从搬入以后，41% 的家庭经历过偷盗，35% 的人受过伤，20% 的人受过严重的袭击[①]。由于对居住环境和状况的严重不满，在 1969 年，租户发起了长达 9 个月的罢租活动，这是美国公共住房历史上罢租时间最长的一次。1972 年，政府接受了这一无可回避的事实，最终将所有的建筑炸毁[②]。

图 15-3　普鲁伊特——伊戈破败的大楼鸟瞰图

① Rainwater, L. 1970：Behind Ghetto Walls：Black Families in a Federal Slum. Chicago：Aldine, pp13.
② Peter Hall 著，童明译. 明日之城——一部关于 20 世纪城市规划与设计的思想史. 上海：同济大学出版社，2009：269-270.

图 15-4　普鲁伊特——伊戈外立面局部

图 15-5　普鲁伊特——伊戈建筑被炸毁

　　法国在这方面也有着深刻的教训①。2005 年 10 月，法国爆发了严重的社会骚乱，骚乱首先起源于大巴黎地区外围的克利希——苏布瓦镇，之后蔓延到巴黎郊区多处城镇及法国其他城市。在爆发冲突的城镇中有多处城镇的名字都带有苏布瓦（意为"从林里"），它们主要分布在巴黎的塞纳——圣但尼大区。在 20 世纪六七十年代，法国政府为缓和巴黎城区的住房压力，在郊区及周边地区集中建设了大量住宅楼，在这些地区，政府提供的公共住宅和低价房集中成片，居民主要来自前法属殖民地移民及其后裔。相对其他地区而言，塞纳——圣但尼大区人口密度高，居民受教育水平普遍较低，失业率高，使这些地区逐渐成为贫困、犯罪、被遗忘者与被损害者的代名词。

① 资料来源：蔡威，关于城市规划中防止出现弱势群体聚居的提案．全国政协十一届四次会议提案第 3435 号，2011 年。

英国贫富分隔居住的现象也很严重。例如，在第一代新城计划中，在贝肯特里（Bacontree）的大型卫星城安置了至少11.6万人，这在当时是世界上最大的、经过规划的郊区住区，它们极大地提高了住房的标准，但是也存在着明显的缺陷：

这些住房是供手工匠人、小商贩和小职员居住的，而不是供真正的穷人居住的；

从建筑角度来讲，它们是贬值了的次级欧文式的住房，毫无想象力也毫无激情地模仿着住房手册，它们是索然无味的，是从几年前在老橡树住区设立的标准的一个急速而悲哀的倒退例子；

当时没有人预想针对当地环境应当采用什么交通方式；

当地的工作非常少；

没有一个住区在它周边拥有一个经过规划的绿带；

缺少家园的氛围；

没有适当的物业管理，住区环境和治安情况不佳。[①]

在苏联时期，前东德政府建设了大量的板壁式的建筑（图15–6～图15–9）。前苏东国家建设的公有性质的住房大多设计简单，式样单一，质量不高。其中一些这样的建筑建在莫斯科，被讥为"莫斯科的假牙"，本来莫斯科是一个很漂亮的城市，但是却被安上了一排排假牙似的建筑，看上去非常的不协调。

图 15–6　前东德政府建设的板壁式建筑

① 参见：Peter Hall 著，童明译. 明日之城——一部关于20世纪城市规划与设计的思想史. 上海：同济大学出版社，2009：78–79.

图 15-7　前苏东国家统一建造的标准住房显得拥挤、破旧

图 15-8　苏联时期格鲁吉亚
和东德住房（一）

图 15-9　苏联时期格鲁吉亚和东德住房（二）

二、保障房质量问题表现

广义的保障房质量问题包括住宅本身质量以及户型、小区规划布局、包容性、综合配套和住宅区整体区域质量等方面的内容。

（一）建筑质量问题

保障房建设要有统一的质量管理，如建材、住宅结构、施工、装修质量和节能性能等，这些是保障房质量要满足的最基本的方面。但是，20世纪中叶，先行国家的一些公共住房质量在这些最基本的方面也存在问题。例如，美国的公共住房由于政府提供的财力资源有限，建筑成本受到极大限制。美国 1937 年的立法设立了公共住房建筑成本的上限，大中型城市每个单位的造价为 5000 美元，或者每个房间的造价为 1250 美元；小城市每个单位的造价为 4000 美元，或者每个房间的造价为 1000 美元。在这种低廉的预算下，公共住房的建设尽可能地节约材料和人工，建造的楼房质量远不如其他类型的私人出租房。实际上，这种限制建筑成本来节约资金的做法眼光短浅，这是因为低劣的建筑常常会导致以后昂贵的维护费用，而这种费用可能要大大超出最初建造住房时节省下来的资金①。

（二）公共住房的设计问题

与商品住房相比，公共住房的设计质量往往不佳。例如，美国的调查显示，大部分公共住房的设计简陋，只保证一些基本的生活设施，壁橱小且不安装门，住宅楼里没有大堂，外部的空间很狭小②。

（三）小区规划设计质量不高

著名建筑师奥斯卡·纽曼（Oscar Newman）认为，导致普鲁伊特——伊戈项目失败的第一个罪魁祸首就是设计，建筑师在设计时闭门造车，把每一幢建筑作为一个完全的、独立的和正规的实体来进行考虑，而对于地面的功能性使用，以及一幢建筑与它可能与其他建筑共享的地面之间的关系则不加考虑。这好像建筑师要充当雕刻家，把项目的基地仅仅视为一张表面，在这个表面上，他要安排整个系列的垂直构件，并使这些构件处于一种组合完善的整体之中③。

公共住房小区空间布局不佳，密度过大，且集中连片建设，由此导致公共住房项目小区在空间景观上出现兵营式整齐、单调、乏味的效果，而且空气、绿化等环境不佳，容易滋生贫民窟的种种矛盾和问题。

（四）公共住房的位置问题

在欧美国家，由于公共住房主要是服务于低收入家庭，它们主要坐落在低收入家庭聚集的地区。例如，根据1935年美国地区上诉法院的判决，地方政府拥有是否建造公共住房的选择权，当联邦政府授权地方政府建造和改造公共住房时，如果一个地方政府不愿意在本地区建造公共住房，联邦政府并无强制执行的权利。这使得公共住房只存在于那些积极参与联邦政府公共住房项目的地区，公共住房大都集中在贫困地区和以少数族裔、黑人为主的地区，一半以上的公共住房位于贫困线比率高于

---

① 吴立范. 美英住房政策比较. 北京：经济科学出版社，2009：37.

② 同上。

③ Newman，O. 1972：Defensible Space：Crime Prevention and Urban Design. New York：Macmillan.

30% 的地区，而公共住房在贫困线比率 10% 以下的地区仅占 7.5%。公共住房分布的差异造成了公共住房发展的不平衡，形成了种族或社会阶层的隔阂 [1]。

（五）不同阶层混合或分离所致的包容性缺乏

不同阶层分离居住是造成欧美一些国家社会骚乱的重要原因之一。欧美国家的公共住房制度在一定程度上具有种族或社会阶层的隔离性。英国布莱尔政府的社会排除小组（Social Exclusion Unit）调查显示，到 20 世纪末，英国的贫困在城市核心地区已经集聚到了一种异乎寻常的程度。在英国，有 44 个地方政府地区是贫困最为集中的地区。例如，它们拥有将近 2/3 的失业，一半左右的单亲家庭和低龄怀孕，更多的儿童依靠收入补助，缺少基本的教育条件，死亡率达到 30% 以上。更糟的是，这些地方政府地区中包含了 85% 最为贫困者的街区，贫困者的集聚程度都异常的高。为此，社会排除小组的报告指出，在过去的 20 多年间，几百个贫穷社区的基本生活不断地与社会其他地区分离开来，仅仅相隔几个街区之遥的人们，就被巨大的财产和机遇的鸿沟分开。许多社区已经陷入一种螺旋般的衰退之中，高犯罪率和高失业率的地区有着恶劣的名声，所以居民、商店和雇主纷纷离开了这里。当人们搬迁出去之后，众多腾空和空关的住房为犯罪、破坏行为和毒品交易提供了更多的机会。这些地区在 1980 年代和 1990 年代都持续性地落后于全国其他地区。在这段时期里，社区变得较少混合性，穷人更容易被集中到同一个地区 [2]。住房问题引起了西方政治家的高度关注，正如英国前首相内维尔·张伯伦所言：住房问题现在已经足以对国家的安定构成了一种威胁 [3]。

不同种族和阶层分隔居住导致了欧美国家的"隔都"现象。美国社会学家罗伯特·E·帕克通过研究认为某些城市社区深受隔离之痛，这种隔离的环境导致了贫困的、邪恶的、犯罪的、特立独行的人群在总体上的隔离 [4]。芝加哥调查委员会描绘了一幅 20 世纪初黑人"隔都"的图景：40%

① 吴立范. 美英住房政策比较. 北京：经济科学出版社，2009：36 – 37.

② G. B. Social Exclusion Unit 1998：Bringing Britain Together：A National Strategy for Neighourhood Renewal（Cm 4045）. London：Stationery Office. 引自：Peter Hall 著，童明译. 明日之城——一部关于 20 世纪城市规划与设计的思想史. 上海：同济大学出版社，2009.

③ Peter Hall 著，童明译. 明日之城——一部关于 20 世纪城市规划与设计的思想史. 上海：同济大学出版社，2009：75–76.

④ 参见：Park，R. E. 1925：The City：Suggestions for the Investigation of Human Behavior in the Urban Environment. In：Park，R. E.，Burgess，E. W. And McKenzie，R. D. The City，1–46. Chicago：University of Chicago Press，pp8.

之多的黑人生活在彻底衰败的房屋之中，90% 生活于紧邻城市却被隔离的阴暗地区。在那些阴暗地区里，儿童整日耳濡目染于堕落与犯罪之中，1/5 家庭的儿童失去管束，许多儿童在学校里属于后进生[1]。这其中尤以芝加哥住房局（CHA）在 20 世纪中期的项目最为典型。在 1950 ~ 1960 年代中期获得批准的 33 个 CHA 项目中，只有一项是在一个黑人比例低于 84% 的地区完成，有高达 26 个项目处在黑人比例不低于 95% 的地区，超过 98% 的公寓位于全黑人的社区中。CHA 沿着州际大道，并且沿着芝加哥的第 22 街到第 51 街区段的其他街道，建造了一条由廉价租房构成的密实走廊。当它完成时，白人搬走了。在 1945 ~ 1960 年建造的 688000 套新住房中，超过 77% 是在黑人稀少的郊区，到 1969 年时，CHA 的家庭住房 99% 是黑人居住，99.5% 处于黑人区域或"过渡区域"。城市"第二代隔都"的面积几位于 1919 年城市灾难性的种族暴乱时期的第一代隔都，同时也更加孤立了，它原先的北端几乎被严密地冻结在规则化的混凝土之中。新隔都的中心是罗伯特泰勒住区（Robert Taylor Homes），号称世界上最大的公共住房项目（图 15-10）。这个住区有多达 43000 个居住单元，建造在一块 95 英亩的基地上，2 英里乘 1/4 英里的范围内有 28 幢 16 层的建筑。在原先的 27000 个居民中，几乎所有居民都是黑人，完全贫困，超过半数以上依靠公共求助。隔都的居民感觉被全世界看做是一群生活在隔离中，如同老鼠一样不可接触的人[2]。美国社会学家丹尼尔·帕特里克·莫尼安（Daniel Patrick Moynihan）认为，居住隔离引发的贫困、失败和隔离，其综合影响导致了灾难

图 15-10　芝加哥罗伯特泰勒住区规划的混凝土建筑

---

① 参见：Chicago Commission on Race Relations 1922：The Nergo in Chicago：A Study of Race Relations and Race Riot. Chicago：University of Chicago Press，pp264-265，622.

② 参见：Bowly，D.，Jr. 1978：The Poorhouse：Subsided Housing in Chicago，1895-1976. Carbondale：Southern Illinois University Press. pp27，112，124，128，265.

性的违法和犯罪率甚至是大规模的社区暴乱这样一个可以预想的结果[①]。

（六）综合配套质量不高

欧美国家的公共住房小区往往没有较好的医院、学校等公共设施与之配套，导致富裕阶层甚至中产家庭由于就医、就学等问题不愿居住在这样的小区之中，这些公共住房小区由于较差的综合配套质量对住房产生逆淘汰现象，陷入恶性循环。

（七）公共住房的管理问题

欧美国家的公共住房存在着维护不力、经费缺乏的问题。由于公共住房的租金需要保持在租客能够承受的较低水平，低廉的租金收入加上有限的政府补贴缺乏以维持住房正常维护所需的费用、公共住房普遍处于维护不足的状况。但是，如果不对公共住房进行持续地维护和更新，这些住房的状况将会日益恶化，进而影响住户的居住质量，形成恶性循环。强调租金稳定导致维修资金不足与保证住房能够得到及时的维护和更新两者之间相互矛盾，使决策者进退两难。

先行国家保障房建设方面的这些不良现象，必须由我国规划师和决策者们通过自身的努力来缓解并消除。但更为重要的是，先行国家的经验表明：仅仅以传统的住宅是"居住机器"来确立保障房质量问题并将其局限为"技术结构质量"是远远脱离民众实际需求的。理想的保障房小区应让低收入群体成功地成为社会整体的一部分，也为所有居住者自身的生活增添意义和归属感。

三、保障房质量问题原因分析

综合来看，造成保障房小区低质量的主要原因有以下几个方面：

（一）设计者缺竞争性优化动力

由于缺乏竞争性优化动力，设计人员不愿投入精力对保障房进行精心设计。一些保障性安居工程项目规划设计水平比较低，设计不够精细，空间布局不合理。例如，福建省南平市顺昌县一个棚改项目选址邻近铁路及

---

① 参见：Moynihan，D. P. 1965：The Nergo Family：The Case for National Action. Washington，DC：US Department of Labor Office of Policy Planning and Research，pp37-38.

易滑坡地带，且未能避开高压电线，带来安全隐患。为此，建议各学协会和规划学会每年年会上都有针对保障房设计的颁奖内容，同时还要增加保障房混合小区设计的奖项。通过较高层次定期的设计竞赛活动、奖励和评选等方式促进保障房及其小区设计质量持续优化。

（二）开发者无业绩激励动力

一般而言，产权明晰和长期从业的地产开发商为了追求软资产（品牌）的升值，会竭尽全力以追求社区和住宅质量来获得良好声誉。但政府部门建设保障房则缺乏此动机，再加上建设保障房没有开发商品房的预期利润高，政策导向不明确，开发者缺乏提升保障房质量的动力，也没有普通商品房建造开发商所追求的成就感和商誉（品牌效应）。

（三）建造者缺业主过程监督

商品房有预售制度，商品房的业主早早就确定了，在开发过程中业主们会主动参与监督，随时了解所购住房的建造质量。但保障房是建好以后通过摇号确定入围人群，之后再选择具体哪个小区的保障房，住上哪套住房完全是靠碰运气的。与商品房完全不同，保障房在事前、事中都难以做到业主参与监督。由于在实际操作中利益相关的所有权人监管缺失，实施方或所有权人代表并不是最终的保障房使用者，其利益相关性不高，对保障房建设的质量监督也难以真正负起责任。保障房所有权人的缺失导致保障房建设出现经济学的"公地"问题，保障房质量难以得到保证。

（四）配套者缺事先计划与资金

保障性安居工程项目建设方缺乏事先的规划、计划和过程中的执行，导致边设计、边审批、边施工的"三边"工程屡禁不绝，部分项目甚至是先开工后审批，建设过程中随意修改设计、调整施工方案，质量无法有效监控。此外，一些地方为确保保障房建设进度，完成建设任务，存在赶工期现象，违背了工程建设基本规律和合理周期，导致质量问题的发生。

一些保障性安居工程项目选址不科学，位置远离城市中心，中小学、医院、菜市场、公共交通等配套设施建设滞后，影响居民入住或对已入住居民生活造成极大不便。例如，内蒙古自治区包头市一个廉租房项目

2010 年 10 月竣工入住，但燃气管道至今未通 [1]。

一些地方用地和资金支持政策落实不到位，有的地方编制的供地计划与实际建设任务不符，造成用地指标无法落实到具体地块，一些地方特别是经济欠发达地区配套资金缺口较大。例如，截至 8 月底，贵州省廉租住房、公共租赁住房的到位资金不足 2011 年计划总投资的 20% [2]。

（五）物业管理者缺乏资金保证

保障房面向低收入住房困难人群，与商品房相比，房租和物业管理收费水平都不高，物业管理公司往往会面临运营资金紧缺的境况，能够提供的物业管理服务也相对有限。如果部分租房因对物业服务水平的不满或经济困难等原因迟交甚至不交物业管理费，物业管理的经费困境将会加剧，进一步影响到物业服务水平的提升，陷入经费不足——物业服务水平下降——物业费拒交的怪圈。

（六）贫富居住分离加剧

先行国家长期存在明显的居住分隔现象，我国现阶段也存在贫富阶层分离居住的现象，而且还有越演越烈的趋势。例如，各类高档的、超高档的、超豪华的小区争相攀比涌现，一些媒体却把这些当做噱头来宣传，形成了住宅高档化的错误认识；党中央、国务院决定在"十二五"期间要建设 3600 万套保障房，但现在每年近千万套的保障房硬任务基本集中在城郊建设，客观上助推了贫富居住的分离；更重要是的郊区化以及小产权房的蔓延也促进了贫富分离化居住的趋势。

上述几方面的原因共同导致了许多保障房小区的综合质量下降。

四、对 策 建 议

针对保障性住房质量的表现形式以及形成的原因，提出解决保障房小区质量问题的基本对策如下：

---

[1] 资料来源：内部资料，监察部关于开展加快转变经济发展方式监督检查工作情况的报告。

[2] 同上。

（一）解决所有权人缺位问题

科斯定理表明，在产权明晰的情况下，外部性因素可以内部化，从而避免经济上的"公地悲剧"的发生。在保障房质量上，首要问题就是要解决所有权人缺位的问题，要明确区分和界定保障房产权性质，从项目立项开始，聘用和组织低收入群体代表提前介入，对保障房建设各个环节进行全程跟踪与监督。由于保障房质量与将来入住的低收入群体利益息息相关，他们的监督无疑将是最积极、最认真彻底的。

（二）在商品房中配建保障房

要在商品房用地出让合同注明配建保障房比率。建议保障房的配建比率不低于20%，尽管这样设置开发商可能不满意，但有利于低收入者就近找到就业机会，同时也能解决保障房征地难的问题。总之，为了和谐社会的构建应列为土地出让合同强制性的条款。

（三）落实保障房建设各方责任

在保障房建设过程中，要落实各方责任，保证工程质量全寿命周期受控。一是强化设计现场服务和跟踪指导。要求设计单位必须对容易产生质量通病的部位，实施优化及细化设计，设计文件中应包含质量通病防治设计专篇，项目设计负责人必须对建设全过程负责，并在施工过程中负责指导施工企业施工。二是强化建设单位的两个管理责任。首先是质量专业化管理责任，要求建设单位项目部要具有现场专业管理能力。其次是质量担保管理责任，房屋竣工验收时，项目公司上级单位必须为保障房全寿命周期质量提供担保。三是强化管理人员的配置和责任落实。要求施工单位明确并现场公示项目负责人、技术负责人以及施工员、质量员等关键岗位人员，实行项目经理在岗考核制度，根据保障性安居工程的规模和特点，配备符合要求的质量安全管理人员。四是建立第三方监管机制。地方建设和监察部门对保障性住房建设项目实行质量监察制度并对发生事故的责任单位和相关责任人进行责任追究。开展工地开放日活动，推进用户满意度评价工作，开通质量热线，接受媒体和公众监督。五是加快长效管理机制建设。建立健全施工现场质量保证体系，消除建设工程监管存在的盲区，从制度上保证管理全覆盖和责任全方位落实，深入开展保障性住房建设质量安全专项监察工作。

（四）强化保障房质量监管措施

一是加强结构性材料的监管。加大对原材料和实体质量监督抽检的力度，在商品混凝土生产企业厂内和施工现场进行监督抽检，建立建材质量黑名单制度。二是大力推广应用建筑业新技术。引导参建单位积极采用安全、可靠的建筑结构体系和先进适用的施工工艺，提升质量品质。对有条件的项目，优先采用整体结构式装配体系，提高工程设计建造的专业化、工业化和标准化水平，降低能耗，倡导绿色施工。三是加强住宅工程专项管理。及时转发了住房城乡建设部关于住宅质量分户验收的文件，制订了实施细则，要求有关单位在主体结构验收前对工程的观感质量、结构尺寸等进行分户验收，并明确要求在建筑物明显位置设置永久性责任标牌作为工程竣工验收的前置条件。四是加强对监理的管理。实行监理报告制度，监理工程师发现问题要求责任单位及时整改，如果施工单位拒不整改、建设单位拒不签收，监理单位要报告质量监督机构。实行第三方平行检测制度，在见证取样的基础上，监理单位要委托第三方检测机构按比例实施平行检测，检测费用由建设单位支付。

（五）精心设计保障房户型

由于受面积约束，保障房一般都为小户型。当前，小户型的设计质量要提到更重要的位置，因为保障房也是为了低收入阶段可以有尊严地居住，是和谐社会构建的重要保障，所以小户型的设计要更加注重人性化和生态化。可由省建设厅组织小户型设计奖的评选，每年举办，并请专家学者和普通百姓参与评选，以起到推动设计创新的作用。值得指出的是，在小户型设计、建造和家具配套方面，日本、新加坡和中国香港地区的建筑师极有经验与成就，应积极开展与他们的交流。

（六）提升城市设计与控规编制质量

即要把控制性详细规划做深、做细、做好，重要区段和大型的旧城改造都应事先进行竞争性的城市设计，确保丰富多样但又具特色的优美社区景观。这方面美国的波特兰就是一个很好的例子。波特兰新城区就是为低收入阶层而建设的新的城区，小区环境优美，浅浅的水池孩子们在开心地嬉水。在波特兰的新城区，首先是实现了不同阶层市民居住的混合化；第二是设计的多样化，由图 15-11 ~ 图 15-14 可见该新区的每一幢建筑都不一样，但是组合在一起却很和谐，不像我国

图 15-11　美国波特兰新城区的保障
　　　　　房小区（一）

图 15-12　美国波特兰新城区的保障
　　　　　房小区（二）

图 15-13　美国波特兰新城区的保障
　　　　　房小区（三）

图 15-14　美国波特兰新城区的保障
　　　　　房小区（四）

一些保障房小区，每幢建筑都是一个模子里出来的，呈简单的军营式布局，景观单调枯燥，居住在这样的小区里人们常常会迷路；第三是生活设施的配套非常齐全。在波特兰新区有一条免费的轨道交通，这条免费的轨道交通起点和终点都是由新区直通市中心，这样的公共交通安排让低收入者有免费的交通选择。

　　Burnett 等人认为：一个好的设计应当表现为：多种住房风格，弯曲道路，围合空间和月牙空间宽敞花园、植树或植草的公共绿地，住房之间的最小间隔保证冬季足够的日照，为了孩子游戏安全而强调尽端路等。[1]

（七）强化物业管理和政府监管

　　物业管理关系到保障房交付使用后的整个使用周期。如果说保障房建设是保证低收入住房困难人群能够住得上的话，物业管理的服务水平则决

---

[1] 参见：Burnett, J. 1978: A Social History of Housing 1815 - 1970. Newton Abbot: David and Charles. pp249. 引自：Peter Hall 著，童明译. 明日之城——一部关于 20 世纪城市规划与设计的思想史. 上海：同济大学出版社，2009：72，81-82.

定着人们能否住得舒心。因此，一方面必须要加强对保障房的物业公司的监管，用好有限的物业管理资金，避免将保障房的价低租廉作为物业服务水准下降的理由；另一方面，通过出台财税优惠政策，降低物业管理企业成本，鼓励优质品牌物业管理企业参与保障房物业管理。

（八）做好保障房小区综合配套

综合配套是一个经常被忽视的问题。现在有些保障房小区建好了，却没有学校、医院，也没有相应的配套交通安排，这些保障房小区的配套极其糟糕。例如，全国人大常委会专题调研组 2010 年公布的一份跟踪调研报告指出，个别保障性住房项目因水、电、路等基础设施建设不配套，使居民迟迟不能入住；个别地方将保障性住房建在城市郊区，缺少教育、医疗、交通等公共服务和基础设施配套，给居民的工作、生活、出行等带来不便；北方采暖地区个别保障性住房项目建成入住后迟迟未能实现供暖。[1] 这些都暴露出保障性住房的配套质量问题。

保障房建设不仅要注意保障房小区本身质量，还要建设好幼儿园、学校、医院等配套设施，并做好相应的配套公共交通安排，这样，才能极大地方便住在这些保障房小区的市民生活，提高生活质量。

亚特兰大的东湖社区是由于配套等方面的改善而形成社会混居的典型。东湖社区曾经是黑人聚居区，社区内的居民 100% 是黑人。社区内随处可见的是无人修剪的草坪，废弃的汽车，社区里没有杂货店、药店，也没有图书馆，由于街区上经常发生枪战，警察称之为"小越南"，1990 年一个 4 岁小孩在自家沙发上睡觉时被射入房屋的子弹打死，居住其中毫无安全可言。东湖社区后来经过改造，增加了学校、青年会会所和儿童发展中心等配套设施，吸引了很多中产家庭入住，与原来的黑人家庭混合居住，并建立了健康的邻里关系。特别是学校，作为"公私合营"改造社区的有机组成部分，其目标是提高低收入家庭孩子的文化水平，成为公立学校的示范，这一学校的设立使社区的所有小孩都有机会就近接受到良好的教育。[2]

（九）强制不同阶层混居比率，提升住宅区整体区域质量

马丘比丘宪章提出，一个城市最大的魅力就在于它的包容性。如果要

① 参见：石秀诗.全国人大常委会专题调研组关于部分重大公共投资项目实施情况的跟踪调研报告.——2010 年 10 月 25 日在第十一届全国人民代表大会常务委员会第十七次会议上；保障房质量亮红灯 不该"低保障"，新华网，2011 年 06 月 03 日。
② 姬虹.美国城市黑人聚居区的形成、现状及治理.世界民族.2001（6）.

实现整个社会的包容性增长，就必须要解决不同阶层混合居住的问题，因为穷人在就业上没有空间选择权，其居住地必须紧靠其就业岗位，但富人可以进行选择，所以在空间选择上，对于贫富阶层而言其意义完全不同。

为此，保障房与商品房必须混合布局。不同收入阶层的市民应由传统的混居——分离——再走向混合，这是一条走向和谐城镇化的正确道路。当前正值保障房建设高潮的初期，尤为重要的是要将保障坐落与未来城市发展方向一致起来，与工业区和其他园区掺杂布局，与商品房开发混合搭配。市中心少量土地也可用于保障房，由于区位条件优越，肯定会引发分配难题，要学习新加坡的做法，对此类特别区位的保障房在符合条件的入住户中进行定向拍卖（租），以杜绝腐败。

事实上不同阶层混居不仅是新加坡，而且是全世界发达国家的共同做法。例如，德国各联邦州都制定了相应的法律法规，规定新发展地区的社区必须通过规划，安排一定比例的面向低收入人群的住宅项目，地方政府的社会住房项目也不能独立开发，往往是直接从开发商手里买下房产，提供给经过严格审查的低收入家庭申请租住。地方政府通过商业网点、社会设施布局审批等正常行政程序，防止同一移民来源人群的过度集中[1]。法国巴黎一些新建的住宅实行经济适用房与商品房混合配建，在具体布局上一幢是经济适用房，另一幢是商品房，两类住房在外观几乎没有区别，只在内部户型的大小上有较大的差异，使得不同收入阶层的人都可以有尊严的共同生活在一起（图 15-15）。

图 15-15　法国高档住宅与保障性住房混合建设

---

[1] 资料来源：蔡威．关于城市规划中防止出现弱势群体聚居的提案．全国政协十一届四次会议提案第 3435 号，2011 年。

（十）多渠道解决资金来源

保障房建设的顺利实施离不开稳定可靠的资金支撑，但保障房建设所需资金规模巨大。2011 年我国计划开工建设保障房 1000 万套，初步测算所需资金约为 1.3 万亿元①，如此规模的资金需求仅靠政府财政一家之力将难以承受，必须拓宽保障房建设资金的来源渠道。现阶段可通过财政转移支付、土地出让金提取一定比例、银行信贷、社会筹资、金融创新等方式，多渠道筹集保障房建设资金，解决保障房建设资金不足的问题。同时，通过财政税收优惠政策鼓励社会资金参与保障房建设和运营，使有限的财政资金在保障房建设中起到"四两拨千斤"的作用，提高保障房市场化运作水平以及社会力量在保障房项目中的参与程度。

（十一）推行诚信制度建设

在保障房建设领域严格诚信制度建设，建立健全诚信体系，并与社会信用体系建设对接。与此同时，推行严格的公示制度。在各类保障房工地和建筑上永久性地记载设计、施工、监理、开发单位及负责人的姓名。使优质工程建造者千古流芳，反之则遗臭万年。使得那些在保障房建设中的违法违规者，不仅禁入建设领域，而且在社会上也难以立足，从而在保障房建设中树立起讲诚信、遵纪守法、精心设计施工、创建优质工程的良好风尚。

（十二）试行"宜家指数"分析

保障房小区或混合布局的棚屋区改造项目都面临小区自身的配套及周边服务环境是否完善等方面的挑战。据国外专家组织的调查，人们对社区的偏爱取决于以下五类因素：第一类为个人安全与经济安全，主要涉及治安环境、住宅质量、社区防灾、就业岗位和周边经济多样性与景气度；第二类为基础服务，主要涉及教育、医疗、物价、道路、交通与废物处理等；第三类为官方服务，包括社区领导人的素质、向政府投诉的响应性、社区民众的参与程度、决策机会与舆论监督水平等；第四类为开放度，主要涉及对多元化社会群众的包容度，这包括有儿童的家庭、老年家庭、少数民族、不同阶层的群体及外来务工人员等；第五类是社区美感，包括社区建筑及环境的美观、足够的公共交往空间、公园绿地、公共设施及其他

---

① 参见：建设部副部长齐骥：今年 1000 万套保障房建设约需资金 1.3 万亿元，新华网，2011 年 03 月 09 日。

文化设施，尤其是当地是否有廉价的无线网络接入及足够的宽带等。

　　总之，大规模的保障房建设在我国历史上从未有过，再加上时间紧、要求高，难免存在这样那样的质量问题。但如果我们能以先行国家的经验教训和当前存在的问题为导向，切实从理性和正、反两方面实践经验中认真分析总结，梳理出有效解决质量问题的基本办法，并超越传统"技术结构性质量"的旧框框，真正从民众的需求出发，就有可能化被动为主动，尽可能地减少因质量问题所造成的损失，真正使所建设的保障房为人民群众所喜爱。

第十六章

我国住房公积金制度的问题与对策

我国的住房公积金制度建立 20 年以来，在筹集社会资金、促进中低收入家庭住房消费等方面发展了积极的作用，但住房公积金存在的一些问题也逐渐显现，如不加以及时应对和解决，可能会对住房公积金的进一步发展产生不利影响。本章通过比较我国与新加坡公积金的异同，分析我国住房公积金系统存在的主要问题，并对扩大住房公积金使用范围以及公积金制度变革模式提出建议。

一、住房公积金的历史与解决住房问题的作用

我国的住房公积金发展时间不长，相对可分为三个阶段。

第一阶段是 1999 年以前的起步探索阶段。1991 年，在全国住房制度开始进行改革的大背景下，上海借鉴新加坡的中央公积金制度，在全国率先实行住房公积金制度。1994 年，国务院出台了《关于深化城镇住房制度改革的决定》（国发［1994］43 号），同年，财政部、国务院住房制度改革领导小组、中国人民银行出台了我国住房公积金制度的第一个专门规定——《建立住房公积金制度的暂行规定》，全国县级以上城镇机关、事业和国有企业单位和职工，几乎都进入到住房公积金制度的覆盖范围，至此住房公积金制度推广到我国所有县级以上的城镇。1996 年，上海市颁布了全国第一个住房公积金地方性法规。同年，国务院房改领导小组成立了《住房公积金管理条例》起草领导小组，开始着手住房公积金的立法工

作。1998 年，国务院出台《关于进一步深化城镇住房制度改革，加快住房建设的通知》，通知要求调整住房公积金贷款方向，将原来住房公积金归集资金主要用于发放单位建房贷款，调整为主要用于职工个人购买、建造、大修自住住房贷款。

第二阶段是 1999～2002 年的立法规范阶段。1999 年，国务院颁布实施《住房公积金管理条例》，明确了住房公积金的性质、管理机构和管理原则，以及住房公积金的缴存、提取、使用、监督等方面的内容，标志着我国的住房公积金制度走上法制化、规范化的轨道。2002 年，国务院发布第 350 号令，公布了国务院修改《住房公积金管理条例》的决定，扩大了住房公积金缴存范围、调整了住房公积金管理体制、明确了管理责任和处罚规定。

第三阶段是 2002 年以后的优化和完善阶段。2002 年，在国务院颁布《住房公积金管理条例》修订决定之后，国务院又印发了《关于进一步加强住房公积金管理的通知》（国发〔2002〕12 号）。通知从调整和完善住房公积金决策体系、规范住房公积金管理机构设置、规范住房公积金银行专户和个人账户管理、强化住房公积金归集，加大个人贷款发放力度、健全和完善住房公积金监督体系、加强组织领导、切实维护缴存人的合法权益等六个方面作了明确要求和规定。同年 6 月，建设部等十部门联合印发了《关于完善住房公积金决策制度的意见》，对住房公积金管委会的组成、任期、职责和会议制度等作出了规定。此后，有关部门相继发文对公积金管理信息系统、信贷业务、机构调整、行政监督等方面进行规范和完善。2010 年，住房城乡建设部等六部委联合印发了《关于试行住房公积金督察员制度的意见》，聘任了第一批 18 名住房公积金督察员，开展公积金督察工作。

住房公积金设立以来，对我国解决住房问题，帮助家庭购买住房、促进住房消费方面已经发挥了重要的作用。据统计，截至 2011 年 11 月，全国住房公积金缴存职工 9113 万人，缴存覆盖率 77.07%[①]，缴存总额 3.76 万亿元，余额 2.04 万亿元；累计向缴存职工家庭发放个人住房贷款 1441 万笔，贷款总额 2.09 万亿元；累计惠及城镇居民 4000 多万人。2009 年，启动了利用闲置住房公积金支持经济适用房等保障房建设的试点工作，首批确定了 29 个试点城市。截至 2011 年 12 月底，已有 86 个保障房建设项目贷款通过审批，累计金额超过 400 亿元，有力

---

① 缴存覆盖率是指实缴职工人数与在岗职工人数之比。

地支持了保障房建设。①

二、中国住房公积金与新加坡中央公积金的异同

新加坡公积金制度建立于 1955 年，发展历史较长，也是全世界公认比较成功的政府主导型公积金制度。我国早期在公积金探索试点阶段，曾经借鉴了新加坡的中央公积金制度。因此，比较我国与新加坡公积金制度的异同，对我国公积金制度的发展和完善具有积极意义。

（一）相似方面

我国与新加坡公积金制度相似之处主要有以下几个方面：

1. 强制性

新加坡公积金是通过立法规定的强制性国民储蓄和保障计划。新加坡《中央公积金法》对公积金缴存义务做出明确的法律规定，中央公积金局执法人员可对雇主账务和相关记录进行检查，对违反法律规定不缴存公积金的行为进行严厉的处罚。

我国《住房公积金管理条例》将单位和职工缴存住房公积金作为一项强制性义务，规定国家机关、企事业单位、民办非企业单位、社会团体等单位均应当办理住房公积金缴存登记。对于违反法律规定，单位不办理缴存登记或者不为本单位职工办理住房公积金账户设立手续的，由住房公积金管理中心责令限期办理。

2. 主要目的都是汇聚社会资金，支持缴存人住房消费

新加坡中央公积金是一种综合性的社会保障制度，但其主要用途为支持住房消费，因此用于购买住房的普通账户在 3 个专户中所占的缴存比例要远远高于其他两个专户。

我国法律规定，住房公积金是指国家机关、企事业单位、民办非企业单位、社会团体等及其在职职工缴存的长期住房储金，住房公积金是一种长期强制储蓄制度，其目的是用于职工购买、建造、翻建、大修自住住房，除上述目的之外，任何单位和个人不得挪作他用。

3. 个人和单位共同承担缴存义务

我国法律规定，职工和单位住房公积金的缴存比例均不得低于职工

---

① 资料来源：住房和城乡建设部。

上一年度月平均工资的 5%，各地住房公积金缴存比例不尽相同，比例在 5%～12% 之间。

新加坡中央公积金由雇员与雇主共同承担缴存义务。自 1955 年建立中央公积金制度以来，雇员和雇主的缴存比例已经过多次调整，初期缴交率为工资的 10%，1984 年和 1985 年最高曾达到 50%，其中雇员和雇主各为 25%，2007 年这一比例为基本工资的 34.5%，其中雇员为 20%，雇主为 14.5%。[①]2011 年 9 月，雇主比例上升为 16%，雇主与雇员总的缴存比例为 36%，对于 50 岁以上的缴存人，随着年龄的增加缴存比例逐步递减，缴存比例由 50 岁以上时的 30% 减少为 65 岁以上时的 11.5%。[②]

4. 都属于个人所有，独立于政府预算之外

我国法律规定，职工个人缴存的住房公积金和职工所在单位为职工缴存的住房公积金，均属于职工个人所有。住房公积金实行银行专户存储、财政监督的原则，除规定的用途之外，任何单位和个人均不得挪作他用。

在新加坡，雇员和雇主缴存的中央公积金均属于个人所有。中央公积金制度独立于政府财政之外，政府不能靠行政手段，只能通过发行债券的方式从中央公积金筹资，政府有关机构所做的投资对中央公积金而言属于负债关系。

5. 都有明确的用途和使用限制，不能用于规定的用途之外

新加坡中央公积金设有三个专户，每个专户都有规定的用途，不能混用。如普通账户可用于购置政府组屋、支付获准情况下的保险、教育和投资支出，保健账户用于支付本人及直系亲属住院医疗费用和慢性病门诊费用，特别账户用于养老和特殊情况下的应急支出，以及经允许情况下的投资，一般在退休前不能动用。缴存人除规定的用途之外，在到达法定年龄[③]前余额不能随意支取。

我国住房公积金除用于住房消费目的外，不能用于法律规定之外的其他用途，在法律规定的退休等情形外缴存账户余额也不能随意支取。

（二）不同方面

我国与新加坡公积金制度不同之处主要有以下几点：

---

① 参见：住房和城乡建设部住房保障司、住房公积金监管司编．国外住房金融研究汇编．北京：中国城市出版社，2009：17，258.

② 资料来源：新加坡中央公积金局。

③ 注：法定年龄现规定为 62 岁，2012 年将提高到 63 岁，2015 年为 64 岁，2018 年为 65 岁。资料来源：Ministry of Manpower，Singapore.

1. 目的不同

我国的住房公积金专注于增加个人购房资金积累，促进中低收入家庭购房，专户专用，仅可用于购房、租房等与住房有关的消费，以实现住房保障互助功能；新加坡的中央公积金则是提供给国民全方位的一体化社会保障，保障目的从初期的养老保险，逐渐向住房、医疗、教育等领域延伸。

2. 覆盖范围不同

新加坡中央公积金制度实行全覆盖，法律强制雇主和雇员的缴存义务及相应处罚措施。我国住房公积金目前已覆盖大部分城镇在岗职工，但尚未覆盖到进城务工农民和个体从业者。

3. 资金的使用方向不同

我国仅限于个人住房贷款；新加坡的中央公积金用途更广，用途涵盖国民养老、购房、医疗、教育等方面，分为三个专户，不能混用。与之相对应，新加坡中央公积金缴存占工资收入的比例更高，缴存比例为雇员工资的 10% ~ 50% 之间。新加坡中央公积金为缴存人提供范围更广的保障，但负面效应是相应推高了积累率，由于公积金属于个人所有且按照工资收入一定比例缴存，这一制度不具有对社会财富的二次分配功能，对不同群体的收入差距没有调节作用，反而扩大了收入差距。

4. 收益方式不同

我国主要是通过存贷利率差以及购买国债获得收益，存贷利率均由国家统一规定，并根据央行的基准利率调整情况进行相应调整。

新加坡实行"高存低贷"。一方面，中央公积金局给予公积金缴存人相对市场化的存款利率，即新加坡国内四家主要银行的一年期定期存款利率的算术平均值，且不低于 2.5%。由于新加坡的物价相对稳定，该利率极具竞争力。另一方面，缴存人可向建屋发展局申请低息组屋贷款，其利率为在公积金存款利率的基础上浮 0.1 个百分点，远低于市场利率。新加坡中央公积金由专业机构负责投资，投资范围包括国债、证券及其他投资，投资收益率相对较高[①]。

5. 管理方式不同

新加坡采取管运分离模式，公积金的管理和运营分别由不同的机构负责。中央公积金局隶属于劳工部，是一个独立的半官方准金融机构，采用现代公司管理模式，中央公积金局设董事会，为最高管理机构，并实现董

---

① 朱启文，新加坡中央公积金制度与我国住房公积金制度的比较与启示．中国房地产金融，2011（4）．

事会领导下的总经理负责制。中央公积金局负责公积金的归集、结算、使用和储存等。归集的公积金除备付外，结存款项由政府专业机构负责投资。新加坡公积金投资目前由新加坡政府投资管理公司（GIC）负责，主要投资于国内的住房和基础设施建设，以及投资于国外资产以获取相对较高的收益。

我国实行管运一体化模式。分散由各地的公积金管理中心管理，中心体制属于事业单位，既负责公积金的归集、结算，也负责个人住房公积金贷款审批，以及公积金的储存和投资（主要是购买国债）。

三、我国公积金系统存在的主要问题

我国公积金制度设立以来，在缓解普通家庭购房能力不足、帮助家庭购房、促进住房消费、弥补政府财政对住房投资不足等方面起到了积极作用，但是，我国住房公积金制度实行时间不长，发展较快，在公积金管理运营方面还存在一些问题。

（一）缴存面仍然偏窄

尽管各地进行了公积金扩面的各种尝试和努力，但实际覆盖率仍然不高。由于实际缴存人数增长速度低于同期职工人数增长速度，一些地区的住房公积金覆盖率甚至出现逐年下降的现象。例如，2008～2009年，浙江省住房公积金实缴职工人数净增42万人，但同期统计口径的职工人数增加了约173万人，住房公积金实际覆盖率反而从2008年的60%下降到2009年的53%。[①]除城镇职工住房公积金覆盖率还有待提高外，总数超过现有缴存职工人数的众多农民工绝大多数仍未纳入公积金缴存范围。

（二）使用限制较多

对缴存人而言，现行法律规定只能用于购买、建造、翻建、大修自住住房等方面。办理个人住房公积金贷款时，与一般商业性住房按揭贷款相比，公积金贷款受政策制约、所在地区公积金缴存余额、职工缴存额度、收入水平等因素限制。

对住房公积金管理机构而言，公积金资金除用于个人住房贷款外，现

---

① 参见：杜康生，论住房公积金制度发展方向．住房公积金研究，2010年5月．

行法律规定只能用于购买国债或存银行。受法律政策制约，公积金投向单一，资金运营效率不高。

（三）对住房保障支持功能弱化

这体现在两个方面，一方面与房价上涨速度相比，人均住房公积金积累速度较低。受收入增长缓慢和缴存比例限制，个人住房公积金积累增速缓慢，目前全国住房公积金人均账户余额仅 2 万余元；近年来房价上涨速度很快，特别是一线城市，一套商品房价格动辄上百万，人均住房公积金余额与房价之间的差距越来越大，购买一套普通商品房的总价款远远超过人均账户余额，提取公积金购房显得"杯水车薪"。另一方面与商业贷款相比，住房公积金政策性贷款优势不明显。以 5 年以上贷款利率为例，现行住房公积金贷款利率为 4.90%，比商业贷款利率低 2.15 个百分点，[①] 但现行利率政策允许商业贷款实行浮动利率，对首次购买普通商品房贷款的优惠利率最低可打 7 折，而公积金贷款实行固定利率，此种情形下两者相比利差仅为 0.04 个百分点，实际利率差距很小，公积金贷款政策优惠无法得到体现。

（四）收益率低

各地住房公积金在扣除个人公积金贷款余额、计提贷款风险准备金、备付金等项目外，仍有相当一部分资金处于闲置状态，未能有效运用于住房领域。由于公积金使用方向有着严格的限制，公积金收益主要来源于住房公积金贷款、储蓄利息和国债收益，而这几个均受国家利率政策影响极大，收益率相对较低。以住房公积金贷款为例，由于采用"低贷"政策，贷款利率相对较低，有时甚至低于同期居民储蓄存款利率，出现"利差"倒挂。例如，现行住房公积金五年期以下（含五年）贷款利率为 4.45%，低于现行 5.00% 的三年期居民储蓄存款利率，更低于 5.5% 的五年期居民储蓄利率。再如，现行的一年期居民储蓄存款利率为 3.5%，2011 年 12 月发行的 10 年期国债收益率为 3.57%，[②] 两者均低于同期的通货膨胀水平，如果仅以此作为投资方向，住房公积金将面临事实上的贬值风险。

（五）缴存人之间权利义务不对等

各地在发放公积金贷款时，一般不仅考虑贷款人的缴存额度，也考虑

---

① 资料来源：中国人民银行；国家住房和城乡建设部。

② 资料来源：中国人民银行；国家财政部。

贷款人的家庭收入和还款能力。缴存额较高的人群购房能力也往往较强，能够获得较高的贷款额度，可以充分享受公积金购房贷款的低利率优惠。缴存余额较低的人群一般收入也较低，往往无力购房，这部分人群即便想购房，因还款能力相对较弱，所能获得的贷款额度也较低。因此，低收入人群缴存住房公积金，不但无法享受到购房贷款的低利率，还要承受公积金存款的低利率。这种结构差异相当于购房消费能力不足的公积金缴存人通过低利率来补贴购房能力强的缴存人，从而造成了事实上的不公平。

例如，2008年，我国参加公积金缴存的职工7745万人，当年公积金贷款发放数为131.13万笔，仅占公积金总户数的1.69%。这一比例意味着大多数缴存人只存不贷，这些储户"低存"的隐性收益损失，通过"低贷"而部分转变为借款人的利息补贴，从而在公积金缴存人与使用者之间产生新的分配不公。[①]

（六）资金分散，抗风险能力不强

目前，住房公积金以城市为单位封闭管理，各地公积金归集和贷款自成体系，资金无法跨区域调剂融通。东部地区公积金贷款需求量大，公积金资金相对紧张，而中西部地区公积金贷款需求量相对较小，公积金资金大量闲置。

由于受政策制约、经济条件、市场变化等因素影响，各地公积金资金运用极不平衡，发展快的地方，使用率高达90%，个别地方甚至超过100%，发展慢的，使用率不足30%。例如，2009年，江苏省内13个市住房公积金管理中心，个贷比率最高的为101.3%，最低的则低于80%。即便是同一地区的住房公积金，随着时间推移其资金状况变动速度也极快。例如，江苏全省当期贷款比率2006年为103.3%，2007年降为94.7%，2008年更剧降为55.5%，2009年则急剧增加到119.7%，是2008年的2.15倍。[②]然而区域封闭运行的机制，使得使用率过高的地区的住房公积金受流动资金规模制约，缺少融资的渠道，贷款资金紧缺，缴存职工面临较长的公积金贷款轮候等待时间，限制了住房公积金的发展；使用率低的受政策和单一的资金运作模式的制约，资金流向没有出路，增值渠道受到局限，严重影响了效率和效益，而沉淀资金利率倒挂的利率政策，又加剧了收益的不足，甚至出现亏损。

---

① 李忠民，对住房公积金管理体制改革的思考. 经济观察，2011（10）.

② 卢海，住房公积金流动性风险分析及对策. 住房公积金研究，2010（5）.

（七）管运不分存在隐患

管理和运营均由当地同一个机构完成，不利于外部监督，容易产生腐败现象和公积金资金运营风险。近年来公开报道的各地监管人员挪用公积金谋利案件，从 2003 年的 3 起，2004 年的 8 起一直上升到 2007 年的 17 起，2008 年的 18 起；涉案金额也从 2003 年的 1.16 亿元上升到 2006 年的 10.8 亿元。住房公积金领域案件的频发，表明目前的住房公积金管理体制还存在不少漏洞。[①]

上述存在的一些主要问题，使住房公积金制度受到社会各界的质疑，甚至有学者和社团主张取消住房公积金制度。

四、如何扩大公积金的使用范围：各地的做法与新加坡经验

（一）各地的做法

近年来，各地在扩大公积金使用范围方面，进行了积极的探索和尝试。

1. 支付子女购房款

2009 年 6 月，天津市出台规定，自 2009 年 6 月 13 日至 2010 年 6 月 30 日，在满足一定的条件下，缴存职工在天津市购买商品住房、限价商品住房、私产住房或定向销售（安置）经济适用住房，可提取父母的住房公积金用于购房。[②]

2. 支付房租

天津市规定，职工在本市租赁住房用于自住且没有其他住房的，可以申请提取本人及配偶的住房公积金用于支付房租。[③] 湖州市规定，低收入缴存职工租赁自住住房连续满 6 个月的，可提取住房公积金用于支付房租。[④] 深圳、佛山等城市也出台了可提取住房公积金用于支付自住住房房租的规定。

① 陈才，给住房公积金装上制度安全阀. 人民网，2009 年 02 月 06 日.

② 全房网，7 月 6 日本市住房公积金执行三新政策. 2009 年 7 月 1 日 http：//news. tj. allfang. com/newshtml/2009-07/40328_1. html.

③ 同上.

④ 2009 年湖州市《关于开展住房公积金制度解决低收入职工家庭住房困难专项行动实施方案的通知》（湖政办发［2009］90 号）.

3. 支付物业专项维修资金

湖州市规定，缴存职工有下列情形之一，可提取住房公积金用于支付物业专项维修资金等费用：一是职工家庭享受城镇最低生活保障或属特殊困难的；二是职工本人、配偶及其直系亲属因患重大疾病造成家庭生活严重困难的。[①]

4. 支持农村住房改造建设

中卫市 2009 年出台政策，涉农职工在镇村构建合法自住住房可以提取和借贷住房公积金，打破了多年来住房公积金只能用于城镇购建住房的范围。[②]湖州市提出，对缴存住房公积金的农民工，将研究和制定针对他们在农村住房改造建设中的住房公积金使用问题的政策，帮助这部分低收入缴存职工提高住房消费能力。[③]

5. 支付医疗费用

昆明市规定，缴存职工及家庭成员如患重大疾病时，可提取定额公积金用于治疗。[④]青岛市规定，缴存职工本人、配偶及其直系亲属患 9 种重病或大病的，可以提取职工本人住房公积金账户存储余额用于医治。[⑤]泉州市规定，若职工因本人及其配偶、父母和子女发生重大疾病，可提取本人住房公积金账户余额治疗。[⑥]深圳等地也出台相关规定，住房公积金缴存人本人或家庭成员如遇重大疾病可申请提取公积金用于支付医疗费用。[⑦]

6. 用于汽车消费

2009 年两会期间，全国人大代表、广汽集团总经理曾庆洪提议，"能否动用 4000 亿元的住房公积金来买车，住房公积金也可以成为住房汽车公积金。"无独有偶，江淮汽车董事长左延安也提出了提取住房公积金购买车的提案。一些地方政府也曾有使用住房公积金来振兴地方经济的想法，如 2009 年安徽省九大产业振兴规划之一的汽车产业振兴规划，在征求意见稿中就曾有"允许用住房公积金来买皖产汽车"的建议，但该项提

---

① 2009 年湖州市《关于开展住房公积金制度解决低收入职工家庭住房困难专项行动实施方案的通知》（湖政办发〔2009〕90 号）.

② 陈宏文．支持涉农职工在镇村购建自住房．住房公积金研究，2010 年 5 月．

③ 同①。

④ 2008 年《昆明市住房公积金缴存管理实施细则》、《昆明市住房公积金支取、转移实施细则》．

⑤ 住房公积金可做医疗款．中国贷款网，2011 年 10 月 18 日．

⑥ 2008 年《泉州市住房公积金提取服务指南》．

⑦ 2011 年深圳市《住房公积金提取管理暂行规定》．

法最终被搁置。[①]

（二）新加坡经验

在公积金使用方向和运营方面，新加坡的有关经验有以下几点经验。

1. 中央公积金分为 3 个独立账户，专户专用

一是普通账户，可用于购买政府组屋、商品楼宇，但不能用于租房，可用于购买组屋保险。近年来，允许将最低存款额以上的部分用于投资和缴纳学费。二是保健账户，可用于支付住院费、手术费。新加坡政府不提供统筹医疗保险，这一点与我国的医疗保险制度不同。三是特别账户，可用于养老和经批准的应急用途。[②] 三个专户所占的比例不同，以 35 岁及以下缴存人的账户为例，普通账户占工资的比例为 23%，保健账户为 7%，特别账户为 6%（表 16-1）。

新加坡中央公积金缴存比例和各账户比例 [③]　　表 16-1

雇员年龄	缴存比例（月工资超过 1500 新元）			缴入账户		
	雇主（% 工资）	雇员（% 工资）	合计（% 工资）	普通账户（% 工资）	特别账户（% 工资）	保健账户（% 工资）
35 岁以下	16	20	36	23	6	7
35 岁以上至 45 岁	16	20	36	21	7	8
45 岁以上至 50 岁	16	20	36	19	8	9
50 岁以上至 55 岁	12	18	30	13	8	9
55 岁以上至 60 岁	9	12.5	21.5	11.5	1	9
60 岁以上至 65 岁	6.5	7.5	14	3.5	1	9.5
65 岁以上	6.5	5	11.5	1	1	9.5

[①] 项凤华，围绕住房转 盘活公积金——兼谈使用住房公积金购买汽车. 住房公积金研究，2009 年第 4 期；9 大产业振兴规划提请审议 公积金购车"搁浅". 香港商报，2009.3.31.

[②] 住房和城乡建设部住房保障司、住房公积金监管司编，国外住房金融研究汇编. 北京：中国城市出版社，2009：258.

[③] 注：表格所列比例从 2011 年 9 月 1 日开始生效。资料来源：新加坡中央公积金局。

2. 委托专业机构投资

新加坡中央公积金实行管运分离，中央公积金局不直接从事投资活动，而且通过购买专业投资机构（主要是新加坡政府投资管理公司）的债券方式实现委托投资的目的。这样既可以提高中央公积金的使用效率，实现较高且相对稳定的收益，也有利于规避和控制投资风险。

3. 国家储备金保底

根据新加坡法律规定，如果中央公积金投资亏损，允许政府运用国家储备金来弥补，以确保公积金资金安全，缴存人个人不必承担由此带来的任何损失。

五、我国公积金制度变革调整的四方向

（一）全面加强监管

现在住房公积金管理系统的漏洞确实是存在的，因分散缴存、分散管理和分散使用，各地管理模式不统一，存在地方公积金管理负责人权限过大等问题。失去监督的权力屡屡产生挪用、转贷牟利等腐败现象。如何加强监管？当务之急是，所有者的监管要到位。因为依据条例，公积金本身就是个人所有的财产，政府只是代管。这方面情况近年来稍有改进，北京和其他一些城市已给缴存者发卡，定期发个短信或信件告知缴存者账户中公积金总数及收益情况。但是这种有限的透明度和缴存者参与管理程度是远远不够的。最主要的是：账户资金被用于什么地方？与同期银行的存款相比，公积金增值是多了还是少了？等等。缴存者基于对自有财产的关心而实施的个人的监管、所有者的监管，理论上是最强有力的监管。再加上系统强化信息系统实时监管，辅助缴存人和公众强化对公积金的监管。下一步可以试行在缴存人中推选出公积金监管委员，参与和监督当地公积金的管理。

另一方面，通过加强现有的公积金管理机构，统一负责全国住房公积金管理工作。建立全国业务信息系统，对每个账户的资金变动情况进行实时监管，对资金流量、流向进行全程监控，有效防范资金风险，切实保障资金安全。具体措施包括：统一各地管理模式，建立统一的业务信息系统，避免各地重复开发，节约运行成本；制定全国标准，建立规范化的服务流程，保证权利义务对等，向全体缴存职工和单位提供优质化和均等化

服务；在服务流程规范化的基础上，在全国范围内拓宽服务方式和服务手段，全国统一的业务信息系统，为缴存职工办理异地转移、贷款、提取等业务提供更加便捷的服务。同时，通过网站、12329服务热线、手机短信等手段，为职工和单位提供统一、高效、便捷的业务输和查询、投诉等服务，提高服务质量和服务效能。

（二）各地的公积金结余部分统一上交

这个重大变革难免有争议。反对此项变革的人，可能持有这几个理由：一是，这部分结余资金统一上交了以后，肯定会产生逆向流动。因为资金在贫困地区使用效益低，效益高的地区一般都是经济发达和房价比较高的。公积金结余部分一上交，其流向也会流到发达地区，这是肯定的。因为在市场经济的情况下，资金能自动被配置到收益高的地方。如国家开发银行将资金分成两大块，一块按国家政策流到大西北去，利息甚至本金都可能要亏一些；另一块与沿海城市合作投入基础设施融资，结果利息可观，平衡了西部投入的亏损，取得良好的整体效益。就公积金结余部分而言，只要资金能足量增值，对缴存者及上交地区有实际的经济利益，各方面都会支持。二是，把结余资金上交，就等于把管理风险上交了。这可以通过公开严格的招投标程序，选择国债、重大基础设施融资等安全性高的投资领域，确保上交的公积金增值保值。但由于国家层面的管理者从原先的间接责任者变成了直接责任者，如何将可能出现的挪用腐败降到最低？这需要建立严格的管理法规与程序加以约束。中央公积金管理机关在经济利益方面实际上与地方是契约式伙伴关系，是平等的。中央机关代管上缴的部分公积金，目的是帮助地方更好地保证公积金增值。因在全国范围内寻求更妥善的增值渠道较容易，而在地方找安全的公积金增值渠道往往有难度。这实际上属资金托管和契约履行公积金缴存者利益的问题。

（三）公积金的增值收益应归缴存者所有

如果把公积金当成类同财政性资金，那就只是国家负责监管和收益。企业、个人缴存的积极性会受到影响。理想目标是把它明确为个人账户性资金，政府只是托管。这样缴存者就有积极性多缴纳和自行监管资金的使用，并保障资金的收益权和分配权。这就演变为类似新加坡的公积金模式了。新加坡公积金制度取得巨大成功，重要的变革趋势就是公积金的私人使用自主权越来越强，政府和个人账户资金的关系只是托管关系。我国有些决策者，对此一直持反对态度，但现在反对意见在弱化。因为这些决策者自身也是公积金缴存人，户头上资金数也增多了，如果说此账户资金是财政性的，收益部分个人不能享受，损害的是大多数人的利益。实际上，公积金缴存面扩大以后，缴存的绝大部分资金不是财政的拨款，而是企业和个人缴存的。现阶段个人缴存和企业补贴个人部分占了资金总数的大多数。所以现在破这个题比过去容易些。不过这里面仍有两方面困惑：一方面，因为我国十二五规划强调的是公平分配，倡导财富再分配要更加注重公平。表面上看，公积金收益归缴存者户头所有无助于"均贫富"，但必须指出的是，私人资本利息等方面的收入属于初次分配，而由此产生的利得税才是必须体现公平的"再分配"资源。另一方面，当前全国各地正是廉租房建设的高峰期。原《公积金条例》一直坚持收益部分要用于廉租房建设。此事一旦终止，难免新闻媒体会炒作：本次公积金改革，无助于廉租房建设。但是，只要此项改革有利于调动社会各界缴纳公积金的积极性，扩大公积金的存量，总体上是有利于低收入阶层解决住房困难，而不必拘泥于零星的收益归属问题。必须承认，新加坡公积金的成功经验值得我国效仿。中新两国都属华人文化圈，公积金的改革方向应学习新加坡的做法，必须要朝着保障民众财产收益权的方面前进，否则没有其他路可走。除此之外，公积金属性既然属于缴存者所有，那么，依据《物权法》就不能用公积金替代财政性资金来解决最低收入阶层廉租房的问题。建设廉租房实际上是财政资金的责任，不能让公积金承担此责。但可用公积金支持公租房、经济适用房建设，因为资金投放到这两类保障房收益率可观，可保证公积金收益不低于同期国债和银行存款利息。地方政府用公积金建本地的经适房和公租房，因信息对称度较高，监管成本较低，中间环节损耗较少，而且此两类房的价格或租金也属地方政府管控，地方政府成员本人也有公积金，强化当地缴存者监管后，整体安全性较好。

（四）扩大公积金使用范围

根据新加坡的经验，公积金使用面的拓宽是一个长期的趋势。目前，新加坡公积金使用面现在已拓宽到个人账户30%的资金可以用于股票投资，但是盈亏都在个人账户里，不能提取。我国公积金用途拓宽有以下三个方向：一是凡与跟住房消费有关系的，如物业费、装修、异地购房、建筑节能改造，都可用公积金支付。但现在住房节能改造"三个点"分摊（即此项投资由中央财政、地方政府和个人各出一个"点"），个人这个"点"没有出处。比如北方地区供热计量改革、外墙保温改造，实际上收益率很高，改造资金投入一般五到七年就可回收。又比如住宅中水使用改造，一般三到四年就能回收。这些节能节水改造一旦可以用公积金支付，收益归个人。节能减排工作的推进速度可大大加快，全社会行为节能和拉动消费也可以实践。二是拓宽的途径要考虑我国国情。我国文化跟西方不一样。我国传统社会结构正如费孝通所说的，呈现同心圆的关系，最核心的部分是家庭成员，内圈是有血缘关系的亲属，再外圈依次是同学、同乡等关系。而西方则是平行结构的，所以父母亲与孩子之间经济关系往往是契约关系，孩子用了父母亲的钱，以后要还账的。坐下来吃饭是要 AA 制的，这在中国行不通。我国长期实行"一对夫妇、一个孩子"的政策。实际上形成了家庭成员的倒三角关系。上面四对老人，公积金数额很多，下面就一个独生子女，而且往往在异地读书或工作。如果老人们的公积金不能拿来给唯一的子女用，对其他的亲属也不能横向支援，既不利于扩大消费，也不利于减轻民众的购房负担。只要拓宽公积金使用面，征缴的积极性就会提高。三是增加流动性问题。公积金收缴已经覆盖农民工了，实际上各地把农民工就看成是一般的职工来缴纳。但公积金管理模式要适合农民工的高度流动性。公积金的缴存和提取应在全国范围内有效。如果建立这个制度，农民工可以用公积金在全国任何一个地方、任何一个城市买房子，这对城市化质量的提高、农民工住房问题的解决和拉动消费，意义都是巨大的。在这一方面，欧盟劳动者各项社保医保已经做到可带着走。但是如果转地缴存提取公积会还得用很繁复的行政审批手段，那就失去意义了。

总之，我国住房公积金制度自建立以来在促进住房消费方面发挥了积极的作用，得到了巨大的发展。但是，在发展过程中也逐渐暴露出了一些问题，这些问题的解决应主要着力于几个方面：（1）住房公积金管理方式的创新，由目前分散、相互隔离的状态逐渐过渡到以省为单位集中与分散相结合的管理模式；（2）在公积金归属问题上，厘清个人账户的财产属性，将公积金增值收益"取之于公积金、用之于公积金"；（3）适当扩大公积金的使用范围，进一步提高公积金的收益水平；（4）在制度层面上，研究建立公积金体系内的拆借制度和公积金国家储备基金，以利于各地公积金的有偿调剂使用，增加公积金整体流动性和抗风险的能力，促进我国住房公积金制度的健康持续发展。

第十七章

住房空置问题分析及对策

我国正处在城镇化的快速发展时期，伴随着城镇人口的快速增加，住房短缺问题将长期存在。与此同时，我国还存在住房大量空置现象，甚至出现一方面一房难求，另一方面一些人拥有多套住房却不愿出租的怪现象。大量住房空置，不仅加剧了住房短缺状况，也带来资源浪费、社会不公等不良后果。因此，分析住房空置的原因，借鉴国外有关经验，提出我国应对住房空置的对策建议，对促进住房市场健康发展，促进住房公平具有重要意义。

一、我国住房空置问题分析

（一）住房空置定义

住房空置率是反映住房市场供需以及住房利用状况的一个重要指标，事关房地产政策走向及国计民生，对于政府部门制定土地政策、建房规划、货币信贷政策有着毫无疑问的指导意义。目前对于住房空置的定义主要有两大类。

第一类是针对住房增量市场，即仅将新增住房列入考察范围。我国房地产统计中的空置商品住宅属于这一类。我国在 20 世纪 90 年代中期出台了空置商品房的指标。具体而言，是指报告期末已竣工的商品住宅建筑面积中，尚未销售或出租的部分，包括以前年度竣工和本期竣工可供出售或出租而未售出或租出的商品住宅面积。从 2003 年开始，该指标被进一步细化，即建成 1 年以内尚未出售的为待销商品房，1 ~ 3 年为滞销商品房，3 年以上的为积压房。

第二类是考察包括增量住房和存量住房在内的所有住房空置情况，即一个国家或地区某一时期的空置住房总量占住房总量的比率。这也是国际上通行的空置率统计口径。

（二）住房空置现状

我国目前尚未有全面反映住房空置状况的统计数据。国家统计机构发布的空置数据仅仅是针对增量市场的（图 17-1）。对于增量部分的空置状况，从空置率来看，我国商品住房空置率在亚洲金融危机之后的数年在较高的区间运行，1999 年空置率最高为 19.6%，之后逐年下降，2007 年最低为 7.93%，2008 ~ 2009 年空置率反弹至 10% 以上。从空置规模来看，商品住房空置面积从 1994 年开始逐年上升，到 2009 年，空置面积已近 2 亿平方米，达到历年最大规模，与 1994 年相比，商品住房空置面积增加了 5 倍。

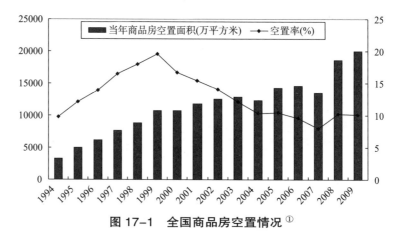

图 17-1　全国商品房空置情况 [①]

对于存量部分的空置状况，虽然我国目前并没有权威部门关于空置住房的权威统计，但从一些从不同角度披露的数据可以在一定程度上反映出我国住房空置现象的严重程度。

例如，2010 年 5 月和 8 月央视财经频道接连进行了两期"空置房"

---

① a. 罗龙昌，《发展房地产业与优化产业结构》19 页，经济管理出版社，2000 年。b.《中国统计年鉴》（1990 ~ 2010），c. 空置率 =（当年商品房空置面积 / 前三年商品房的可供应量）×100%。

的调查报道，调查结果显示，北京、天津等地的一些热点楼盘的空置率达 40%，而多处新城成为"空置房"密集区。北京联合大学应用文理学院城市科学系的一项课题，对北京 2004 年开始入住的 50 多个小区用电情况进行了抽样调查，结果显示，电表几乎不走的比例高达 27.16%，并且越往外走空置率越高，商品房空置率大体在 20% ~ 30%。另有资料显示，2008 年北京市商品房空置率高居全国首位，为 16.64%，高出全国平均水平 0.75 倍[①]。

（三）住房空置原因分析

住房空置的原因非常复杂，有的是单一因素所致，有的是多重因素共同作用所致，导致住房空置的原因主要有以下几种。

1. 市场供需因素

住房属于非标准化、资金量大、市场流动性差的商品，住房的地域性限制、开发商供给的时滞性、结构与居民购房需求的不对称，以及加上市场信息的不完整、交易时间较长，市场供需无法快速达到平衡，从而造成住房的空置。

2. 住房结构因素

从居民家庭收入分配结构来看，大部分家庭的居住需求主要集中在普通住房上，但开发商为了追求更高利润，倾向于开发大户型、高价位的高档住宅，出现供需结构错配，导致一些类型的住房供不应求，同时另一些类型的住房出现大量空置的现象。例如，2010 年的统计报告显示，截至当年 7 月月底，北京市朝阳区住宅空置面积 133.0 万平方米，其中别墅、高档公寓空置面积为 52.1 万平方米，占空置总量的 39.2%。在空置 3 年及以上的积压房中，别墅、高档公寓的比例更是占到了一半以上，达 54.9%。住房空置显示出明显的结构性问题。

3. 住房功能因素

住房的功能性缺陷可能会导致无法正常入住，从而造成空置。例如，一些住房因设计和施工的原因造成住房质量问题；一些小区位置偏僻，配套不全，交通不便，甚至水、电、气、供暖等供应不正常，这些因素都造成住房被迫空置。

4. 投机炒作因素

在房价快速上涨阶段，一些人投资住房的目的就是为了待价而沽，

① 何元斌. 空置房存在的必然性与控制空置率的必要性分析. 经济问题探索. 2011（5）.

同时为了规避较高的租赁税费、避免出租过程中寻找承租人和日常管理的麻烦，而有意将住房空置，等待最佳的时机出手，以获取房价上涨的高收益。

5. 开发商囤房

这种现象在房地产市场过热、住房供应相对短缺的卖方市场条件下更为普遍。面对越来越大的动拆迁成本，开发商非常"珍惜"手中目前已经进入工程状态的项目，对于开发商而言，一个项目开盘即被一抢而空不是一件好事，只能说明定价偏低，开发商没有获得利润最大化。一些开发商拉长销售期以取得最大的利润，在大量房子未售出的情况下，通过捂盘惜售，故意制造出房子卖空、供不应求的假象，以借机抬高房价。消费者这边一房难求，开发商则控制着卖。一些工程达到甚至超过预售标准了，但开发商却不急于去办理预售许可证，开盘时间一再推迟，好不容易出来了，首批房源又非常少。这种"囤房"的做法可以为楼盘积累人气，又能等来预售价格上涨，还可以主动控制推案节奏以适应和引导市场需求。这种行为的恶果在于导致大量住房被人为空置，并最终在很大程度上拉升了房价。

6. 税收因素

在我国目前的税收体制下，房地产保有环节税率较低，而权属转移环节中税收种类过多、税率过高。例如，住房出租需缴纳 5% 的综合税，住房出售除了缴纳 5.5% 的营业税外，还要缴纳 3%～5% 的契税，以及印花税和 20% 的个人所得税等。而持有住宅几乎不用负担任何税收，一些地方对空置的住房甚至连物业费、供暖费等费用也给予减免。鉴于此种情况，如果业主购房后让住房空置下来反而不用缴纳任何税费。因此，不少人宁可选择将住房空置，也不愿意出租或出售，而住房空置又不需承担任何费用。显然，在没有任何制度强制和利益诱惑下，房主选择空置住房并不会使其利益受损，基于一个"经济人"的理性判断，其自然没有使住房流转起来以增加更多人福祉的任何动因。

房地产税收的结构性问题，导致房地产税种倒置，住宅投机炒作的持有成本很低，客观上催生了住房空置现象。

7. 制度因素

住房空置的背后还有深层的制度因素。例如，一些地方政府片面追求GDP 政绩，盲目铺摊子建设新城，结果由于选址不当，地方经济实力不足等原因导致出现"空城"现象，造成大量住房空置。内蒙古鄂尔多斯康巴什新城是其中较为著名的一个（图 17-2），因建成区居住的人口太少而

图 17-2　鄂尔多斯康巴什新城大街上行人稀少

被媒体称为"鬼城"[①]。

　　此外，我国目前对空置房的行政处罚措施缺位，客观上助长了住房空置现象的蔓延。目前，我国仅规定了针对开发阶段土地闲置的行政处罚及强制收回制度，这在一定程度上遏制了土地闲置，但是对于住房闲置却没有相类似的制度设计。由于在制度设计中缺乏对空置房业主行之有效的处罚措施，这就使得房主缺乏将闲置住房出租利用起来的外在动力。

二、住房空置的负面影响

（一）资源浪费

　　住房对社会的价值最终体现在其使用功能上。大量住房空置，意味着社会上有很大一批资源在以住房的形式被人无效占用和浪费。一方面，住房建设耗费大量自然资源且占用大量土地资源，一旦这些耗费了大量资源的住房在建成后不投入使用而是任由其空置，就使得其上所附着的资源不能进入有效的流通利用，无法满足大量无房者的居住需求。另一方面，住房并非建成后即完成了对自然资源的消耗，其在日常的维护使用中也要消耗大量的资源和能量。即使住房闲置，也并不意味着这些维护就不再需要，而庞大的维护工作也是大量资源的耗费过程。而如果任由其空置，则维护过程中耗费的资源也变得"无用"，这些被耗费掉的资源并没有充分发挥其效能，事实上是资源的浪费。此外，由于住房大量空置导致与之配

─────────────

① 新华网．草原"鬼城"康巴什．2011 年 12 月 29 日．

套的公共设施无法发挥最大效用，也是一种间接的资源浪费。

（二）扭曲市场供需关系，加速房价上涨

大量住房空置无疑是房价虚高的助推器。我国目前城镇的空置房，绝大多数并没有参与到市场流通中去，只是待价而沽的囤积而已。作为市场流通的空置房，不是多了而是少了，根本不能保障流通的顺利进行。也正是这种缺乏流通，为房价的攀升起到了推波助澜的作用。

例如，羊城晚报 2010 年对广州珠江新城片区、老城区及金沙洲片区、北部片区、南部片区的近 3000 套存量住宅进行监测统计，结论是广州存量住房空置率高达 20.24%。两成多的住房空置率，表明广州一手住宅供需不平衡有很大程度上的人为因素，广州楼市的供需关系至少没表面看起来如此紧张。以 2008 年、2009 年为例，两年的总供需比为 0.95∶1，表明供应短缺，但是如果剔除空置部分，供需比为 1.2∶1，总体上供大于求。在这个例子中，住房空置对供需关系的扭曲作用显而易见。

（三）助长投机炒作

大量住房空置加剧了住房供需失衡，释放出错误的市场信号，吸引更多的炒家入市投机炒作，同时，一部分投资性购房者在错误信号的引导下恐慌性入市，加入住房抢购行列，从而引发房价持续攀升和更多人参与炒房的恶性循环。

（四）影响社会公平

住房空置率高是造成社会贫富悬殊的一个重要支点。对于那些有条件空置其房的家庭来说，房价的飙升为其带来了房产的巨额增值。但同时也带来了社会问题，社会贫富悬殊的增大，无房户购房困难以及租房户无力付租，引发社会普遍不满。因此囤积导致的空置住房的背后反映的是严重的社会分配不公。一些煤老板、投机客一买几十套住房，而普通家庭耗尽积蓄，甚至几代人付出买不起一套房子。"仇富"、"仇官"社会问题的出现便是"自然现象"了。

（五）不利于节能减排

一些位于市区、邻近主要就业地点的住房空置，导致本可在就业地就近居住的人们被迫在远离市区和就业地的地方居住，从而形成不必要的通勤活动，提高了全社会的交通能耗，也加剧了城市的交通压力。

三、国外应对住房空置的经验

欧美等国为应对住房空置，采取了包括税收、罚款、强制安排租户免费入住、直至拆除空置住房等措施[①]。一些国家在应对住房空置方面已有50多年的经验（图17-3，图17-4）。

图 17-3　国外的空置房（一）　　　　图 17-4　国外的空置房（二）

（一）英国

据估计，英国空置房的规模多达100万套[②]，与此同时却有太多的人在轮候社会住房，这对社会而言极不公平。英国工会联盟（Trades Union Congress）在2007年11月提交的报告[③]建议，对英国的空置房征收空置税。英国征收空置税的主要目的有：增加住房供应；平抑住房价格；防止逃税、避税等。空置税率拟按市政税（Council Tax）的5倍征收，英国工会联盟预计，空置税的征收将为英国财政带来每年约50亿英镑的收入。

（二）法国

法国的斯特拉斯伯格市是法国第一个征收空置税的大城市，当地政府估计该市有多达1万套住房空置，同时又有大约6000人处于无家可归的状况，为使业主们积极将空置房推向市场，该市决定对空置房征收空置

---

① 参见：欧洲向闲置房开战 荷兰空置房可无偿入住. 市场报. 2008 年 7 月 21 日.

② 参见：http://www.guardian.co.uk/society/2009/oct/16/empty-houses-london-wealthy-owners.

③ UK Trades Union Congress. A Socially Just Path to Economic Recovery. TUC Submission to 2009 Pre Budget Report.

税，税额相当于 1500～2500 美元之间。法国对空置房征税的政策效果已初步显现，例如，法国的瑞姆斯镇在开征空置税后，据估计有超过 1/3 的空置超过五年的住房重新被投入使用 [1]。此外，在法国的一些城市中，住房闲置的第一年，业主必须缴纳的罚金为房款的 10%，第二年为 12.5%，第三年为 15%，以此类推。

（三）其他欧洲国家

荷兰奈梅亨市政府向无房者免费提供私人空置房，这在欧洲并不少见。荷兰法律允许人们入住闲置一年以上的空房，而空房业主也愿意在政府的协调下无偿提供这些住房，因为如果他们希望自己住房中突然出现的"不速之客"搬走，必须证明其住房的闲置时间还未超过 12 个月。瑞典针对空置房的措施则更为有力，为了遏制空置房数量上升的趋势，除了加强租赁服务外，瑞典政府甚至将无人居住的住房推倒。政府出此下策主要是认为空置房的增加提高了政府保护下的租赁住房的价格，使得公共支出激增。通过这些措施，荷兰和瑞典成为了欧盟国家中住房闲置率最低的两个国家，均不超过 2%。欧洲其他国家如丹麦和德国也采取了强有力的措施，向空置房开战。在德国，业主必须使空房得到重新利用，在住房闲置率超过 10% 的市镇，当地政府还会推倒那些无法出租的住房。丹麦政府则在 50 多年前就开始对那些闲置 6 周以上住房的所有者进行罚款。

（四）美国

在美国华盛顿哥伦比亚特区有超过 3 万座空置房，当地政府对空置房征收高额物业税，被划分为第三类的空置房的税率为评估价值的 5%，被划分为第四类的破败空置房的税率高达评估价值的 10%，而普通住房的物业税率仅为 0.85% [2]。美国亚特兰大的租房者不仅不用付房租，还能因为租住在偏远地区而得到补偿，在该城市一些地区，甚至还有业主出钱让人租住其住房以逃避因住房闲置而面临的处罚。此外，美国的克利夫兰和巴尔的摩等城市与德国和瑞典一样，也将空置房推倒。这也是针对这一全球性问题出台的最严厉措施。

---

[1] A tax on empty house owners in France. Marketplace World. www. marketplace. org. April 14，2010.

[2] The Real Estate Wonk：Now hear this：a property-tax proposal. The Baltimore Sun. November 23，2009.

四、我国应对住房空置的对策建议

总的来看，以上各种因素所致的住房空置从动机上可分为两大类，即被动空置和主动空置。因此，应在深入分析住房空置原因的基础上，有针对性地提出应对之策。

（一）全面调查住房空置情况

目前，我国对于住房空置的统计尚无统一口径，在现有条件下明确住房的空置率还难以实现。因此，要尽快理顺住房空置统计机制，规范和完善住房空置率的指标和评价体系，除了总量空置指标外，还可以细化市场指标，建立结构性空置指标，进一步细分为高档商品房和普通商品房的空置率等。在此基础上，开展对住房空置情况的调查统计工作，摸清住房空置的底数，为空置住房处置奠定基础。

（二）扩大房产税试点

大部分空置的存量住房都属于二套房或多套房的范畴，也即是这些空置住房都是业主满足自身居住需求之外的住房。由于持有成本很低，这些住房都被业主主动空置而不是用于出租。因此，扩大房产税试点，并将房产税征收范围覆盖到存量住房，这样将会明显加大拥有多套住房业主的持有成本。如此一来将促使业主设法提高住房的流通利用率，选择出售或者出租，从而为市场提供更多的存量住房供应或租赁房源。

（三）开征住房空置税

由于房产税并非专门针对空置住房，且税率设置要考虑大多数家庭的承受能力，因此不太可能定得太高，在房价快速上涨时期，对住房空置可能难以产生足够的压力。因此，可考虑对空置住房征收空置税，以提高税收政策的针对性，促进空置住房的转化。由于住房空置税只针对特定的对象（即空置住房）征税，因此可设置相对较高的税率，并实行累进税率，空置时间越长，税率越高，使住房空置无利可图，甚至得不偿失，以此解决住房空置的问题。

（四）对住房空置行为处以罚款

对空置住房既可征收空置税，也可采取罚款的方式，即对于空置超过一定期限的住房进行罚款，罚款比例依照空置时间的长短而有所不同，直至全部罚没。对空置住房罚款是一种行政强制行为，其法理依据虽与征收住房空置税不同，但效果相似。

（五）强制征集空置住房用于社会租赁

在明确掌握住房空置率的前提下，设置一个警戒线，建立住房空置行政处罚制度，从罚款直至没收，或者强制征集空置住房用于针对中低收入家庭的社会租赁用房。加强对住房空置的行政处罚之目的并不在于增加政府收入或剥夺业主财富，而只是通过这种行政强制对其产生威慑，根本目的还在于提高住房，特别是住宅的利用率，从而提高资源的利用率，增加社会福祉。

（六）强制回购

对于征收房产税后拒不缴纳税款或者拒不缴纳罚款达到一定金额的，政府还可以设置强制回购制度，由政府将空置房收购后提供给更多需要住房的人。

（七）打击开发商囤积住房

重点查处开发商虚假宣传、囤积房源、捂盘惜售等行为；另外对于发布不实价格和销售进度信息，人为制造商品住房供应紧张空气等行为也要严厉打击，从而避免出现人为滞销房源。

（八）消除导致被动空置的因素

加强基础设施建设和城市规划建设等行政手段，对空置商品房分别采取一些补救措施，引导业主改善空置住房的功能质量和配套环境，使之达到可以正常入住的标准，减少住房被迫空置的情况发生。

第十八章

海外房租管制经验与启示

一、我国大城市房租上涨的现实趋势及原因

资料表明，国内北京、杭州、天津等大城市自 2007 年以来房租呈现较快的上涨趋势。例如，2007 年第一季度，北京市的平均月租金水平每平方米约 26 元，但到 2010 年第一季度，平均月租金已超过每平方米 45 元，涨幅接近一倍，远远超过同期 GDP、CPI 和工资的增长速度。特别是 2009 年第二季度以后房租上涨速度明显加快，短短一年内涨幅高达 50%。同期，杭州平均月租金水平由约每平方米 32 元上涨到超过每平方米 65 元，涨幅超过一倍，也远超同期杭州市人均收入和物价增长速度。

房租上涨，影响因素众多，综合来看，大城市房租上涨的影响因素可归纳为以下几个方面：

1）城市集聚经济引发的住房供需矛盾

城市的集聚经济有两种：马歇尔－阿罗－罗默外部性（Marshall–Arrow–Romen externalities）和雅各布斯外部性（Jacobs externalities），前者产生于一个行业内（地方化经济），在传统的工业领域专业化程度越高，此规模效应越明显，而后者出现于行业多样化的城市中（城市化经济），行业越多样化，知识溢出（包括服务溢出）效应越显著。实际上，大城市对人才的集聚效应和高收入的支撑是由这两种外部性综合作用的，城市越大，后者作用越明显。

简而言之，大城市规模越大，教育、医疗卫生等公共服务资源一般越集中，基础设施配套也较完善，产业的多样化产生的就业机会也就越多，这些因素都吸引着中小城市和农村人口向大城市集聚。大城市人口密度普遍较高，人口集聚使得土地资源更为稀缺，房屋供应量相对有限，在总量、类型结构上都存在住房供需矛盾，特别是大城市中心区，各类公共服务设施和政府机构、企事业单位总部集中，住房供需矛盾更加突出（图18-1）。在需求巨大、出租房屋供不应求的情况下，将会推动房租的上涨。

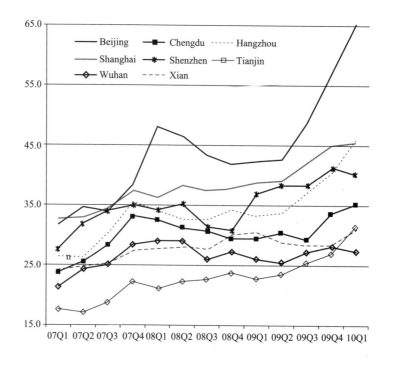

图 18-1　国内大城市房租上涨情况

2）学区划定、就近医疗刺激住房出租需求集中

目前一些城市的教育和医疗等公共资源分布不均，名牌中小学校、大医院的优质资源集中现象明显，吸引了众多就学、就医的人群到学校和医院附近居住和生活。进入老年化时代之后，体弱多病的老年人大都选择聚居在医疗急救条件优越的名牌大医院附近。大量的居住需求聚集并集中释放，推高了学区房和大医院周边的房价，也刺激了这些地区的房租快速上涨。

3）房产持有成本过低，大量住房空置

一方面，我国目前没有针对住房空置的空置税，且绝大多数地区未开征房产税，持有环节税收的缺位导致房产的持有成本偏低；另一方面，由于近年来房价一直处于上升阶段，与房价上升所带来的增值收益相比，房屋出租的租金收益较小，再加上房屋出租费时费力，部分业主选择不出租，而是持房待涨。持有成本低和主动选择不出租是造成住房空置的两大重要因素，在一些住房投机严重的地区，住房空置现象更为突出。人为的住房空置行为，加剧了住房供需之间的矛盾，导致房租加速上涨。

4）不断上涨的房价推动租金上升

从投资的角度来看，对于相同的合理回报率，房价越高，房租相应也会越高。例如，一套总价为50万的房屋，社会平均回报率假定为6%，在不计成本和税费的前提下，房租水平为每月2500元，如果房价上涨到100万元，回报率仍设定为6%，则房租水平相应为每月5000元。研究表明，国际上租售比一般为1/300～1/200之间，在其他因素保持不变的情况下，房价与房租会呈现"水涨船高"的态势。

5）用行政措施管制房价和购房需求助推房租上涨

以北京、上海、广州、深圳等严格执行以户籍作为购房许可的超大城市为例：调控前后的房租上涨幅度差别巨大，由于严格限购，大量有购买力的外地户口而长期在以上各大城市工作但又达不到购房要求的民众不得不放弃购买而转向租房，从而导致这些城市房屋租金快速上涨（图18-2）。

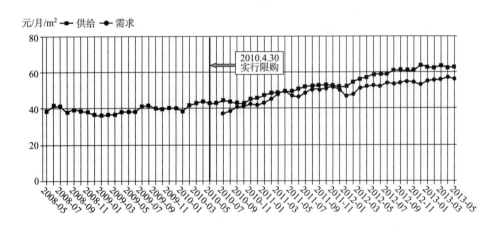

图18-2　北京近年房租变化趋势

6）信息不对称

出租市场相对不透明，导致市场各方所掌握的信息不对称。与承租人相比，出租方和中介更具信息优势，导致房租的设定一般更有利于出租方而不是承租人。此外，业主的强势地位、中介的欺诈和哄抬房租等因素也会推高房租水平。

7）法规缺失

我国目前缺乏实施房租管制方面的法律法规。房租出现过快上涨现象时，由于法规的缺位，政府缺少对房租进行干预的必要手段和措施。房租管制方面的法规缺失，也使住房出租市场各方缺少稳定的预期，业主甚至中介在上调房租时毫无顾忌，使房租水平偏离合理区间时无法得到及时的纠正。

如果房租过快上涨，超出大多数租房者的合理承受范围，表明出租市场可能出现了市场失灵，需要进行适度的干预，通过房租管制等措施来纠正市场失灵现象。在这方面，包括美国、德国、加拿大、日本等国和地区都进行过积极的探索和实践。

二、海外房租管制经验

（一）房租管制的基本类型

从海外的经验来看，房租管制主要有以下几种类型：

1）租约型房租管制

这是最普遍的一类房租管制形式。在这类管制模式下，在租约签订时，租金通过出租人与承租人协商确定，但在租约开始履行后，租金的上涨被限制在一定的幅度内，这一限制在租约期内一直有效，直至租约到期。在签订下一个新的租约时，又开始重复以上步骤。租金涨幅上限的确定一般有以下几种方式：一是固定比例涨幅，如迪拜在2007年12月规定，2008年房租增长上限为5%，采用这种方式的国家有卡塔尔、菲律宾、巴基斯坦等；二是根据建筑成本指数或消费价格指数来确定租金涨幅，这种方式的国家有法国、美国、荷兰等；三是以上两种方式来结合，如加拿大即采用此种方式。

2）房租上限管制

这类方式是由政府设定租金的上限，并且这一上限适用于新旧所有房屋。一般而言，房租上限被设定为房屋价值的某个百分比，如台湾地区设定房租上限为房屋价值的10%，采用这类方式的国家有印度、卢森堡等。房屋价值一般是指购买价格而不是现值，因此，在房价上升期，越早购买的房屋，其房租上限相对而言越低。

3）房租绝对管制

这类管制也可称为房租"冻结"，即在管制的情况下，房租被固定在一个人为确定的水平，房租水平一旦确定就不再允许上下浮动。这类房租管制方式曾在战争时期和战后被部分国家采用，以应对大量的退役士兵和难民急增的住房需求。但在这些国家战后重建工作取得重大进展后，这类管制即被放松直至取消。

4）房租分类管制

这类方式是指仅有部分出租房屋被置于房租管制范围，被管制的房屋一般为面向低收入家庭的出租房屋，或是由社会住房转变而来的那部分房屋。实行这类管制的国家有美国、塞浦路斯、捷克等。

（二）房租管制具体案例

1）德国

德国的租金管制制度建立于战后住房短缺时期。由于住房出租价格大幅度上升，广大居民无力支付所承租住房的费用，针对这种情况，政府采取了租户权益保障措施，要求各地政府按照不同区位、不同房屋结构和房屋质量，提出相应的指导租金水平，作为住房出租人和承租人确定住房租金的参考标准。随着战后重建工作的开展，住房供求矛盾得到缓解，房租管制制度也被逐步取消，政府的工作重点转向实行房租补贴制度。根据家庭人口、收入及房租支出情况，政府给予居民以适当补贴，保证每个家庭都能够有足够的住房支付能力。到1998年，有300万个家庭申请了住房补贴，仅联邦政府提供的房租补贴资金就达到70亿马克。[1] 近年来，德国大城市房租开始疯涨，租房者的不满也愈发强烈，鉴于此，德国政府于2013年5月1日开始实施新的租金法规。新法规定，3年内房租涨幅不能超过15%，这比此前要求的3年内房租涨幅不超过20%更严格。新法规也延续旧法规的一些规定，如租金应接近各地政府的"指导价格"，超过20%就算违法行为；超过50%房东将可能入狱3年。此外，房东提高租金必须征得租房者同意，如果租房者不同意，而房东又要强行加租，双方协商不成就必须通过法律途径解决。[2]

2）日本

日本二战后房屋短缺，租金高涨，政府于1946年开始实施房租管制。1950年后租金管制逐步解除，改为依照不同阶层需要设定不同机构以多元方式供应不同类型住宅，同时颁布《特定出租住宅法》，以低利融资补贴私有房主兴建出租住宅。[3] 日本租赁法对租金调整作出规定，房屋租赁

---

① 参见：李颖，高波．国外房租管制政策．价格月刊，2002年第12期．

② 参见：青木．德国房东加租太猛将坐牢．环球时报，2013年5月2日．

③ 参见：李颖，高波．国外房租管制政策．价格月刊，2002年第12期．

契约当事人可根据以下理由向法院请求增减租金：①土地或建筑物的税负有增减，②土地或建筑物价格有升降，③与邻近建筑物的租金水平已不相当，且租约未规定租赁期间不增加租金。

3）法国

在法国，起始租金由业主和承租人自由协商确定，但租约开始后，法律规定租金每年调整不得超过一次，并且必须是租约中有条款规定才能进行调整，调整幅度不得超过过去四个季度的建筑成本指数（INSEE）。

4）瑞典

瑞典的房租管制措施几乎适用于所有出租房屋，仅有少数例外。根据规定，所有租金都必须与类似的出租房屋的租金相当。根据面积和其它特征来确定作为参照的出租房屋。任何在租约中规定依照指数或按固定比例调整租金的条款均被视为无效。业主如果想要提高租金，必须事先告之承租人。只有在承租人同意或在两个月内未答复的情况下，新的租金才能生效。承租人有权拒绝任何租金的上涨，这种情况下，业主可向租赁法庭提出诉讼。

5）加拿大

加拿大有四个省出台限制房租上涨幅度的政策，政府每年公布一次房租涨幅上限。例如，卑诗省设定的 2008 年房租涨幅上限为 3.7%，即在该省的通胀指数之上再加 2%。

6）美国

美国对房租的管制集中在 20 世纪 40 年代和 70 年代两个时期。"二战"开始后，美国政府逐渐把政治、经济、军事、文化统统纳入了战时轨道，大量的社会资源集中运用于军事领域，政府开支大幅攀升，许多商品供不应求，通货膨胀日益严重。为应对这一局面，美国开始实施广泛的价格管制措施。1942 年，罗斯福总统签署了《紧急物价管制法》，授权物价管理局在全国范围内实施价格管制。根据该法的规定，绝大多数城市的住房租金也被纳入管制范围之列。例如，1943 年 11 月 1 日，物价管理局发布命令，将纽约市的住房租金冻结在 1943 年 3 月 1 日的水平上，禁止出租人提高租金。上述租金管制政策到 20 世纪 50 年代初基本被取消。这一时期的主要特征是冻结租金的数额，禁止出租人提高租金，这是政府为应对战争所带来的危机而采取的一种非常措施。

20 世纪 70 年代，由于受到越南战争、石油危机等诸多因素的影响，美国经济遭遇了严重的危机，出现了经济增长缓慢和通货膨胀并存的"滞胀"局面。经济危机对住房租赁市场也造成了很大的冲击，租金快速上涨，而承租人收入增长有限，工薪阶层负担得起的租赁房屋严重短缺。在这一背景下，许多地方政府不得不考虑采取租金管制政策来缓解住房危机。这一时期的管制政策大都允许租金的上涨，但对租金上涨的幅度和频率等进行限制。由于租金管制并非为应对战时的紧急状况而颁布，内容上也更为灵活和温和。[①]

7）菲律宾

2009 年，时任菲律宾总统阿罗约签署了房租管制法，该法为 150 多万租户免受租金上涨的影响提供保护。根据 2006 年菲律宾家庭收入支出调查，该国大概有 160 万户家庭是租借房子的，有 155 万户或有 96% 的人每月的住房租金是在 1 万比索或以下。自新法生效日期一年内，房租管制法所保护的任何居住房屋租金不得被提升。在此期间至 2013 年 12 月 31 日，如果该房子是继续租给同一个住户，房租年增幅不得高于 7%。在租户搬出去后，房东可以对下一个租户给出新的租金。同时依据新法，居民房房主不得收取超过一个月的预付金和不得超过相当于月租两个月的押金。

三、对我国大陆的启示

海外的经验表明，即使是市场经济发达的国家，如美国、日本、德国等，也会实施房租管制措施。因此，房租管制并非计划经济的产物，而是在特定时期特定环境下为回应社会对房屋出租市场的关切而采取的应对措施。从海外房租管制的经验和教训可得到以下几点启示：

（一）管制的必要性。居住是人的基本权利，在很多国家对居住权利的保护都在宪法中给予明文规定。在房租快速上涨时期，无论是在促进居住公平、保持社会稳定，还是在提高区域竞争力等方面都有实施房租管制的必要。一是租房人群的主体是城市低收入家庭和"夹心层"、大学毕业生、外来务工人员等，这些群体都属于弱势群体，他们的居住需求均属于最基本最必要的需求，是租房市场中的"刚需"，实行房租管制有助于促进居住公平。二是房租过快上涨，将导致租房者的负担沉重，生存环境质量持续下降，可能会引发对社会的不满，因此，放任房租上涨可能会影响到社会和谐稳定。三是一个地区的房租水平最终将反映到人力资源成本中去。英国著名规划师霍华德认为，合理而不是过高的房租，是确保居

---

① 参见：周珺．美国租金管制政策的流变及对我国的启示．学术论坛，2012 年第 8 期．

住其中的人能取得较高购买力的工资，这意味着增强了人力资源的竞争力。① 长期来看，如果一个地区的房租持续上涨，将拉高重要生产要素之一——人力资源的价格，提高营商环境的成本，最终将损害所在地的地区竞争力。

（二）应当合理确定管制的范围和实施时机。城市化先行国家和地区经验表明，房租管制措施一般是在特定的时期和环境下实施。例如，美国、德国、日本在二战期间及战后住房严重短缺、房租过高的情况下引入管制措施，使房租保持在合理的水平，有利于社会的稳定。随着战争的结束和战后重建取得重大进展，引发租金管制的社会经济条件已不复存在，相关政策遂逐步退出，至20世纪50年代租金管制政策已基本被取消。美国在20世纪70年代经济危机中，通货膨胀严重、租金快速上涨、工薪阶层难以负担，在此背景下，地方政府被迫通过租金管制政策来缓解住房危机，但在危机过后，房租上涨速度放缓，各地房租管制政策便逐步退出，到20世纪80年代，仅余纽约等四个州和哥伦比亚特区仍在实施租金管制政策。

（三）房租管制措施应尽量简化。房租管制措施简洁明了，这样无论是业主还是承租人都很容易确定所涉及的出租房屋是否在管制范围之内，避免造成混乱和争议。房租调整或设限的依据应尽量透明，例如，建筑成本指数或CPI一般被认为是较合适的参考指标，因这类指数会由权威的部门定期发布，对市场而言比较透明。此外，房租管制措施应尽量局限在较小的范围，且房租管制措施应能够覆盖出租维护费用并让业主有机会收回原始投资。

（四）注意防范潜在的负面效应。从海外的经验来看，房租管制可能会带来一些负面效应。一是可能会减少出租房屋供应。在房租管制的情况下，房租停止上涨甚至下降，并非通过市场自我调节而是通过行政管控措施实现。通过外力压低的房租使已有业主出租的意愿下降，也会降低投资住房用于租赁的热情，长期来看，可能将减少市场这一块的出租房源的供应，导致租赁市场的供需矛盾加剧。例如，日本在二战后实施房租管制，但却导致租屋供应量大幅下降，结果事与愿违。房租管制在瑞典也引发了类似的后果。据统计，由于该国的管制系统缺乏透明度和可预见性，在2006年竣工的大约3万套住房中，只有36%的房屋是用于出租目的，与之相比较，在1990到1996年间，超过50%的新建住房是用于出租目的。

---

① 参见：明日的田园城市.（英）埃比尼泽·霍华德著，金经元译，商务印书馆.2000年.

二是可能会引起房屋状况的恶化。低房租情况下业主不愿投入，对房屋进行必要的维护和修缮，导致房屋状况和居住环境质量的下降。三是可能引发道德风险。房租管制下业主会对承租人更为挑剔，那些本应在房租管制下受到保护的租房者租房可能会更加困难，而业主为达到签订新租约涨房租的目的，会利用各种手段将现有的租房者赶走。在供需矛盾较大的情况下，租房者为租到合适的住房，被迫接受比规定租金水平更高的房租要价，并默许业主瞒报真实的房租，从而导致房租管制措施的效应下降。因此，房租管制政策的制定和实施，需要注意防止可能出现的负面效应并及时作出政策调整（图 18-3）。

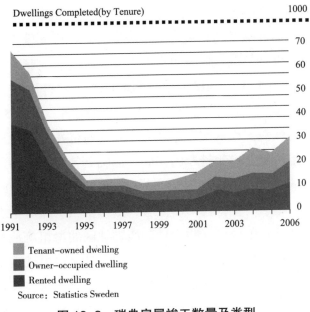

图 18-3　瑞典房屋竣工数量及类型

四、房租管制的难点

房租管制在具体实施方面存在着一些难点：

1. 由于房租管制属于非市场化措施，相关政策的实施容易引发社会舆论对于政府过度干预的质疑。海外经验表明，房租管制政策的设立几乎总是与质疑和反对的声音相伴相随。舆论和学者的质疑主要集中在妨碍房屋产权、违背市场机制并降低市场效率、抑制社会投资出租住房热情、降低业主修缮房屋的意愿等方面。例如，巴素等认为，解除房租控制不仅能够提高出租市场效率，而且将会导致市场租金降低，从而使所有承租者受益。① 哈耶克认为，房租管制措施在限制自由和阻碍繁荣等方面所起的作用，很可能已越过了其他任何措施。② 米顿甚至认为，除了炸弹，房租管制简直就是摧毁一座城市最有效的方法。③

2. 房租管制下确定合理租金水平问题。衡量租金水平是否合理主要有两种角度：一是民生保障角度，即以当地居民收入水平来衡量；二是市场角度，即以租金收益水平来衡量。对于纯粹的保障性住房，如廉租房、公租房，是以民生的角度来确定租金水平。对于市场性的出租住房，则一般按市场方式协商租金。房租管制指的是对市场性出租住房的房租水平进行一定的限制，即从民生的角度出发确定房租，对业主具有一定的强制性。一般而言，如果需要进行房租管制，则意味着两种角度衡量的合理租金水平存在着较大的差距，而差距越大，各方达成共识的难度相应也越大。因此，如何弥合两者的差距并确定一个各方均可接受的折衷的房租标准是房租管制的重点，也是最大的难点之一。

3. 房租管制范围界定问题。出租房屋的类型多样，既有别墅、高档公寓、酒店式公寓等高端出租房屋，也有户型较小、质量较差、环境不佳、位置偏僻的低端出租房屋，以及介于高端与低端之间数量众多、分布广泛的中端出租房屋。房租管制的实施，面临着管制范围确定的问题，是将所有高中低端出租房屋全部纳入，还是仅将其中几种类型的出租房屋置于管制之下，需要进行抉择。一般而言，高端出租房屋房租水平高，对租赁市场形成强烈的示范效应，将会拉动所在地区的房租水平上升，且高端住房的投机性更强，如将其排除在管制范围之外，对中低端出租住房业主显失公平。而且如果仅对中低端住房租金实施管制，这将鼓励社会投资高端住房，同时抑制对中低端住房的投资。从这个意义上说，高端住房也应当纳入管制范围。但是，高端住房承租者一般收入水平较高，经济承受能力强，理应依循市场规律，而不应通过管制人为压低房租，造成事实上的业主补贴承租人。从这个角度看，高端住房不应纳入管制范围。如果仅有部分类型的出租房屋置于管制之下，由于涉及住房类型、房价、区位等多重因素，管制范围界定实际操作难度较大。

4. 租金管制是否应区分承租人收入水平？虽然租房者大部分是大学

① Basu, Kaushik & Emerson, Patrick, 1998. "The economic and law of rent control," Policy Research Working Paper Series 1968, The World Bank.

② 弗里德利希·冯·哈耶克.自由秩序原理（下）.邓正来，译.北京：三联书店，1997.

③ Jeffrey James Minton, Rent Control: Can and Should It Be Used to Combat Gentrification. Ohio N. U. L. Rev, 1997, (23).

毕业生、外来务工人员、城市无房户等中低收入群体，但也有一部分高收入人群，如外企高管、外交人员甚至企业主等，这部分高收入群体不应享受房租管制所带来的住房隐性福利。如果对承租人财产和收入状况不加区分，可能会出现租房者的财富超过出租人的情况，造成事实上的不公平。因此，租金管制的受益对象即承租人应根据收入水平加以区分。与已纳入住房保障对象不同，租房人群数量更加庞大，身份也更多样，对承租人进行收入和财产状况核查，在操作上有很大的难度。

5. 供需矛盾如何解决？房租管制是针对房租过高现象而采取的相应措施。房租过高反映出出租市场供需之间的失衡状况严重。解决房租过高的问题不仅要通过管制措施"降温"，还要通过解决供需失衡"治本"。因此，如何在较短时期内增加出租房源，有效缓解供需矛盾，是房租管制的题中之义，也有利于房租管制政策的最终退出。

五、租售比衡量房地产市场投机程度及干预的必要性

租售比，简而言之就是月租金与房屋售价的比例，具体计算时，可以采用平均租金与平均房价的比值，或者采用租金中位数与房价中位数的比值。衡量租售比值是否合理，要看房屋出租是否可以获得合理租金收益回报，这种租金收益率应当与投资出租房屋所需承担的风险相匹配。

需要指出的是，上述计算的结果仅仅是名义租售比，而实际租售比往往更低（图18-4）。这是因为，房屋出租有空置率和空置期，扣除这一影响后，实际平均月租金将低于名义月租金。此外，房屋出租还有大量的支出项目，包括租赁中介费、管理费、住房维修费、折旧费、房屋保险费、税金等等，这些项目扣减后，出租净收益将远远低于名义月租金。有人做过简单测算，在考虑上述因素后，如果租售比为1:100，出租房屋约需要17年才能收回投资；如果租售比为1:150，约需26年才能收回投资；如果租售比为1:250，所收租金与支出相抵将入不敷出，收回投资无望。从2011年第2季度高档住宅的房价租金情况来看，一些城市的的租售比低于1:300，个别城市如温州的租售比甚至低于1:1000，因此，与正常收益率所对应的租售比相比，我国住房市场目前的租售比水平明显偏低。

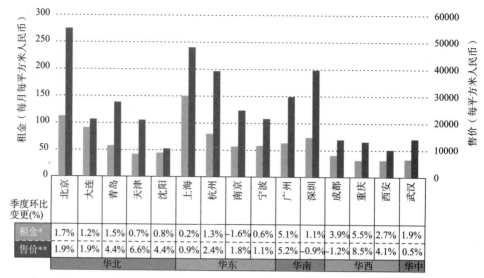

图 18-4　部分城市高档住宅房价租金情况（2011 年第 2 季度）①
注 * 以建筑面积计算，扣除管理杂费 ** 以建筑面积计算。

租售比可在一定程度上反映市场状况，特别是房屋交易市场与租赁市场偏离的程度。如果一个城市的租售比偏离合理范围越远，表明该城市住房市场的投机程度越高，市场波动将会更加剧烈。例如，与国内其它城市相比，温州在前几年的租售比偏离程度更高，结果在近期市场降温后，平均房价比高峰时期下降了一半左右。剧烈的市场波动甚至影响到了温州当地的金融体系和实体经济。因此，在对住房市场房价和租金进行干预时，应将城市住房市场的租售比作为重要的参考指标。

六、与房地产整体调控措施协同的房租管制政策建议

房屋出租市场是房地产市场的重要组成部分，因此，房租管制应从供应、房价、税收、诚信等方面，与房地产整体调控措施协调进行。

1. 增加供应。房源短缺反映在价格上，无论房价或房租的快速上涨，均表示供需失衡状况严重，房源短缺。因此，在住房绝对供应不足时，应通过各种措施增加住房供应，特别是适合出租用途的中小户型、交通便利、配套较完善的住房，从而缓解供需矛盾，平抑房价和房租。特别值得指出的是，在大城市（包括外来人口比率较高的中等城市）政府应大量建设公租房来缓解供需矛盾。例如，德国通过住宅合作社或政府补贴私

---

① 资料来源：CB Richard Ellis 房地产市场报告（2011 年第 2 季度）。

营开发商兴建大量社会住房，这些社会住房的租金远低于市场租金。以科隆市为例，社会住房每平方米月租金平均约为 4.8 欧元 / 平方米，而一般商品房月租金平均为 7.8~8.8 欧元 / 平方米。事实证明，德国和新加坡等国家通过大量提供公租房来满足社会的租房需求，同时有效地平抑了租金水平。

2. 调整结构。租房群体中很大部分人的收入不高，既买不起房，也难以按市价租到合适的住房，实现"有尊严的居住"。为此，应加大对满足基本居住需求的中小户型住房、公租房和廉租房等保障性住房的供应，使住房供应结构与居住需求结构相匹配。

3. 盘活存量。住房空置是空间资源和社会财富的巨大浪费，其中很大部分住房是由于投机者持房待涨而有意空置，使住房供需状况被扭曲。对此，应通过征收空置税等措施充分盘活存量，使空置的住房得到利用，从而增加出租房屋的有效供应。

4. 控制房价。房租与房价具有很强的相关性，对于同样的租金收益率，房价高，房租也会水涨船高，而房价越高，房租回归合理水平的难度也越大。长期来看，房租能否控制在合理水平有赖于房价的合理回归。因此，房租管制应与房价调控协同进行，以期达到最佳的调控效果。

5. 抑制通胀。在通胀环境下，包括房租在内的生活必需品和服务的价格一般都呈上涨的趋势。为使房租回归合理水平，应以控制通胀为目标，通过货币政策控制货币发行规模，避免超发的货币洪流涌入房地产市场，造成房租过快上涨。

6. 规范市场。租赁市场上的"二房东"通过房屋转租牟利，不法中介通过垄断出租房租、散布虚假信息等方式哄抬房租，这些行为都将扰乱市场秩序，加剧房租的上涨。应通过严禁"二房东"、加大对黑中介的打击力度来净化市场环境，防止这类不合理的成本转稼给租房者，加重租房者的负担。同时，通过信息公开和及时发布增加市场透明度，使租房者更容易掌握市场的动态，降低出租市场的信息不对称性。

7. 有机疏散。通过将大城市功能和人口有机疏散到周边地区来缓解供需矛盾。例如，通过生态卫星新城建设、依靠信息技术发展远程办公，在不影响城市整体服务功能的前提下，将部分城市功能和相应人口进行空间转移，以降低大城市特别是交通、资源环境压力极大的城市中心区的住房供需矛盾。英国在这方面进行了有益的探索。英国政府在 2004~2010 的五年间，已从伦敦和英格兰东南部迁出 2 万个岗位到其它地区，并考虑从上述地区迁出 13.2 万公务员和 9 万辅助人员的可能性。[①] 更激进的方案甚至建议将英国的上议院迁往中部或北部。[②] 通过政府机构的搬迁，一方面有效减少了对伦敦市区住房的需求，另一方面通过对外迁政府机构腾退房屋的再利用，增加了伦敦市区的房屋供应。同时，政府机构外迁降低了行政运行费用，减轻了政府的财政负担。

8. 租金管控。在房租过快上涨，其它措施都难以发挥作用的特殊时期，可通过限制租金水平以及租金调整的幅度和频次来直接调控住房出租市场。一般而言，如果租金负担超过租房者收入的三分之一，将会对租房者的生活质量造成较大影响，因此，管制情况下的平均租金水平可设定为不超过家庭平均收入的三分之一。租金调整频次每年不应超过一次，租金调整幅度以居民收入或物价水平为参照，每次调整不应高于居民平均收入增长速度或通胀水平，并取两者中的最低值。

9. 保护租房者的合法权益。通过法律法规防止房东随意驱赶租房者，或以更换租房者为名行租金涨价之实，为处于相对弱势地位的租房者提供更加有力的保护。

10. 建立诚信机制。将出租人、中介的诚信状况与个人诚信体系挂钩，一旦出现蓄意涨房租、欺诈、侵害租房者合法权益的不诚信行为，即记入个人诚信记录，通过诚信机制来约束租赁市场各方的行为。

---

① Allegra Stratton. Moving civil service jobs out of London: a win-win for Treasury. The Guardian, 25 Nov 2009.

② 参见：Adonis says move the Lords out of London. 2012 年 4 月 19 日 . http://labourlist.org/2012/04/adonis-says-move-the-lords-out-of-london/

第十九章

我国老龄社会背景下的住房市场发展趋势

我国正步入老龄化社会，老年人口的快速增长将引发巨大的老年住宅需求，这对我国老年住宅的发展既是挑战也是机遇，由于老年人的生理心理特点和对住房功能的特殊需求，老年住宅发展将对我国住房市场的结构和发展模式产生深远的影响。借鉴先行国家的经验教训，探讨我国老龄社会背景下的住房市场发展趋势成为一个现实而紧迫的课题。

一、因"一胎化"等因素影响我国正在快速步入老龄社会

我国自改革开放以来，受人口计生政策、人均寿命延长以及社会环境变化等因素的影响，人口结构发生了显著的变化（图 19-1，图 19-2）。我国人口出生率、自然增长率在 1986 年同时达到顶峰，分别为 23.33‰和 16.61‰，之后逐步下降，2009 年，我国人口出生率、自然增长率分别为 12.13‰和 5.05‰，与 1986 年相比，分别下降了 11.2‰和 11.56‰。与此同时，我国人口老龄化现象日益明显，其中 65 岁及以上人口所占比重快速上升，2007 年为 8.1%，超过了联合国提出的老龄化社会 8%的基准，标志着我国正式步入老龄化社会。我国第六次人口普查结果显示，2010 年，65 岁及以上人口占 8.87%，而 60 岁及以上人口比重高达 13.26%，约 1.78 亿人，我国老年人口的绝对数量已超过英、法、德、意、日五国总和。据预测，到 2020 年，我国老年人口将达 2.48 亿人，老龄化水平达 17.17%，2020～2050 年将是我国人口老龄化的高速发展

期，老年人口总量将突破 4 亿人，老龄化水平将超过 30%，年均增长约 620 万人。2051～2100 年我国老龄化水平将保持在 30% 以上，其中 80 岁以上高龄老人将占到 20%～25%，60 岁以上的老年人将比比皆是，我国将会进入一个老龄化特征非常显著的社会。

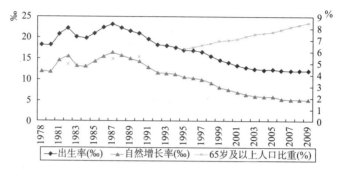

图 19-1　我国人口出生率、自然增长率和老龄人口比重变化趋势

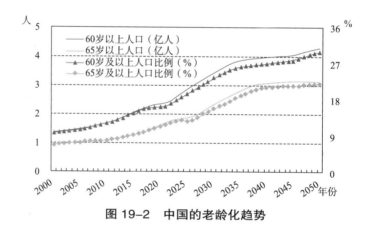

图 19-2　中国的老龄化趋势

联合国人口统计资料显示，欧美发达国家和日本都已进入老龄化社会（图 19-3）。英国、德国和瑞典的老年人口抚养比都在 25% 以上，且近年来均呈继续上升的趋势；美国的情况比欧洲各国略好，但其老年人口抚养比也已接近 20%，且呈缓慢上升的趋势；日本的老龄化趋势尤为明显，其老年人口抚养比从 1970 年的 10.2% 猛增到 2010 年的 35.5%，过去 40 年增长了 2.5 倍，日本的老年人口抚养比在欧美国家中为最高。与发达国家相比，我国的老年人口抚养比目前虽然还低于欧美发达国家，但已超过 11.3%。由于我国受"一胎化"政策影响所形成的特殊家庭人口比例结构，预计 2030～2050 年我国老年人口抚养比将保持在 40%～50%。再加上我国人口基数大，老年人口绝对数量远远超过任何欧美发达国家的老年人口数量，我国应对老龄化以及养老和老年住宅发展等问题的形势更为紧迫。

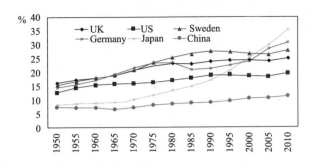

图 19-3　欧美国家和我国老年人口抚养比变化趋势 [1]

二、老龄社会住房问题的特点

（一）老年人的特点

受生理和心理因素的影响，老年人口作为一个特殊人群具有鲜明的特征。在生理上，随着年龄增长，老年人器官生理功能减退，出现眼花、色弱、动作迟缓、准确度降低，行走有时需要借助扶手、拐杖或轮椅，容易无意地碰撞器物，容易因跌倒等原因而受伤；在心理上，容易出现失落感、孤独感，在感情上需要更多的关怀等。老年人可依据其健康状况和活动能力分为四个群体。

（1）健康或基本健康群体。特点是身体无明显活动障碍，可胜任日常生活，但由于机能老化、衰退，致行走、举步迟缓，幅度降低。

（2）机能、活动轻度障碍群体。特点是由于疾病、事故或脑血管病后遗症、骨关节病及外伤后使身体造成轻度障碍，表现为蹲起、行走、举步、取物障碍，需借助扶手、拐杖。

（3）机能障碍加重群体。特点是需借助轮椅与他人帮助。

（4）完全卧床群体。特点是医疗方面合作，并需他人帮助。

（二）老年住宅的基本要求

老年住房是指在确保老年人基本需求外，针对其特有的生理、心理以及行为特征，建造的专供老年人或老年家庭居住的特种住房。老年住宅设计和

---

① 注：老年人抚养比是指老年人口（65 岁以上）与劳动人口（15～64 岁）的比例。资料来源：United Nations Population Division. World Population Prospects: The 2010 Revision.

建设关键是正确处理好老人的身心、机能与建筑的关系。老年群体，不只是个抽象的概念及统计学上的数字，从未来社会学、建筑学、工程学、医学的发展，特别是居住环境的发展需要，对其特性加以分析和理解，研讨目前住宅缺陷与未来住宅的需求，建立老年住宅建设以人为本的设计和建设理念。

老年住宅应该满足以下基本要求。

1. 安全性和便利性

老年人由于骨质疏松，肌肉无力，听力、视力减弱，敏捷性及平衡力差等特点，决定了老年人易受伤害。因此，家居设计以保障老年人安全，尽可能避免伤害为设计的基本考虑。设计还要考虑方便老年人活动起居。给老人活动和协助老人活动留有充足的空间。消除地面高差，避免出现门槛，在需要用力的地方设置扶手，家具、器具和设备要配置在便于老人操作的位置，且采用简单的动作就能使用。墙面采用防火材料，地面进行防滑处理（尤其浴室、卧室），在电源等危险处使用鲜艳颜色以示提醒。

2. 健康性和关照性

关注老年人的健康，使用环保材料，注意居室的日照、通风、采光、换气、隔音、隔热和保温，便于出行等因素。关照老年人心理健康和意愿，既考虑为老年人留有自己的空间，同时又能享受亲人们的照顾，不脱离社会，以提高其生活的意志，保证老龄群体晚年生活质量。

3. 可持续发展性

住宅的设计应当考虑老年人从自理自力期到照顾关怀期，由健壮到衰老的变化，进行"潜伏性设计"，便于增添设备、设施等改造工程，及时为老年人提供协助，延长老年住宅的使用期限。

三、国外老年住房发展概况

欧美各国和亚洲的日本等国老龄化的历史很长，完善的社会福利保障体系是其老年住宅发展和完善的有力保证，经过长期的摸索和实践，这些国家形成了各具特色且适合自身的老年住宅建设和管理体系。

（一）英国——建设适合老年人生活的住宅

1. 人口老龄化状况

截至 2009 年年底，英国 65 岁以上的老年人口已占全部人口比例接近20%，大多数人有 30% 的时间生活在退休以后。据预测，2036 年，英国

85 岁以上人口将比 2006 年高出 184%，将来出生婴儿中有 20% 将会活到 100 岁。英国人将有更多的时间生活在住宅和社区当中。

2. 老年住宅发展对策

一是建设适合老年人口居住的住宅。为应对老年人口的居住需求，英国规定从 2011 年起，所有社会住宅必须按照终生住宅标准建设，而至 2013 年，所有新建住宅必须符合终生住宅标准。这为将来的老年人能终生居住在自己的住宅中，尽可能多地享受独立生活的乐趣与自尊，并在需要时能得到及时照顾提供了物质基础。

二是社区提供老年人口服务。英国人口老龄化是随着社会经济发展逐步形成的，因此社区内一般都建有社区中心，提供交友、娱乐、健身、医疗、学习、创作、园艺等空间，为居住者提供服务。但由于人口老龄化和高龄化的加速发展，对于身心自然衰退的老年人而言，在无人陪伴下，自由进入社交仍受社区多方面因素的束缚。一方面，在社区生活中无论年龄、健康和残疾做到人人平等，从而消除老年人融于社会的藩篱，为支持老人融于社会提供了可能。另一方面，社区附加护理计划正在壮大之中，专门提供服务的公司将有了更大的顾客群，使得老人在旧宅中安享晚年，并将生活、健康、照料全部串联起来，提供未来生活得更好的可能。

3. 多种居住类型和经营模式

普通住宅。即老年人常年居住的住宅，包括私有住宅，租赁的私有住宅，租赁的社会住宅等。这种方式的好处是老人可以居住在自己熟悉的环境中，在身体健康时独立生活，享有个人生活的自由和自尊。

退休社区。一般由私人信托基金、慈善基金投资管理，并经注册有效。一些理想的退休社区已经参照终身住宅的规范建造，提供包括病房在内直到 24 小时监护的护理院等所有类型老年住宅。

护理院。英国的护理院一般分为二种，一种是普通护理院，类似于家居护理院，一般不设专业护士护理。一种是专业护理院，由具有注册资格的专业护士护理。

（二）德国——发展社区养老

德国的老龄化程度已列欧洲第一。德国联邦统计局的数据显示，德国 8300 万人口中，65 岁以上老年人达 1600 万。估计到 2050 年，德国一半以上人口将超过 50 岁，1/3 人口超过 60 岁。"老年人如何养老"已成为德国社会关注的焦点。

1. 养老方式

以位于柏林西部的国立养老院为例，养老院设有 150 张床位，每间房间住两位老人。养老院提供三餐饮食，平时按照缴费等级，进行不同时间的护理。养老院还有各种娱乐设施，如健身房、图书馆等。在德国公立养老院住一个月一般需要 2000 多欧元，伙食标准每月 170 欧元左右。德国目前住养老院的老人有 70 万左右，这个数字仍在不断增加。养老机构还包括托老所、老年公寓、临终关怀医院等。

除养老院养老外，德国老人还有其他几种养老方式。居家养老，即老年人在家中居住，靠社会养老金度日，这种形式最普遍。由于德国没有任何法律规定子女必须赡养父母，所以，这些老人也是独居为主。

"社区养老"则居于居家养老和养老院养老之间。它与居家养老的不同是，每天都会有护理人员上门进行护理，生活在社区内，也不脱离原有社区的人际关系。德国也有各种老人互助的项目，社区义工也会定期上门。比如年轻时参加"储蓄时间"义工项目，老了就可免费享受义工服务。

此外，德国还有异地养老，即老年人离开现有住宅，到外地居住养老，包括旅游养老、度假养老、回原居住地养老等。"以房防老"也深受欢迎。老年人为养老而购买房子，然后出租给年轻人，利用房租来维持自己的退休生活。当然，也有的老年人只收小部分费用，年轻人则帮助老年人干些家务，也缓解了因"空巢"而产生的孤独感。

2. 存在的问题

德国的养老体系仍然存在不少问题，各种养老方式在德国也存在争议。如上述国立养老院常常被曝光服务品质差的问题。德国老年人权益研究中心的调查发现，全德国养老院中，1/3 以上的老人不能获得合理饮食供应，近一半老人得褥疮，有的已经溃烂。该研究中心指出，德国养老院里的生活健康状况糟糕。原因是经费缺乏，护理人员缺少，有时一名看护人员要对 50 甚至 60 名老人负责。

在家里养老又没人照顾，德国也没有孩子赡养父母的法律，加上德国孩子都与父母分居各地。据悉，只有约 50 万老人请得起保姆到家服务。因为费用非常昂贵，例如全天候护理服务，每月需要大约 1 万欧元。

而像异地养老、以房养老等新方式，对于普通老年人来说又不现实。一般老年人每月也就 2000 欧元退休金，还得缴纳保险等各种费用。而大多数德国人并没多少积蓄。

德国也有很多针对老年人的援助计划，比如实施各种优惠政策，如医疗照顾计划，帮助支付保险外的所有医疗保健费用。此外还有住房基金、民间援助、针对老年人的监护法等。不过，由于僧多粥少，这些优惠措施并不能让所有老人受益。

3. 改革对策

为了让老年人真正"老有所养"。德国推出很多新的改革，现在德国人每月需在疾病保险的基础上，缴纳几十欧元的护理保险。万一生病，护理人员可以上门服务，费用由保险公司担负。从 2006 年开始，德国政府还提出"多代公寓"计划。"多代公寓"的目标是把各年龄段的人吸引到一栋公寓里居住，公寓里有孩子，有年轻人，还有老年人，大家相互帮助，如同一个大家庭。德国政府正资助数亿欧元给"多代公寓"计划。

德国近年还通过一部新法律，明确规定各类型养老机构都要实行公司化登记，一律进行公司化运营。在此基础上出现了一批高端养老机构。记者近日走访慕尼黑"凯维埃"养老院。它是一家全德连锁的养老机构，在全德国有 20 多个分院。这里的设施可以与五星级宾馆相比：高级地毯、名贵壁画、专门为老人设计的按摩沙发椅，还有笑容可掬的服务人员。除三餐外，还有下午茶等。老人们在一起闲话家常，气氛温馨、融洽。老人们每天可以去洗桑拿浴，接受按摩，或者慢慢享受一杯免费葡萄酒。养老院还提供丰富多彩的活动：从名医坐堂咨询，到名厨现场献艺，从专业人士的各类讲座，到古典音乐家的现场演奏。如果老人腿脚还灵便，甚至还有赴土耳其、西班牙等地的旅游团可以报名参加。可以说，这是综合了养护、文化娱乐、保健等多种需求的养老完全解决方案。然而，享受这种全套护理服务费用昂贵，每月费用超过 3000 欧元，如此费用水平并非所有老人都能够承受。

（三）美国——极具特色的老年社区

美国大力发展老年社区有四、五十年时间，已成为一个老年社区比较发达的国家。美国老年住宅的建设在质量和数量上都超过了其他国家，具有设施完善的老年住宅体系。老年住宅模式主要有 5 种类型：独立式老年住宅、老年公寓、养老院、护理院和老年社区。政府会在老年住宅与老年社区的开发上提供优惠，在管理和配套政策措施方面为其发展提供了坚实的基础。

太阳城中心是美国较大的老年社区之一（图 19-4～图 19-6）。太阳城中心从 1961 年开始开发建设，从一开始就规划成为佛罗里达乃至全美最好的老年社区。太阳城中心坐落在佛罗里达西海岸，距佛罗里达最好的墨西哥海湾海滩只有几分钟的路程。

图19-4　美国太阳城中心老年社区入口

图19-5　美国太阳城中心老年社区鸟瞰

图19-6　美国太阳城中心老年社区配套设施

太阳城中心的居民必须是55岁以上的老人，陪同老人的中青年人一年居住在中心的时间不能超过30天。社区内设计建造了各种户型以适应不同类型老人的要求。美国太阳城中心现有来自全美以及世界各地的住户1.6万户，并一直处于持续增长的态势。

整个社区内设独立家庭别墅、连体别墅、辅助照料式住宅和家庭护理机构、出租的独立居住公寓以及辅助照料式住宅和家庭护理机构六大居住社区。各社区共同享用邮局、超市、医疗机构、银行和教堂。社区的康乐设施包括室内和室外游泳池、网球、推圆盘游戏场、草地保龄球、健身和娱乐中心、会议室和一个1万平方英尺的剧场。无论选择哪种住宅都能享受到积极活跃的生活方式。在这样的社区内，有各种各样的俱乐部，开设的课程和组织的活动超过80种以上。根据一项调查表明，生活在这样环境的老年社区中，老年人的平均寿命要延长10岁。

（四）日本——个性化的商业养老院

日本是亚洲率先进入老龄化社会的国家。目前，日本65岁以上老人约为 3000 万人，占总人口比例达 23.1%，即每 5 人中即有 1 名老人。围绕庞大的老年人口，日本社会逐渐形成了与之相应的养老居住、医疗看护和老年旅游等产业。

1. 政企多方建设养老设施

日本国民平均寿命位居发达国家前列，60 至 70 多岁的老年人普遍身体状况较好，因此，中产阶层以上的老人主要是在自己家中养老，需要时则聘请上门看护服务。但是，也有大批中低收入阶层人士居住于相对生活成本较低的养老院。

在日本，政府、企业和非营利组织均可建设养老设施。政府主要提供基本福利范围内的养老设施，而企业和非营利组织则根据老年人不同群体、不同需求建设相应的商业或公益性养老设施。

根据 1963 年颁布的《老人福祉法》，日本政府将养老设施分为多种类型，包括短期居住型、长期居住型、疗养型、健康恢复型等，其中政府在全国建设了约 3100 处健康恢复型养老设施和约 3700 处老年疗养医疗设施，65 岁以上老人在需要时，可使用社会医疗保险入住这些设施。

在政府大力建设养老设施的同时，由于中等收入阶层的老年人对于生活质量的要求，以及认知障碍等特殊群体的个别需求，也有不少企业建设个性化的商业养老院。

2. 三类个性化的商业养老院

看护型养老院：主要供身体不便和患病老人入住，由养老院下属团队为入住者提供看护服务，此类养老院通常与医疗机构有固定协作关系；

住宅型养老院：供身体状况正常的老人居住，当老人需要看护服务时，院方寻找上门看护，企业提供临时看护服务；

健康型养老院：类似面向老年人入住的宾馆，院方负责打理老年人的日常家务，但不负责照顾入住者的日常起居。

在日本，上述种类的商业养老院数量已超过 2000 家，其平均拥有 50 间以上住房，而入住者的人均居住面积大多不低于 18 平方米，居室多配备卫生间。入住者缴纳的费用与其所需看护程度等相联系。在无需特别看护的情况下，入住费用通常不会高于当地中等地段租房居住的费用。

日本政府和企业在养老设施社会化建设和运营的过程中，带动了一大批类似"老人用品专卖"、"老年餐饮专营"、"老人之家管理咨询"、"养老服务人员培训"等企业发展，这在某种程度上形成了以养老设施为核心的"养老院经济"产业形态。

日本老年住宅和日本老年人的生活质量是在良好的社会保险保障体系

的基础上实现的。由于日本的人工费贵，日本住宅的技术和电器化程度很高。这特别体现在老年人住宅和为老年人提供的公用设施上，使得老年人能够在生活中充分实现自助和自理。比如，提供无障碍设施的老年人住宅产品、提供具有看护性质的老年人住宅产品、提供能和家人共同生活的"二代居"住宅产品。在社区内一般还提供完善的配套设施，用于满足老年人在健康和精神方面的需求。

四、我国老年住房发展的四种模式

（一）我国老年住宅存在的问题

与发达国家相比，我国的老年住宅发展还存在很多问题。

首先，从老龄化的过程来看，发达国家是渐近式自然老龄化，而我国则是政策性加速老龄化，老龄化速度非常快，老年住宅的发展速度与老龄化进程不相匹配，老年住宅建设明显滞后。既往对住宅建设的研发，多着重于对其标准、档次、内部格局与空间分配等方面，而对人口格局变化、老龄社会与家庭结构的纵向性变化，以及社会就业与工作形式改变等，还远跟不上住宅建设的飞速发展，不能满足人们对未来住宅长远和可持续发展的要求。现行的住宅体系在设计理念上对老年人的需求考虑不多，很少有为老年人设置必要的设备设施，使老年人在生活中无法自理的现象增加。如无障碍性设计的具体实施、水电设施的安全性、适合老年人的装修材料、居室内部空间气压与氧调节的需求等均存在问题。在考虑老年人的心理健康和需求方面的关注就更加不够。

其次，在我国，尤其是城市，金字塔形的家庭结构成为社会的主流，4：2：1（老人：成年人：子女）人口结构比例，使将来一个年轻人可能要面临4~8个老人的赡养负担，家庭养老负担沉重，必须动员社会力量的积极参与。

第三，老年住房和养老机构数量严重不足。伴随着老龄化而来的是对老年公寓、养老院、社会福利院以及各种康复机构的需求急增。但是一方面，这些养老机构的发展从数量上，尤其是相关配套设备设施上远不能满足我国老年人养老的需求，不能保证老年人晚年的生活质量；另一方面，从我国传统养老观念上，我国老年人重视家庭的价值，眷恋传统的家庭居住模式，对长期居住环境和邻里关系有深厚的情感，因此从人情、亲情、生存本身及老年人心身健康等角度出发，把老年人集中在一起，与原有的社区隔离开来，未必是解决老龄化社会问题的最佳选择。

第四，老年住宅也属于社会养老范畴，与发达国家不同，他们是先富了，然后进入老龄化，而我国是"未富先老"，在尚未实现现代化、经济尚不发达的情况下提前进入了老龄社会。因此我国应对人口老龄化的经济实力还很薄弱，国家的政策滞后，相关的法律、法规不健全，配套服务差，优惠政策没有落实，金融环境和社会保障制度还未达到支持老年住宅全速发展的程度。

（二）我国老年住房发展的四种模式

由于我国的经济发展状况、养老的传统理念，以及"一胎化"政策所形成的特殊家庭结构，决定了我国老年住宅建设发展模式有别于国外发达国家。根据我国国情和养老需求的差异，我国的老年住房发展可分为四种模式。

1. 居家养老模式

老年住宅是居家养老的主要载体，又分为纯老户住宅和多代户住宅。依老年人与子女居住的分离程度又分为合住型、邻居型和分开型。

2. 集中养老模式

由社会提供的养老机构接纳单身老人和老年夫妇居住，并提供生活起居、文化娱乐、医疗保健等综合服务的养老方式。包括老年人公寓、养老院、护理院和关怀医院等。

3. 混合模式（社区养老模式）

混合模式兼具居家养老和集中养老两种模式的特点，将老年住宅和普通住宅混合布局，两类住宅既可同一栋楼内混合布局，也可在邻近楼房间隔布局。这种居住形式既有利于两代人生活完全独立，又有利于两代人生活上的互相照料和感情上的交流。社区还提供完善的配套设施，以满足老年人在健康和精神方面的需求。

4. 度假养老模式

这种模式是在集中养老模式上派生出来的一种新型养老模式，将养老与度假两种需求有机结合起来，利用一些地方良好的环境、优美的景观、丰富的土地资源，开发适合老年人居住的住宅，并提供相应的养老服务。这种模式使居住其中的老年人既可以享受养老的舒适便捷，又可体验度假的愉悦和休闲，同时也给所在地创造数量可观的就业机会。

五、居家养老模式——中国特色的老龄住房模式

（一）我国"敬老"传统与居家养老模式

与欧美国家不同，亚洲国家受传统文化的影响，一直是以家庭养老为主。例如，新加坡和日本等国的居住模式分别以"多代同堂"和"二代居"著称。

中华民族向来有着"尊老敬老"的道德传统，受传统文化与道德观念、家庭结构的核心化、经济状况、集中养老设施数量不足、社会养老机构不完善等多种因素的影响和制约，未来相当长的时期内我国老年住房发展模式仍将以居家养老为主。

居家养老是指人进入老年阶段后，居住在家并由子女或其他亲属负责照料生活，是将人的养老问题全部由家庭自我解决，实质上是一种通过家庭成员之间的互助与自助行为获得老年生活保障的机制。

对养老状况的调查提供了居家养老是我国目前主要养老方式的实证支持。例如，2010年，对长春市老年住宅情况进行抽样调查，调查样本总数为1866人，拥有自有产权住房老年人为1528人，其中有10年以下房龄产权房的老年人为326人；有10~20年房龄产权房的老年人为400人；有20~30年房龄产权房的老年人为604人；有30年以上房龄产权房的老年人为198人（图19-7）。

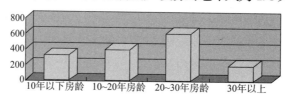

图 19-7　拥有自有产权房房龄情况

在拥有自有产权住房1866名老年人中，与子女（亲属）分开居住独立生活的老年人为1256人；与子女（亲属）同住的老年人为554人；在老年公寓（敬老院）生活的老年人56人（图19-8）。

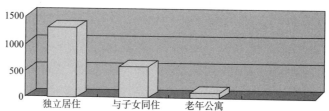

图 19-8　拥有自有产权房居住情况

在所调查的 1866 名老年人中，有 1502 人依靠离退休金生活，有 175 人依靠子女供养，有 177 人自身从事劳动，有 12 人依靠政府救济等。老年人的年平均收入估计为 9632 元，平均存款为 54786 元（图 19-9）。

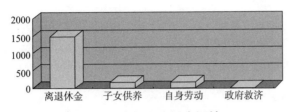

图 19-9　老年人生活来源情况

在调查的 1866 人中，没有自有产权房的老年人为 338 人，其中居住子女（或亲属）的住房但独自居住的为 28 人；与子女（亲属）同住的为 166 人；租房独自居住的 98 人；租房与子女（亲属）同住的 20 人；居住在老年公寓（敬老院）的 26 人（图 19-10）。

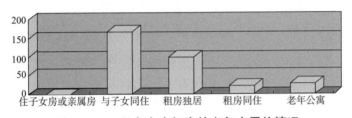

图 19-10　无自有产权房的老年人居住情况

从上述调查情况，可以得出初步结论：目前我国老年人选择养老的方式主要以居家养老为主，住宅主要形式有与子女共居，与子女邻居、独居，除此以外还有福利院及老年公寓等。

（二）居家养老的设计要点——通用型住宅

英国、日本等先行国家已将通用型住宅设计和建设列为强制性标准，制定了具体发展目标，并通过法规形式予以明确。

研究适应老年人生理阶段性变化及疾病特点，设计时要考虑住宅的动态使用寿命及功能，树立住宅全寿命使用意识，合理把握潜伏设计以与预留，在最初设计中为今后留有可改造的必要条件和余地。根据老年人不同时期的具体需求，及时适当做出调整，方便居住和使用。同时要研发相应的配套设备、设施产品模式，并推向市场，实现住宅的可持续发展。

适应老龄社会的通用住宅所谓适应老龄社会的通用住宅，是指能够适应人在一生中各阶段的变化，人的一生从生到死都可以便利享用的住宅类型。这种住宅在设计和建造之初，就把人到老年时的生活需要完整地考虑进去，通过留有余地的设计，伴随着人年龄的增长逐步地来实现一些功能，让老年人能够在一系列人性化的住宅设计的帮助下尽可能地自己照顾自己。

老年人，特别是东方的老年人在传统观念的影响下，大多希望在自己从青年时代就住惯了的家里和熟悉的环境中，与自己的子女一起度过晚年。但是人进入老年以后身体功能退化显著，适应老龄社会的通用住宅必须考虑这些变化，从设计开发之初就应该考虑到未来老年人的居住需要，在普通住宅中搞好对应老龄化的"潜伏设计"，否则在住宅投入使用后将很难补救。

（三）顺应老龄化社会居住需求的旧房和旧小区改造

我国既有住宅存量规模巨大，受早期规划设计水平和建设理念的影响，既有住宅绝大多数都缺乏必要的设施和配套，不适合老年人居住的特殊要求，改造潜力巨大。

单纯依靠新建老年住宅来满足所有老年居住需求既不可行也无必要，因此，发展老年住宅应主要立足于对既有住宅的改造和功能提升。对既有住宅进行适合老年人居住的改造具有几大优势：一是可以最大限度地利用既有的房屋资源，能够迅速地形成大规模的老年住宅有效供应，减轻个人和社会在老年住房建设投资上的资金压力；二是不改变既有的住宅布局，最大限度地保留老年人熟悉的环境和邻里关系；三是有利于就近、就地养老，最大限度地利用已有的社区服务。因此，应加大既有住宅的改造力度，对旧房和旧小区尽量避免大拆大建，而是应以改造和功能提升为主。

对旧房和旧小区改造，一是进行无障碍改造，增加无障碍通道和必要的电梯等；二是增加必要的老年人起居设施；三是适当增加老年人的活动场所和康乐设施；四是建立和完善针对老年人的社区服务体系。

六、集中养老模式

（一）集中养老的必要性

我国传统的养老观念，居家养老为主的养老方式，使我国的老年住宅发展模式不同于先行国家，同时国内的政策环境、金融环境和社会保障制度也远未完善，因此，我国应适度发展社会养老住宅或社区，进一步完善社会养老设备设施，使一部分老人从一般的社会生活中分离出来集中管理，一方面可以减轻家庭照顾的压力，另一方面也可以解决孤寡老人、空巢老人或生活不能自理而子女又无力照顾的老人问题，使老年人能安养晚年。

随着老年人居住观念的改变，许多老年人从过去不肯到养老机构养老开始逐渐接受甚至向往群体生活，近年来，集中养老模式的独立型老年社区已逐渐被人们所接受。独立型老年社区有优越的居住环境，能为不同需求的老年人提供完善、周到、及时的服务，有适合老人的各种活动，能让老年人解除孤独感、寂寞感，使其享受到"独立居住"、"集中交往"的乐趣。

集中养老主要分为福利性养老院和市场化集中养老两种。福利性养老院经费主要来源于财政拨款及非盈利性机构和社会捐款，市场化集中养老则按市场规则运作，营运机构自负盈亏。

我国养老设施建设总体滞后，截至2007年年底，全国城市设立社区卫生服务中心（站）2.7万个，各类老年福利机构3.98万个，床位约213万张，每百位老人仅1.4张，而发达国家养老机构总床位每百人约5~7张，差距十分明显。现有养老机构还存在不少问题，概括而言，一是数量少，二是服务水平低。例如，许多养老院是三、四个老人合住一间房，有的甚至六个老人合住一间房。老年人有自己的私密要求，不同的生活和起居习惯，让几个老人合住一间房的做法并不合适。除了住房硬件条件差外，还有软件条件，诸如生活服务、医疗服务以及伙食水平，综合来看，我国的养老机构大多还处于较低的水平。

未来我国集中养老的发展，不仅要稳步地、适度地增加养老机构设施的数量，而且更要注意提高建设和服务水平，即从硬件条件和软件条件两个方面提高集中养老的水平，使老人们在养老院里愿意住、住得下、住得好。

（二）设计要点

集中养老形式包括养老院、老年公寓、社会福利中心、托老所等，对集中养老设施的设计要点包括选址、小区和建筑内部布局、配套设施、室内设计等方面。

1. 选址

独立型老年社区需注意选址应尽量不要远离城市生活区，并应保持交通方便、城市生活的延续。选址倾向于周围环境幽雅清静、交通便利、生活服务设施齐全。住宅区和活动区分开，住宅楼尽量远离街道，减少噪声。

2. 布局

对老年住宅设计上体现人性化的设计理念和区别对待的关怀模式。理想的老年住宅应该是让老年人能自由且独立地生活，家庭和社会给与必要的协助。

在老年住宅的设计和建造等方面，要充分考虑到老年人的生理及心理特点，既方便老人使用，又不至于使老人感到孤独和无用。对不同的老年人提供不同形式和服务的住宅产品，使有能力自理的老年人尽可能自己多做一些力所能及的事情，而对丧失自理能力的老年人提供全方位的服务（图19-11）。

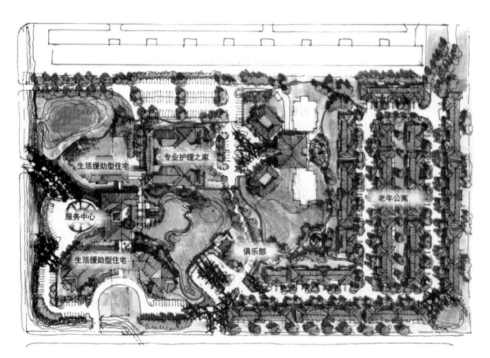

图 19-11　美国老年住宅小区 Famsworth Gardens 总平面图

3. 配套

老年住宅和老年社区还应配有相应的配套设施，包括医院、家政服务、活动中心等，兼顾"住、养、乐、学、医、为"等功能，以满足老年人在生活、娱乐、健身、老有所为等方面的需求（图19-12）。

Foxdale Village健身俱乐部

Foxdale Village室外活动中心园艺疗法

Foxdale Village心理咨询室

Foxdale Village急救中心

图 19-12　美国宾夕法尼亚州 Foxdale Village 持续照护退休社区的配套设施和社区活动

4. 室内设计

老年住宅室内设计主要体现在各个细部针对老年人特征的专用设计上，是建立在对老年人生理特征、心理特征、行为特征的细腻研究的基础之上，以实现住宅产品的人性化、科学化、细致化、方便化，为居住老人提供最体贴的呵护（图 19-13）。

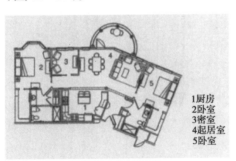

1厨房
2卧室
3密室
4起居室
5卧室

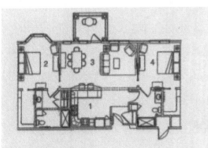

1厨房
2卧室
3起居室
4卧室

1厨房
2起居室
3卧室

图 19-13　美国宾夕法尼亚州 Foxdale Village 持续照护退休社区部分户型

（1）色彩、照明与气氛。注重简洁、典雅，不求华丽，和谐中富于变化，稳重中体现生气与活力，营造一种充满生机的、健康的生活环境。室内照明应有弱有强，夜间最好有低度照明，便于老人起夜如厕。

（2）无高差设计。此为最基本的要求。当涉及水处理问题，如厨卫应改设地面暗槽式设置。淋浴间采用周边暗槽式，使溅到墙面的水及时排出，与地面防滑防水材料共同确保安全要求。室外或必须设台阶落差处，应设置坡道，或设置局部提升装置（图 19-14）。

图 19-14　局部提升装置

（3）方便活动的单纯的平面计划。避免曲折感的设计及复杂的平面，涉及室内装修及家具设计的合理性，收藏空间及高度空间的利用，使平面保有最简捷流线。要留有轮椅的通行及辅助人员的通行空间，主要通道确保留有余地。

（4）舒适坐姿的配置。对腿脚变弱、步行困难的老年人，安全与舒适是要点。门厅换鞋或浴室洗浴，利用坐椅的设置保证其动作的安全。浴盆出入采用与浴盆高度统一的洗浴专用椅及浴盆引渡板，墙面加装专用扶手，确保整个洗浴过程保持安定姿势。洗面盆下部设计为开放式，可保证洗脸、化妆时舒适的坐姿。

（5）开关容易的出入口。出入口宽度尺寸应大于 950mm，方便轮椅与辅助人员出入。门开关时最少限度地引起身体移动，门锁与把手，及局部照明配合要开发专用产品。

（6）扶手设置。在有踏步、转折等特殊场合，为保证身体支撑需设专用扶手，保证活动安全。在各厅室可采取与装修配套、线路配套的专用腰线式扶手（图 19-15，图 19-16）。

图 19-15　无障碍卫生间
设计（一）

图 19-16　无障碍卫生间
设计（二）

（7）家具设计。家具宜少不宜多，应符合人体工程学，便于老人使用，且外露部分应尽量减少棱角。

（8）容易操作的设备与器具。附属于建筑内部的各种设备，水电开关、空调及换气、加压、生氧、电热源等设施，由于使用频繁，使用者手力所限，应开发安全、容易操作的产品。如水开关，可选用杆式或感应式，电开关应易识别。家用电器设备应尽量采用智能型，如电锅、电壶有饭熟、水开、水干自动保温等功能。此外相关的住宅配套科技产品、与社会救助系统联系的报警装置等，都需要进行整体研究与设计。

（9）安全性材料的使用。装饰材料的选择环保、防滑系列材料。墙面、地面除了注意安全外要便于清洗。

对老年住宅的设计，不仅是建筑与室内设计本身问题，还涉及社会学、医学、护理学、工业产品设计等学科的共同的研究与开发，涉及住宅室内装修模数化、工业化与部件化研究、住宅产品的通用化研究、居住环境无障碍性设计及技术对策研究、家居安全保障产品及生活便利性产品研究、便于残疾人自立与护理、易于操作的设备、设施与器具的设计及产品研究，以及国家的配套政策和法规等多方面内容。

在我国各地，已逐步建成一批老年社区。例如，北京太阳城是其中一个规模较大的老年社区，其总建筑面积达 18 万平方米。为满足老年人的生活需要，老年社区建筑形式应多为 3~4 层楼房并带电梯，各种道路均应为无障碍设计，并根据老年人特点，配套设计齐全的设施，包括医疗康复、老年活动、家政服务等设施。

七、混合模式

集中与分散是对立统一的两面，集中与分散既相互对立，又相互作用、相互转化，正确处理集中和分散之间的关系对老年住房的发展显得尤为重要。混合模式兼具居家养老和集中养老两种模式的特点并弥补了两者的不足。混合模式形式灵活，可以任何一个新建或改造小区为载体，并与整个社会融为一体，避免集中养老模式下一些独立型老年社区分布在城市郊区，由于地处偏远、交通不便而成为老年人的"孤岛"；也可避免居家养老模式下老年人居住分散、配套设施不健全、老年服务体系松散等问题。混合模式下的住宅小区开发，除建设一般家庭住宅外，也同时建设一定比例的老年住宅，让"两代人"虽分开居住，但都生活在同一个小区甚至是同一栋楼内，使老年人既可享受家庭自住模式所带来的天伦之乐，又可满足老年人独立居住的需求，并在小区里找到交往的乐趣。从这种意义上说，混合模式应成为未来主要发展的一种模式。

（一）混合模式布局类型

混合模式可分为"两代居"模式和"毗邻居"模式。

1. "两代居"模式

"两代居"住宅符合我国敬老养老的传统，发挥家庭养老作用。设计上采取老少两代在生活上适度分离，既合居又相对独立。从户型上可考虑4种模式：

（1）完全共居型，至少为两居室，老人房间应设立独立卫生间；

（2）半共居型，设立总户门，两户共用一个起居空间、厨房等公共空间，分设卫生间，各户居室空间独立；

（3）半邻居型，设立共同总户门，共用起居室，其他独立；

（4）完全邻居型，各自独立，但各自户门相临，如对门的形式。

2. "毗邻居"模式

"毗邻居"模式可以分为同层不同户、同楼不同层、同社区不同楼、同街道不同社区等几种形式，此种模式能够满足老年人与子女或亲属相互独立且毗邻居住，老年人既有自己的空间，又与孩子相隔不远，达到"住得近、分得开、叫得应"的目的。

混合模式下的老年住宅使老年人和年轻人都有相对的独立空间，适合两代人同住，既能较好地照顾到老年人的生理变化的需要，使老人得到他们所在年龄段需要的各种特殊服务，也充分考虑了老年人的心理健康因素。在这种居住模式下，老年人身处在一个完整的社区环境中，能与一般住户之间正常交往，密切了老人与家庭、社会的联系，也增加了他们的生活情趣。

（二）中国特色的社区照料制度

在当下的中国家庭经常会出现这样的情形，一旦家中出现需要长期照料的人，例如失能、半失能的老年人或病人，整个家庭的生活方式、生活节奏都被打乱了。这种照料如果单纯依靠传统的家庭支持，多半会使照料者感到不堪重负。而现有的社区服务因缺乏社区照料的专业基础和制度安排，所能提供的帮助十分有限。

如果上述状况只发生在几个家庭中，影响的只是少数家庭。但如果这类家庭多了起来，就将成为一个社会问题。资料显示，在 2009 年，全国失能、半失能老人已经达到 3159 万，占到老年人口的 18.9%，而机构养老（养老院、医疗护理机构）只能为 1.5% 的老年人口提供护理床位。北京市的机构养老高于全国水平，也只能为 3% 的老人提供床位。这就意味着 2600 多万的失能、半失能老人（约占老年人口的 16%）仍然需要在社区寻求照料，足见启动社区照料工程所涉及的民生之重。

与此同时，中国社会对老年照料的需求又显示了相当强劲的市场潜力。据中国老龄办的《城市居家养老研究报告》，2008 年城市居家养老的家政服务和护理服务两项，市场规模已超过 700 亿元，预计到 2020 年将超过 5000 亿元，这意味着社区照料的巨大需求以及巨大的市场潜力和就业潜力。

对于社区照料体系的重要性，应当看到，"照料服务是为了应对每个社会成员在生病特别是老年阶段可能发生的失能风险而构筑的安全网，是解除每个人后顾之忧的最后一道安全网"。因此，在社区提供多层次照料服务不仅仅是老年人的事情，而是涉及每个社会成员的重大民生工程。当每个中国人在面对生病特别是老年阶段可能发生的失能风险，如果能够得到社区照料的多方面支持，他们的安全感和快乐指数将大大上升。

为了满足老年人医疗康复的要求，社区照料模式将成为一种新兴的、家庭养老与社会养老有机结合的社会化养老模式。这种模式的住房形式仍然是采用以"家庭"为单位的普通住宅，但服务的提供主体是依托社区而建立的社会化专业养老服务体系，而非家庭成员。这种模式不仅可以让老人享受必要的养老服务设施，还可以从家庭成员中得到经济赡养、生活照料和精神慰藉，尊重老年人和满足老年人的天伦之乐，并进而通过这种愉快的精神状态增进老年人的生活勇气和安全感。

很明显，当居家养老已经成为社会共识和应对"银色浪潮"的主流方案之时，在中国社区公共服务中开发社区照料体系更显其迫切性和重要性。

八、度假养老模式

老龄化社会的到来为"银发产业"的发展带来了巨大的机遇。国外的养老院很多是建在风景非常秀丽的远郊区，这已经成为非常普遍的现象。例如，日本根据养老住房的需求开发度假疗养型养老房产。这类养老住房多依托日本特有的温泉、海滨和森林风貌，利用日本一些地方人口减少、空余土地较多的特点，以低廉价格供应房屋（图19-17）。如在东部的千叶、神奈川和静冈等县名胜地有不少养老房产项目，仅需人民币数十万元，即可购买一套数百平方米、带有菜地和花园的现房别墅，这类度假养老住房的开发还会辅以相应的医疗、生活和娱乐设施。

图 19-17 国外度假型老年社区

我国未来数亿老年人口在衣、食、住、行、医、游等方面的特殊需求，将会造就一个庞大的"银发产业"，同时意味着土地资源的再次占用和布局。发展度假式老年住房可以满足老年人养老和度假的双重需求。应不失时机地将空间布局规划与市场运作有机结合，在养老院、老人公寓、老年诊所、护理院、老年大学等方面都可以培育成新的经济增长点。例如，新疆南疆是我国长寿人口最多的地区之一，加上荒地资源众多，完全可以依据生态城规划建设来大规模进行养老和养生基地的开发（图19-18，图19-19）。

图 19-18　新疆沙雅长寿村

图 19-19　新疆沙雅长寿老人

九、回乡（农村）养老模式

我国城市人口密度较高，特别是北、上、广以及一些重点城市的市区人口规模巨大，城市建设用地资源匮乏，地价昂贵，大规模建设老年住宅来满足老年人口居住需求并不可行。与中小城市相比，大城市的养老压力更为明显，例如，上海是我国最早进入老龄化的地区（1979年），第六次人口普查结果显示，上海65岁以上的老年人口为233万人，占全市常住人口的10.12%，高于同期全国老龄化平均水平（图19-20）。

图 19-20　老龄化严重的上海，养老问题日益突出

近年来，我国开始兴起回乡养老的潮流，一些城市老年人回到家乡养老，还有一些城市老年人选择到城市附近交通便捷的乡村养老。例如，上海市一些老年人退休后选择到浙江的乡村和山区养老，浙江安吉就有这么一群上海老人，爬山、钓鱼，在鸡犬相闻的小山村过起了异地养老的幸福生活（图19-21）。与留在城市里养老相比，回乡养老具有几个方面的优势：一是回乡养老可以享受乡村的优美景色和田园生活，有利于老年人的健康长寿；二是在城市近郊且交通便捷的乡村养老，可以方便地利用城市的医疗和服务体系；三是居住和生活成本比城市低廉；四是可以有效地疏解城市人口，缓解大城市老年人口众多与土地资源稀缺、老年住宅供应不足的矛盾。回乡养老是乡村经济特别是养老服务行业发展的一个重要机遇，乡村应通过与城市的差异化发展，彰显乡村特色景观，提升乡村居住环境，完善养老配套设施和服务体系，从而吸引更多的老年人到乡村养老。

图 19-21　浙江山区依山而建、面向上海异地养老的农家乐

十、以房养老——养老的新趋势

随着老龄化社会的到来，以房养老作为一种新型的养老方式开始在国内外悄然兴起。由于以房养老在我国还处于萌芽阶段，对以房养老的必要性，以及以房养老的方式，各自的优势与不足进行分析，从而提出有针对性的相关对策，对于促进以房养老这一新兴事物的发展，保障老年人的权益具有重要意义。

严格来说，以房养老并不是一种独立的养老模式，而是实现养老目的的一种途径。以房养老的目的在于养老，而重点在于"房子"，实现以房养老目的的关键在于如何盘活沉淀在住房上的财富。

（一）以房养老的需求因素分析

1. 家庭结构致使传统的"养儿防老"难以为继

受计生政策的影响，我国已形成独特的"4：2：1"家庭结构，一对夫妇将要面临赡养4个老人的现实，养老负担极为沉重，传统的依靠儿女的养老方式将难以为继。

2. 养老金不足制约"票子养老"

与欧美发达国家相比，我国养老保险制度建立时间不长，养老金规模极为有限，为应对养老金支付需要，部分地方养老金个人账户实际上处于"空账"运转的状态。我国养老金将面临巨大的欠账需要弥补，"票子养老"并不可靠。

3. 不动产财富客观提供了养老资金补充来源

随着房价上涨，住房在家庭财产中所占的比重越来越大，住房升值客观上给拥有住房的老年人家庭带来了一笔财富，如果能够有效盘活并利用好这笔财富，将能为养老提供额外的补充资金，提升养老水平。

4. 观念的转变与更新

随着社会的发展，财富代际转移的传统观念逐渐淡化，再加上独特的倒金字塔结构，父辈一代的住房也无必要全部传给下一代。此外，信用消费方式更为大众所接受，以及金融创新提供合适的金融工具，使通过一定的方式将住房财富转化为养老所需的资金成为可能。

（二）以房养老国外经验

美国、加拿大、澳大利亚等国均有以房养老的做法，这些国家在以房养老的主要方式——反向抵押方面积累了较丰富的经验，形成了一套较完善的制度和运营规则。

1. 制定清晰的反向抵押申请条件

对反向抵押申请人，美国、加拿大规定夫妇年龄较小的一方至少为62岁、澳大利亚规定至少为60岁，并以申请人夫妇最年轻的一方作为贷款额大小的考虑因素（因规定申请人夫妇均亡故时，贷款才结束）。

对用于反向抵押的住房，要求拥有产权，并且该住房是申请人的主要居所，1年内必须在其中居住6个月以上，在签约时至少有一个业主必须居住在内，如果附有住房贷款，原住房贷款必须还清或附加申请以反向抵押贷款来支付原有欠款。除此之外，住房还必须符合一定的条件，例如，美国住房产权转换贷款组织（HCEM）规定：

独立式住宅：1~4 单元，业主占用的住房。

标准化建造的住宅：需符合 FHA 标准，贷款者拥有住房所在的土地，房屋建于 1976 年 6 月 15 日以后，符合规划要求的开发单元，不能是活动房屋、合作住宅。

2. 贷款方式与期限

（1）无期限。只要借贷者一直占用该抵押住房作为主要居所，就可从放贷者处每月收到固定款项，直到借贷者死亡或从该房中迁出为止。到时，以出售住房作为还贷的唯一来源。

（2）固定期限。借贷双方约定还贷日期，在有限期限内，借贷者可收到放贷者每月支付的款项。到期，借贷人可出售住房或其他资产还债。借款期越短，贷款额可越大。

（3）信用额度。贷款者可拿到一大笔钱，用以支付某种支出。这种方式吸引那些月收入并非不足，但有困难去支付不固定、非预料花费的老人。

（4）无期限和信用额度组合。贷款者可获得一笔信用额度和贷款者居住在住房期间的每月贷款预付。

（5）固定期限和信用额度组合。贷款者可获得一笔信用额度和固定期限内每月贷款预付。

（6）HECM 项目允许贷款者在任何时候改变贷款支付方式，如改变期限、暂停支付或要求整笔支付等，手续费限在 20 美元以内，以方便老人的需求，交易极其灵活。

3. 对借贷人权益的保护

美国住房和城市发展部（HUD）的 FHA 负责 HECM 项目规定主要有以下几点：

（1）无贷款到期日。规定 HECM 的交易是永久性项目，在贷款者的生命周期内或迁出前不能改变，业主有完全自由决定出售或迁出，并对不可预见、预知的未来环境提供保护。

（2）资产保护。当贷款需归还时，欠款总额如超过当时出售房屋的价值，超过部分不需贷款者承担；若小于房产价值，其差额称为剩余价值，仍属业主或受益人。

（3）有独立法律顾问。贷款者在申请前，必须首先咨询律师，由律师回答有关问题，对各种方案优劣比较分析，并提出参考意见，最后出具"已经律师辅导"的证明书，才可呈交放贷者报 FHA 批准保险。

（4）解约权。在贷款签约后 3 天内，无需任何理由，老年人可取消这笔交易。

（5）利率限制。规定利率依据美国财政部通过联邦储备金委员会公布的票据到期 1 年期利率，可适当上浮，并规定在整个贷款期内利率封顶。

（6）贷款者可预留部分房产不作抵押，留作今后生活不能自理、不能住在原有住房时，作为进养老院之用。

（7）限制获贷成本。限制为获贷所需的每项费用。

（8）限制最高贷款额。FHA 规定农村为 200160 美元，高成本住宅区为 362790 美元（2006 年），各县可适当调整。

（9）贷款者支付保险（MIP），其最高费率为最大贷款额的 2%，或房屋价值的 2%。另外，每年需支付当年贷款预付额的 0.5% 保险费。这项保险费保证，如管理贷款账户的公司（通常称作贷款服务者）一旦发生差错，政府将干预并确使贷款者能继续获得贷款预付。而且 MIP 保证，当贷款者需还清 HECM 欠款时，还款总额不会超过贷款者住房的价值。

（10）逼迫老人签约或侵占老人的权利等，属虐待老人行为，可提出申诉，有专门机构受理。具体有关运作的规定，HUD 专门出版官方的手册发送。

4. 通过保险来化解反向抵押贷款风险

（1）放贷者的最大风险是在收回贷款时，出售住房的价格不足偿还欠款总额。对 HECM 而言，除了联邦住宅局（FHA）规定最高贷款限额和控制贷款额付外，主要通过以下措施：建立"反贷"保险公司可由借款者办理有关保险，他要求贷款者以住房价值的 70%~75% 核计贷款值，贷款者不需政府批准，FHA 也不予保险，其余的 25%~30% 的房产值预留部分可让今后房产的继承者共享房产增值。建立储备基金会，如 HECM 保证的项目，贷款者要支付房产价值的 2% 作为保险费，以负责当欠款总额超过房价时差额部分的赔偿。

（2）借贷者风险欠款总额超过房产价值。HECM 已通过 MIP 保险解决。贷款预付出现差错。HECM 通过交付每年贷款预付的 2% 服务费来解决。

（3）保持房产标准风险。美、澳都要求贷款者居住在住房内并维护它保持要求的标准。而当老年人越来越老时，这要求变得难以达到，若不满足，就可能丧失"非负产保单"，即要承担超过住房价值的欠款部分。澳大利亚的大多数"反贷"要求借贷者支付税率、维护费和保险费。也可申请免于此责任的贷款模式。保险业在"反贷"交易中是大有可为的，实质是金融、保险的利益分配。

（三）反向抵押的特点、优势及制约因素

1. 反向抵押的特点

与一般住房按揭贷款相比，反向抵押在贷款目的、产权影响、负债变化等方面都存在显著的差异，反向抵押近似于住房按揭贷款的逆过程。反向抵押是指老年人将自己拥有产权的住房作为抵押，向金融机构申请贷款的借贷方式。反向抵押与住房按揭都以住房作为抵押物，但反向抵押的目的是获取贷款用于养老有关的消费，住房按揭的目的则是购买住房；反向抵押借贷人不需要出具支付能力证明，住房按揭则将借贷人的支付能力作为基本条件之一；反向抵押借贷人每月获得贷款预付，而住房按揭则是借贷人按月偿还贷款本金和利息；反向抵押借贷人欠款总额随时间推移逐渐增加，住房按揭的欠款逐渐减少；反向抵押结束后，借贷人将失去抵押住房的部分或者全部产权，住房按揭贷款还清后，借贷人将获取住房的完全产权。

2. 反向抵押的优势

反向抵押具有以下几个方面的优势：

（1）通过反向抵押可以有效盘活沉淀在住房上的财富，获得额外资金弥补养老金的不足；

（2）可应对各类不同的养老需求。反向抵押方式灵活，老年人通过反向抵押既可获得每月相对固定的资金，也可获得因住房改造、重大疾病等因素引发的大额资金需要，甚至可以两者组合以满足养老资金的时间和金额要求；

（3）反向抵押在抵押期内不改变住房的产权属性，产权人仍有机会享受住房升值的收益；

（4）反向抵押后借贷人仍可居住原住，不改变老年人熟悉的居住环境；

（5）对于异地养老，由于反向抵押过程中不发生产权转移，老年人通过反向抵押获得资金用于异地买房养老，可节省住房转让的部分税费；

（6）带动住房抵押相关产业的发展。按未来我国将有 3 亿老年人口来估算，其中一半以上的老年人口生活在城镇，假定 2/3 的老年人拥有自有产权的住房，即使只有 5% 的住房用于反向抵押，也将形成一个万亿元级的产业，同时将给我国的养老市场带来数以万亿计的流动资金。

3. 反向抵押的制约因素

从国外反向抵押的实践来看，发展反向抵押存在以下几个主要制约因素：

（1）反向抵押手续复杂，手续费、保险费、管理费等相关费用高；

（2）每月固定贷款预付，可能在若干年后因通货膨胀在每月养老开支中的占比降低，从而减弱反向抵押提升养老水平的预期效果；

（3）反向抵押利率一般高于传统的住房按揭贷款利率，且越到后期，因累积的贷款和前期贷款所产生的利息总额越大，欠款和利息增长呈加速的趋势；

（4）因房屋价值波动对反向抵押双方可能产生风险；

（5）老年人预期寿命的不确定性增加了反向抵押的难度。对于无期限反向抵押，如果借贷人寿命高于预期，抵押机构仍需按约定继续放款，导致放款总额高于住房价值，造成亏损；对于固定期限的反向抵押，如果借贷人寿命高于预期，反向抵押执行完毕后，借贷人将面临既失去住房，又失去额外养老金的双重风险；

（6）住房产权期限最长70年的约束，抵押机构面临在反向抵押执行完毕后住房价值急剧缩水的风险；

（7）将住房维持一定的标准存在困难，住房价值可能受到损害；

（8）反向抵押后产权人对住房的使用、收益和处置等权益均将受到限制；

（9）面临信用风险。在当前诚信相对缺失的背景下，双方均有可能面临欺诈等信用风险。

十一、促进老年住房发展的对策建议

为应对老龄化社会的到来，应通过统筹规划、出台优惠支持政策、改善投资发展环境等措施，促进老年住宅的持续健康和高水平发展，满足老年人口对老年住宅的迫切需求。为促进老年住宅的发展，提出以下对策建议：

（一）完善标准规范

住宅建设的现行标准和规范大多滞后于老龄化社会发展的要求，例如，老年人上下楼梯非常困难，对失能老人而言，楼梯更是难以逾越的障碍，而现有住宅标准规范规定多层住宅不设电梯，导致多层住宅不适应老年人的居住要求。老年住宅具有明显不同于普通住宅的特征，应充分考虑老年人的生理特点和居住功能需求，制订和完善老年住宅和老年社区建设和管理的标准规范，如增加无障碍设计强制性标准，修改多层住宅标准，在多层住宅中预设电梯井等。通过标准规范的完善为老年住宅的建设和管理提供技术依据和政策指导。

（二）提高设计水平

现有住宅设计中大多未考虑老年人的特殊需求，住宅设计体系已无法满足老龄化社会的要求。因此，迫切需要提升现有住宅设计水平，调整设计理念，在住宅设计中注重通用设计，为适应老年人居住需求预留改造空间，如在多层住宅中预留无障碍通道和电梯井，同时强化无障碍设计和室内标识设计，注重细部设计等。开展老年住宅和老年社区设计竞赛，从中遴选优秀设计示范方案并加以推广。

（三）加强规划管理

老年住宅对周边环境和配套设施更为敏感。为建设符合老年人居住需求特点的住宅，在建设过程中要加强规划的管理和引导作用，注重老年住宅的规划选址、老年住宅小区布局以及配套设施的规划建设，满足老年住宅在生活便捷、交通方便、配套完善等方面的要求。

（四）引导社会力量参与

现行养老模式仍停留在传统福利机制内，计划经济的痕迹较重。受各级政府财力的约束，老年住房投入较少，建设水平较低，供需矛盾尖锐。为加大老年住房的发展力度，应当鼓励社会力量的积极参与，多渠道筹集资金建设老年公寓、养老院、老年社区等，政府在财政税收上给予适当优惠政策，并在金融方面给予信贷支持和利率优惠，使老年住宅的建设和运营管理实现良性循环和可持续发展。

（五）鼓励既有住宅改造

我国老年人口众多，老年住宅需求规模巨大，仅靠新建老年住宅远远无法满足需求，必须立足于对既有住宅的改造以适应老年人的居住需求。既有住宅改造应充分依靠社会力量，政府出台财政和税收优惠政策给予引导和一定的支持，并对住宅改造提供必要的技术帮助。

（六）大力发展老年护理、医疗及相关配套产业

随着老年住宅的大量建设，与之相配套的老年专用设施、老年护理和医疗等需求潜力巨大。应加大对老年设施的研发力度，开发适合老年人的起居设施、盥洗设备、防滑地板、康乐设施等。与此同时，大力发展与老年住宅配套的老年护理和医疗服务，使提高养老水平与发展"银发经济"之间相互促进和融合。

（七）鼓励反向抵押的发展，释放以房养老需求

反向抵押具有巨大的潜力，也是对我国养老制度的有益补充，应采取相应措施来促进以房养老的平稳健康发展。

（1）鼓励金融机构开展反向抵押业务。对反向抵押采取适当倾斜政策，金融机构用于反向抵押的信贷额度可适当放宽，不纳入房地产信贷范围管理。

（2）对反向抵押实行较优惠的利率。国（境）外为鼓励反向抵押的发展，对反向抵押实行优惠利率的做法较为通行。例如，美国规定反向抵押利率的确定要依据联邦储备金委员会公布的票据到期1年期利率，可适当上浮，并规定在整个贷款期内利率封顶；香港按揭证券公司推出的安老按揭计划规定，银行收取的反向贷款利率在最优惠年利率的基础上再减去2.5%。我国对反向抵押利率应规定不高于一般按揭贷款利率水平为宜，以降低养老的利息承担。

（3）对反向抵押各项费用进行限制。设定反向抵押手续费、服务费和保费等费用的上限，减轻借贷人的费用负担，避免出现反向抵押所获得的贷款中用于各项费用比例过高的现象。对反向抵押给予税收减免的优惠。

（4）切实保障借贷人的权益。反向抵押借贷人一般都是依靠养老金生活的老年人，属于社会弱势群体，他们的权益应通过法律和制度建设来给予保护。例如，由于并非所有人都能充分了解反向抵押的实质、具体产品的优劣和潜在风险，借贷人在签约后一定时间内（美国为3天）可以无条件解约；借贷人在反向抵押期间在原住房内的居住权应获得充分保护，不应限制借贷人子女或护理人员在抵押期内与借贷人共同居住的权力；对于固定期限的反向抵押，在抵押到期后，借贷人对反向抵押的住房有优先赎买权或承租权等。

（5）将反向抵押的机构和个人纳入社会信用体系建设的一部分，提高

反向抵押机构的公信力和执业水平，同时对反向抵押申请人给予公正、准确的信用评价。

（6）鼓励保险机构提供反向抵押保险服务，降低反向抵押的风险。例如，美国通过贷款者支付保险（MIP）来保证借贷人在需还清"反贷"时，还款额不会超过住房的价值。通过保险还可保证管理贷款账户的公司一旦出现差错，借贷人可以继续获得贷款预付。

（7）建立全国性的风险基金。风险基金用于对开展反向抵押业务的金融机构提供一定的风险再平衡和保障。风险基金的资金来源可包括反向抵押保险费收入的一定比例，以及金融机构按反向抵押规模缴纳的保险费用等。

总之，今后一段时期，伴随着人口老龄化的发展趋势，我国的老年人数量将持续增长，同时，消费观念的改变，特别是老人传统养老观的改变，老人的养老需求也在逐步发生变化，更趋于多元化和多样化。我国老年住房的发展，应立足于居家养老模式，在此基础上发展集中养老、混合养老、度假养老等多种养老模式，满足老年人口居住的多元化需求。通过标准规范、规划设计、财税金融优惠政策、社会力量参与等多种措施和多方力量，促进老年住宅市场的健康持续发展，有效化解人口老龄化所带来的日益突出的老年住房供需之间的矛盾。在发展老年住房的同时，提升老年人口的服务水平，从而在满足老年人口居住需求的同时，提升老年人的生活尊严和人生价值。

第二十章
高铁时代的城市发展与房地产市场趋势

随着武广、京沪等高铁的相继建成并投入使用，我国已进入一个全新的高铁时代。高铁的发展将改变时空结构和城市之间的区位关系，对城市经济和房地产市场发展产生深远的影响。借鉴先行国家的经验教训，对高铁时代下的城市发展与房地产市场趋势进行深入分析研究，抓住高铁带来的机遇，促进经济结构的转型升级和城市发展具有重大意义。

一、国内外高铁发展历程与展望

（一）国外高铁发展历程

从 1964 年日本建成世界上第一条高速铁路以来，高速铁路的发展已经经历了四十多个年头。在这期间，法国、德国、西班牙、韩国和我国台湾等地区都相继建立起了高速铁路网，对所在国家和地区的交通体系、城市结构和经济发展产生了深远的影响。

1. 日本新干线

日本的东海道新干线随着 1964 年东京奥运会的开幕于当年 10 月 1 日开始投入运营。东海道新干线开通，标志着高速铁路正式成为一种新型的交通运输方式。新干线在运营初期，最快运行速度为 200 公里 / 小时，将东京到大阪的旅行时间缩短到了 2 小时 30 分钟。作为东海道新干线延长的一部分，1975 年 3 月开通的山阳新干线从新大阪站一直到福冈的博多。

山阳新干线开通后，有 55% 的交通从其他火车线路转移而来，另外转移过来的还有 23% 的航空运力，16% 的汽车和巴士运力以及 6% 新产生的运输需求 [1]。新干线的年运输量约 70 亿人次，是我国 20 世纪初铁路年客运量的 7 倍（图 20-1）。

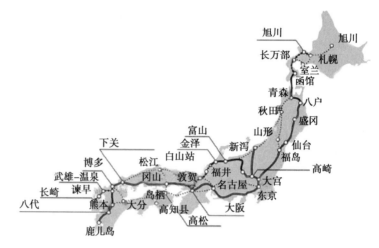

图 20-1　日本的新干线网络

2. 法国 TGV

第一条从巴黎到里昂的 TGV 高速铁路线在 1981 年投入运营（图 20-2）。最高允许时速为 270 公里，450 公里所需旅行时间缩短至 2 个小时。大多数乘客来自于原先的航空乘客，而一半增加的 TGV 交通量都是

图 20-2　法国 TGV 线路图

---

① Givoni，2006。

新增的旅行需求。另外，1990 年开通的大西洋 TGV 高速铁路线将巴黎到波尔多的旅行时间缩短至 3 个小时，其结果是 1989~1991 年间 TGV 大西洋线整体客流量剧增大约 50%，而飞机客流量则减少了 17%（Vickerman，1997）。

3. 德国 ICE

发展高速铁路系统的初衷主要是为了克服现有交通工具的特殊瓶颈难题（Vickerman，1997）。与法国和日本的系统相比，因为新建一个网络颇为困难，德国的 ICE 高速铁路系统就利用已有的交通网络来连接主要的城市（图 20-3）。ICE 于 1992 年投入运营，在运营的头 5 年里，承担了 28% 的长途旅行任务。德国铁路公司（DeutschuBahn）估计其中 12% 转自于公路和航空领域，与法国的 TGV 相比，转变率相当低。原因是相对于其他竞争对手来说，ICE 的票价更高。这被认为是阻碍乘客转向 ICE 的一个根本原因。

图 20-3　德国 ICE 高速铁路线路图

4. 西班牙 AVE

西班牙的高速铁路就交通增长量来说很成功[1]。在运营两年后，航空运输量萎缩了约 60%。从乘客转变率来看，32% 的高速铁路乘客来自于航空运输，25% 来自于道路交通运输，26% 是新增的乘客量。不过，原有

———————
[1] Vickerman，1997。

的铁路服务业则深受重创，14% 的乘客转而选择乘坐 AVE。因为在马德里到塞维利亚这条线上乘客选择交通模式的变化，高速铁路的引入对国内航空运输业产生了巨大的负面影响，后者的市场占有率从 25% 降到了 2.8%[①]。传统铁路运输业也受到了影响，市场占有率从 14.2% 降到了 2.8%。

5. 欧洲之星 Eurostar

欧洲之星是一条穿越英吉利海底隧道连接英国伦敦与法国巴黎、里尔以及比利时布鲁塞尔的高速铁路。欧洲之星的最高时速是 300 公里，在隧道的最高时速是 160 公里（图 20-4）。乘客从伦敦的滑铁卢火车站搭乘欧洲之星到达巴黎只需要 2 小时 35 分钟，到达布鲁塞尔只需要 2 小时 20 分钟。自从第一班正式营运的欧洲之星列车在 1994 年 11 月开始后，欧洲之星列车成为伦敦至巴黎铁路路线之间最受欢迎的列车，在 2004 年 11 月时，欧洲之星占据了伦敦至巴黎路线 68% 的市场占有率，伦敦至布鲁塞尔路线则占据了 63%。

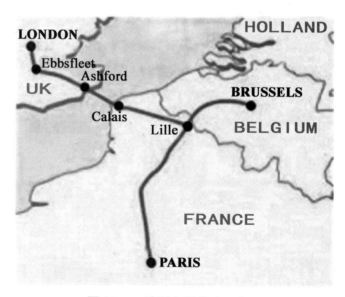

图 20-4　欧洲之星线路示意图

6. 韩国 KTX

KTX 的建造背景可以追溯到 20 世纪 80 年代，当时在首尔和釜山之间的交通走廊发生了严重的道路拥堵情况（图 20-5）。KTX 在 2004 年 4 月 1 日开始投入运营，将全国 70% 的地区都纳入了 3 小时交通圈内。KTX 对铁路交通的市场占有率产生了巨大的影响。实际情况也显示只有

[①] Coto-millanetal.，2007。

28%的航空乘客在KTX投入服务后依旧倾向于航空旅行的方式。远距离的巴士服务则在KTX投入运营后萎缩了20%~30%，而短途旅行（100公里内）则上升了20%。

图20-5　韩国高铁线路示意图

7. 中国台湾THSRC

我国台湾高速铁路项目是世界上最大的按照BOT模式兴建的高速铁路项目之一。高速铁路项目由一家私营企业——台湾高速铁路公司（简称THSRC）投资兴建并且按BOT模式运营直至2033年，BOT年限为35年。根据BOT模式，THSRC在项目经营期间自负盈亏。THSRC有权对高速铁路站点附近的土地进行商业开发运作，期限为50年。THSRC在2007年2月1日正式开始运营。一开始，每天有19趟往返列车，2007年3月31日后增加了6趟往返列车。从2008年7月开始每天增加到了140趟。

台湾高铁在西部交通走廊设置了台北等12个站点，其中的8个已经投入服务（图20-6）。从台北到高雄的直达快车只需90分钟，运行345公里。与公路和传统铁路相比，高铁具有明显的速度优势。例如，台北至高雄乘坐高铁的时间比公路和传统铁路最多分别节省3.3小时和3.5小时。与航空相比，虽然航班的飞行时间比高铁旅行时间短，但高铁在便捷、高频等方面更具优势。高铁的出现已经让许多航空公司都退出了台湾西部走廊市场，对航空公司造成了巨大的负面影响。四大航空公司在竞争线路上的乘客量急剧减少，高速铁路投入经营性运营后，其载客量减少了24%～31%。西部交通走廊上的巴士旅客减少，传统铁路也深受影响。

图 20-6　我国台湾高铁线路示意图

　　近期，美国、英国、泰国等国也相继宣布兴建高铁的计划。2011 年 2 月，美国副总统拜登宣布，美国政府将在未来 6 年内投资 530 亿美元发展高速铁路网，这一投资计划旨在实现美国总统奥巴马在国情咨文中提出的未来 25 年内使高速铁路覆盖全美 80％人口的目标[1]。2012 年 1 月，英国运输大臣贾丝廷·格里宁宣布，英国政府已经批准建设一条全国性的高速铁路网络。新高速铁路网络称为 HS2，项目预计总耗资 327 亿英镑，将会连接伦敦、伯明翰、利兹等城市，每小时载客量为 2.6 万人，时速高达 400

---

① 来源：新华网"美国宣布 530 亿美元高铁发展计划"，2011 年 02 月 09 日．

公里。新线路也将把英国东西海岸现有的干线连接起来，为高速铁路未覆盖的区域提供服务。预计自 2026 年起，英国铁路的载客人数和运行速度将获得大幅提升[①]。此外，泰国也计划建设由泰国廊开府经老挝与中国铁路网连接的高速铁路，加强泰北地区与中国的联系。

（二）我国高铁发展历程与展望

随着第六次铁路大提速，2007 年 4 月，时速为 250 公里的动车组首次在沪宁线、沪杭线等线路上投入运营，标志着我国的铁路运输开始进入高速时代（图 20-7）。2008 年 8 月，我国第一条时速最高达 350 公里的高速铁路客运专线——京津城际高铁开通。此后我国高铁建设步伐进一步加快，2009 年 12 月，武广高铁开通，全长约 1068.8 公里，联结广东、湖南、湖北三省，沿线设有广州、长沙、武汉等 15 个站点；2011 年，京沪高铁全线开通运营，设有北京、上海、南京、济南等 23 个站点，全长1318 公里，是目前为止世界上一次性建成并通车的里程最长的高铁。

截至 2010 年年底，我国铁路营业里程达到 9.1 万公里，居世界第二位。其中高速铁路运营里程达到 8358 公里，居世界第一，标志着我国已跨入高铁大国的行列。预计到 2015 年，我国铁路营业里程将达到 12 万公里以上，其中高速铁路达 1.6 万公里以上，形成 5 万公里以上的快速铁路网，连接所有省会城市和 50 万人口以上城市，覆盖全国 90% 以上人口[②]。

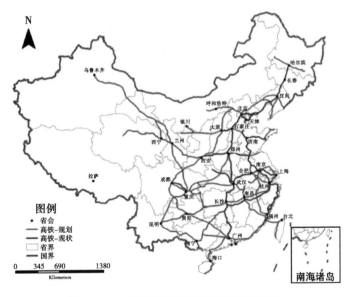

图 20-7　中国高速铁路现状和规划图

---

① 来源：人民网"英国高铁项目在争议中获批"，2012 年 01 月 20 日.

② 王姣娥，丁金学. 高速铁路对我国城市空间结构的影响研究. 国际城市规划，2011（6）.

（三）高铁影响城市发展的理论概要

1. 高铁对城市极化与扩散效应的影响

（1）增长极理论

根据佩鲁的增长极理论，交通运输作为一种推进型产业在城市集聚形成交通枢纽，可以看作增长极。交通枢纽通过自身的发展与创新，吸引和拉动周边地区经济要素向枢纽区域集聚，诱导其他经济单元的成长，从而使枢纽地区具有优先增长的优势，进而向周边地区辐射，带动周边地区共同发展。增长极理论下的车站布局应考虑以下几点：一是地区人流、物流条件和开发潜力差异，优先开发人流、物流需求急迫的地区，进行区位开发规划，以获得良好的资源空间配置效益。二是以城市为点，以点与点之间的线路和信息为轴，进行点轴规划，带动点轴周边地区发展。三是相邻点轴综合考虑，进行网络规划，促进城市群形成和区域一体化开发。

（2）梯度推进理论

梯度推进理论现在广泛应用于大范围区域经济开发中。该理论认为，有条件的高梯度地区优先发展，再逐渐向低梯度地区推移，随着推移速度的加快，梯度间差距逐渐缩小，最终实现区域协调发展。梯度推进理论为优化车站枢纽空间结构提供了思路。根据资源禀赋、经济发展水平、人流和物流需求等条件，把节点城市分为三个梯度：第一梯度辐射大区域，起到领头雁作用，如上海与长三角；第二梯度辐射各自区域，与相邻城市分工合作，如中原城市群各成员城市；第三梯度的枢纽城市为小型节点，根据自身条件，发展特色产业。高铁线路主要连接一至两个梯度的中心城市，形成高效运输网络。

（3）点轴系统理论

陆大道结合克里斯特勒的中心地理学说提出"点——轴系统理论"，该理论秉承区域非均衡发展思想。根据该理论，在国家和区域发展过程中，科学规划交通枢纽，大部分资源会在"点"（枢纽城市）上集聚，各点又通过"轴"（铁路、通信线路等）联系在一起。点轴形成初期吸引力和凝聚力明显，极化效应显著，之后扩散效应逐渐增强。通过技术、人员、信息、产品、金融等要素的集聚与扩散，实现由先行发展到共同发展的平衡。车站和线路的规划实际上是点轴两种区位要素在空间上的合理布局，有机结合，以实现国家区域发展目标。

2. 高铁影响的三个层面

高铁影响可以从地理规模上界定为三个层面，即城际或区域层面、城市层面和站域层面。在城际或者区域层面，高铁最大的影响在于改变了各个城市在一个特定区域内的交通连接度和可达性。高铁是一个大运量的运输系统，一条线路动辄可以每天运输 5~15 万人次，等于一个多跑道大型机场的吞吐能力。一个城市连接高铁后，其整体对外客运系统的运能大大提高。如果某个城市成为了高铁网络上的一个多线分叉点，该城市的可达性即大大提高，进而提升了该城市在其所处区域的相对地位和发展潜力。

在城市层面，高铁影响体现是否选择设站、建设时机、车站位置的选择、车站与城市交通系统的配合、线路实体的处理等方面。选择设站与否，首先是与城市规模有关。有研究指出，40 万人口以上的城市应可以支持高铁的发展，而我国铁道部提出的中长期铁路发展规划也以连接所有 50 万人口以上城市为目标。然而，实际情况更复杂。高铁经过的一个 20 万人口城镇，不等于不可以设站；而一个几百万甚至上千万人口的城市设几个站也并没有最优标准。

站域层面是指车站及附近地区。车站空间的使用与设计问题以及站内空间与站外空间的融合或分割，车站与市内交通的衔接方式，都将影响到站域层面的发展机会、内容与潜力。车站设在市区，意味着城市多了一个内生增长点，可能导致城市的进一步聚集。车站设在市区边缘或郊区，意味着城市多了一个增长极，或产生向外扩张的拉力。

此外，上述每个层面在高铁介入时的发展水平也是决定其影响大小的一个重要背景因素。高铁对城市和区域的影响一方面与城市化程度相关，另一方面与其他城市对外客运方式的特征与成熟程度有关。

3. 高铁影响城市与区域发展的承载体

高铁对城市与区域发展之影响主要由三部分承载。

（1）高铁本身，包括站场、线路及辅助设施。具体包括两部分：一是线路及辅助设施建设带来的影响，二是客站的影响。如果不是建在地下，线路可以长久地影响城市的景观；如果再不是高架设置，甚至会造成永久的空间分割。高铁要求转弯半径大、坡度小。因此，对于市域内地平面高差大的城市或者需要保持铁路桥底净空足以通行船舶的城市，高架设置成为重要选择，而高铁站也往往需要架高。这会造成建设成本的增加。对于小城市而言，如果高铁只过境、不设站，则高铁的物理载体不仅没有给该城市带来任何直接的好处，更占用了土地和分割了空间。高铁设站的城市在这个相对可达性改变的过程中明显受益更大。而那些无站城市的相对可达性则下降了。因此，车站是高铁带来直接正面影响的唯一物理载体。

（2）乘客。他们比第一个载体更重要，因为高铁效益和市场都是通过这个载体实现的。高铁的基本效益来自旅行时间的节约，增加了乘客在目的地从事更具效用活动的时间。从城市和区域的角度，这些活动体现了这个乘客群体与到达地城市的资源结合，产出额外的社会经济效益。本质上，这就是高铁连接这些城市带来的社会经济效益。

（3）高铁带来的经济回报或者损失。高铁可以赚钱也可能赔本。对于高铁系统的运营者而言，运营收益是最重要的事情。但对于所涉及的城市与区域而言并不是如此，因为每个城市和区域在高铁上的投入以及从高铁运营中是否可以得到收益的情况会因为其参与高铁经营建设的方式和程度的不同而各异。假设在市中心设有一个高铁站的城市，其高铁投资包括为高铁线路和站场提供的土地以及该车站本身，政府相关管理部门或公司并不参与高铁的运营，但拥有车站本身和附近的物业经营权，那么，这个城市上述投入的直接经济回报则来自车站及附近物业的经营权，而间接收益就是由高铁乘客带来的社会经济效益。

4. 高铁建设与城市发展的互动方式

（1）市场驱动方式

理论上，理想的多层次交通运输网络发展是一个自上而下的市场发育过程。也就是说，高铁的规划是在其经济覆盖范围上构建，并从最具市场潜力的城市点对之间开始修建；随着时间的推移，形成盈利模式后逐步滚动式地从回报率高的线路逐渐延伸直至所有具正回报的线路完成，即理想网络形成。当进一步的城市化发展或者人口聚集程度提高，令新线路可以出现回报时，上述过程会自动调整，形成新的线路。这样一个高铁建设过程可以看做是市场驱动方式。

（2）政府主导方式

迄今为止，除了中国台湾、德国以外，大多数国家和地区的高铁兴建都不是从纯铁路市场回报角度出发。而是在政府干预下主动兴建地铁引导区域和城市发展。比如，日本新干线的初建就与东京世界博览会这个特殊发展契机有很大关系。

政府主导类型之一是"高铁——土地利用同步型"。这种方式是指国家在开始规划建设高铁的同时，地方上对高铁相关的土地和城市内部交通进行同步投入。这种同步模式尤其适合具有充分发展的站域和城市，因为两者是一种协调互补的关系。

政府主导类型之二是高铁先行型。这个模式将高铁站置于尚待进一步发展的新区，期望以高铁站带动新区的建设。例如我国已投入运营的高铁站点中较典型的有天津南站、南京南站、广州南站等。将高铁站设在新区的主要原因包括：

推动新区发展，同时从卖地中得到收益；

避免在成熟的城区中建设高铁站场所面临的成本高、拆迁困难等问题；

避免体量庞大的铁路站场出现在市区，影响市区的整体风貌以及与周边环境的协调性；

从技术角度出发，如地质条件、线形要求等，确定的选址。

（四）高铁特点与优势

与航空、公路运输相比，高铁具有以下特点和优势：

（1）运输效率高。高铁具有快速、发车密度高、运量大等特点，其运输效率高于航空和公路运输。例如，在日本运量最大的东海道新干线，1小时内单方向运行列车达到11列，发车间隔时间不到6分钟。由于实行客货分离和客运专线的方式，高铁也比传统铁路运输效率显著提高。高铁在500~800公里距离、2小时左右的运行时间范围内运输效率表现最为明显，在这一时空范围内是最具竞争力的交通方式。

（2）服务质量高。高铁具有准时、舒适、便捷、安全等特点。与其他交通方式相比，高铁运行较为平稳，内部空间和座位设置都较为宽敞，受气象等外在因素的影响较小，能给乘客带来更好的乘坐体验。

（3）低碳生态。与航空、公路运输相比，高铁的能耗人均最低。高铁采用电力驱动，基本上消除了粉尘、煤烟和其他废气污染，噪声也比高速公路低。与高速公路相比，高铁更节省土地，有利于土地的高效集约利用。据估计，欧洲之星自开通运营以来已节省了393000万吨因短途飞行（即伦敦至巴黎及伦敦至布鲁塞尔）所产生的 CO_2，产生了巨大的生态效益 [1]。

二、高铁对时空结构和城市区位的影响

（一）高铁产生时空收敛作用

高铁可以缩短城市的时空距离，产生空间收敛作用。以京沪高铁为

---

① 资料来源：百度百科 . http：//baike. baidu. com/view/808531. htm.

例，高铁时速设置为 300 公里 / 小时，通过等时圈、可达面积、城市之间联结紧密性的变化，可以衡量高铁的时空收敛效果。

1. 城市等时圈变化

等时圈反映中心城市与临近区域空间联系的紧密程度。分析结果表明，京沪高铁未通时，等时圈连续且紧凑，基本呈同心圆状，6 小时以上的可达范围广大。开通后，等时圈沿高铁向外推移，开通高铁的城市可达时间远低于周边地区。从通高铁的 5 个城市可达时间变率来看，城市出行时间节省差异明显，可达时间变率较大，高铁站点沿线变化率最高，成为时间收敛的最大受益者。未开通城市可达时间变率较小，在时空结构变化过程中明显处于劣势。

2. 城市可达面积变化

京沪高铁影响了城市的可达面积（图 20-8）。通车前后，高铁沿线城市 1～4 小时内的可达面积显著地增加，6 小时以上的可达面积缩小，其中济南 3 小时内可达面积平均变化率最高，达到 730.41%，北京平均变化率最小为 44.55%（表 20-1）。与之相对照，青岛由于未通高铁，1～4 小时内的可达面积没有任何变化。这表明，京沪高铁对沿线城市产生了显著的时空收敛效果，而未通高铁的城市时空收敛效果不明显，各城市时空收敛获益分配不均衡，导致各城市之间相对时空结构发生变化（图 20-9）。

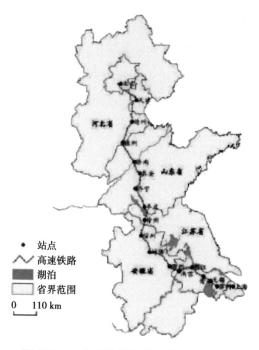

图 20-8 京沪高铁站点与线路分布图

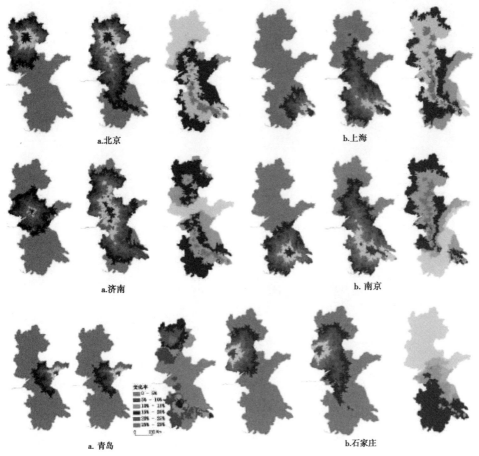

图 20-9　高铁通车前后城市等时圈对比分析图 [1]

京沪高铁通车前后城市可达面积变化 [2]　　　　表 20-1

城市	天津			济南			南京		
时间 （h）	有高铁	无高铁	变化率 （%）	有高铁	无高铁	变化率 （%）	有高铁	无高铁	变化率 （%）
0~1	13111	6844	91.57	2856	16942	493.27	15877	8654	83.47
1~2	64315	30850	108.48	5427	81847	1408.08	69321	29677	133.59
2~3	101857	49266	106.75	35387	137966	289.88	104183	57658	80.69
3~4	131565	61418	114.21	64384	148068	129.98	119989	78596	52.66
4~5	132457	69108	91.67	87692	116235	32.55	99306	65799	50.92
5~6	87288	60155	45.10	80727	69896	-13.42	78152	38530	102.84
>6	85615	338512	-74.71	339672	45248	-86.68	130923	337234	-61.18

[1]　注：各城市等时圈变化图左侧小图为通车前等时圈，中间为通车后等时圈，右侧为可达时间变率。来源：蒋海兵等．京沪高铁对区域中心城市陆路可达性影响．地理学报，第65卷第10期，2010年10月．

[2]　蒋海兵等．京沪高铁对区域中心城市陆路可达性影响．地理学报，2010（10）第65卷第10期．

城市	上海			北京			青岛		
时间 （h）	有高铁	无高铁	变化率 （%）	有高铁	无高铁	变化率 （%）	有高铁	无高铁	变化率 （%）
0~1	11645	6254	86.19	11367	13350	17.44	3310.5436	3310.5436	0
1~2	28077	11140	152.04	36978	52970	43.25	14459.4593	14459.4593	0
2~3	65315	18225	258.38	55677	96291	72.95	27489.4179	27489.4179	0
3~4	98759	23648	317.62	60514	118581	95.95	30499.5853	30499.8550	0
4~5	112177	35719	214.05	51007	121051	137.32	45205.7342	47173.9600	4.17
5~6	103585	51706	100.34	41086	97892	138.26	58756.8006	76386.8161	23.08
>6	196589	469459	-58.12	359523	116071	-67.72	436428.8720	416829.7222	-4.7

3. 城市之间联结紧密性变化

高铁开通使城市之间的联结更加紧密（表20-2）。京沪高铁开通前，1小时内连接地级城市最多的是南京，为5个，其次是济南与合肥，均为3个。通车后，南京1小时内可达9个城市，济南8个，上海、天津6个，北京4个，未通高铁的青岛、石家庄市联结城市数不变。2小时内，未通车前连接城市最多的是南京，为11个，其次是济南，为10个。通车后，南京达19个，济南17个，上海13个，天津12个，北京为10个，合肥为10个，其他城市不变。3小时内，未通高铁时，南京为20个，济南17个，合肥15个，上海、北京为8个。通车后，南京与济南同为33个，北京为18个，石家庄为9个，合肥为22个。高铁沿线城市3小时内可达城市数量变化突出，而未开通高铁的城市则变化相对较小。在固定时间到达周边主要城市的数量增加将加强城市间的联系，不仅强化城市群内部间的联系，也加强城市群之间交流，引导城市体系重构。

高铁通车前后1~3小时可达城市数变化 [①]　　　　表20-2

时间 城市	1h		2h		3h	
	无高铁	有高铁	无高铁	有高铁	无高铁	有高铁
天津	2	6	6	12	9	23
济南	3	8	10	17	17	33
南京	5	9	11	19	20	33
上海	2	6	6	13	8	24

---

① 蒋海兵等．京沪高铁对区域中心城市陆路可达性影响．地理学报，2010（10）第65卷第10期．

时间\城市	1h		2h		3h	
	无高铁	有高铁	无高铁	有高铁	无高铁	有高铁
北京	2	4	6	10	8	18
青岛	1	1	2	2	6	6
石家庄	1	1	5	5	7	9
合肥	3	3	9	10	15	22

国外高铁的兴建同样对所在区域的时空结构产生显著的影响。例如，Spiekermann 和 Wegener 用"时空地图"的方法分析对比了欧洲西部地区在1990 年代初期利用火车出行的时间与 2010 年欧洲高速铁路网络建成后的利用高铁出行时间，从中可以看出，在高速铁路的联系下，欧洲大陆变得更加紧密（图 20-10）。可见，随着高速铁路网的建设和完善，城市之间的旅行时间越来越短，这将导致城市交流越来越密切，竞争也会越来越激烈[1]。

(a)高铁开通前　　　　　　　　　(b)高铁开通后

图 20-10　西欧地区铁路网络驱动下的时空地图[2]

（二）高铁重塑城市区域空间结构

高铁对重塑区域和城市空间结构产生重要影响。一方面，高铁缩短了城市间的时空距离，为商品交换和旅客流动节约了时间，促进城市间的经济和社会联系，有助于区域经济一体化发展。另一方面，由于高速铁路网络建设的非均衡性，各城市在网络优化中的获益并不均衡，从而导致其

---

① 王姣娥，丁金学．高速铁路对我国城市空间结构的影响研究．国际城市规划，2011（6）.
② 注：（a）和（b）分别表示在 1991 年和 2010 年，欧洲高速铁路网络建成前后，西欧地区城市间交通联系的实际出行时间距离的对比。图片来源：Spiekermann，Wegener（1994）.

"相对区位"条件发生变化。例如，在京沪高铁建设前，一部分城市由于距离中心城市较远，如安徽滁州，山东枣庄等，对外开放程度较低，对区域一体化的进程贡献较少。京沪高铁建设后，这些沿线城市取得了与中心城市的便捷联系，如滁州与南京，枣庄与徐州等，与中心城市构成了从属关系，在区域空间结构中提高了等级。

但是，高铁的出现令未通高铁城市的地位相对下降，使次级节点城市和小城市的发展受到了抑制，使其边缘性更加突出。例如，京沪高铁开通后，青岛的等时圈变化较小，4小时内的可达面积基本没有变化，与高铁沿线城市相比，其经济辐射能力相对下降。又如安徽的马鞍山与滁州两市，马鞍山市在高铁建设前相比高铁沿线城市滁州具有差不多的区位，马鞍山甚至还有优势，其可以在与中心城市南京的合作中多分一杯羹，然而京沪高铁建成后，马鞍山市的交通条件不如高铁沿线城市滁州，中心城市无暇顾及这些未通高铁的城市，从而极大地影响了它们的发展，使之在区域空间结构中的等级降低。

高铁出现后，沿线的一些小城市在区域空间结构中受行政隶属关系的影响减弱，转而更加依据交通区位决定其在区域空间结构中的关系。如一些处于边缘的小城市，在京沪高铁建成后，由于其交通区位改变带来的发展机遇，其将会选择距离其更近的大城市进行经济间的交流，而不会选择其原本行政隶属的上一级别的城市，从而影响了这类城市的辐射范围，改变了区域间的空间界限。

（三）高铁服务范围与区域格局的高度重合性

无论以高铁的空间服务范围还是时间可达范围来衡量，高铁布局都与我国社会经济、地理空间格局基本重合。从空间服务距离来看，我国现有高铁站点50公里内服务的国土面积、人口和GDP总量分别占全国的12.4%、48.6%和63.5%（表20-3），而按规划的高铁站点计算，则相应比例达39.3%、80.5%和88.0%。如果将高铁站点的空间服务距离进一步扩大到100公里，即我国高速铁路网络基本建成后，全国53.7%的国土面积、93.5%的人口和96.2%的GDP可以享受到高铁服务。从高铁可达的时间范围来看（表20-4），我国已有高铁站点1小时范围内可服务全国国土面积的5.5%、人口的53.9%和经济总量的69.6%。高铁网络基本建成以后，其1小时范围内服务的国土面积、人口和经济总量的比重可分别占到全国的13.6%、84.5%和90.6%。由此可见，我国高铁服务范围的空间格局与我国当前人口、经济的空间分布以及地形特征基本吻合，有利于更好地服务于我国社会经济发展[①]。

我国高铁不同空间可达范围覆盖的社会经济属性 （单位：%） 表 20-3

	国土面积		人口		GDP	
	50km	100km	50km	100km	50km	100km
现状	12.4	19.1	48.6	64.2	63.5	76.6
规划	39.3	53.7	80.5	93.5	88.0	96.2

我国高铁不同时间可达范围覆盖的社会经济属性 （单位：%） 表 20-4

可达时间	国土面积		人口		GDP	
	现状	规划	现状	规划	现状	规划
0.5h	2.8	8.3	37.6	67.2	54.9	79.0
1h	5.5	13.6	53.9	84.5	69.6	90.6
1.5h	5.3	10.5	64.1	92.2	76.6	95.5
2h	4.6	7.3	70.2	94.7	81.2	96.7

三、高铁对城市经济发展的影响

（一）区域经济发展模式向点轴开发模式转变

高铁会使中心城市的区域中心地位更加突出，竞争力更强，产业和经济发展不断向这些城市集聚，这些中心城市的向心力和辐射力得到了加强，在高铁干线上形成了增长极，经济中心开始在这些少数的中心城市集中，成斑点状分布。随着经济的发展，经济中心逐渐增加，中心城市与高铁沿线城市间的经济联系日益紧密，高铁线就构成了区域的发展轴线，这些轴线形成后，便对周边的人口、产业具有很大的吸引力，吸引人口、产业向轴线两侧集聚，形成点轴贯通的经济发展形式，即经济发展呈现点轴开发模式。

（二）"同城效应"显现

未来我国一些都市连绵区或城市带将出现城际高铁密集建设区。从高铁可达性服务范围分析可以发现，京津冀、长三角、珠三角和成渝等地区

---

① 王姣娥，丁金学．高速铁路对我国城市空间结构的影响研究．国际城市规划，2011（6）．

通过城际铁路的建设，高铁站点地面交通半小时可达范围已经开始衔接，而 1 小时可达范围已经绵延成片。城际高铁对大都市地区的影响主要通过两方面来实现。一是提高旅客列车速度。如北京—天津城际高铁开通前，北京—天津按动车组最短旅行时间为 1.2 小时，高铁开通之后，北京至天津的旅行时间缩短至 30 分钟（2011 年 8 月调整至 33 分钟）。二是提高旅客列车发车频率。京津城际铁路开通后，北京和天津之间每天运行往返 83 对高铁列车。速度的提高和发车频率的提高导致工作在北京、居住在天津成为一种新的城市生活模式，"同城效应"进一步显现（图 20-11）。同样，珠三角和长三角（图 20-12）地区随着城际高铁的开通，缩短了城市群内部之间的时间成本，必然使各种生产要素加快在这些地区的集中、交流，最终围绕以大都市为核心、若干个大中小城市组成的大都市区逐渐形成一个完整的经济体[①]。

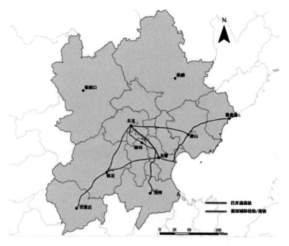

图 20-11　京津冀地区城际高铁布局

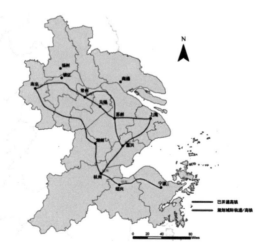

图 20-12　长三角地区城际高铁布局

① 王姣娥，丁金学.高速铁路对我国城市空间结构的影响研究.国际城市规划，2011（6）.

（三）加速生产要素向中心城市集聚

由于高铁运行速度快，沿线设置站点不会太多，因此一些小城市不能设置站点，而必须通过其附属的中心城市增强其对外的可达性。与此同时，一些中心城市往往成为高铁的集聚点，如北京、上海、广州、武汉和成都等。这些中心城市本身区位条件优越，社会经济较为发达，而多条高铁的会聚，进一步强化了这些中心城市的区位条件，并加大与其他中小城镇可达性的差距，产生"核心—边缘"效应。从区域上看，长三角、珠三角和京津冀等大都市地区是未来高铁建设的集中区域，高铁的开通使京沪广等大城市的腹地大大延展，势必会进一步促进生产要素和生活要素的集聚以及人口的集中（图20-13）。因此，随着高铁的建设，未来我国中心城市的可达性将进一步提高，高铁产生的时空收敛作用将会加剧人口和经济要素向中心城市集聚[①]。

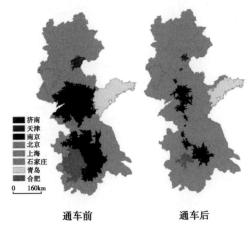

图例：
- 济南
- 天津
- 南京
- 北京
- 上海
- 石家庄
- 青岛
- 合肥

0　160km

通车前　　　　　　通车后

图 20-13　高铁通车前后城市腹地变化

（四）城市竞争转向城市群竞争

高铁使城市间的联结更加紧密，促进城市集群的形成，使城市之间的竞争逐步转向城市群之间的竞争。例如，随着京沪高铁的开通，徐州至上海的时间距离从6小时缩短为2.5小时；合肥、蚌埠至上海的时间距离从4.5小时缩短到2小时，而2小时和2.5小时分别是在高铁时代到来之前杭州和南京至上海的车程。因此，高铁将使上海的辐射范围进一步扩大，并囊括更多的中小城市，随着经济联系的加强，有可能形成一个更大型

---

① 王姣娥，丁金学.高速铁路对我国城市空间结构的影响研究.国际城市规划，2011（6）.

的城市群。随着城市群的不断扩大以及城市群内部经济联系的增强，我国城市的发展将由过去单个城市之间的竞争转向以城市群为主体的群体竞争，形成一种多元化的区域空间格局。其中，城市群之间的竞争首先以主要城市为核心，如长三角地区以上海为核心，珠三角地区以广州和深圳为核心，京津冀地区以北京为核心，融合周边中小城市形成完整的大都市地区[①]。

（五）产业转移和产业结构调整

高铁促进沿线城市的产业分工重新定位，并导致产业转移的涌现。高铁极大地促进资源优势与外部资本、产业的有机融合，吸引更多外资投向这些区域，有利于城市产业结构的转型和升级。例如，里尔是一个传统的工业城市，高铁对其开通后，由于高铁车站周边的商务办公大量增加，从而整体上影响了整个城市的产业结构，使里尔发展成为一个以商务办公为主的城市。京沪高铁未建设前，安徽及山东部分沿线城市由于受交通条件及基础设施不完善的制约，招商引资难度大，资源优势难以较好地转化为经济优势。京沪高铁正式开通后，这些沿线城市将获得高速交通优势，带来了产业结构调整的契机，将使城市资源重估，重新受到国内外投资商的青睐，有利于发展商务办公、高端制造业，以及利用当地的旅游资源发展旅游业。

高铁引致的产业转换和产业结构调整现象已在武广高铁沿线初步显现。据统计，武广高铁通车后，湖南省已承接1600余项产业转移项目，其中138个项目投资1000万美元以上。据预测，武广高铁将带动1000亿产业转移；每年拉动沿线城市GDP增长3～5个百分点。

四、高铁对城市房地产市场的影响

高铁带来城市之间时空和区位关系的相对变化，城际旅行更为便捷，人、物、信息流动加速，是相关城市的新区建设、住宅市场、商业办公房地产、旅游地产、养老住宅发展所必须考虑的重要影响因素。

（一）新区建设

由于高铁在速度、运量等方面的优势，高铁站场的设立往往能给所在

① 王姣娥，丁金学．高速铁路对我国城市空间结构的影响研究．国际城市规划，2011（6）．

地区带来巨大的人流，以及伴随而来的消费与投资能力。因此，一些城市政府将高铁站场设置在城市新区或重点开发区域，以期借助高铁来实现新区的更快发展。

事实上，国内外经验表明，高铁站场的确促进了一些城市的新区发展。例如，日本新干线横滨站建设前后，站场周边地区的城市肌理发生了显著的改变（图 20-14，图 20-15）。

图 20-14　新横滨站建设前的城市空间　　　　图 20-15　新横滨站建设后的城市空间

再如，从 20 世纪 60 年代开始，围绕东京城市外围新建了数个高铁车站，这些高铁站逐渐发展成为一个个城市中心，起到了疏解老城中心区、容纳城市新增人口的作用，东京也逐渐由单中心向多中心城市结构转变。

法国里尔也是一个高铁促进新区建设的典型例子。随着 1993 年高铁的建成，法国东北部城市里尔（Lille）成为法、英、比、荷高铁交汇的地点，里尔围绕高铁车站建设欧洲里尔工程，一期已建成包括会展中心、欧洲办公大厦、银行大楼、大型商业中心等超过 15 万平方米的新型城市中心。

当然，高铁场站对新区建设的推动作用大小，还取决于场站区域的社会经济与自然条件，场站与市区之间的距离，场站区域与市区之间的交通接驳安排等因素。如果距离市区太远，或者交通接驳不便，站场区域与市区将被割裂开来，站场区域将无法形成所在城市的增长极，而更像是孤立发展的一个小城镇。一些经验表明，并非所有高铁场站都能对所在区域发展起到显著的促进作用。例如，台湾地区的一些城市高铁站点设置在离市中心较远的地点，转乘时间较长，交通接驳不方便，结果影响了旅客搭乘高铁的意愿，导致这些高铁站点的人气不旺，减弱了高铁对所在地区发展的促进作用（图 20-16）。如新竹的高铁站点坐落在边远地区，通过巴士接驳到市中心需 30 ~ 40 分钟，而台北至新竹的高铁运行时间仅为 40 分钟，与接驳时间相当，导致高铁的效率难以彰显。我国其他一些高铁站点也存在类似问题，如天津南站由于选址距离市区太远，使得站场区域的发展与天津市区至今仍然难以融为一体。

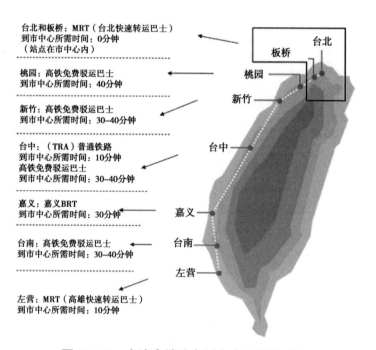

图 20-16　台湾高铁站点到市中心所需时间

（二）住宅市场

高铁提升了设站城市的区位优势，尤其是对除北京、上海之外的二、三线城市，这种提升作用将更为明显，高铁站场的设立使其成为所在地区的区域中心城市或门户城市。高铁对城市区位的提升，在土地上的反映是土地价值的提升，住宅的价值相应也将得到提升。

高铁所带来的巨大客流，将引发对住宅的外来需求。这种作用对邻近大城市、与大城市的通勤时间在 1 小时以内的城市更为显著。与大城市相比，这些中小城市土地资源相对丰富，房价较为便宜，居住环境相对更为宜居，高铁使这些中小城市成为大城市的"后花园"，从而吸引一部分大城市居民来置业安家。

此外，高铁所导致的沿线城市产业分工调整，以及吸引而来的投资，与之相对应的人才也将接踵而至，这些人才在此安家，成为所在城市新的住宅需求源。需要注意的是，由于高铁引发的住宅升值潜力，也会吸引一些住房投资需求，刺激所在城市的房价上涨。例如，法国的旺多姆（Vendome）在 TGV 建成前仅为一小城镇，高铁通车 3 年后，镇内房屋价格提高 35%，房地产交易率增加 22%。因此，城市政府在注重增加住房供应以满足新增的居住需求之外，也应警惕投资投机性住房需求对当地房地产市场可能带来的冲击，避免出现市场大起大落的局面。

（三）商业办公房地产

高铁使商务出行变得更为便捷，城市之间的商务联系更加紧密。高铁最主要的潜在增长区域是两小时左右的行程到达的范围。在这个距离范围内，高速铁路与汽车和飞机相比具有更大的优势，因为与飞机相比高速铁路的乘车手续更为方便，受天气影响也较小，可以保证乘客的出行时间和出行计划不受影响。与汽车出行相比，高速铁路更加安全舒适，免去了自驾车的疲劳。高速铁路所拥有的这些优势，恰好是商务出行所需要的，单程约两小时的交通距离刚好可以满足需要当天往返的商务和旅行活动，促使大城市周边形成了"两小时都市圈经济"。

高铁所带来的都市圈经济将刺激商务办公房地产市场的发展。为降低办公成本，一些企业将非核心部门配置到高铁沿线的中小城市去，从而增加迁入城市的办公用房的需求。例如，在法国 TGV 开通前，里昂曾经担心巴黎的服务部门会因为高铁的开通而取代当地的公司，从而削弱里昂的商务功能，但事实上，到巴黎的高铁建成后，里昂的商务功能得到了大大的提升，里昂及周边地区的公司，尤其是中型公司，开始进入巴黎的市场。有数据表明从 1983~1990 年，里昂车站周边地区的办公面积从 17.5 万平方米增长到 25.1 万平方米，年均增长 5.2%（Sands，1993）。QuartierLu 地区的更新改造中，由于其提供的现代化的设施和环境，以及与市中心和高铁站都非常接近，在南特市中具有不可比拟的卓越区位条件。该地区的写字楼租金比城市其他相同功能地区的租金要高出 20%。

对于商业，高铁客运所带来的密集人流和高消费人群，会为商业饮食业提供巨大的市场，吸引了众多的商业公司在高铁客运站周边进行投资。例如，日本有许多高铁站点，通过将商业、休闲等各种相关功能有机组合到一起，形成具有丰富内部空间的车站综合体，从而成为了区域居民购物、聚会和活动的中心（图 20-17）。以日本东海道新干线（Tokyo-Nagoya-Osaka）为例，研究表明有新干线车站城市比没有设站的城市在零售、工业等方面的增长率高出 16%~34%。

图 20-17　京都火车站

（四）旅游地产

对于具有旅游资源优势的城市而言，高速铁路对旅游产业的发展有明显的促进作用。对于旅游业，高速铁路高速的运营效率，极大地缩短了旅行时间，一方面可以提高旅游人群在旅游目的地的游玩时间，还为旅游者提供了到更多、更远的旅游地进行旅游的可能性；另一方面为市民周末旅游提供了优越的条件，从而极大的刺激了旅游业的发展和振兴。旅游业的发展将催化旅游地产的开发建设，以及高铁车站周边地区农家乐的发展。

Brotchie（1991）和 Hirota（1984）研究发现，日本三阳新干线开通后沿线城市的旅游业增长迅速，终点站之一的博多市的旅馆房间数量比新干线开通前翻了一番，同时沿线许多城市的游客数量大增，在 1975 年新干线开通后，冈山市的游客数量比开通前增加了 38.8%，福冈增加了

93.5%，广岛增加了 52.3%。

　　然而，高铁对一些城市的旅游业是一把双刃剑，一方面刺激游客人数的增长，另一方面则可能降低过夜游客的人数，对旅馆业可能反而带来负面的影响。例如，无论日本新干线还是法国 TGV 都趋向于证明高铁建设两方面的影响，一方面高速铁路建设提供了更多的旅游项目的选择从而引起了游客数量的增长，另一方面当日往返可能性的增加使得过夜游客比例大幅降低（Sands，1993）。

（五）养老住宅

　　高铁沿线的中小城市由于便捷的交通、宜居的环境以及与大城市之间较短的旅行时间，方便老年人能够及时回到大城市接受医疗等相关服务，以及老年人的家人前往探视和团聚，对京沪等特大城市的老年人极具吸引力。高铁的开通将导致京沪等特大城市一部分老年人选择到环境优美、物价相对低廉的沿线中小城市去养老，从而带动这些城市养老住宅的开发和养老服务行业的发展。

　　总之，我国高铁时代的来临将给城市与房地产业的发展带来机遇和挑战。高铁以其高速改变了沿线城市的相对时空结构，以其便捷舒适和高效改变了客流、物流和信息流的方向和流量，促进生产者与供销商及消费者面对面交流，释放更多生产与消费潜力，扩张沿线城市的产品、服务与劳动力市场，对城市经济发展和房地产市场走向将产生深远的影响。借助高铁的发展，城市政府抓住机遇找准城市定位，通过城市间的分工协作，促进产业结构调整和产业升级，发展商业办公、旅游、养老等方面的房地产市场，同时将高铁可能带来的负面影响因素提早准备应对之策，使高铁真正成为城市发展的"助推器"。

第二十一章

我国房地产调控政策中长期接轨的策略分析

我国房地产调控已经进入一个关键的时期，继前段时间商品房成交量明显回落，房价稳中有降的情况之后，少数热点城市又有"地王"浮现，住宅成交量上升和房价回涨的势头。这证明，现有调控政策大多基于以户籍限购为主的短期政策，调控一旦"被微调"，可能会出现房价反弹甚至暴涨的局面。因此，我国急需建立房地产调控的中长期机制，并要求与当前短期政策相衔接和平衡过渡。这也是实现我国城镇化进程中有序健康以及社会稳定的当务之急。本章探讨我国房地产调控如何实现短期与中长期政策接轨的问题。

一、新加坡和中国台湾地区单一调控目标失败的教训

长期以来，新加坡政府开发的保障房占全部房产开发量的 80% 左右。但近几年却对"高烧不退"的商品住宅"束手无策"。为遏制房价的快速上涨，2010 年 2 月新加坡政府引入了卖方印花税，如果出售的住宅持有不超过 1 年，卖方须缴纳印花税，此后，新加坡政府又于 2010 年 8 月和 2011 年 1 月将卖方印花税的征收范围扩大到出售住宅的持有年限分别不超过 3 年和 4 年。根据最新的印花税率规定，出售住宅的持有年限在 1 年以内的，卖方须缴纳相当于房价 16% 的印花税，1 年以上 2 年以内税率为 12%，2 年以上 3 年以内为 8%，3 年以上 4 年以内为 4%，4 年以上免缴卖方印花

税[①]。尽管新加坡政府出台了很高的交易环节的印花税来扼制炒房投机，但市场表现证明政策效果不彰。这也从另一侧面证明了大规模、长时期的保障房建设虽然能满足部分低收入群众的住房刚需，缓解房价的上升，但长期来看还不能扼制投机性购房所致的房价失控（图21-1）。

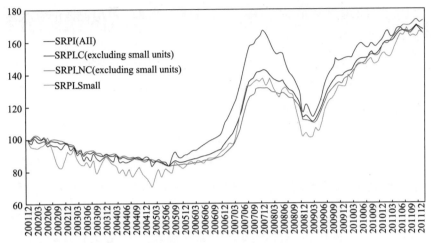

图 21-1　新加坡住房价格指数变化趋势 [②]

2010年四季度开始，我国台湾地区房价急剧上涨，为抑制房价上涨，精确打击炒房者，台湾地区出台了《特种货物及劳务税条例》，对包括非自用住宅在内的奢侈品征收奢侈税。按照规定，自2011年6月1日起，台湾地区非自用住宅一年内转手，将被征收15%奢侈税，一年以上两年以内转手，征10%奢侈税。

然而，经过近一年的观察，奢侈税的实际收效甚微。台湾地区房地产市场仅在奢侈税开征后的最初两个月出现成交量下滑，但房价并未随之下降。调查显示，在奢侈税实施近一年后，台北市及新北市有53%以上的人认为房价持续上涨，台中市和高雄市分别有41%和34%的人认为房价持续上涨。调查还显示，59%的民众认为奢侈税没有达到预期效果。

综合分析，导致我国台湾地区奢侈税失败的主要原因有：

（1）奢侈税政策未能与其他调控政策配合实施。尽管台湾地区实施了奢侈税，并期望借此抑制房价，但在奢侈税实施的同时，台湾地区受全球金融危机的影响而连续降息，据业内人士表示，台湾地区的房贷利率一般在2%以下，低利率政策降低了炒房者的资金成本，即使加上奢侈税，在

---

① 资料来源：新加坡税务局，www. iras. gov. sg.

② Department of Real Estate & Institute of Real Estate Studies，National University of Singapore.

房价上涨时炒房者仍有利可图，因此，台湾地区的宽松货币政策环境在很大程度上抵消了奢侈税的作用。

（2）经济增长所致的房地产需求。全球金融危机后台湾经济出现恢复性增长，再加上两岸关系改善降低了台湾地区经济发展的不确定性，以及海峡两岸经济合作框架协议（ECFA）的签订实施，台湾地区经济增长强劲，2010年GDP增幅高达10.8%。经济增长带来了对房地产的巨大需求，改变了房地产市场的供需关系。

（3）短期政策效果难以持久。奢侈税仅对两年内转手的房地产交易征收，炒房者可通过适当延长持有时间来规避，因此奢侈税开征仅在短期内对成交量有一定影响。奢侈税开征11个月累计征税34亿新台币，仅相当于预期的1/5，这从另一方面印证了奢侈税的效果有限。

（4）未设投机者进入门槛。由于未设门槛，奢侈税开征后，房地产市场仍然向炒房者敞开大门，区别仅仅在于短期内转手的交易成本上升，但在房价上涨的背景下，炒房者仍然可以获得。据统计，2011年上半年，台湾地区土地买卖转移"公告现值"总金额为1.37亿新台币，创下历年新高，其中台北市达7406亿，相当于2009年全年总额。这显示出台湾地区房地产的交投十分活跃，并未受到奢侈税的影响。

导致新加坡和我国台湾地区奢侈税政策失败的原因既有经济增长、需求增加等经济大环境的因素，也有综合性长期政策缺失、行政、金融等方面管控不力等因素。失效的教训说明，仅靠"后置式"住房交易环节税和大规模"社会房"建设并不能扼制游资投资房地产。因此，我国房地产调控应汲取导致它们调控房价失败的教训，做好短期政策与中长期政策的接轨工作。

在"前置式"住房消费税征税方面，意大利的做法值得借鉴。意大利在购房环节对买方一次性征收较高的税，包括增值税、登记税和房产管理税等，税赋根据买卖双方特点而有所不同，而买方所购买的如果是二套房，所需缴交的税收则可相差3倍以上。具体而言，对于第一套房：

（1）如果卖方为个人，则购房者可享受3%的优惠登记税税率，并只需分别缴纳168欧元的房产管理税和抵押税；

（2）如果卖方是建筑企业且所交易的住房建成时间不满4年，则购房者要缴纳4%的增值税，同时分别缴纳168欧元的登记税、房产管理税和抵押税；

（3）如果卖方是非建筑企业，或者卖方是建筑企业但被交易的住房建成时间已满4年，则购房者可享受3%的优惠登记税税率，分别缴纳168

欧元的房产管理税和抵押税,并免交增值税。

对于第二套房及以上:

(1)如果卖方为个人,则购房者要缴纳总计购房款 10% 的登记税、房产管理税和抵押税,其中登记税为 7%,综合税率是第一套房的 3.3 倍;

(2)如果卖方是非建筑企业,则购房者要缴纳总计 10% 的登记税、房产管理税和抵押税,但免交增值税;

(3)如果卖方是建筑企业且所交易的住房建成时间已满 4 年,则购房者要缴纳 10% 的增值税,同时分别缴纳 168 欧元的登记税、房产管理税和抵押税。

此外,如果交易的是豪华房产,则不区分是否二套房均需缴纳高达 20% 的增值税,是购买第一套普通住房所需缴交税率的近 7 倍。此外,如果一个人名下购入数套房产,税务当局可能会对其收入来源及纳税情况开展调查。意大利的做法实际上相当于在交易环节征收"前置税",即在购买二套房时征收高额的交易税。这种征税方式对那些购买多套住房囤积待涨的炒房将会产生直接的遏制作用。

二、以户籍直接控购的优势缺点分析与补救措施

我国现行的户籍制度建立于 20 世纪 50 年代后期,这一制度的建立有着深远的历史渊源,在其长期推行和实施过程中,已经嵌入我国社会系统之中,并有着广泛的社会影响,其中也包括对新的社会需求的制约。随着城镇化的推进,大中小城市发展不平衡的矛盾日益突出。一方面,大城市因其集聚效应对流动人口产生了巨大的拉力,城市人口急剧膨胀,城市规模不断向外扩张,房价飞涨、交通拥堵、生态环境恶化等弊病日益显现,不少大城市开始变得"规模不经济";另一方面,中小城市因区位优势不明显、公共服务水平相对较低而对流动人口吸引力不足,城市发展速度相对滞后,一些小城市和镇的人口占城市人口的比重近年来不升反降,2010 年已下降到 20.7%,回到了 20 年前的水平,这表明城市人口进一步向大中城市集中[①]。在城镇化过程中,大城市的住房供给的有限性与对住房的旺盛需求之间的矛盾更为突出,一部分人可以毫无节制地购买多套住房,而相当一部分人却被剥夺了分享城市空间资源的权利,造成城市空间资源和

① 来源:加快社会主义新农村建设和积极稳妥推进城镇化.住房和城乡建设部调研课题. 2012 年 4 月.

社会财富分配的极度不公，市场机制对此无法纠正，必须依靠外在的力量来减少这种不公平性，促使空间资源达到最低限度的公平分配。因此，在大城市实行以户籍为依据的住房市场直接调控实际上起到了设置需求门槛扼制房地产投机的作用。根据户籍所在地、居住生活时间等可将一个城市的人口划分为三大类。第一类是户籍人口。这一类人口的划分标志为是否具有当地的户籍。第二类是常住人口。根据目前的人口普查和抽样调查划分办法，常住人口指实际经常居住在某地区一定时间（半年以上，含半年）的人口，主要包括：除离开本地半年以上（不包括在国外工作或学习的人）的全部常住本地的户籍人口；户口在外地，但在本地居住半年以上者，或离开户口地半年以上而调查时在本地居住的人口；调查时居住在本地，但在任何地方都没有登记常住户口，如手持户口迁移证、出生证、退伍证、劳改劳教释放证等尚未办理常住户口的人，即所谓"口袋户口"的人[1]。第三类是流动人口，即非本地户籍且居住时间在一定时间以下的人口。以户籍控购可按照上述三类人口划分来实施，最严格的方式是购房者仅限于户籍人口，其次是购房者范围包括户籍人口和常住人口，而最宽松的方式是对购房者的户籍不做任何限制，即以上三类人口均可购买住房。

以户籍直接控购住房具有以下优势：

一是边界清晰，可操作性强。户籍制度已在我国实行数十年，对于任何一个城市的人口而言，户籍人口与非户籍人口边界相对清晰。对常住人口的界定也较为简单，例如三险金的交纳、个人所得税纳税证明等。因此，以户籍为标准实施调控，不存在模糊地带，具有较强的可操作性。

二是相对公平合理。住房存在的根本价值在于满足居民的居住需求，为在一个地方长期工作和生活的人提供居所，而不是作为投资品成为少数人谋利的工具。在我国现行户籍管理制度下，户籍是区分一个人是否长期在本地居住生活的重要凭证，因此以户籍为依据实行住房需求管理具有合理性。

三是能迅速取得短期成效。大城市的公共基础设施相对更加完善，就业和投资机会众多，同时土地资源更加稀缺，因此，大城市的房价更高且上涨速度更快，对投资投机性购房需求的吸引力也更大。以户籍为依据实行住房直接调控，可以有效地限制外来投资投机需求，再加上对户籍人口实行购房套数限制，可以抑制内生性的投资投机购房需求。内生和外部投资投机性住房需求同时受到抑制，有利于住房供需矛盾的缓解，从而达到

---

[1] 中国人口信息网。

住房市场调控的目的。

四是能与大城市直接控制人口的目标相衔接。与一般城市相比，我国的大城市面临的资源稀缺、用地紧张、交通拥堵等矛盾更为突出，为应对资源环境约束压力客观上需要对大城市的人口规模进行科学合理的控制。户籍制度是目前控制大城市人口规模最为直接有效的手段，通过户籍直接控购，既可以限制投机性购房需求，也能达到控制大城市人口规模的目的。

以户籍直接控购住房市场也存在一些缺陷，主要有以下几个方面：

一是与户籍长期改革方向存在一定的背离。随着我国城镇化进程的快速推进，现有户籍制度造成的城乡二元结构对经济社会发展的制约日益突出，为此，对现有户籍制度实施改革已成为全社会共识，中央对此也作出了明确部署。2009 年中央经济工作会议明确提出：要把解决符合条件的农业转移人口逐步在城镇就业和落户作为推进城镇化的重要任务，放宽中小城市和城镇户籍限制。2012 年 2 月 23 日，国务院发布《国务院办公厅关于积极稳妥推进户籍管理制度改革的通知》，《通知》要求各地区、各有关部门认真贯彻国家有关推进城镇化和户籍管理制度改革的决策部署，积极稳妥推进户籍管理制度改革，提出要分类明确户口迁移政策；放开地级市户籍；继续探索建立城乡统一的户口登记制度。

二是以户籍作为调控对象划分的标准可能会误伤到一部分"刚需"。改革开放以来，我国人口流动性增加，不仅存在农村人口向城市流动，也存在城市人口在不同城市间流动的现象。一部分人口因工作等原因长期在异地生活甚至已成家立业，也有一部分独生子女家庭老人随子女就业、就近养老之需求（这方面的需求将越来越现实），但受现有户籍制度制约而无法将户口迁移，产生"人户分离"的情况。与户籍人口一样，这部分人群也有对住房的基本需求，如果仅仅依据户籍对外来人口购房进行限制，这种"一刀切"的做法可能会损害到合理的住房消费需求，并会造成社会各界和部分民众的怨言。

对于由于户籍控购而可能将外来人口完全排除在住房市场之外的缺陷，可通过实行居住证和积分制来弥补。积分制的方法使那些长期在本地工作和生活的外来人口能够有序融入城市，进而实现置业安居的目标。这种做法符合我国城镇化和人口流动的国情，也符合户籍制度渐近式改革的实际。

三、中长期政策的制定原则

制定中长期房地产调控政策应从促进房地产健康发展长效机制的原则出发，即能够促进房价合理回归或长期保持稳定，供需基本平衡，结构合理，投资投机性购房所占比例较低，并且投资投机性购房对房价变动不产生主要影响。

合理的房价水平因不同国家、不同经济发展阶段、不同文化背景而有所不同。普遍的衡量标准是从消费的角度看，房价应在普通家庭的可承受范围之内，从投资的角度看，住房的长期投资收益（一般由房租来衡量）在考虑风险溢价后应与其他类型的资产投资收益相当。因此，合理的房价一般可通过房价收入比和租售比来考察。

"房价收入比"在房地产研究中特别是对房价和居民住房消费能力的讨论中被广泛引用。简而言之，房价收入比是房价与居民收入之比，通过它可以衡量一个国家或地区的住房可负担程度。世界银行将房价收入比定义为住房单元的自由市场价格的中位数与家庭年收入的中位数之比，测算范围可以是一个城市、一个区域或一个国家（地区）。世行认为，房价收入比是综合衡量住房市场表现的重要指标。房价收入比受经济发展水平、住房供需状况、居民收入水平、市场投机程度等因素影响，不同国家或不同城市之间房价收入比的差异较大，一些文献通常引用的指标是房价收入比合理范围在3~6倍之间。尽管此收入比指标难以适应人多地少的我国沿海城市，但对城市的房地产泡沫化程度有横向比较参考意义。如果一个城市的房价收入比其他城市高出很多，表明该城市的房价已远远超出普通居民的承受能力范围，房价已背离其合理价位区间。

由此可见，目前我国城市特别是大城市的房价收入比偏高，更为重要的是，前几年此指标升幅过大。例如，根据各地人均可支配收入和房屋销售平均价格统计信息计算，2004~2006年，北京、上海、广州、深圳四个城市的房价收入比升幅可观。其中，深圳的房价收入比3年间变化幅度为142%，位列第一；上海、广州、北京的房价收入比分别上升了124%、83%、49%。显然，各地的居民收入增长、城市人口增加等社会经济的基础因素无法完全解释如此快速的房价收入比上升速度，这说明房地产市场存在一定的泡沫。

售租比即房屋售价与月租金的比例。衡量售租比值是否合理，要看房屋出租是否可以获得合理租金收益回报，这种租金收益率应当与投资出租房屋所需承担的风险相匹配。具体到不同的房地产市场，其风险和收益水平不尽相同，但一个基本的原则是应该高于长期国债的收益率。

根据测算，在考虑房屋出租空置率和空置期，以及房屋出租的税费支出等因素后，如果售租比为250∶1，所收租金与支出相抵将入不敷出，收回投资无望。根据市场统计信息，一些城市的售租比高于300∶1，个别城市如温州的售租比甚至超过1000∶1，因此，与正常收益率所对应的售租比相比，我国住房市场目前的售租比水平明显偏高。

房价合理回归主要有两种方式，即硬着陆方式和软着陆方式。

房价合理回归硬着陆方式是指通过采取强力政策措施，在很短的时间内"挤破"房地产泡沫，房价急速回归到合理价位的方式。这一方式由于措施严厉、时间较短，短期内房价急剧下跌、成交量大幅萎缩，一些房地产开发企业资金链断裂，大量开发项目停滞甚至出现"烂尾"现象，对房地产市场将产生极大的冲击，甚至影响到与房地产业紧密相关的金融服务业和产业链上的其他产业。硬着陆可能产生的影响在一些国家的房地产泡沫破灭过程中已有充分体现。例如，日本的房地产泡沫破灭过程就是典型的硬着陆方式。日本房地产市场的硬着陆给当时的日本经济社会造成了巨大的冲击，大量企业破产，金融机构坏账堆积，生产停滞，经济衰退。这种冲击的影响极其深远，日本为此已连续失去了两个10年，目前仍未走出衰退的阴影。

与硬着陆不同，软着陆是在宏观调控下房地产泡沫被有序挤出的过程，在这一过程中"泡沫"被"烫平"，住房投机现象逐步减少直至基本绝迹，成交量温和下降，房价上涨势头被遏制并逐步回归到合理价位。软着陆对国民经济和金融体系的冲击相对较小，在房价缓慢回归的过程中，可以赢得宝贵的时间实行经济结构的调整和转型升级。因此，房地产调控的目标不仅是房价合理回归，更重要的是形成房价长期稳定的机制，这就要通过短期和中长期政策的有机结合，通过软着陆的方式实现房价的逐步理性回归。

能否实现软着陆，除了政策设计和实施得当外，也与城镇化所处历史阶段有关。日本房地产泡沫时，日本的城镇化进程已经基本结束，且日本已进入老龄化社会，房地产在失去农村人口向城镇的移民这一刚性需求之后，无法再通过城镇化进程来提振其内需，加上政策应对不当，最终导致经济硬着陆。与日本不同，我国具备实现软着陆的条件，主要表现在以下三个方面：一是我国正处于城镇化发展中期，城镇化所产生的人口转移需求潜力仍可持续 20～25 年；二是我国仍是一个发展中国家，与发达国家相比，经济发展仍有巨大的空间；三是我国具有集中力量办大事的体制特点，一旦能正确决策，就能广泛动员社会力量并有效地贯彻实施。因此，我国实现房地产市场的调控选择软着陆方式不仅是经济形势的客观要求，也具备实现软着陆的外部条件。

四、中长期政策组合之一：部分大城市户籍控购加上物业税

这一政策组合的要点在于选择少量供需矛盾突出、房价上涨过快的大城市实行户籍直接控购，同时推行物业税或房产税。

物业税或房产税属于房产持有环节的直接税种，物业税是一种从价税，也就是依据住宅的价值而征收的税，它不同于个人所得税和销售税，不会依据一个人收入和消费多少来征税，而是根据一个人拥有房地产价值的多少来征税。只要一个人拥有房地产，他的一生就必须年年为此缴税，除非他不再拥有房地产。物业税等直接税在美国、英国、法国等欧美国家以及日本、韩国、新加坡等亚洲国家均普遍实行。物业税率可能影响房价的论点，在美国物业税的研究中有实证支持。

我国已于近期开始房产税试点。2011 年 1 月 27 日，上海、重庆分别出台政策，在两市开征房产税。两市房产税试点主要有以下几个方面差异：一是征收对象不同。上海仅对新购住宅征收房产税，而重庆既针对新购的高档住宅以及非本市家庭的第二套住房，也针对存量独栋商品住宅；二是征收范围不同。上海的房产税试点范围覆盖全市行政区域，而重庆的试点范围为主城 9 个区；三是起征点不同。上海以人均面积来衡量，人均 60 平方米为起征点，而重庆以户面积来衡量，每个家庭只能对一套应税住房扣除免税面积，存量独栋商品住宅免税面积为 180 平方米，新购独栋商品住宅、高档住房，免税面积为 100 平方米，非本市家庭的应税住房不扣除免税面积；四是适用税率不同。上海税率分为 0.4% 和 0.6% 两档，并在税款计算时再乘一个 70% 的系数，重庆税率分为 0.5%、1% 和 1.2% 三档。总体而言，上海试点方案侧重于抑制投资投机购房需求，重庆方案侧重于抑制高档住宅消费。

房产税试点的推出，客观上对住房消费和投资理念产生了一定的影响。从试点效果来看，2011 年重庆房产税起征点是 9941 元／平方米，满足征收条件的高档商品住房共有 8563 套，其中独栋别墅 3400 余套。预

计 2011 年征收房产税可达 1 亿元。截至 2011 年 7 月，上海认定应征房产税住房共七千多套，上海房产税试点以来，总体运行平稳。在房价方面，2011 年重庆和上海两地高端房地产市场，都表现出松动迹象。有关方面表示，房产税试行以来，重庆高档楼盘访客量下降了 30％～50％，高档商品住宅成交量下降了 4 个百分点，抑制了投资和投机性消费 [①]。

物业税对于房价上涨趋势来看相当于一个平衡器，如果房价上涨一倍，物业税额也要增加一倍，在一些国家这部分税收往往比月供还要高。这样一来，虽然大家都希望房价上涨，但是按房价比率征收的物业税绞索套住了房价恶性攀升的步伐，在一定程度上起到了长期稳定房价的作用。

尽管物业税对促进房价合理回归具有积极作用，但物业税的全面推行也存在一定的困难：一是社会接受有一个过程。我国实行土地公有制和土地批租制度，国有土地在出让时一次性收取一定使用年限的土地出让金，社会上一部分人误认为土地出让金是一种强制性的行政收费。但是，即便是实行土地私有制的国家，土地交易过程中买家也需向土地所有者支付地价或一定年限的地租，因此，不论是我国的土地出让金，还是国外的地价或地租，都是土地交易行为的产物，将之视为一种强制性的行政收费或税收是一个重大的认识误区，这一错误认为也在相当长时期内误导了各级决策者。因此，在开征物业税时需明确区分物业税与土地出让金的不同性质，减少普通民众可能存在的抵触情绪，为物业税创造良好的舆论环境。二是物业税的全面推行必须建立在全面准确掌握住房状况的基础之上。我国实行住房制度改革的时间不长，但从未进行过全面的住房普查，尽管已经开始着手住房信息化建设，但离此要求仍有差距。三是全面推行物业税将可能增加普通家庭的税负。对于只有一套自住住房的普通家庭而言，房价上涨并不能带来直接的收益，但房价上涨却会使得按住房价值比率征收的物业税额上升，导致这些家庭"被增税"，从而增加了他们的税收开支。四是我国已进入"流动性社会"，一个家庭的成员分散在不同的城市工作和生活已成常态。如何评价这些候鸟式家庭占有两套或三套房的合理性及其赋税能力也不是一件容易的事。因此，物业税政策的制定和实施应当考虑这些负面因素，并通过具体措施减少其负面影响和实施难度。

[①] 重庆日报：2012 房产税改革何去何从？2011 年 12 月 27 日。

五、中长期政策组合之二：部分大城市户籍控购加上住房空置税

这一政策组合的要点在于选择少量供需矛盾突出、房价上涨过快的大城市实行户籍直接控购，同时开征住房空置税。

我国住房市场的主要问题之一是住房空置现象十分严重，部分城市的住房空置程度已经到了惊人的地步。例如，海南省三亚市房地产交易管理所市场部 2011 年 7 月公布的调查显示，三亚市商品住房空置率平均高达近 85%，尤其是拥有稀缺海景资源的三亚湾、大东海等片区商品住房空置率达到 95% 左右[①]。住房空置现象，尤其是在住房需求大于供给时出现房屋大量空置，加剧了市场供需状况的扭曲，并且导致资源闲置浪费及住房不公，是一种典型的市场无效率的表现。

住房空置最主要的原因是房地产投资和投机。在市场投机盛行的环境下，一方面开发商囤积住房，通过房价上涨获取更大的利益，另一方面房价与投资价值严重背离，由于出租收益较低，一些炒房者选择坐等房价上涨，宁愿空置也不愿将住房出租，导致房屋空置。

住房空置是资源的极大浪费，同时也加剧了空间资源占有的不平等。即使是自由主义盛行的资本主义国家，对这种浪费和不公平的现象也不予容忍。一些国家通过经济和行政法律措施予以应对。

从 1999 年 1 月 1 日起，法国开始在八座大城市征收房屋空置税。按照规定，首批征收的城市居民人口都在二十万以上（法国国土相对平整、交通发达，二十万人口以上的城市已属于大城市），因为这些城市中居民收入差距很大，拥有房屋面积也十分不平衡。这八座城市分别为：巴黎、里昂、里尔、波尔多、图鲁兹、蒙比里埃、尼斯、戛纳—格腊斯—昂蒂布。

这种房屋空置税的征税对象需满足四个条件：第一，该房屋在起征税年 1 月 1 日前至少连续两年处于空置状态；第二，该房屋应当可以居住，也就是说，该住房已经验收，结构安全，并且带有最基本的生活配备（安装有电、自来水、卫生洁具）；第三，该房屋应当无人居住，没有家具，或者带有家具但没有人在该房屋生活，因此而不能成为居住税的征税对象；第四，该房屋应当在连续两年内处于不受任何占用的状态，但在此期

[①] 三亚部分片区住宅空置率 95% 专家建议征空置税. 来源：新华社，转载：东方财经. 2011 年 7 月 8 日 http://finance.eastday.com/betterlife/m6/20110708/u1a5984885.html.

间的三十日以下的暂时占用并不影响该房屋的空闲状态。如果房屋的空置是由于房屋所有人意志以外的原因引起的，可免征税款，包括由于城市改造的原因引起的房屋短期空置，或以市场价出租或出售但尚未找到租赁者或购买者的房屋。此外，用于假日休闲的第二住宅不征收住房空置税。这些规定使空置税的税收债务人集中在那些收入高，房产多又无暇居住，造成资源浪费的人身上。具体包括房屋所有权人、用益物权人、通过建筑合同或租赁合同承租的承租人。税收的全部纯收入将由国家改善住宅委员会用于居民住宅建设。

房屋空置税按以下办法征收：房屋空置税的税率按照所在地住房的毛租赁费的百分比计算，税率为征税第一年 10%，征税第二年 12.5% 其后每年为 15%，另加收所得数额 9% 的管理费。同时，法律还对住房空置税的退税做出了规定。已交纳税款的纳税人可以向纳税通知书上载明的税务中心递交证明免税事由的文件，如理由成立，将被退还已征收的税款。

英国也遭遇了住房空置的困境。一方面英国空置房的规模到 2009 年达到 100 万套[1]，另一方面社会住房却远远满足不了需求，造成资源的闲置和社会不公。对此，英国社会出现征收空置税的呼声，例如，英国工会联盟（Trades Union Congress）在 2007 年提交报告[2]，建议对空置房征收空置税，空置税率拟按市政税（Council Tax）的 5 倍征收，通过征收空置税达到增加住房供应，平抑住房价格，防止逃税避税，促进住房公平等目的。

荷兰通过法律措施来减少住房闲置现象。对于闲置一年以上的空房，荷兰法律允许人们免费入住。例如，荷兰奈梅亨市政府就有将私人空置房向无房者免费提供的做法。在这种法律制度的约束下，空置住房的业主也愿意按照政府的协调安排无偿提供其闲置住房，因为如果他们希望自己住房中的免费租客搬走，必须证明住房闲置时间未超过 12 个月。

瑞典针对空置房的措施则更为有力，为了遏制空置房数量上升的趋势，除了加强租赁服务外，瑞典政府甚至将无人居住的住房推倒。政府出此下策主要是认为空置房的增加提高了政府保护下的租赁住房的价格，使得公共支出激增。通过这些措施，荷兰和瑞典的住房空置率均不超过 2%，成为了欧盟国家中住房空置率最低的两个国家。欧洲其他国家如丹麦和德

---

[1] 参见：http://www.guardian.co.uk/society/2009/oct/16/empty-houses-london-wealthy-owners.

[2] UK Trades Union Congress. A Socially Just Path to Economic Recovery. TUC Submission to 2009 Pre Budget Report.

国也采取了强有力的措施向空置房开战。在德国，业主必须使空置房得到重新利用，在住房闲置率超过 10% 的市镇，当地政府还会推倒那些无法出租的住房。丹麦政府则在 50 多年前就开始对那些闲置 6 周以上住房的所有者进行罚款。

美国的一些地区住房空置率很高，如在美国华盛顿哥伦比亚特区就有 3 万多座房屋空置。对此，地方政府对空置房划分类别并且分别征收比例不等的高额物业税，如巴尔的摩对被划分为第三类的空置房征收评估价值 5% 的物业税，对被划分为第四类的破败空置房征税高达评估价值的 10%，远远高于普通住房 0.85% 的物业税率[①]。在美国亚特兰大，一些租房者不仅免费租住，而且还能因为租住在地区偏远得到补偿。在该城市甚至还有业主为逃避因住房闲置而可能面临的处罚，自己出钱让人来租住其住房。此外，与德国和瑞典的做法类似，美国的克利夫兰和巴尔的摩等城市采取将空置房推倒的严厉措施。

由于住房空置不仅是市场投机的产物，更是一种资源极大浪费的现象，而征收住房空置税是应对这种现象的有力手段。

少量大城市户籍控购加上住房空置税的政策组合的优点在于针对性强。户籍直接控购针对购房环节的投机行为，提高房地产投机的门槛；住房空置通过电费、水费等缴费情况可较容易辨别认定[②]，住房空置税可"精准"打击住房空置浪费现象，而住房空置税的高税率将对住房空置产生强大的遏制作用，有利于减少空置现象。存量住房特别是空置住房的释放和有效利用，有利于为部分低收入者解决住房问题。

但住房空置税征收也存在一些缺陷：一是住房空置税的出台会导致家庭人口居住分散，而使老年人得不到家人的照顾等社会问题。二是流动人口二套房、度假房等是否界定为空置房存在一定的难度。三是存在立法层面的障碍。住房空置税是一个新税收，其设立需要有相应的法律法规与之配套，程序相对复杂，实施时间也较长。

---

① 参见：The Real Estate Wonk: Now hear this: a property-tax proposal. The Baltimore Sun. November 23，2009.

② 例如，北京联合大学教授张景秋与孟斌带领的课题组对北京 50 多个 2004 年到 2006 年售出后入住的小区用电情况进行的调查表明，电表几乎不走的比例高达 27.16%。而电表不走的比例还在陆续上升，2007 年时达到 29%。并且越往外环空置率越高，市中心二环至三环空置率水平大约在 20% 左右，四环至五环就上升到 30% 左右。2010 年河南财经政法大学 12 名大学生历时两个月，学生们从郑州市中心六个区 29 家大型楼盘抽取了约 1.1 万套商住房为样本，运用查验水、电、气表，点算"黑灯率"等方法，测算空置率。结果表明，郑东新区商住房空置率超过 55%，其他五区也不低于 20%。

六、各类调控方式的有效性分析

综合以上分析，比较而言，较为理想的方案是分层次设定调控政策，通过户籍直接控购，差别化信贷政策，以及不同税收的作用范围和力度，依市场情况逐次加征空置税、物业税和住房消费税，达到房价调控的目标。

户籍控购方式界定明确，具有很强的可操作性，通过对少量大城市实行户籍控购，可以"精准"地针对投机性购房行为，提高住房市场准入门槛，使住房最大限度地回归到消费必需品和民生本质上来。

信贷在房地产市场中起着非常重要的作用。通过信贷杠杆效应，房地产投资投机者可用相对较少的自有资金来撬动数倍规模的投资。例如，如果首付比率为20%，投机者可利用信贷杠杆撬动五倍于自有资金的资金，但首付比率提高到40%，同样规模的自有资金只能撬动2.5倍的资金，如此一来，投机资金的能量大大降低。再如，假定房贷总额为100万元，基准贷款利率为5%，贷款期限为20年，如果贷款利率上浮1个百分点，购房者所需支付的利息总额约增加23%，这意味着投机购房者的资金成本将大大增加。因此，实行差别化的信贷调控政策，就可以从资金方面控制房地产投机规模和力度。

欧美国家的金融机构完全按照市场化方式运营，在发放住房按揭贷款时，只考虑贷款者的收入水平、偿还能力、资信状况等，而不考虑贷款者购房是为了自住还是投资投机行为，这些国家的政府也不能明确要求金融机构对不同目的的购房行为采取不同的信贷政策。因此，差别化信贷调控办法在欧美国家难以实施。与此相比，我国实施差别化信贷调控房地产具有很大的政策空间，如与户籍、税收等政策配合，将会取得更好的调控效果。具体而言，差别化信贷政策可对二套房及以上提高首付比率，降低房地产投资投机杠杆，上浮二套房及以上贷款利率，提高资金使用成本。同时，对于首次购房给予优惠利率，适当降低首付比率，鼓励自住型"刚需"，体现"有保有压"的调控原则。

空置税是针对住房空置来征税，可以精准打击住房投机者。一些住房投机者寄希望于通过房价暴涨来获取暴利，为此甚至不惜将住房空置，加剧住房供应紧张状况，同时造成巨大的社会资源浪费。空置税既能有效打击住房空置现象，又因为征收范围相对较小而避免误伤住房"刚需"和以获取租金收益为目的的投资行为。空置税可考虑按空置时间的不同而设置不同的税率，空置时间越长，税率越高，以通过税收杠杆迫使空置住房重新进入市场，提高市场的有效住房供应量。

物业税按住房价值的比率按年征收，房价越高，则物业税额随之上升，如此物业税成为牵制房价上涨且具有弹性的"阻尼"，减少房地产业长期发展过程中的泡沫。此外，物业税定期征收的方式能够为地方政府提供长期稳定的财政收入来源，有利于地方政府摆脱对土地财政收入的依赖，减少卖地的冲动，将注意力转向改善城市人居环境，调整地方经济结构，增强地方经济的竞争能力等中长期政策方面去。物业税按住房价值的比率征收，还有调整收入分配和财富配置结构，缩小贫富悬殊的作用，有利于促进社会公平与社会和谐。

与住房空置税相比，物业税的优势相对较为明显。一是物业税不仅针对空置住房，也包括超出基本居住需要的住房，其调节范围更广，对财富分配的调节作用也更强。二是物业税的征收方式意味着多买房多交税，房价越高交税越多，对住房投机抑制作用更强，对房价的调节效果也将更显著。三是物业税按照家庭拥有住房的数量和价值来征收，没有对住房是否空置认定的争议，与住房空置税相比更具有可操作性。四是现行税收征管体系中已有房产税的规定，开征物业税只需对房产税进行相应的修改调整，法律基础更为牢固。五是上海、重庆已经开始房产税的试点，可在试点初步经验的基础上加以总结和完善，扩大实施范围更为"顺理成章"。

征收物业税将提高住房持有环节的成本，且时间越长这一作用将越明显。然而，物业税率的设定需考虑大多数家庭的承受能力，不可能定得太高，这样在房价波动剧烈、投机炒作盛行的时期，短期内的效果将受到局限。而房价暴涨、投机炒作在人口压力大、住房矛盾突出的大城市表现尤为明显，因此，在物业税的基础上，在少量大城市实行户籍控购，可有效抑制住房投机现象。物业税与户籍控购的组合，在购买和持有两个环节上同时发挥作用，使之成为较为理想的中长期调控政策组合。

在具体实施时，物业税应考虑到"刚需"的存在，对人均一定面积以下、满足基本居住需要的住房面积免予征收，且这种减免应对已购住房和新购住房一视同仁，从而支持住房"刚需"，减轻普通家庭的住房税负。对超过一定面积标准的豪宅应提高物业税率，作为对空间资源占有不平等的调节和补偿。这种对住豪宅、有多套房、支配能力强的人群征收物业税，而对拥有第一套住房且人均住房面积在一定标准以下的普通家庭免征收物业税的做法，是一种"抽肥补瘦"的模式，符合我国的国情和社会发展阶段。从时序上看，物业税的征收应先易后难，先低后高，从大城市逐步推广到中小城市，从增量逐步扩大到存量，以减缓物业税开征对住房市场的冲击。

后置交易税针对住房市场的过度投机行为，这种行为的显著特征之一是交易频繁，短期行为占主导。消费税按照交易标的市场价值的一定比例征收。根据我国香港、台湾等地区的做法，消费税率在5%～15%之间，且随交易间隔时间而异，间隔时间越短，税率越高。消费税的征收将显著增加交易成本，从而起到遏制住房投机行为的目的。在消费税征收的方式上借鉴意大利的做法，即采取"前置式"消费税，在购买二套房或多套房时即向买方征收。

由于我国房地产调控的复杂性和艰巨性（当前民间投资渠道过窄），必须合理进行"顶层设计"（图21-2）。较理想的调控方案首先是将房价调控纳入地方政府绩效考核指标，作为提拔、处罚、评价领导干部的重要依据。从而调动地方党委政府（尤其是城市政府）调控房价的积极性与创造性。其次在中央层面精心设计综合户籍、信贷和税收调控政策，根据市场状况分层次实施。

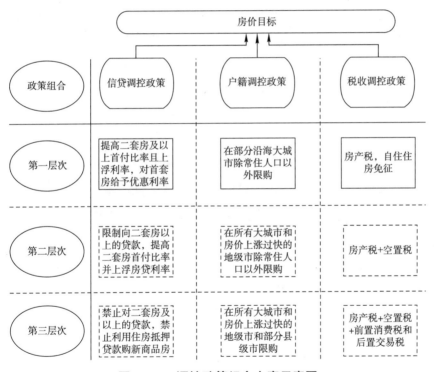

图21-2 调控政策组合方案示意图

七、我国中长期房地产调控政策的基本纲要

房地产调控的目的应是"以人为本"，有效扼制住房投资投机行为，消除可能会危及国家金融安全的房地产泡沫，促进城市空间和财富的公平

配置，确保逐步解决中低收入者的住房问题。

随着我国城镇化进入中期，我国的房地产调控也已经进入一个关键阶段，近一段时间房价又出现上涨的势头。现有调控政策主要是基于以户籍限购和房产交易税为主的短期政策，已呈现明显缺陷，急需建立中国特色的房地产中长期调控机制和政策储备，并要求与当前短期政策相衔接和平稳过渡，在制订具体政策方面宜贯彻以下六项原则。

（一）必须贯彻"居者有其屋"的公平原则

在我国城镇化过程中，房地产因其产业带动面广、耗资源能源巨大，常被地方政府作为"支柱产业"去培育。但先行国家的经验教训昭示：房地产本质上是居住空间的分配手段，应坚持"居者有其屋"的公平原则。除非发生严重的经济危机，需要房地产业短期支撑而实施刺激政策之外，不能长期将房地产业作为扩大内需、促进经济增长的支柱产业去依赖。否则会因"本末倒置"而加剧贫富不均、投机盛行和实业萎缩而危及到经济的长远稳定增长。另一方面，房产已成为我国城镇家庭主要的财富构成，任何全面调控政策的出台都难免触及到大多数人的实际利益而遭到抵触。必须慎之又慎进行研究，尽可能少地伤及无辜，又能准确打击房产投机行为。

（二）应逐步以间接调控手段替代直接调控政策

目前采用的以户籍限购的调控政策的优点有：调控边界清晰、可操作性强、能迅速取得短期成效、能与超大城市人口目标管理直接挂钩等。不足之处在于：与我国户籍改革方向存在明显的矛盾，会误伤到独生子女家庭父母随迁就近养老和人才引进等刚需。除了少数超大城市之外，必须逐步以信贷、税收和目标管理等间接措施来取代此项政策。而且，由于房地产市场调控的艰巨性、长期性，任何调控政策都必须着眼于长期良性调控机制的建立，防止顾此失彼、前后矛盾，甚至反调控目标的负面作用。

（三）坚持"低端有保障、中端有支持、高端有市场"的差别化原则

住房具有投资品和生活必需品的双重属性，从中长期来看，应恢复住房作为满足生活需求的消费品的本质，对房地产市场采取"三去"的"差别化"调控原则：

以差别化信贷（包括差别化的公积金支持）去杠杆化；

以大量建设保障房（尤其是公租房建设和棚户区改造）去住房供应市场单轨化；

以房产税或空置税去住房市场投机化。

以上"三去"政策的应用都应坚持渐进性、先局部试点后推广、先柔后强的调控程序。

（四）应逐步形成购房前、中、后全方位的税收调节机制

当前推出的提高房产交易税政策的优点在于：有利于社会财富长期的均衡、有利于抑制投机、能为地方政府培育财政收入等。但其弊端在于：对短期房价的抑制和调节作用不明显，反而由于短期内抑制了二手房供应而推高房价，对空置和持有多套住宅的行为基本无作用和触发民众"假离婚"等不良影响。

应学习西方国家设立购房时的累进消费税、房产持有的物业税和空置税、房产出售时的交易税等全方位扼制投机行为的系统调控政策。从政策影响面来看，因"增量式"调控（消费税、差别信贷等）对居民的影响面明显要小于"存量式"调控（物业税、交易税等）；局部性调控（空置税、仅对房价收入比高于 6 的地方出台物业税、交易税等）比整体性全面调控副作用小，应区别择机试点推广。

（五）推行目标管理，充分利用城镇化中期的有利时机"烫平"房价、避免引发金融危机

以 2011 年计，我国 40 个重点城市中房价收入比超过 10 的城市有 9 个（三亚、深圳、温州、北京、厦门、上海、杭州、福州、太原），超过 8 的城市共计 19 个（除上述城市外，还有海口、广州、大连、天津、宁波、乌鲁木齐、长春、武汉、西安、苏州、哈尔滨）。如果从现在起就采取有力措施、严控房价（建议对房价收入比超过 8 的城市房价升幅应小于居民收入增长幅度的三分之一），这样就有可能抓住城镇化的机会，通过"以时间换空间"来"烫平"房地产泡沫，使房价收入比逐步回归正常范围，从而避免在城镇化后期因刚需不足造成房地产价格雪崩式下降的"日本式"金融危机。

（六）必须调动地方各级政府的积极性，分层次、分阶段有序实施调控政策

我国各地生产力发展水平差距极大，不宜采用一刀切的调控政策，应尽

可能调动地方政府自主出台调控政策的主动性和创新性，待取得成效后，再由中央政府总结推广。从中央政府的角度，不仅要明确城市政府应承担控房价的主要责任，而且应通过颁布"房地产调控法"将以上各种调控手段合法化，从而给予地方政府充足的调控"政策工具箱"，并严格加以监督和评价。

第一层次政策组合为"弱调控"：依托户籍制度在部分沿海大城市限制常住人口以外的人口购房，其他城市在实现房价调控目标后逐步放开限购；提高二套房及以上的信贷首付比率并上浮房贷利率；扩大征收房产税范围等。

第二层次政策组合为"中调控"：依托户籍制度在所有大城市和房价上涨过快的地级市限制常住人口以外的人口购房，收紧以缴纳社保和个税年限来鉴别购房资格人群；限制向二套房以上的贷款；提高房产税率和开征空置税试点等。

第三层次政策组合为"强调控"：对房价调控目标执行不力的少数大城市强化限制外来人口购房；禁止对购置二套房及以上的银行贷款；进一步提高房产税、空置税税率和开征税率累进的前置消费税等。

上述各层次的政策组合并非一成不变，而是根据市场状况灵活增减，政策组合具有弹性，以此形成各级政府责任明确、调控范围和力度可调、进退有序、分层次和有弹性的房地产调控政策组合，实现短期和中长期调控目标的有效衔接。

总之：鉴于房地产调控政策涉及政治、经济、社会领域的各方面，调控能否平稳成功更与民众的承受心理直接相关，在制订房地产调控政策时，一定要充分尊重民众（特别是广大中低收入者）的实际需求；充分尊重基层政府的主动调控和创造精神；充分尊重国内外历史经验与教训。能采取增量调控解决问题的，就不宜在存量上再加码调控；能实施局部性调控（如对至今房价上升幅度仍未受到控制、房价收入比明显不合理的少数城市），就不宜在全国范围"一刀切"出台"大一统"的调控政策；能由地方政府（尤其是城市政府）主动调控的，就勿须由中央政府包办替代而承担无谓的政策风险。更为重要的是，中央和各地调控政策的设计都应在"以人为本"的前提下，注重短期调控与长期政策的衔接、地方调控与中央政府调控之间的配套、局部试点与总结提炼、全面推开之间的协调。值得一提的是，我国房地产市场调控不能没有"顶层设计"，但如顶层设计过于具体、详尽，不但不能有效应对复杂多变和区域差异性极大的实际调控需求，而且也会集中不必要的政策风险，在制订政策时应在内容方面充分留有余地和弹性。

结语

住房是人类的基本需求之一，居住水平直接关系到人们的幸福指数高低，住房公平关系到整个社会福利的优化程度和社会的稳定与和谐；房地产的相关产业众多，产业链长，占社会投资和GDP的比重较大，是重要的产业之一，房地产市场效率关系到整个经济发展的效率；房地产开发需要占用稀缺的土地资源，其开发形态决定了城市空间的基本布局，房地产在设计、建设、使用到拆除的全生命周期过程要消耗大量的资源和能耗，其形态和空间布局对生态环境的影响巨大，其生态效应不容忽视。

住房公平能够促进整个社会的公平，进而促进整个社会的和谐稳定，社会和谐稳定则是经济发展的基础和前提条件；提高效率意味着以同样的投入获得更多的产出——即住房，为实现更高层次上的住房公平创造条件；住房公平能够促进效率，而效率提高反过来有利于促进住房公平，两者相互作用，相辅相成。为应对全球气候变化的挑战，在生态文明时代，除传统关注的焦点——公平与效率之外，还要更加注重生态效应，在促进住房公平、提高效率的基础上，以对环境影响最小的方向进行住房建设和房地产发展。因此，从公平、效率和生态三个维度进行综合评价，才能全面反映房地产健康发展程度。

通过对国外典型国家房地产发展的三维度分析，可以将房地产发展模式分为以美国为代表的住房相对公平，市场波动较大、市场效率不高，城市蔓延现象严重、生态效应不佳的美国住房发展模式，以日本为代表的住房相对公平，市场波动剧烈、市场效率不高，城市相对紧凑、生态效率较好的日本模式，以巴西为代表的住房极度不公，市场波动较大、市场效率低下，城市蔓延、贫民窟现象严重、生态效率低下的拉美南亚模式，以及以德国为代表的住房相对公平，市场波动相对较小、市场效率较高，城市相对紧凑、城乡协调发展、生态效率较好的欧洲模式。

我国正处在城镇化快速发展期，预计这一趋势仍将持续二三十年，城镇化和经济发展所引发的居住需求和住房供给之间的矛盾还将长期存在。

因此，充分借鉴欧洲国家在促进住房公平方面的经验，汲取美国式的城市蔓延、美日等国放任自由引发危机以及拉美南亚等国"城市化陷阱"的教训，选择适合我国国情的住房发展道路，使住房公平、效率和生态三维度综合效应最大化，对我国实现科学和可持续发展具有战略意义。

为实现综合效应最优的目标，在公平方面，应突出住房基本必需品的属性，明确政府作为住房保障的主体，充分调动社会力量参与，通过法规建设、财政税收政策等措施提高居住水平，保障住房机会平等，促进住房公平；在效率方面，清晰界定市场与保障的边界，纠正和防止市场失灵及其负面影响，淡化住房的投资品属性，调整供应结构，同时注意防止政府失效，加强市场风险的控制与防范，使市场平稳有序的发展，提高市场效率；在生态方面，坚持紧凑型城市规划建设方式，推行土地混合利用和TOD发展模式，提倡住房适度消费，发展适合本地地理气候条件、"四节一环保"的绿色建筑，促进建筑节能，推进生态城镇建设和既有城镇的生态化改造，追求最佳生态效应。总之，我国应积极借鉴国外经验教训，并对我国过去30年的住房发展进行回顾总结，以公平、效率和生态综合效应最优为目标，走健康可持续发展的C模式之路。

参考文献

1. 阿伦特.市侩主义下的文化危机.南风窗，2012.3.28–4.10 第 7 期.

2. 保障性住房建设质量出问题 管理漏洞要封查.法制日报，2011–05–30.

3. 蔡威.关于城市规划中防止出现弱势群体聚居的提案.全国政协十一届四次会议提案第 3435 号，2011 年.

4. 陈才.给住房公积金装上制度安全阀.人民网，2009 年 02 月 06 日.

5. 陈鼓应.庄子今注今译.北京：中华书局，1983.

6. 陈昊，李振宇.欧洲老年住宅浅析.城市建筑，2011，（1）：33–36.

7. 陈宏文.支持涉农职工在镇村购建自住房.住房公积金研究，2010（5）.

8. 陈静.香港"额外印花税"遏抑住宅短炒成效显著.经济参考报.引自：中财网，2011 年 11 月 24 日.

9. 陈龙乾，马晓明.我国城镇住房制度改革的历程与进展.中国矿业大学学报（社会科学版），2002（1）.

10. 陈宪.市场自由、政府干预和"中国模式".文汇报，2009.9.20.

11. 陈燕.福利国家—英国的住房政策.城市开发，2003（3）.

12. 成斌.欧美老年住宅分类特征与分类方法比较.建筑科学，2008，24（5）：102–104，82.

13. 程浩.中国小产权房：现状、成因与问题.中共中央党校学报，2009（4）第 13 卷第 2 期.

14. 程肯，秦征，李贵革.英国房屋互助协会的发展.中国房地产金融，2000（10）.

15. 程望杰，潘宜.美国老年住宅发展经验研究及借鉴.城市建筑，2011，（1）：37–39.

16. 戴险峰."明斯基时刻"离中国多远？参见：财经.2011 年第 15 期.

17. 黛安娜·科伊尔.高尚的经济学.北京：中信出版社，2009.

18. 杜康生. 论住房公积金制度发展方向. 住房公积金研究，2010（5）.

19. 冯俊，张军. 国外住房数据报告. 北京：中国建筑工业出版社，2011.

20. 弗里德里希·冯·哈耶克. 自由秩序原理. 上卷. 北京：三联书店，1997.

21. 港珠澳大桥成本增 65 亿 港府诉讼费达 750 万港元. 人民网 – 港澳频道，2011 年 10 月 27 日.

22. 高丕基. 我国老年住宅发展模式探讨. 中国建筑学会 2007 年学术年会论文汇编：521–527.

23. 何元斌. 空置房存在的必然性与控制空置率的必要性分析. 经济问题探索，2011（5）.

24. 胡代光，周安平. 当代国外学者论市场经济. 北京：商务印书馆，1996.

25. 黄秀华. 发展与公平——中国社会发展的历史选择. 北京：中国社会科学出版社，2010（12）：51.

26. 姬虹. 美国城市黑人聚居区的形成、现状及治理. 世界民族，2001（6）.

27. 加快社会主义新农村建设和积极稳妥推进城镇化. 住房和城乡建设部调研课题，2012 年 4 月.

28. 翦伯赞. 中国史纲要.

29. 建设部副部长齐骥. 今年 1000 万套保障房建设约需资金 1.3 万亿元. 新华网，2011 年 03 月 09 日.

30. 蒋海兵等. 京沪高铁对区域中心城市陆路可达性影响. 地理学报，2010（10）第 65 卷第 10 期.

31. 开彦. 对发展老年住宅地产的认识. 住宅科技，2011，（4）：1–3.

32. 李稻葵. 论限购. 新财富，2011（3）.

33. 李小云，田银生. 集中与分散——我国城市老年住房发展模式探讨. 中外建筑，2011，（7）：56–57. 参见：包宗华. 国内外老年住宅的几种形式. 中国住宅设施，2008，（4）：18–20.

34. 李忠民. 对住房公积金管理体制改革的思考. 经济观察，2011（10）.

35. 联合国人居署. 贫民窟的挑战——全球人类住区报告 2003. 北京：中国建筑工业出版社，2006：16.

36. 梁荣. 我国房地产宏观调控探讨. 内蒙古财经学院学报，2006（2）.

37. 刘斌. 西方经济学中收入分配公平观述评. 山西大学学报（哲学

社会科学版），2004（7）vol.1.

38. 刘红，石岩．我国中小学生"公路跑操"现状、成因及对策．山西大学学报（哲学社会科学版），2007（9）第30卷第5期．

39. 刘燕辉．老年社会与老年住宅．建筑学报，2000，（8）：24-26.

40. 卢海．住房公积金流动性风险分析及对策．住房公积金研究，2010（5）．

41. 罗龙昌．发展房地产业与优化产业结构．北京：经济管理出版社，2000：19.

42. 马洪，孙尚清．中国经济结构问题研究（上）．北京：人民出版社，1980.

43. 丹蒂·金尼．不公平对所有人不利，对富人也不例外．美国《华盛顿邮报》2012，08，26.

44. 美国总统布什2007年发表的国情咨文．

45. 内部资料，监察部关于开展加快转变经济发展方式监督检查工作情况的报告．

46. 欧洲向闲置房开战 荷兰空置房可无偿入住．市场报，2008，7，21.

47. 乔木森．东欧中亚国家的住房制度改革．东欧中亚研究，1995(6).

48. 7月6日本市住房公积金执行三新政策．全房网，2009年7月1日 http://news.tj.allfang.com/newshtml/2009-07/40328_1.html.

49. 英国高铁项目在争议中获批．人民网，2012年01月20日．

50. 三亚部分片区住宅空置率95% 专家建议征空置税．新华社，转载：东方财经．2011年7月8日 http://finance.eastday.com/betterlife/m6/20110708/u1a5984885.html.

51. 上海房地产开发成本实地调查．21世纪经济报道，2009-03-15.

52. 深圳购房者平均年龄34岁．深圳新闻网．2010-10-07. http://www.sznews.com.

53. 石秀诗．全国人大常委会专题调研组关于部分重大公共投资项目实施情况的跟踪调研报告．2010年10月25日在第十一届全国人民代表大会常务委员会第十七次会议．

54. 保障房质量亮红灯 不该"低保障"．新华网，2011年06月03日．

55. 宋利芳．发展中国家城市化进程的特点、问题及其治理．中国人民大学学报，2000（5）．

56. 孙旦．新加坡中央公积金制度改革成效分析．经济师，2011（8）．

57. 土地私有制、阶级矛盾和农民战争——中国封建社会周期性社会．

http://bbs.jschina.com.cn/thread-169395-1-1.html.

58. 托马斯·索维尔．被掩盖的经济真相——辨识最平常经济现象的真实与谬误．北京：中信出版社，2008.

59. 王姣娥，丁金学．高速铁路对我国城市空间结构的影响研究．国际城市规划，2011（6）.

60. 王宇．国际经济协调中宏观政策的可能失误——日本泡沫经济的形成与破灭．经济研究参考，2004：vol. 67（总第 1835 期）.

61. 吴立范．美英住房政策比较．北京：经济科学出版社，2009：34-35.

62. 香港廉租房最小只有 8 平方米 低收入者均可申请．北方网，2007.2.25.

63. 项凤华．围绕住房转 盘活公积金——兼谈使用住房公积金购买汽车．住房公积金研究，2009（4）.

64. 9 大产业振兴规划提请审议 公积金购车"搁浅"．香港商报，2009 年 3 月 31 日．

65. 谢旭人．释疑"土地财政"2.9 万亿之谜．http://content.caixun.com/CX/01/f6/CX01f6ov.shtm.

66. 新华网．草原"鬼城"康巴什．2011 年 12 月 29 日．

67. 美国宣布 530 亿美元高铁发展计划，新华网，2011 年 02 月 09 日．

68. "注水"与"缩水"：保障房不该"低保障"．新华网财经频道，2011 年 05 月 13 日．

69. 新加坡组屋政策面面观．中新网，2011 年 01 月 31 日．

70. 宣炜．浅析国外老年住宅类型特点及发展动向．山西建筑，2011，37（31）：25-26.

71. 叶檀．货币泡沫未除 房地产调控成效不大．南方人物周刊，2011.8. 25.

72. 英国《经济学家》全球最具竞争力城市历年调查报告．

73. 英国社区发展部．Survey of English Housing Preliminary Report: 07-08.

74. 余南平．欧洲社会模式——以欧洲住房政策和住房市场为视角．上海：华东师范大学出版社，2009.

75. 约瑟夫·斯蒂格利茨．西方资本主义的意识形态危机．刊于世界报业辛迪加网站．2011 年 7 月 6 日．

76. 怎样看待"华盛顿共识"与"北京共识"．人民网．2005 年 06 月

16 日.

77. 张贯一，易仁川.东欧国家住房体制的变迁.东欧中亚研究，1997（4）.

78. 张坤民.低碳经济的理论探索与国内外实践进展.清华－耶鲁"环境与城市可持续发展高级研究班"讲义，2011.

79. 张维为.中国崛起是非常不容易的.新京报，2011 年 03 月 30 日.

80. 中国发展研究基金会研究参考第 18 号（总第 065 号），2010.4.26.

81. 中国房地产市场年鉴（1996）.

82. 中国房地产市场年鉴编委会.中国房地产市场年鉴.北京：中国统计出版社，1996.

83. 中国钢铁工业年鉴 2008，中国统计年鉴 2010，2010 年国民经济和社会发展统计公报.

84. 中国科学院地理科学与资源研究所.人地系统主题数据库.http://www.data.ac.cn/index.asp.

85. 中国年轻人买房是否急了点？世界财经报道，2011-01-15. http://finance.icxo.com/htmlnews/2011/01/15/1427467.htm.

86. 中华人民共和国统计局.中国统计年鉴 2010.北京：中国统计出版社，2010.

87. 中新网.新浪中心转载.http://slide.news.sina.com.cn/w/slide_1_2841_14014.html#p=3.

88. 2012 房产税改革何去何从？.重庆日报，2011 年 12 月 27 日.

89. 周建明.社会政策：欧洲的启示与对中国的挑战.上海：上海社会科学院出版社，2005.

90. 朱启文.新加坡中央公积金制度与我国住房公积金制度的比较与启示.中国房地产金融，2011（4）.

91. 住房公积金可做医疗款.中国贷款网，2011 年 10 月 18 日.

92. 住房和城乡建设部住房保障司、住房公积金监管司.国外住房金融研究汇编.北京：中国城市出版社，2009：17，258.

93. 住房和城乡建设部住房改革与发展司等.国外住房数据报告.北京：中国建筑工业出版社.

94. ［美］阿瑟·奥肯.平等与效率.北京：华夏出版社，1987.

95. ［美］莱斯特·R·布朗."B 模式"2.0——拯救地球，延续文明.北京：东方出版社，2006:1.

96. ［美］刘易斯.城市发展史：起源、演变和前景.北京：中国建筑工业出版社，2005.

97. ［美］路德维希·冯·米塞斯 . 自由与繁荣的国度 . 北京：中国社会科学出版社，1994.

98. ［美］米尔顿·弗里德曼 . 自由选择 . 北京：商务印书馆，1998.

99. ［美］世界观察研究所 .2007 世界报告——我们城市的未来 . 全球环境研究所译 . 北京：中国环境科学出版社，2007.

100. ［美］约翰·罗尔斯，何怀宏，等译 . 正义论 . 北京：中国社会科学出版社，2001.

101. ［匈］亚诺什·科尔内 . 短缺经济学（下卷）. 北京：经济科学出版社，1986.

102. ［英］A. 马歇尔 . 经济学原理（上卷）. 北京：商务印书馆，1964.

103. ［英］保罗·哈里森 . 第三世界——苦难、曲折、希望 . 北京：新华出版社，1984.

104. ［英］罗伯特·诺齐克 . 无政府、国家与乌托邦 . 北京：中国社会科学出版社，1991.

105. ［英］洛克 . 政府论下篇 . 北京：商务印书馆，1964.

106. 2004 年中国房地产金融报告 .

107. 明英宗天统实录（卷 5），宣德十年五月 .

108. 全后汉文（卷 46）.

109. 中国历代政治得失录 .

110. 仲长统传 .

111. 2006 年的住房短缺规模 . Global Property Guide，http://www.globalpropertyguide.com/.

112. 2008 年《昆明市住房公积金缴存管理实施细则》、《昆明市住房公积金支取、转移实施细则》.

113. 2008 年《泉州市住房公积金提取服务指南》.

114. 2009 年湖州市《关于开展住房公积金制度解决低收入职工家庭住房困难专项行动实施方案的通知》（湖政办发［2009］90 号）.

115. 2011 年深圳市《住房公积金提取管理暂行规定》.

116. 80 后少妇掷 3.45 亿购香港九龙最贵楼盘 . 和讯网 . 2011. 5. 13.

117. A tax on empty house owners in France. Marketplace World. www.marketplace.org. April 14，2010.

118. American Community Survey，2005. See:Natalia Siniavskaia. Residential Real Estate Tax Rates in the American Community Survey.

HousingEconomics.com.

119. Axel Börsch–Supan and Annamaria Lusardi. Saving: Cross–National Perspective1. From Life–Cycle Savings and Public Policy: A Cross–National Study in Six Countries. edited by Axel Börsch–Supan.

120. Benedict S. K. Koh et al. Investment patterns in Singapore's Central Provident Fund System. PEF，7（1）：37-65，Cambridge University Press. March，2008.

121. Bertrand Renaud. Affordable Housing，Housing Sector Performance，and Behavior of the Price–to–Income Ratio: International Evidence and Theoretical Analysis. Research Working Paper，University of Hong Kong，Center for Urban Studies，October 1989.

122. Bowly，D.，Jr. The Poorhouse: Subsided Housing in Chicago，1895–1976. Carbondale: Southern Illinois University Press,1978.

123. Burnett，J. A Social History of Housing 1815 – 1970. Newton Abbot: David and Charles,1918 pp249. 引自：Peter Hall 著，童明译. 明日之城——一部关于 20 世纪城市规划与设计的思想史. 上海：同济大学出版社，2009.

124. CB Richard Ellis. 房地产市场报告（2011 年第 2 季度）.

125. Charles Himmelberg，Christopher Mayer，Todd Sinai. Assessing High House Prices: Bubbles，Fundamentals，and Misperceptions. NBER Working Paper No. 11643，September 2005.

126. Charles P. Kindleberger，Manias，Panics，and Crashes. A History of Financial Crises，5th edition. Wiley，2005.

127. Chicago Commission on Race Relations 1922: The Nergo in Chicago: A Study of Race Relations and Race Riot. Chicago: University of Chicago Press.

128. Coto–millanetal，2007.

129. CPF INVESTMENT SCHEME（CPFIS）PROFITS/LOSSES REPORT 2011.

130. Department of Real Estate & Institute of Real Estate Studies. National University of Singapore.

131. Ely R T. Qutlines of Economic. New York: Macmillan，1937.

132. Girouard，N. et al.（2006），"Recent House Price Developments: The Role of Fundamentals"，OECD Economics Department Working Papers，No. 475，OECD Publishing.

133. Global Property Guide，http://www.globalpropertyguide.com/Asia/

South–Korea/Taxes–and–Costs#.

134. http://www.bsa.org.uk.

135. http://www.cecodhas.org/index.php?option=com_content&task=view&id=85&ltemid=127.

136. http://www.guardian.co.uk/society/2009/oct/16/empty–houses–london–wealthy–owners.

137. http://www.vrom.nl/pagina.html?id=37413.

138. Joseph E. Stiglitz. The Price of Inequality: How Today's Divided Society Endangers Our Future（1e）. W. W. Norton & Company. 2012.

139. Klaus Deininger，Lyn Squire. A New Data Set Measuring Income Inequality. World Bank Economic Review，Vol. 10，No. 3，Washington，D.C.，World Bank，1996.

140. Michael Ball，European Housing Review 2005，2008，RICS.

141. Mondiale，B.（1993）. The East Asian Miracle: Economic Growth and Public Policy，World Bank，Washington，DC，USA.

142. Moynihan，D. P. 1965: The Nergo Family: The Case for National Action. Washington，DC: US Department of Labor Office of Policy Planning and Research.

143. National Mining Association.

144. Newman，O. 1972: Defensible Space: Crime Prevention and Urban Design. New York: Macmillan.

145. Ngiam Kee Jin. Coping with the Asian Financial Crisis: The Singapore Experience. Institute of Southeast Asian Studies. Visiting Researchers Series No. 8. 2000.

146. Okada（1994）.

147. Park，R.E. 1925: The City: Suggestions for the Investigation of Human Behavior in the Urban Environment. In: Park，R.E.，Burgess，E.W. And McKenzie，R.D. The City，1–46. Chicago: University of Chicago Press.

148. Phillip Lopate，Waterfront. Crown. 2004年3月1日，以及 Knickerbocker Village，维基网站，http://en.wikipedia.org/wiki/Knickerbocker_Village.

149. Rainwater，L. 1970: Behind Ghetto Walls: Black Families in a Federal Slum. Chicago: Aldine.

150. Renaud，Bertrand，"Housing Reform in Socialist Economies".

World Bank, April 1991.

151. Social Exclusion Unit. Rough Sleeping−Report by the Social Exclusion Unit, London: The Stationery Office. 1998.

152. Statistical yearbook 2008, 丹麦中央统计局, http://www.statbank.dk.

153. Stiglitz, J E. More Instruments and Broader Goals: Moving Toward the Post Washington Consensus. 1998.

154. Sukkoo Kim and Robert A.Margo.2003 Historical Perspectives on U.S.Economic Geography.NBER Working Paper No.9594.

155. The Real Estate Wonk: Now hear this: a property−tax proposal. The Baltimore Sun. November 23, 2009.

156. U.S. Energy Information Administration.

157. UK Trades Union Congress. A Socially Just Path to Economic Recovery. TUC Submission to 2009 Pre Budget Report.

158. United Nations Human Settlements Indicators, Global Urban Observatory Databases.

159. United Nations Population Division. World Population Prospects: The 2010 Revision.

160. Vickerman, 1997.

161. Volodymyr Durmanov. Housing Development in Ukraine and Russia in Past and in Future. Architecturae et Artibus − 2/2010.

162. Wackernagel, M., Rees, W. E., 1996. Our Ecological Foot−print: Reducing Human Impact on the Earth. New SocietyPublishers, Gabriola Island, British Columbia, Canada.German edition with updated data, 1997. Birkha user, Basel, 1997.

163. Wade, R. Governing the Market: Economic Theory and the Role of Government in East Asian Industrialization Princeton, NJ: Princeton University Press, 2003.

164. The East Asian Miracle: Economic Growth and Public Policy（World Bank Policy Research Reports）Washington, D C: World Bank Publications, 1993.

165. Wikipedia. http://en.wikipedia.org/wiki/Central_Provident_Fund.

166. Wilcox, S. Housing Finance Review 1997/98. York: Joseph Rowntree Foundation, 1997.

167. Willem van Vliet. International Handbook of Housing Policies and Practices. Greenwood Press, 1990.

参
考
文
献

168. Williamson, J〔2004〕, "A Short History of the Washington Consensus," paper presented at Foundation CIDOB conference held in Barcelona in September 2004, "From the Washington Consensus towards a new Global Governance."

169. World Bank, Performance Monitoring Indicators, May 1996.

170. World Bank, the housing indicators program, Volume IV: The Extensive Survey Instrument（Revised）, 1992.

171. 百度百科. http://baike.baidu.com/view/808531.htm.

172. 北京市统计局. http://www.bjstats.gov.cn/.

173. 德国联邦统计局. http://www.destatis.de/.

174. 和讯网. http://news.hexun.com/2011-02-28/127605011_1.html.

175. 联合国人口机构（UN Population Division）. http://esa.un.org/unup/.

176. 南方周末. http://www.infzm.com/content/61873. 2011-08-03.

177. 全球足迹网络. http://www.footprintnetwork.org/.

178. 搜狐焦点. http://house.focus.cn/news/2011-03-25/1240952.html.

179. 土流网. http://www.tuliu.com/.

180. 现行税收制度. 北京市地方税务局. http://shiju.tax861.gov.cn/bjds/zwgk/zngk/qjgk/display.asp?more_id=1359621.

181. 中国人口信息网.

182. 中国日报网. http://www.chinadaily.com.cn/hqss/lvyou/2010-11-26/content_1283944.html.

183. 中新网. http://www.chinanews.com/gj/2011/01-20/2800223.shtml.

184.〔英〕查里斯·麦基著，李绍光等译. 非同寻常的大众幻想与群众性癫狂. 北京：中国金融出版社，2000.

185. HISTORY OF CAPITALISM（scrapbook）.

186. 近代西欧历史上的泡沫事件及其经济影响（资料文章）.

187. 宋铁军. 以史为鉴——浅谈历史上的几次金融危机（资料文章）.

188. Christian Donner, Housing Policies in the European Union, Vienna, 2002（欧盟住房政策）.

189. Peter Malpass. Housing and welfare state, Houndmills, Basingstoke, Hampshire New York, N.Y.: Palgrave Macmillan, 2005.

190. Gavin McCrone, Mark Stephens, 1995, Housing policy in Britain and Europe（英国与欧洲住房政策）.

191. Jim Kemeny, 1992, Housing and social theory（住房与社会理论）.

192. Willem van Vilet, ed., International handbook of housing policies and practices, Greenwood Press New York, 1990（住房政策和实践国际手册）（1990 年以前住房数据）.

193.［英］埃比尼泽·霍华德 (Ebenezer Howard) 著，金经元译. 明日的田园城市. 北京：商务印书馆，2010.

194.［英］马丁·鲍威尔 (Martin Powell) 编，林德山，李资姿，吕楠译. 新工党，新福利国家？重庆：重庆出版社，2010.

195. 陈杰. 城市居民住房解决方案. 上海：上海财经大学出版社，2009.

196. 包宗华. 住宅与房地产. 北京：中国建筑工业出版社，2002.

197. 冯俊. 住房与住房政策. 北京：中国建筑工业出版社，2009.

198. 建设部课题组. 住房、住房制度改革和房地产市场专题研究. 北京：中国建筑工业出版社，2007.

199. 郭建波. 世界住房干预理论与实践. 北京：中国电力出版社，2007.

200. 陈燕. 公平与效率. 北京：中国社会科学出版社，2007.

201. 黄兰芳，魏锡华. 西方公平与效率理论的发展历程. 北方经济，2007（6）.

202. 李莉. 美国公共住房政策的演变. 厦门大学博士学位论文，2008.

203. 祝方. 从国际经验看廉租住房管理的原则和特点. 北京房地产，2002（3）.

后记

"衣、食、住、行"，从人类社会存在起就是永恒的主题，不论是满足基本的生存需要，还是为提高生活质量，使"生活更美好"，都无法绕过这几个方面。其中，居住是民生的首要，住以其独特的属性，使其成为这几个方面中最重要又最难以满足的一个方面。住的问题自古有之，古人云："安得广厦千万间，大庇天下寒士俱欢颜"，就是我国古代人们对基本居所渴求的最形象写照。在城市化启动后，由于人口持续向城市聚集，住的问题显得尤为突出。特别是进入诺塞母曲线所表达的快速城市化阶段后，人口大规模向城市迁移的规模加大，城市住房矛盾将会变得更加尖锐。

中世纪欧洲城镇的人口规模普遍较小，从几千人到数万人不等。例如，15世纪时伦敦的人口规模仅为4万人。17世纪以前，10万以上人口的城市极为少见，只有巴黎、威尼斯、米兰和佛罗伦萨等极少数城市发展到了这个规模。在工业革命之后，城市扩张的速度大大加快。例如，曼彻斯特在1685年时约有6000人，到1760年，增加到30000人与45000人之间。伯明翰在1685年时约有4000人，而到1760年，增加到30000人。1801年，曼彻斯特人口规模为72275人，1851年超过了30万人。工业革命导致工厂大量集中，成为城市发展的强劲动力，人口的增长势头急剧上升。[1]

在城市化之前，人类一般在耕作的农地附近就近居住，居住地普遍是零散的，地价低廉，住房问题并不突出。然而，在城市化过程中，人类开始大规模聚居，城市变得拥挤不堪，环境恶劣，地价和房租飞涨，已成为所有发展中国家面临的难题。如何在城市有限的空间里为居民公平地提供足够的住房，成为每个现代城市必须面对的重要问题。

我国正处在城镇化快速发展期，一方面，三十多年来的改革开放和城

---

[1] ［美］刘易斯. 城市发展史：起源、演变和前景. 北京：中国建筑工业出版社，2005.